全国船舶工业职业教育教学指导委员会推荐教材

U0659234

船舶建造精度控制技术
（第 2 版）

主编　谢　荣　杜成忠

主审　范克惠

哈尔滨工程大学出版社
Harbin Engineering University Press

内容简介

本书按照"船舶建造精度控制技术"教学大纲和课程标准的要求而编写。本书共分八个部分,主要内容包括绪论、常规测量仪器的使用、精度造船测量设备的使用、材料加工阶段精度作业、分段建造精度作业、船舶搭载精度作业、精度造船数据管理、精度造船管理的实施。

本书是针对三年制高等职业教育编写的,二年制的也可参考使用。同时,本书还适用于船舶企业职工的培训和自学以及其他形式的职业教育。

图书在版编目(CIP)数据

船舶建造精度控制技术 / 谢荣,杜成忠主编.
2 版. -- 哈尔滨:哈尔滨工程大学出版社,2024. 6. (2025.6 重印)
ISBN 978-7-5661-4459-1
Ⅰ. U671
中国国家版本馆 CIP 数据核字第 20245Q4T28 号

船舶建造精度控制技术(第 2 版)
CHUANBO JIANZAO JINGDU KONGZHI JISHU(DI 2 BAN)

选题策划　史大伟
责任编辑　雷　霞
封面设计　李海波

出版发行　哈尔滨工程大学出版社
社　　址　哈尔滨市南岗区南通大街 145 号
邮政编码　150001
发行电话　0451-82519328
传　　真　0451-82519699
经　　销　新华书店
印　　刷　哈尔滨午阳印刷有限公司
开　　本　787 mm×1 092 mm　1/16
印　　张　19. 75
字　　数　520 千字
版　　次　2024 年 6 月第 2 版
印　　次　2025 年 6 月第 2 次印刷
书　　号　ISBN 978-7-5661-4459-1
定　　价　68. 00 元

http://www. hrbeupress. com
E-mail:heupress@ hrbeu. edu. cn

前　言

为深入贯彻《国务院关于大力发展职业教育的决定》,积极推进课程改革和教材建设,为职业教育教学和培训提供更加丰富、多样和实用的教材,更好地满足我国造船工业快速发展的需要,船舶工业职业教育教学指导委员会联合组织全国开办船舶技术类专业的职业院校及其骨干教师,编写了全国船舶工业职业教育教学指导委员会规划教材。

本教材是在哈尔滨工程大学出版社出版的《船舶建造精度控制技术》(主编谢荣、杜成忠)项目化教材的基础上,及时将新技术、新工艺、新规范纳入教学标准和教学内容,注重以就业为导向,以能力为本位,面向市场,面向社会,着力培养高素质的实用型、技术技能型船舶技术类专业人才。本教材在组织编写过程中,形成了如下特色:

1. 认真总结了全国开办船舶技术类专业的职业院校多年来的丰富教学经验,内容随信息技术发展和产业升级情况及时动态更新,并吸收了技术前沿企业专家的意见,代表性强,适用范围广。

2. 健全课程教学资源库,建立共建共享平台资源的机制,以职业岗位的需求为出发点,结合船舶建造新技术,具有较强的针对性。通过对船舶建造精度控制技术发展历程的梳理,进一步扩大优质课程资源覆盖面,构建了船舶工程技术新课程体系,完整而系统地展现现代船舶制造工艺技术。

3. 校企双元合作开发本书,辅以职业教育在线精品课程,采用新型网络化教材并配套开发信息化资源,适应"互联网+职业教育"发展需求,通过现代信息技术改进教学方式方法。

4. 本教材配套线上教学资源包括:

(1) 中国大学 MOOC "船舶建造精度控制技术" 课程(线上网址:https://www.icourse163.org/learn/JMI-1206702865? tid=1450367489#/learn/announce);

(2) 智慧职教"船舶建造精度控制技术"课程(线上网址:https://www.icve.com.cn/portal_new/courseinfo/courseinfo.html? courseid=6kl1aimkcpdl6yztcadvuq)。

本书是针对三年制高等职业教育编写的,二年制的也可参考使用。同时,本书还适用于船舶企业职工的培训和自学以及其他形式的职业教育。

本书是全国船舶工业职业教育教学指导委员会规划教材之一,按照"船舶建造精度控制技术"教学大纲的要求,着重介绍现代船舶建造精度管理技术、精度测量技术、精度管理标准及三维精度数据管理。本书内容包括绪论、常规测量仪器的使用、精度造船测量设备的使用、材料加工阶段精度作业、分段建造精度作业、船舶搭载精度作业、精度造船数据管理、精度造船管理的实施。

本书由江苏海事职业技术学院谢荣、江苏扬子江船业集团公司杜成忠任主编；江苏海事职业技术学院王滢、江苏海事职业技术学院杜训柏、浙江国际海运职业技术学院倪科鸿、江苏海事职业技术学院胡杰参与编写。本书具体分工如下：

谢荣编写绪论、项目三、项目七，并负责全书的组织、设计、统稿；杜成忠编写项目一；王滢编写项目二；杜训柏编写项目四；倪科鸿编写项目五；胡杰编写项目六。全书由招商局金陵船舶（南京）有限公司范克惠主审。

本书在编写过程中得到了招商局金陵船舶（南京）有限公司的全力协助，同时也得到了河海大学、上海外高桥造船有限公司、江南造船（集团）有限责任公司、江苏扬子江船业集团公司、无锡交通高等职业技术学校等单位的大力支持，在此表示衷心感谢！

限于编者经历和水平，书中内容难以覆盖全国各地的实际情况，希望各教学单位在积极选用和推广本书的同时，注重总结经验，及时提出修改意见和建议，以便再版修订时改正。

编　者

2024 年 4 月

目　　录

绪　论

【学习目标】

1. 掌握船舶建造精度管理的基本概念。
2. 了解船舶建造精度管理的发展历程。
3. 掌握船舶建造精度管理的主要技术。
4. 掌握船舶建造精度管理名词与术语。
5. 了解船舶建造精度技术的发展趋势。

【微课】

请扫描下方二维码学习。

课程介绍(上)

课程介绍(下)

思政导航

随着以信息技术和制造业深度融合为重要特征的新科技革命和产业变革的兴起,多领域技术突破和交叉融合推动了现代船舶制造业生产方式的深刻变革,相关从业人员岗位特征由劳动密集型转向精益制造型,数字化、网络化、智能化已成为未来船舶制造业技术变革的重要趋势。

党的二十大报告提出了"发展海洋经济,保护海洋生态环境,加快建设海洋强国"的战略目标,国家《"十四五"海洋经济发展规划》,明确要加快推动传统船舶向高技术船舶转型发展,重点发展 LNG(液化天然气)船、VLCC(超大型油船)等大型油气储运装备,以及海洋环保船、大型医疗船、大型客滚船、豪华邮轮、科考船等高附加值智能船舶,突破极地重型破冰船、大洋钻探船等特种船舶自主设计制造。

采用科学的管理技术控制船舶建造的精度和品质,已成为现代造船企业管理的一个重要组成部分。2022 年 6 月 17 日,我国自主研发建造的大型航空母舰"中国人民解放军海军福建舰"(图 0-1)正式下水,标志着我国现代船舶研发和总装技术均达到了世界先进水平。

船舶建造精度管理技术以精度控制为核心,以船体建造精度标准为基本准则,通过科学的管理方法与先进的工艺技术手段,借助精密仪器、新兴技术和科学系统分析方法,对船体建造进行全过程的尺寸精度分析与控制,以达到最大限度减少现场修整工作量,提高工作效率,降低建造成本,保证产品质量的目的。精度管理作为船舶建造过程中的核心基础技术之一,是造船工业实现后续发展的重要保障,全面采用精度控制技术是现代化造船之路的"里程碑"。

图 0-1　中国人民解放军海军福建舰

一、现代精益造船模式概述

1. 精益生产模式

精益生产模式是目前世界上先进的船舶生产模式之一,它是一种通过企业全员努力,进行生产组织结构优化调整,消除一切不利于产品增值的生产过程和环节,实现提高生产利润目的的方法和途径。该模式掀起了精益管理的热潮,精益管理思想在世界范围内的应用使各类制造业取得了巨大的进步。近几年,我国通过对国外先进造船企业生产模式的长期研究,结合中国造船企业转换造船模式的实践,用精益管理的理论,全面、系统地分析研究造船过程中的精益生产方法和途径,逐渐形成一种适合中国造船企业的生产模式。

精益造船模式就是用精益管理的思想统筹优化造船作业中作业系统、作业区域、作业类型和作业阶段四个基本作业要素,形成高效作业体制。精益造船模式的出发点是通过消除造船过程中的无效劳动(不增值部分)来减少资源浪费、提高资源利用率,从而获得缩短造船周期、降低造船成本、扩大造船产量和提高造船效益的结果。推行精益造船涉及船厂管理许多方面,包括市场开发、预算计划、经营生产、设计工艺、物资采购、人力资源、资金财务,以及设备和安全管理等。

2. 船舶建造精度管理

船舶建造是按照船舶设计要求,经过放样、号料、加工、装配、焊接和吊运等多项工序后完成整条船舶的生产过程。大型钢质船舶在建造过程中,无论前期设计或加工得多么完美,在现场进行切割、加工、焊接和吊运等工艺操作时,还是会受到人员、场地、设备、环境等多种因素的影响。在这个过程中,船舶的零件、部件、分段和总段的结构形状与尺度不可避免地会产生实际尺寸偏离前期理论放样尺寸的现象,出现形状偏差和尺寸偏差。

船舶建造精度管理就是在船舶建造过程中,将船舶零件、部件、分段和全船的建造尺寸控制在规定范围内的工作方法及管理制度。应用统计分析的原理和方法,制定出各工序中每个零件、部件、分段直至总段的最合理的精度标准,以便控制和掌握零件与分段的尺寸精度,使加工好的零件和分段等中间产品不留余量,无须进行二次定位、画线和切割,从而大大提高生产效率,提高同类零件的互换性,实现船舶建造全过程的精度控制,使主船体精度达到标准要求或顾客需要。精度管理是一项系统工程,对船舶制造企业而言,关键是全面、全过程推行精度控制,其核心是实施造船精度设计。

通常,造船业中所说的精度管理实质是尺寸管理。它是指为使船舶建造过程中的实物模型与设计模型的尺寸尽可能一致,从而对实物模型进行管理的一切行为。精度造船简单地说就是在船舶建造过程中用补偿量代替余量,逐步增加补偿量的使用范围,并控制船体结构位置精度。以最小的成本将船舶建造的主尺寸偏差、线型偏差和结构错位控制在标准范围内,保证船舶质量。

船舶建造精度管理实质上是一门管理技术,通过建立合理的建造精度标准,采用科学的管理方法,辅之以改善设计与工艺(包括工装、设备的改进),以及防止施工误差的各种对策,对船体建造全过程进行尺寸精度分析与控制,以保证船体所有工件达到各个工艺流程阶段所规定的尺寸精度,最大限度地减少现场修整工作量,提高工作效率。随着船体加工精度的不断提高,船体装配、焊接的精度也随之提高,这样就可靠地保证了船体的建造质量。

现代船舶建造精度管理技术是以船舶建造理论为基础的系统工程,是建立在管理学、测量学、金属材料学和可靠性理论基础之上的综合性学科。船舶建造精度管理是当代造船的重大新技术之一,也是船厂科学管理的重要内容。船体建造中推行精度管理是转换现代造船模式的必要条件,是现代造船生产技术的重要组成部分,是确保船体建造质量的重要手段之一。

3. 船舶建造精度管理的意义

在船舶建造过程中推行精度管理是船舶生产的客观需要,也是确保船舶建造质量、促进科学管理、提高造船生产能力、缩短船舶建造周期的重要手段。国内外的生产实践表明,开展船舶建造精度管理对造船员工、船东、造船企业乃至国防建设都有十分重要的意义。

(1)提高船舶建造质量、降低成本和缩短周期

对于船舶建造企业而言,开展造船精度管理既可以提高造船质量、降低成本和缩短周期,又可以提高技术水平,进而拓宽市场。

如船舶焊接对坡口间隙要求较高,采用精度管理控制焊缝间隙在合理范围内,可保证船舶焊接质量,能最大限度地减少装焊作业的现场修整工作量,提高劳动效率,降低人力成本。实践表明,开展船体建造精度管理可以使装焊工效提高 1～2 倍,使船体建造总劳动量减少 10%左右;采用以补偿量代替余量的精度管理工艺方法,可以减少钢材使用量,提高钢材利用率,降低现场修割率,同时可以减少焊接材料、电力和可燃气体的使用,减少焊材、能源成本;分段、总段预修整上船台的装配工时将比过去有余量装配减少 30%～35%,分段吊装工作量减少约 50%。如果使用专门的船用精密检测仪器进行精度检测,并实施分段预修整作业,还可以使船体建造总工时缩短 10%左右,平均缩短船台(船坞)建造周期 10%左右。

(2)促进船舶建造新工艺技术的应用

船舶建造精度管理是转换造船模式,实现壳舾涂一体化造船的基础之一。推行船舶建

造精度管理有利于提高船舶生产技术综合水平,促进新工艺、新技术的应用,并能有效地推动造船生产技术综合水平的提高。只有船舶建造精度达到一定的水平,其他先进工艺(如总段轴系镗管工艺、轴系精确对中工艺和单元舾装工艺等)技术才能充分发挥作用。

(3)推行科学管理,提高船舶建造的管理技术

推行船舶建造精度管理,改变过去船舶建造过程中尺寸精度的管理状态,对提高船体建造的管理技术将起到有力促进作用。以往作业中一旦出现精度问题,均通过后续工序检测加以修整,直到满足所需尺寸精度的要求为止,但后续工序所耗现场修整工时颇大,以致严重影响船体建造周期。推行船体建造精度管理,将从作业一开始,就对尺寸精度进行有效的控制,通过不断的质量管理循环,使完工的工件尺寸稳定控制在规定的标准范围内。船舶建造精度管理对拓宽和开发船舶市场起到较好的辅助作用。在建造超大型集装箱船甲板边板时,对船体精度控制的要求相当高,通常只有采用准确的船体精度控制才能达到建造要求。

(4)提高船舶营运的安全性和经济性

开展船舶建造精度管理,能够控制船体结构错位在允许范围内,保证船舶的强度和安全;能够确保船体的主尺度和线型偏差在允许范围内,保证船舶的载重量、稳性、操纵性和航速。船体线型光顺可以减少航行的单位油耗,保证航行的经济性,从而维护船东的利益,树立船厂的质量品牌,对开拓新的船舶市场意义重大。

(5)改善船舶生产作业条件,减少环境污染

采用精度控制技术能够减少结构修割,船坞(船台)作业改成平台完成,高空作业改成平地完成,可降低劳动强度、改善工作环境,进而保证造船生产工人的安全和健康;能够减少修割和返修量,可降低资源、能源消耗,减少排放和环境污染,满足建设资源节约型船舶企业的要求。

(6)提高舰船建设水平,增强国防能力

由于军舰建造中使用的钢板薄、变形大,因此应用精度管理技术尤为重要。精准的船体结构尺寸,能保证军舰船体线型和航速以及降低噪声,增强军舰战斗力和安全性。

总之,船舶建造精度管理对造船员工、船东、造船企业乃至国防建设都有很大的益处,实施造船精度管理是现代造船发展的必然趋势。

二、船舶建造精度管理的发展历程

为了将船舶建造过程中出现的偏差控制在规定的标准范围内,早期普遍采用在船舶零件上加放余量再修割的方法,这必然会带来造船现场大量的修整工作。这些修整工作几乎全部为手工作业,所消耗的工时约占船体建造总工时的1/4。为了尽量减少修整工作,各国在取得大量船舶生产实践测量数据的基础上,运用数理统计方法,逐步以不需修割的零件补偿量代替余量的方法来控制造船偏差,这样逐步发展形成了现代船舶建造精度控制技术。

1.国外船舶建造精度管理的发展历程

从国外造船企业应用机械制造中的公差与配合来控制船体建造精度,到如今应用先进的电子计算机技术、数理统计方法确定补偿量,船舶建造精度控制技术经历了一个不断发展、完善与提高的过程。

早在20世纪40年代初期,当工业界掀起质量管理活动的高潮时,人们就开始探索公差

与配合在造船中的应用。起初,人们只是照搬机械工业的一般方法,按各个工序去分别建立公差,以此作为保障造船质量的技术措施。直到 20 世纪 50 年代初,人们着手对造船中的公差问题进行较为系统的探讨,才开始在一定的理论分析和生产实践经验的基础上逐步形成造船公差的特有内容,但是尚未完全达到建造过程中上、下道工序之间有效配合的水平。为确保船体建成后的几何形态及其在建造过程中工件的尺寸精度,人们仍然采用在工件装配接边处加放余量,待工件安装时就地加以切除的方法。

20 世纪 50 年代末,船舶建造精度管理出现了两大突破性技术。一是苏联成功地应用了船体建造预修整工艺,该工艺采用经纬仪检测技术对万吨级油船船体分段采取预修整措施,使分段能够按净尺寸上船台装配,实现了船台装配的尺寸精度控制,从而有效地减少了船台装配的现场修整作业;二是日本造船业开始接受了质量管理的新思想,即统计质量管理方法与大众性质量管理活动相结合的思想,并且很快发展形成造船质量管理的完整体系,实现从管理上按公差标准对船体工件建造过程进行有效的精度控制。

20 世纪 60 年代,预修整技术与质量管理技术在船体建造中得到进一步发展和运用。随着造船数控技术的发展,船体放样、绘图、切割以及加工精度的不断提高,又为船体建造精度管理技术的发展开创了条件。在造船界已经开始运用数理统计方法与尺寸链理论探索船体建造公差及其分配问题,有些国家还探索造船生产中的最佳余量和公差标准,以便创造更为经济的船体建造方法。随后,精度管理的研究范围又从船体结构领域扩大到船舶管系安装与机械设备安装等领域。

现代船舶建造精度管理起源于日本造船业。20 世纪 70 年代,日本造船业开始研究计算热变形和加放补偿量,并进行预控制。通过生产实践积累经验,用经验数值或公式解决热变形的补偿量问题,实现了分段制造到上船台精度控制,达到货舱平直分段无余量、曲形分段放余量的工艺水平。

精度造船完善于 20 世纪 80 年代,日本船厂应用电子计算机开发出补偿系统。该系统以大量现场实测数据为基础,运用数理统计方法,掌握热收缩变形规律,使之能为零部件、分段给定一个可靠的补偿量与船台装配的调整量,以满足构件、分段及船台装焊过程中所产生的热收缩变形量,还建立了船体零部件热收缩补偿量的子系统。日本日立造船公司在建造大型船舶时,从号料开始,在加工、分段建造、坞内合拢等方面均采用补偿量代替余量的方法,实现了所有船体分段无余量制作。

20 世纪 90 年代,日本成功开发"MONMOS"测量系统,该系统由一测量仪和数据控制终端组成,其原理为三角测量法,用近红外线测量分段两边的距离和夹角。它以微棱镜反射板和旋转靶作为测量靶,可测距离为 2~100 m,一个大型分段的误差仅为几毫米。精益生产模式的成功在全球掀起了精益管理的热潮,精益管理思想对各类制造业产生了巨大的促进作用。日本造船业比日本汽车业发展得更早、更快,1956 年日本成为世界第一造船大国。在发展过程中,日本造船业的生产模式与日本其他制造业相互取长补短,共同发展了今天日本的精益造船模式。

美国在 20 世纪 90 年代初也曾推出一种用于船舶建造中测定尺度及变形的仪器。芬兰开发出一种新的船体尺度控制技术,以芬兰、英国的船厂为实验基地,经过对工艺分析和钢料加工装配的研究,推出了精度控制管理体系 ACMAN(尺寸控制总系统),该尺寸控制总系统将分析测得的结构数据通过计算机的分析和模拟,得到两个相邻结构的装配准确性和接口配合情况,并将分析结果显示在屏幕上。

20世纪90年代至今,是应用现代测量技术并结合计算机软件综合分析的现代造船时代。2001年,韩国船厂开展巨型总段建造模式的研究,这对精度造船提出新的要求,韩国大宇造船厂逐步开发出巨型总段的精度控制和激光三维定位测量技术,使2 000~5 000 t的巨型总段能够无余量下坞搭载,大大缩短了船坞周期,降低了造船成本。

从国外造船企业的发展来看,其精度管理的发展主要体现在以下三个阶段:

①分段上船台前进行预修整;

②平直分段从下料开始到上船台以补偿量代替余量,分段预修整上船台;

③对全船所有分段通过补偿系统进行精度控制。

目前,世界船舶制造业主要集中在亚洲,国外大规模造船企业的船舶建造精度管理以日本的船厂最为先进,其次是韩国。日本和韩国的大多数船厂在平直分段能做到从下料开始不带余量,而以补偿系统来控制其精度达到要求,部分船厂已实现向全船补偿系统转化。因为从数理统计、热塑变形的理论研究方面以及从电子计算机处理大量数据的能力方面来看,实现造船全过程的补偿系统代替余量是可以达到的。日本和韩国船厂成功地应用电子计算机开发了补偿系统,通过对大量现场实测数据的统计,掌握了热收缩变形的规律。但由于造船过程的复杂性,不同材质、规格的钢材,不同加工、装配、吊运的工况,均会产生不同的变形。其变形的复杂性和偶然性,会因各种人为因素(如技术工人水平、重视程度)而越发突出。造船过程中仍有部分分段是带有余量上船台的,尤其是在船尾、机舱区域船体带线型处的分段,是最后在船台上进行精确测量后再进行切割余量的,以此保证全船的精度。

2. 国内船舶建造精度管理的发展概况

我国开展造船精度管理的研究起步比较晚。20世纪60年代中期,我国开始从国外引入造船技术和精度管理的概念,但是由于对造船精度管理理念缺乏足够的认识,因此忽视了这项技术极其丰富的技术层面内容,而片面地强调有关工艺部分。

我国从20世纪70年代初期就开始了船舶建造精度控制技术(也称"船舶建造精度管理技术"或"公差造船")的研究和实践,并在国内一些大中型船厂不同程度地取得了一些成果和经验。随着造船模式的转换,即"区域造船"或"壳舾涂一体化"的造船新方法的应用,船舶建造精度控制技术显得越来越重要。

1974年,大连造船厂在批量建造的第三艘24 000 t级油船的平行中体分段上,开始采用分段经预修整上船台装配的船体建造精度控制技术,这是在我国较早从事船体建造精度管理的研究工作。1978年初,国内兴起了一股研究和推行精度造船的热潮,上海和大连的一些大型船厂分别成立课题组研究精度造船。1981年9月14日,中国第一艘出口船"长城"轮在大连造船厂举行下水典礼(图0-2),"长城"轮的出口,开创了中国船舶工业的新纪元。1982年我国造船企业在精度造船技术方面取得了一定的成就,实现了货舱区分段精度造船,艏艉分段预修整后上船台。进入20世纪90年代,中国船舶工业集团有限公司系统内一些船厂在前期开展精度造船的基础上,不断推广和拓展技术应用范围。2000年,上海外高桥造船有限公司通过引进韩国精度造船理念,经过十几年的开发与研究,逐步形成了在国内较为完善的精度造船体系,并取得了较好的经济效益。

图 0-2　"长城"轮举行下水典礼

　　2008 年,我国第一艘大型 LNG 运输船"大鹏昊"(图 0-3)在上海沪东中华造船厂完工交付,这是当时世界上最大的薄膜型 LNG 船。"大鹏昊"的研发与应用,标志着我国已跻身世界高端船舶制造领域的第一阵列,对于我国能源安全具有十分重大的意义。

图 0-3　"大鹏昊"LNG 运输船

　　近几年,随着工业测量技术的快速发展,以信息技术为特征的现代数据采集技术得到广泛应用,国内船厂都在用三维测量软件和全站仪进行现场精度测量与控制。我国在深入分析计算机视觉、数字摄影测量学、计算机图形图像学等相关理论的基础上,利用全站仪、近景摄影、三维激光扫描等多传感器的优势互补,实现了快速、准确、真实地重建大型海洋结构物模型,充分挖掘了图像丰富的几何、纹理信息及海洋结构物的知识规则,探索了基于多传感器信息融合图像序列的三维信息提取方法,为准确建立大型三维海洋结构物模型奠定了理论基础。

　　2023 年 11 月 4 日,我国首艘大型豪华邮轮爱达·魔都号(图 0-4)交付使用,标志着我国已经掌握大型豪华邮轮建造技术。高技术、高资本、高附加值的邮轮建造,是世界公认的衡量一个造船大国"硬实力"的标杆。国内首次进行的大型邮轮的详细设计、生产设计，为后续邮轮全面国化设计奠定了技术基础，是我国船舶工业的一次质的飞跃。大型邮轮的设计建造也是落实海洋强国、制造强国、科技强国发展战略以及满足中国人民追求美好生活愿望的重要举措。

图0-4　我国首艘大型邮轮实现整船起浮

目前，我国在造船精度控制管理方面整体与国外先进国家相比存在一定的差距。精度控制管理开展较好的船厂，已经做到了从生产设计开始将精度信息反映到工作图上，能在每个工艺阶段明确精度的要求，在生产设计阶段进行精度设计，体现精度管理和控制的意图，精度控制值、精度补偿值和各种信息均反映到放样的零件上，实现了所有零件、部件和分段的精度控制。部分船厂精度控制已基本达到内部构件无余量下料，全船分段无余量上船台合拢水平。但大部分中小型船厂还没有达到这个水平，我国现行的精度控制技术无论在技术内容上，还是在技术水平上与其他先进造船国家都有一定的差距，还不能完全适应以中间产品为导向，以生产任务包形式组织生产的作业体系要求。

由于日韩造船业将精度造船技术作为其核心技术，因此我国造船业很难直接学习其先进的精度管理方法和技术。我国在船舶建造精度管理方面还没有形成一个完善的造船精度数据库和一整套造船精度管理系统，大多局限于尺寸精度方面的研究；对船体的线型和结构位置研究较少，精度管理基本还是处于事前加余量建造，事后测量切割的状态；对精度管理体系方面的研究也较少，并且缺乏对精度控制核心技术的分析研究能力。

现代船舶制造业已经成为衡量我国国际竞争力的一个重要标志，也是我国在竞争激烈的国际市场上获胜的关键因素。中国船舶制造从20世纪90年代开始，在经历了几十年的快速发展期后，虽然整体技术水平有了很大提高，但是在造船管理和技术方面，我国与国外造船发达国家相比，造船效益普遍偏低。从国内工业化进程来看，制造业是实现经济振兴的有效切入点和突破口，加快发展船舶制造业，提升竞争能力，不仅关系到船舶工业自身的发展，而且关系到国家发展海洋战略的全局。

三、船舶建造精度控制的主要技术

1. 船舶建造精度控制的关键工艺

目前,船舶建造过程中的精度标准和质量主要是通过控制公差与配合的补偿量来实现的,这种技术手段在国外造船发达国家已全面实施,但对我国造船企业而言,还处于摸索和改进阶段。其关键和核心的工艺技术包括以下几个方面:

(1)对合线基准技术

对合线基准技术主要是将船体建造各阶段,如零件、部件、分段、总段等所依据的点、线、面,采用统一对合线技术来控制精度。其中对合线包括定位线、安装线、参考线、检验线等。

(2)全船余量和补偿量加放技术

全船余量和补偿量加放技术就是用补偿量代替余量,尽可能减少在加工与制作过程中,因尺寸精度达不到标准要求而进行的二次调整或二次切割等重复性工作。

(3)变形和反变形控制技术

变形和反变形控制技术是指船体建造在经过切割、加工、焊接和吊装等工序后,会产生一定的变形,通过研究变形产生的因素或机理,预先采取一定的技术处置措施来消除或减少变形的技术。

(4)数理统计技术

数理统计技术是将船舶建造过程中产生的各种大量数据进行收集、整理,形成完整精度数据库,然后用先进的数理方法和统计分析技术对精度数据进行分析,形成有用反馈信息来支撑精度管理。

(5)预合拢模拟搭载技术

预合拢模拟搭载技术是利用技术三维分段建模模型,通过三维分段测量技术将实际分段建造的尺寸偏差数据测量出来,并在专用的造船精度管理软件系统中进行模拟搭载分析,用分析结果来指导具体搭载工作的技术。

2. 船舶建造精度控制的关联技术

船舶建造精度管理是一门交叉学科,涉及很多新工艺、新技术。相关联的技术包括数字信息技术、船舶设计技术、装配搭载技术、焊接切割技术(焊接技术、切割技术)、成形矫正技术、测量技术、吊运技术和工装技术等,如图0-5所示。

(1)数字信息技术

实施船舶精度控制必须采用船体三维建模放样的软件(三维设计系统),如TRIBON船舶设计软件等,能够在船体零件模型上进行余量、补偿量加放,计算机上实现三维建模、放样和检查。采用计算机零件放样的精度高,并能在计算机模型中提前发现设计间隙偏大或构件相碰等情况,且能够及时修改。此外,精度数据处理软件和有限元强度计算软件等也能与精度控制技术进行配合。精度数据处理软件用于船体精度测量数据的处理,从而修正精度补偿量的数值,实现持续改进。有限元强度计算软件用于刚性不足船体分段、总段搁置、吊运时的受力分析,根据分析结果改进吊运和搁置加强方案,避免船体分段、总段的变形超差。产品数据库技术和无线网络技术方便和加快船体精度测量数据的统计、分析和处理。例如,与产品数据库技术和无线网络技术结合,新一代的精度测量全站仪可以在测量船体结构产品后,通过计算,并与船体结构理论模型进行实时比较,直接给出船体结构单元的精度测量报告。

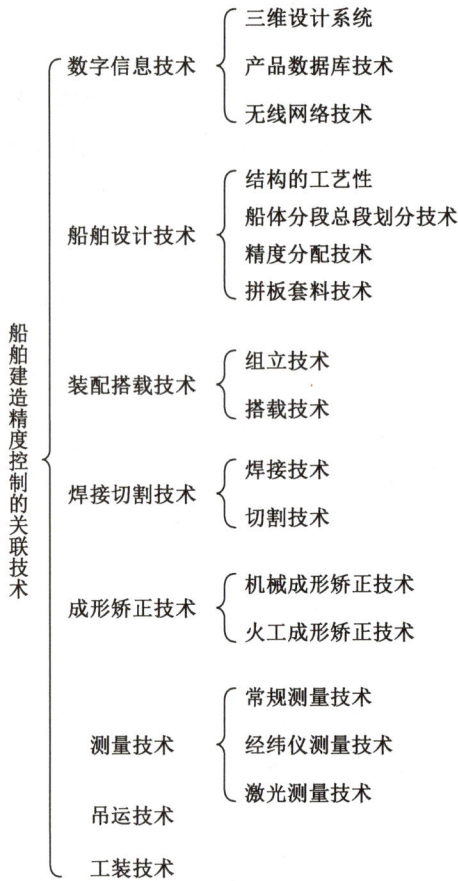

图 0-5 船舶建造精度控制的关联技术

```
                          ┌ 数字信息技术 ┬ 三维设计系统
                          │             ├ 产品数据库技术
                          │             └ 无线网络技术
                          │
                          │ 船舶设计技术 ┬ 结构的工艺性
                          │             ├ 船体分段总段划分技术
                          │             ├ 精度分配技术
  船                      │             └ 拼板套料技术
  舶                      │
  建                      │ 装配搭载技术 ┬ 组立技术
  造                      │             └ 搭载技术
  精                      │
  度 ────────────────────┤ 焊接切割技术 ┬ 焊接技术
  控                      │             └ 切割技术
  制                      │
  的                      │ 成形矫正技术 ┬ 机械成形矫正技术
  关                      │             └ 火工成形矫正技术
  联                      │
  技                      │ 测量技术     ┬ 常规测量技术
  术                      │             ├ 经纬仪测量技术
                          │             └ 激光测量技术
                          │
                          │ 吊运技术
                          │
                          └ 工装技术
```

图 0-5　船舶建造精度控制的关联技术

（2）船舶设计技术

船舶设计技术中型线的简化、结构的工艺性、船体分段总段划分技术、精度分配技术和拼板套料技术等都与船体精度直接相关，这些技术在应用时要考虑对船体精度控制的影响。

（3）装配搭载技术

装配技术强调装配效率和装配质量，船体结构装配质量与船体精度关系最密切。当前的装配技术随着吊运技术和工装设备的发展而快速发展，船体搭载采用扩大中组和巨型总段建造等方法，巨型总段建造法是把由专业分段厂制造的 2 000~3 000 t 的巨型总段用浮吊运到总装厂连接成整船，这使得在建船舶的总段数量大大减少，有利于提高船舶建造速度。这种巨型总段建造法对巨型总段的建造精度要求很高，从而推动了精度控制技术的发展。肋板拉入法等新的装配方法对船体零件的切割和纵骨安装精度也提出了更高的要求。

（4）焊接技术

二氧化碳气体保护焊、双面埋弧自动焊（FAB）、单面埋弧自动焊（FCB）和垂直气电焊等各种自动焊接技术已代替了原来的手工电弧焊，焊接收缩和变形更小，对开展船舶建造精度控制更为有利。目前激光焊接技术和焊接机器人技术发展很快，对减少焊接变形、保证船体精度有更大的帮助。大间隙焊接技术对减少大合拢的修割工作量非常重要。当坡口间隙超过原来的工艺要求时,以前通常采用换板的工艺,造成材料和人力的极大浪费。现在即使焊接坡口间隙超过工艺要求,但只要在大间隙焊接技术的要求范围内,就可以采用大间隙焊接,从而避免不必要的材料和人力浪费。船体分段的焊接顺序、焊接规范对焊接变形影响很大,采用正确的焊接顺序、焊接规范可以减少船体结构焊接变形,从而保证船体建造精度满足相关要求。

(5)切割技术

目前,数控激光切割机和高精度门切机已取代原来的手工切割。数控激光切割机的自动化程度高,零件切割精度提高很大(零件尺寸偏差可控制在0.5 mm),可切割任意形状的工件,与排板软件结合,可整张板材排料,节省材料。激光切割技术作为"光、机、电一体化"的高科技加工手段,是当代板材加工的最先进的技术之一,是柔性加工、敏捷制造技术的重要组成部分。激光切割具有柔性好、精度高、速度快、割缝窄、热影响区小等显著特点,具有其他传统加工方法所无法比拟的优势,但对切割厚度有很大限制(最大切割厚度为20 mm)。

(6)成形矫正技术

成形矫正技术包括热加工技术和冷加工技术。从热加工技术来看,以前的火工热弯钢板和火工成形矫正多是凭经验进行操作的,船体零件的弯曲加工所耗费的工时较多,加工精度也不高。现在火工技术开始与数控技术结合起来,国内产学研联合开发出数控水火工弯板机,这对船体精度管理的提高有帮助。消除船体分段焊接应力的火工处理技术也相当重要,在船体分段装焊完成后,分段内部积累了大量焊接应力,如果这时拆除分段约束后易产生分段上翘变形,我们通常要采取拆除约束前进行火工作业消除应力的办法,以减少分段焊接变形,保证船体建造精度。从冷加工技术来看,许多船体零件需要冷弯成形加工,曲形船体零件精度决定了船体线型精度。加工技术向数控化和大型化发展,大型三芯辊、油压机和肋骨冷弯机等加工设备是精度造船的必要设备。

(7)测量技术

船体精度的测量应用了很多的测量技术,测量技术从直尺、卷尺发展到激光经纬仪、全站仪、近景摄影系统、三维激光扫描仪等数字化精密测量技术,测量的精度和便捷性都有很大提高。数字化精密测量技术的发展直接推动了船舶建造精度管理的发展。总段(分段)激光三维精密测量和计算机模拟计算技术是日韩造船企业广泛使用的测量定位技术。该技术主要是通过专用的精密测量设备将总段上测量的基点数据输入到现场配置的计算机内,对测量数据进行计算、分析,快速确定定位偏差和修正数据,测量误差不超过2 mm。激光测量定位技术的应用,大大缩短了总段吊装定位时间。

(8)吊运技术

吊运技术向大型化发展,大型的门吊、塔吊和浮吊都应用在现代造船上,吊运能力越大,所造的船体总段越大,对船体总段精度管理的要求更高,这样促进了船体建造精度管理的发展。吊运技术中船体分段总段吊环分布方案和加强方案能减少分段总段的吊运变形,减少吊运变形对船体建造精度管理也是相当重要的。

(9)工装技术

工装技术促进了现代造船效率和质量的提高,对船体建造精度的影响很大。如热变形小、设计合理的切割平台工装能很好地保证船体零件的切割精度;模具工装保证了船体零件的加工效率和精度;管子活络胎架工装提高了船体外板中组的建造效率和精度等;搭载支撑工装保证了船体分段总段搭载定位的效率和精度;吊排等吊运工装能够控制船体分段、总段的吊运变形在精度标准要求的范围内，以保证船体建造精度。

四、精度管理名词与术语

船舶建造精度标准是船舶设计、制造与检验部门为确保船体建造质量而制定的技术文件，又是推行船体建造精度管理，实施尺寸精度控制的依据。为了正确表述船舶精度标准，对相关专用名词与术语做如下定义：

①余量：是指相对于工件基本尺寸多加放的量值，即对船体零件、工件和中间产品，通过加工、装焊、火工矫正等多道工序而产生的变形及收缩进行定性和定量分析后，加放比实际变形及收缩略大的工艺量值。该值供后续生产工序所累积的尺寸偏差，以及冷热加工所产生的弹塑性变形与热塑性变形的伸长、收缩做部分抵偿，剩余的部分则应选择在适当的时机做必要的切除。

余量是在尚未认识产生尺寸偏差规律的条件下，用于后续工序中控制工件尺寸精度的一种对策。

②补偿量：是指在可认识的规律性偏差基础上制定的相对工件基本尺寸多加放的量值。该值供后续生产工序所累积的尺寸偏差，以及冷热加工产生的弹塑性变形与热塑性变形做抵偿。这种加放量无须切除就可将工件基本尺寸控制在规定的公差范围内。

补偿量可细分为加工、分段装配、船台装配以及焊接变形等补偿，一般不加细分，常以系统补偿作为船体建造过程中各工艺阶段应加放补偿量的综合量。

余量与补偿量的区别如下：

a. 余量在施工阶段需要切割，补偿量在施工过程中会被逐步消耗掉，因此不需要切割；

b. 余量可以任意加放，补偿量则不可以任意加放，必须有大量数据支持。

目前还只能是根据数据积累及凭经验加放，以后要提升为系统加放。

③基本尺寸（理论尺寸）：是指图面上标注的理论尺寸，它是描述零件、工件和中间产品（部件、分段和总段）的几何形状、外形尺寸以及所处位置的量值。

④尺寸精度：是指零件、工件和中间产品完工后测得的尺寸的准确程度。例如，零件的加工精度，就是指零件加工后的几何形状相对于理论尺寸的准确度，也就是说，零件加工后所获得的尺寸、表面形状和表面位置相对于理论尺寸、表面形状和表面位置的符合程度。既要把尺寸控制在允许的公差范围内，又要使实际尺寸偏离基本尺寸的值达到最小。

⑤尺寸偏差：是指基本尺寸与实际尺寸的差值。

⑥标准偏差：是指正常控制、检验尺寸偏差满足精度造船的偏差范围。

⑦极限偏差：是指检验尺寸偏差时，允许少数偏差超出标准范围的最大偏差值。

⑧允许界限：是指由机械或人为误差导致脱离管理标准，但不会影响产品式样及性能降低的许可的最大误差界限。

⑨基准线：是指在船体作业时先把各零件、组立或分段，在统一的基准边以相同的尺寸先进行画线，用来指导正确的组立以及搭载阶段测量所做的基准，作为现场作业指导和精度管理基准，以确保制造出良好的船体结构尺寸所设定的参考线。（基准线是从零件对接开始直到搭载结束，长时间使用。）

⑩管理基准：是指不超过许用极值，控制所能获得的最理想的合理精度基准。

⑪单位：管理基准及允许界限中长度相关的没有特别注明的单位用"mm"表示；管理基准及允许界限中角度相关的单位用"°"表示。

五、精度管理技术发展趋势

随着世界造船竞争的日益加剧,造船模式将向巨型总段建造模式、平地造船法模式和造船总流水线模式发展,相应的造船精度控制技术也在不断发展改进,主要体现在以下几个方面:

(1)建立和完善造船企业精度管理体系

以"精益造船"为导向,通过制定船舶建造精度管理标准,健全精度控制管理办法,加强现场精度测量,加大过程监控与考核,完善精度数据库建设,逐步将造船精度控制从船体搭载工序向前道工序延伸、向设计延伸,从船体工程向舾装工程扩展,实现全过程、全方位的精度控制。

(2)开展精益造船生产设计模式

通过全面推行"区域生产设计"模式,加强生产设计前期策划,推行设计流程优化,不断消除影响船体、舾装、涂装开展并行设计的障碍,为提高设计效率与质量创造条件。

(3)推广数控化、自动化加工设备

船体零件的加工精度越来越高,船体精度管理和控制也相应更加有利。如数控卷板机、数控切割机和数控水火弯板机的出现,使零件的加工精度适应严格的精度造船要求。

(4)实施精度补偿量取代余量

由部分加放精度补偿量到全船全部用精度补偿量取代余量,在船体设计建模阶段就根据精度补偿量标准做好船体零件的数字放样,最大限度地减少现场修割的工作量,提高工作效率。

(5)采用三维精密测量技术

船体建造精度检测技术发展很快,现代造船企业基本已全部采用全站仪配合计算机数据处理软件技术进行船体建造过程中的精度检测和数据处理。3D(三维)全景测量技术和GPS(全球定位系统)也开始应用于船舶建造,这些造船精度测量方法也是造船精度管理的发展方向。

(6)改进造船专用工装和工具

造船专用工装和工具的研究发展也是船体建造精度管理的发展趋势,如分段总段胎架工装、搭载支撑定位工装等都能有效提高船体建造精度水平。船体建造精度管理技术将来必然包括舾装件的制作和安装精度控制技术。如铁舾件的安装位置精度、管子的制作安装精度和设备的安装精度等方面都将纳入造船精度管理的范围。这对提高船舶分段预舾装率有重大的意义。

当前,世界经济正在向全球化和一体化发展,各国市场进一步开放,各国经济相互依存。我国造船业也顺应这一世界经济发展趋势,引进更多的先进造船技术,在转换造船模式的过程中,突破旧的思维定式,通过多种途径推动船舶工业的发展。

思考与练习

一、判断题

1.采用科学的管理技术控制船舶建造的精度和品质,已成为现代造船企业管理的一个重要组成部分。　　　　　　　　　　　　　　　　　　　　　　　　　　　　　　(　　)

2. 精益生产模式是进行生产组织结构优化调整，消除一切不利于产品增值的生产过程，有效提高生产效益的方法和途径。　　　　　　　　　　　　（　　）

3. 大型钢质船舶在建造过程中，一般不会产生实际尺寸偏离前期理论放样尺寸现象。　　　　　　　　　　　　　　　　　　　　　　　　　　（　　）

4. 精度造船就是在船舶建造过程中用补偿量代替余量，逐步增加补偿量的使用范围，并控制船体结构位置精度。　　　　　　　　　　　　　　　　（　　）

5. 对合线基准技术主要是将船体建造各阶段，如零件、部件、分段、总段等所依据的点、线、面，采用统一对合线技术来控制精度。　　　　　　　　　（　　）

6. 全船余量和补偿量加放技术就是用补偿量代替余量，减少在加工与制作过程中因尺寸精度达不到标准要求而进行的二次切割等重复性工作。　　（　　）

7. 变形和反变形控制技术就是通过研究变形产生的因素或机理，预先采取一定的技术处置措施可以消除或减少变形。　　　　　　　　　　　　（　　）

8. 预合拢模拟搭载技术是通过三维分段测量技术将实际分段建造的尺寸偏差数据测量出来，并在专用的造船精度管理软件系统中进行模拟搭载分析。（　　）

9. 尺寸精度是指零件、工件和中间产品完工后测得的尺寸的准确程度。　（　　）

10. 极限偏差是检验尺寸偏差时，允许少数偏差超出标准范围的最大偏差值。（　　）

二、选择题

1. 船舶建造精度管理就是在船舶建造过程中，将船舶零件、部件、分段和全船的建造尺寸，控制在规定范围内的（　　　）。

A. 工作方法　　　　B. 管理制度　　　　C. 应用原理　　　　D. A+D

2. 造船业中所说的精度管理实质是（　　　）。它是指为使船舶建造过程中的实物模型与设计模型的尺寸尽可能一致，从而对实物模型进行管理的一切行为。

A. 尺寸管理　　　　B. 制度管理　　　　C. 人员管理　　　　D. 物资管理

3. 现代船舶建造精度控制是在取得大量船舶生产实践测量数据基础上，运用（　　　）方法，逐步以不需修割的零件补偿量代替余量的方法来控制造船偏差。

A. 造船经验　　　　B. 数理统计　　　　C. 测绘经验　　　　D. 长期积累

4. 精度造船简单地说就是在船舶建造过程中用（　　　）代替余量，逐步增加补偿量的使用范围，并控制船体结构位置精度。

A. 多余量　　　　　B. 偏差量　　　　　C. 公差　　　　　　D. 补偿量

5. 精度管理是一项系统工程，对船舶制造企业而言，关键是全面、全过程推行精度控制，其核心是实施造船（　　　）设计。

A. 管理　　　　　　B. 形状　　　　　　C. 精度　　　　　　D. 尺寸

6. 船舶建造精度管理的对象为船舶在建造过程中产生的（　　　）变形、扭曲变形和角变形。

A. 形状　　　　　　B. 收缩　　　　　　C. 尺寸　　　　　　D. 面积

7. 通过船厂实践表明，开展船体建造精度管理可以使装焊工效提高（　　　）倍，使船体建造总劳动量减少10%左右。

A. 1～2 倍　　　　　B. 30%　　　　　　C. 40%　　　　　　D. 50%

8. 精密工程测量是采用非常规的测量仪器和方法，使其测量的绝对精度达到（　　　）级以上要求的测量工作。

A. 毫米　　　　　　B. 厘米　　　　　　C. 微米　　　　　　D. 纳米

9. 船舶建造精度管理相关联的技术包括(　　　)以及焊接切割技术、成型矫正技术、测量技术、吊运技术和工装技术等。

A. 数字信息技术　　B. 船舶设计技术　　C. 装配搭载技术　　D. A+B+C

10. 造船管理基准及允许界限中长度相关的没有特别注明的单位用(　　　)表示;管理标准及允许界限中角度相关单位用"°"(度)表示。

A. 毫米　　　　　　B. 厘米　　　　　　C. 分米　　　　　　D. 米

三、问答题

1. 什么是精益造船模式?

2. 简述船舶建造精度管理的基本概念。

3. 开展船舶建造精度管理的意义体现在哪些方面?

4. 国外造船企业精度管理的发展主要表现在哪三个阶段?

5. 船舶建造精度管理关键工艺技术有哪些?

6. 船舶建造精度控制的关联技术有哪些?

7. 什么是对合线基准技术?

8. 什么是成形矫正技术?

9. 什么全船余量和补偿量加放技术?

10. 余量与补偿量有哪些区别?

11. 什么是船舶建造变形和反变形控制技术?

12. 解释精度管理中余量、补偿量、基本尺寸、尺寸偏差、标准偏差、极限偏差、允许界限等专用名词与术语定义。

13. 什么是尺寸精度?

14. 什么是基准线?

15. 简述造船精度管理技术的发展趋势。

项目一

常规测量仪器的使用

【项目描述】

先进的测量技术和精准的测量数据是提高造船精度的基本保障,提高精度测量准确性对提升船舶建造质量具有重要意义。一方面,测量是船舶建造过程中补偿量计算的原始数据获取的主要手段;另一方面,测量又是进行造船品质控制和质量管理的基本方法。

测量工具是将被测长度与已知长度比较,从而得出测量结果的工具。从测量方案设计、实地施测到成果处理和利用的各个阶段中都要利用误差理论进行分析。在造船过程中的精密测量除使用常规的测量仪器和方法外,常需设计或制造一些专用的仪器和工具。1960 年 4 月,江南造船厂为国内自行设计和建造的第一艘万吨远洋货船"东风号"(图 1-1)举行下水盛典,1965 年交付使用。"东风号"远洋货船集中反映了当时中国船舶设计、制造水平以及船舶配套生产能力,为中国大批量建造万吨以上大型船舶奠定了基础。本项目重点介绍广泛应用于造船过程的水平仪、经纬仪等常规测量仪器及其使用方法。

图 1-1 我国自行设计建造的第一艘万吨级远洋船"东风号"

【学习目标】

知识目标：

1. 了解船舶精度测量的特点和要求；
2. 了解船舶精度测量的误差及其来源；
3. 熟悉水准仪、经纬仪的结构和特点；
4. 掌握经纬仪等常见仪器的使用方法。

能力目标：

1. 能根据测量任务要求选择合适的测量工具；
2. 能对水准仪、经纬仪等仪器进行精度校检；
3. 能正确且熟练操作水准仪等常见测量仪器。

素质目标：

1. 培养测量工作相互配合的团队意识；
2. 养成严谨细致一丝不苟的工作态度；
3. 树立精益求精的终身职业品质追求。

【工作任务】

任务一　距离测量工具的使用
任务二　水准仪的使用
任务三　经纬仪的使用

任务一　距离测量工具的使用

【任务描述】

距离测量是指测量地面上两点连线长度的工作。通常需要测定的是水平距离，即两点连线投影在某水准面上的长度。它是确定地面点的平面位置的要素之一，是测量工作中最基本的任务之一。距离测量技术是使测量值与量化标准值单位统一的技术，包括长度、角度、表面粗糙度、圆度和直线度等以"m"为基本单位的几何量的测量。船舶建造过程中距离测量是将被测长度与已知长度比较，以确定被测长度量值的过程。所进行的长度计量是为了保证工件的互换性和产品质量，一般以"mm"和"μm"作为测量单位。长度测量的工具包括量规、量具和量仪。习惯上常把不能指示量值的测量工具称为量规；把能指示量值，拿在手中使用的测量工具称为量具；把能指示量值的座式和上置式等测量工具称为量仪。本任务主要介绍应用距离测量工具对船体分段进行尺度测量。

距离测量
工具的使用

【知识准备】

一、精密工程测量

精密工程测量是以大地测量学为基础的,主要包括精密工程测量的理论、技术、方法、仪器设备及测量软件等。所有测量工作都要涉及参考面和参考线,如地球椭球体、大地水准面、垂线、经纬线、真北方向等。对于工程而言,小范围测量要求在几何平面上进行设计施工放样,大范围测量有时要穿过好几个3°带(即经差为3°)。对船舶建造而言,工程基准面和局部坐标系的设计是造船精密工程测量的首要问题。

1. 精密工程测量范围

精密工程测量范围包括直线定线、测量角度(或方向)、测量距离、测量高差以及测量标志。从测量方案设计、实地施测到成果处理和利用的各个阶段都要利用误差理论进行分析。

(1)直线定线

通常用精密经纬仪进行直线定线,以其望远镜的视准面为基础,从而测定目标点的横向偏离值。要求高精确度时可用专用的准直望远镜。张紧的弦线也可用作基准线,并用读数显微镜测量设备部件距离基准线的垂距。激光束也可作为基准线,有时使激光束经菲涅耳波带板干涉形成光点或亮十字丝像,配合光电接收靶进行准直测量。

(2)测量角度(或方向)

通常采用经纬仪测量角度(或方向)。观测时要用适当的方法减少或避免望远镜调焦误差及其他仪器误差的影响,要选择或创造良好的观测条件以削弱外界因素的不良影响,要尽量减少仪器和目标偏心差的影响,必要时可在观测成果上加入仪器竖轴倾斜改正数及测微器读数的行差改正数。

(3)测量距离

较短距离的精密测量,主要用因瓦合金制成的线尺或带尺,配备特制的对中设备和读数显微镜进行。丈量时尺子的拉力要保持恒定,可采用空气轴承的滑轮或刀口支承。要提高读数的精度,可应用读数显微镜或专门的精密机械测微装置,使读数误差减少至微米级。用激光干涉的方法测量距离,其误差和波长为同一数量级。双频激光干涉测长仪,可以测量长至50 m左右的距离,其反光镜要沿导轨移动,并可用于精确测定其他尺子的长度。较长的距离宜用精密的光电测距仪测量,测距达2.5 km,测距的相对精度可达10^{-8}数量级。

(4)测量高差

测量高差通常用精密水准仪进行。当视线短至5~10 m时,精密水准仪测量高差的精度可以达到0.05 mm左右。安装设备时,用带有机械测微装置的精密水准仪测量相距不到1.5 m的两点高差,精度可以达到0.01 mm左右。应用电子技术判断水准仪气泡居中的精度为0.5″。

(5)测量标志

精密工程测量要在相应的标志上进行。平面标志应能使测量仪器在标志上面精确就位。为此常采用某种强制对中装置。例如,球与圆柱孔配合的对中装置,可使仪器在标志上的对中误差小于0.1 mm;精密研磨的轴与轴套匹配的装置,可使对中误差小于0.01 mm。

在精密工程测量工作中,要求标志与设备或设备基础精确、牢固地连接。

2. 测量技术在造船中的应用

在精度造船的各个工艺阶段都要使用各种检测方法来控制加工、装配或定位的精度。随着现代测量技术的发展,测量技术已从接触式测量发展到非接触式测量。Lightfoot 等利用远距离照相技术对船舶建造过程中的焊接收缩量进行测量,收集焊接热应力变形的原始数据。与此同时,现代化的测量工具不断推进了造船精度测量技术的发展。如根据现代测量技术的发展,针对船体分段等大型工件尺寸测量的需求和应用,将线结构光应用到大型工件的测量系统中;采用激光经纬仪对艉轴管镗孔及舵承镗孔前的轴线进行勘测,为现代造船过程提供了一种简单可靠的测量方法。全站仪作为一种可以同时进行角度测量、距离测量和数据处理的现代化测量工具,在船舶制造企业中得到广泛应用,提高了船厂的测量技术水平,推进了造船精度管理及过程控制的发展。

随着现代测量手段及测量工具的发展,造船精度测量技术已相对成熟。船舶建造过程的不同阶段所使用的测量方法也有较大差异:

(1)切割阶段测量

零件切割精度是精度造船的基础,而数控切割设备能保证零件切割精度,因而获得广泛使用。通常零件切割前要用游标卡尺测量钢板厚度,零件坡口要用焊接量规检测坡口角度,零件切割后要抽查零件尺寸,如果偏差超过标准时需要及时调整切割机参数。

(2)加工阶段测量

船体零件弯曲加工精度是保证船体线型的前提,分为冷加工和热加工两种。单曲率外板零件冷加工后通常采用样板进行检测,双曲率外板零件热加工后通常采用样箱进行检测,对于一些精度要求较高的曲面,则要求采用近景摄影或三维激光扫描技术进行精确测量。为方便后续装配,外板加工零件通常取负偏差,内部弯曲面板零件通常取正偏差。

(3)拼板阶段测量

船体建造过程中拼板大体可分为小组拼板、中组拼板和大组拼板,其中中组拼板可分为曲面板拼板和平面板拼板。小组拼板时要用卷尺检测拼板尺寸,用粉线检查直线边缘的直线度。中组曲面板拼板前要用激光经纬仪和直尺制作或检测中组胎架,用直尺检测板在胎架上定位尺寸,用卷尺检测拼板尺寸,用粉线检查直线边缘的直线度。中组平面板拼板与中组曲面板类似,只是不需要用激光经纬仪和直尺制作或检测中组胎架。大组拼板前用激光经纬仪和直尺制作或检测大组胎架,用卷尺检测拼板尺寸和对角线尺寸,用粉线检查直线边缘的直线度。目前,近景摄影或三维激光扫描技术正逐渐取代传统的检测方法。

(4)分段装配阶段测量

分段装配前要用激光经纬仪和直尺制作与检测大组胎架,要用卷尺测量大组拼板尺寸并进行二次画线和检测。构件装配时用开拢尺或角尺检测小型构件的安装角度,用线锤和直尺检测大型构件的安装角度,用直尺检测外板企口的安装尺寸。分段装配焊接完成后可用卷尺、激光经纬仪、全站仪等工具测量分段总体尺寸和变形量。

(5)总段装配阶段测量

目前国内大多数船厂都采用总组工艺,总段装配前要用激光经纬仪和直尺制作并检测总组胎架,分段总组时,用激光经纬仪检测调整分段的水平度或垂直度。总组装配焊接完成后用全站仪测量总段的主尺寸和变形量,根据测量数值修割总段接缝,提高无余量搭载率。

(6)船坞(船台)搭载阶段测量

船坞(船台)搭载前用激光经纬仪、卷尺、直尺和标杆等工具,参照船坞搭载格子线图,在船坞(船台)上画好中心线、高度线和肋位线。分段、总段搭载时用激光经纬仪、直尺和线锤参考定位基准线进行定位。主船体贯通后,可以用线锤、卷尺或全站仪测量船体主尺寸,用激光经纬仪和直尺测量主船体的挠度、艏倾、艉倾及侧倾等主船体变形,作为交船资料向船东、船级社提交。船台的高度定位比船坞稍复杂,可以用激光经纬仪配合辅助标杆法,使激光经纬仪的瞄准轴的倾斜角度调整为船台的倾斜角度,这样在高度标杆上打出的激光点可以作为船体高度定位基准点。

3. 船舶建造过程测量的特点

船舶建造过程的测量有别于普通的大地测量,在测量环境、测量仪器、测量方法和测量要求等方面有以下特点:

(1)现场环境恶劣

大型船舶钢结构建造的现场通常都是开敞场地,环境温差大,灰尘多而细小,且多为铁屑。所以,要求仪器具备高等级防尘防水要求,同时适应宽范围工作温度。

(2)测量目标多

测量点的情况复杂,反射片测量是船厂测量的主要任务。分段上的被测量点往往是设计要求的结构交叉点,测量过程需要复现这些结构交叉点。复现的要求比较高,现场复现难度大。经过长达二十余年的研究证明,采用反射片实现被测点的复现,是船厂测量的主要任务。所以,使用全站仪测量时要求具备优异的反射贴片测量性能。

(3)测量空间小,测量角度大

船舶分段装配与搭载的作业现场测量空间小,测量角度大。要求测量仪器应具备较短的视距,以及高仰角和高俯角测量的条件,并要有高精度的角度校正基准作为保障。

(4)作业强度高

船舶在进行一些复杂部件装配时,经常需要较长的作业时间。因此,测量仪器应具备长时间的工作能力。

(5)夜间作业频繁

由于船厂的船坞或船台资源有限,需要多班 24 h 连续作业。为保障夜间正常作业,仪器应具备黑夜模式下的测量能力。

(6)不同船型的测量精度差异

由于不同船型的建造精度要求不一样,在追求高精度测量的同时,也会带来设备购置费用和设备维修成本的提高。因此,应依据建造船舶的要求选择合适的仪器精度。

二、造船精度测量工具(仪器)分类

1. 测量工具按用途分类

测量工具按用途通常分为通用测量工具、专类测量工具和专用测量工具。

(1)通用测量工具

可以测量多种类型工件的长度或角度的测量工具,称为通用测量工具。这类测量工具的品种规格最多,使用也最广泛,有量块、多面棱体、正弦规、卡尺、千分尺、百分表、多齿分度台、比较仪、激光干涉仪、工具显微镜、三坐标测量机等。

（2）专类测量工具

用于测量某一类几何参数、形状和位置误差（见形位公差）等的测量工具，称为专类测量工具。它可分为：

①直线度和平面度测量工具，常见的有直尺、平尺、平晶、水平仪、自准直仪等。

②表面粗糙度测量工具，常见的有表面粗糙度样块、光切显微镜、干涉显微镜和表面粗糙度测量仪等。

③圆度和圆柱度测量工具，有圆度仪、圆柱度测量仪等。

④齿轮测量工具，常见的有齿轮综合检查仪、渐开线测量仪、周节测量仪、导程仪等。

⑤螺纹测量工具等。

（3）专用测量工具

仅适用于测量某特定工件的尺寸、表面粗糙度、形状和位置误差等的测量工具，称为专用测量工具，常见的有自动检验机、自动分选机、单尺寸和多尺寸检验装置等。

2. 测量仪器按用途和特点分类

测量仪器按用途和特点可分为通用仪器和专用仪器。通常在特定的几何量测量中，测量仪器按用途和特点可分为以下几类：

（1）实物量具

在使用时以固定形态复现或提供给定量的一个或多个已知值的量具，称为实物量具。如量块、直角尺、各种曲线样板及标准量规等。

（2）极限量规

极限量规是一种没有刻度的专用检验工具，用这种工具不能得出被检验工件的具体尺寸，但可确定被检验工件是否合格。如光滑极限量规、螺纹极限量规等。

（3）显示测量仪器

显示值的测量仪器称为显示测量仪器。其显示可以是模拟的（连续或非连续）或数字的，可以是多个量值同时显示，也可提供记录。如模拟电压表、数字频率计、千分尺等。

（4）测量系统

测量系统是指组装起来的、用于特定测量的全套测量仪器和设备，测量系统可以包含实物量具。固定安装着的测量系统称为测量装备。如全站仪测量系统、经纬仪测量系统等。

3. 测量仪器按构造分类

测量仪器按构造还可以分为以下几种：

（1）游标式测量仪器

游标式测量仪器包括游标卡尺、游标深度尺、游标高度尺及游标量角器等。

（2）微动螺旋副式测量仪器

微动螺旋副式测量仪器包括外径千分尺、内径千分尺及公法线千分尺等。

（3）机械式测量仪器

机械式测量仪器包括百分表、千分表、杠杆比较仪、扭簧比较仪及三坐标测量机等。

（4）光学机械式测量仪器

光学机械式测量仪器包括光学计、测长仪、投影仪、接触干涉仪、干涉显微镜、光切显微镜、工具显微镜及测长机等。

（5）气动式测量仪器

气动式测量仪器包括流量计式、气压计式等。

（6）电学式测量仪器

电学式测量仪器包括电接触式、电感式、电容式、磁栅式、电涡流式及感应同步器等。

（7）光电式测量仪器

光电式测量仪器包括激光干涉仪、激光准直仪、激光丝杆动态测量仪、光栅式测量仪及影测量仪等。

专用仪器是近几年船舶建造测量仪器中发展最活跃的，主要应用在船舶建造精度测量领域。其中，包括机械式、光电式及光机电（子）结合式的仪器或测量系统。这类仪器的主要特点是高精度、自动化、可进行遥测和持续观测。

三、测量精度与测量误差

1. 测量精度

在测量中，任何一种测量的精密程度都只能是相对的，不可能达到绝对精确，总会存在由各种原因导致的误差。测量精度是从另一角度评价测量误差大小的量，它与误差大小相对应，即误差大，精度低；误差小，精度高。为使测量结果准确可靠，需尽量减少误差，提高测量精度。

通常情况下，可以用精确度、准确度和精度三项技术性指标来衡量测量的好坏或质量。精确度表示测量结果中随机误差大小的程度，准确度表示测量结果中系统误差大小的程度，精度是准确度和精确度的综合。精密工程测量的最大特点是要求的测量精度很高。精度这一概念包含的意义很广，分相对精度和绝对精度。

（1）相对精度

相对精度又有两种，一种是一个观测量的精度与该观测量的比值，比值越小，相对精度越高，如边长的相对精度。但比值与观测量及其精度这两个量都有关，同样是 1∶1 000 000，观测量是 10 m 和 10 km 时，精度分别为 0.01 mm 和 10 mm，故这种相对精度有可比性较差的缺点。另一种是一点相对于另一点，特别是邻近点的精度，这种相对精度与基准无关，便于比较，但是各种组合太多，如有 100 个点，每一个点就有 99 个这样的相对精度。

（2）绝对精度

绝对精度也有两种，一种是指一个观测量相对于其真值的精度，这一精度指标应用最多。由于真值难求，通常用其最或是值代替。但这一绝对精度指标也有弊病，有时它也与观测量的大小有关，如长度观测量。另一种是指一点相对于基准点的精度，该精度与基准有关，并且只能在相同基准下比较。

2. 测量误差

船舶建造从部件切割到搭载过程的每一个被测量的数据真值，都是精度测量人员采用一定的测量仪器和各种测量方法获得真值的近似值。由于测量人员的技术水平和责任心，以及所采用的仪器设备与外界观测环境条件等因素的综合影响，误差存在是绝对的，不存在是相对的，只是误差大小的区别。在精密工程测量中，由于测量精度要求高，测量技术和措施要求比较严，因此测量结果较高。但船舶建造精度测量时，其精度常受到大气折光、温度、湿度、风力、采光、振动和磁场等多种因素的影响，同时还受到测量仪器、观测人员的技术水平、测量方法和被测对象变化等综合因素影响。

　　船舶建造过程中的精度测量误差主要包括测量人员误差、仪器误差、测量方法误差、环境误差和材料误差。

　　(1) 测量人员误差

　　测量人员误差是指测量人员由于生理机能限制、固有习惯性偏差及疏忽或粗心大意等原因而造成的误差，或者说由于测量人员的技术水平和责任心不够而产生的误差。尽管目前自动化测量有一定的发展，但毕竟还是少量的，绝大多数测量还需要人工操作，用眼睛观测和估计，用笔记录。测量人员由于种种原因可能产生看错目标、瞄准偏差和读数错误；记录人员可能听错、记错数据或编号；数据处理人员可能抄错(已知点、观测点)数据或计算错误等。以上所述三种测量人员可能产生的误差，属于人为因素引起的误差，尽管出现的概率很小，但仍有存在的可能，应重点加以防范。此外，观测者的技术熟练程度也给观测成果带来不同程度的影响。

　　(2) 仪器误差

　　仪器误差是指由测量设备精度或故障等原因而造成的误差。精密工程测量所用的仪器种类多、型号多，在测距方面有因瓦基线尺、测距仪、全站仪和精密偏距测量装置等；在高程测量方面有高精度液体静力水准仪、电子水准仪、微距水准仪和精密光学水准仪 N3 等；在角度测量方面有精密光学经纬仪 T2、T3，光栅度盘，编码度盘等；还有许多结合现代先进技术和自动化测控研制而成的专用仪器等。

　　各类测量仪器在设计、加工、装配和调试过程中，不可避免地存在误差。如测距仪的频率误差、相位不均匀误差、幅相误差等。有些仪器在出厂时就存在一些修正值，如测距仪的加常数、乘常数、周期误差等。用户在使用前必须对仪器常数进行检测，检测时可能会产生仪器常数检测误差。有些仪器的结构和制造材料不太科学，当受到外界因素的影响时，也可能产生微小的误差。同时测量仪器的附件也可能产生误差，如电子类仪器的电源电压的变化及温度计、气压计的测量误差等，都可能产生误差。

　　(3) 测量方法误差

　　测量方法误差是指在整个测量过程中由于测量方法、测量工艺等不完善(包括测量数据处理)而引起的误差。目前，测量所采用的仪器和方法很多，事实已充分证明，任何测量方法都存在误差，只是误差大小有区别，不存在不产生误差的尽善尽美的测量方法。国家及各部委都颁布了许多测量规范，测量时通常根据其测量精度要求进行选择。测量方法误差最基本的是仪器整平误差、对中误差、照准误差、读数误差、仪器测量误差等。更重要的是合理选择测回数或(GPS)同步观测时间等，若选择不当也很难达到精度要求。观测时间也会产生误差，如中午时就不宜进行水平角观测。测量距离时，若用因瓦基线尺丈量，由于丈量地段不水平也会产生误差；若用测距仪测距，视线(电磁波)离墙体或地面小于 1 m 时，受旁折光影响也会产生误差。

　　在测量数据处理时，若采用的模型方法不科学或不完善也会引起误差。若对观测数据中的粗差没有及时剔除或误差分配不合理，同样也会使测量结果产生误差。

　　(4) 环境误差

　　环境误差是指在整个测量过程中由于环境温度、湿度、风力等引起的精度超差。任何测量总是在一定的环境里进行的。环境由多因素组成，如测量环境的温度、湿度、气压、风力、风向、烟尘、折光、振动、强磁场及地形地貌(水域、沙地)等。环境误差是指由各种环境因素综合影响所造成的测量误差。实际上，待测物体在不同环境中的被测量结果也是不同的。事实已证明,环境对测量结果有一定的影响,是测量误差的来源之一。

环境造成测量误差的主要原因是测量仪器与附件会随着环境的变化而变化。例如,温度的变化能使测量仪器某部分的几何尺寸发生变化,也可能引起电子元件参数发生变化;大气折光和强磁场可能引起光波、电磁波传输路径发生变化;地表的水面或反射体可能使测量信号产生副反射或多路径。所以,在测量精度要求较高的测量中,应选择最佳的观测环境和观测时间或标准环境。当测量环境太差或偏离标准环境较远时,测量就会产生较大的误差。

除了偏离标准环境而产生误差外,各种环境因素中的微小变化也可能产生测量误差。整个测量过程中,各个环境因素,如温度、湿度、气压、风向、照明度、电磁场强度及大地微震等,均处在不断的变化中。由于各因素变化程度不一样,对测量的影响大小也各不相同,因此它们对测量的综合影响也在不断地发生变化,从而引起测量环境微观变化下的测量误差。

环境因素造成的测量误差有的可以通过理论分析和科学实验获得改正公式加以改正,如测距仪测量距离可加气象改正。但有些因素,如含尘量、电磁场、光照、震动等微小变化造成的测量误差无法做定量分析和改正,只能避开恶劣环境或选择最佳观测环境。例如,现场测量在日出日落前后并有微风的环境下进行效果最佳。

（5）材料误差

材料误差是指在船舶建造测量过程中因所测量材料的性能、材质等不同而产生的误差。

因此,测量误差分析时要掌握船舶各建造阶段测量项目的允许偏差和极限偏差范围,根据误差分析方法,找出精度超差的原因,并制定精度超差的处理及预防措施。

四、距离测量

距离测量的目的是测定地面上两点间的距离。根据使用工具和测量方法的不同可将距离测量分为直接测量和间接测量。用钢尺（或皮尺）或光电测距仪直接测得两点间的水平距离称为直接测量,用视距测量的方法测算两点间的水平距离称为间接测量。

1. 量尺量距

用量尺直接测定两点间距离,分为钢尺量距和因瓦基线尺量距。所量距离大于尺长时,需先标定直线再分段测量。钢尺量距的精度一般高于$1/1\,000$。

（1）钢尺量距

①钢尺量距的原理。

钢尺是目前用于工程设备建造过程中直接丈量的主要工具,通常有钢直尺和钢卷尺两种。船用钢直尺通常有15 cm钢直尺和100 cm钢直尺两种,15 cm钢直尺常用于检查装配间隙,100 cm钢直尺用于结构水平度或垂直度的辅助测量。钢卷尺用薄钢带制成,尺宽1～1.5 cm,长度有20 m、30 m、50 m等几种,钢卷尺在测量零件尺寸、拼板尺寸、分段尺寸和船体主尺寸等方面有广泛的应用。钢尺量距需要测钎、花杆（标杆）、垂球、温度计、拉力器等,常用于工程施工放样测量中。船用钢卷尺的长度公差通常要求小于1 mm。

钢尺的尺长方程式是在一定拉力下,钢尺长度与温度的函数关系,其形式为

$$L=L_0+\Delta L+\alpha(t-t_0)L_0 \tag{1-1}$$

式中　L——钢尺在温度t时的实际长度;

L_0——钢尺的名义长度;

ΔL——尺长改正数,即钢尺在温度 t_0 时实际长度与名义长度之差;

α——钢尺温度膨胀系数,即温度每变化 1 ℃时单位长度的变化率,其值一般为 $(1.15 \sim 1.25) \times 10^{-5}/$ ℃;因瓦基线尺的膨胀系数小,一般为 $0.5 \times 10^{-6}/$ ℃;

t——钢尺量距时的温度;

t_0——钢尺检定时的标准温度。

尺长方程式在已知长度上比对得到,称为尺长检定,一般由测绘计量检定部门实施。

②钢尺量距的步骤。

a. 定线。若丈量距离大于尺段长度时,应在距离两端点之间用经纬仪定向,按尺段长度设置定向桩,并在桩顶刻画标志。

b. 量距,即丈量两相邻定向桩顶标志之间的距离。丈量时钢尺施以检定时的拉力(一般 30 m 钢尺为 10 kg,50 m 钢尺为 15 kg)。当钢尺达到规定拉力、尺身稳定时,司尺员按一定程序、统一口令,前后读尺员进行钢尺读数,两端读数之差即为该尺段的长度 λ_i。

c. 测量定向桩之间的高差。为将丈量距离改化成水平距离,即距离的高差改正,需用水准测量方法测定相邻桩顶间的高差 h_i。

d. 数据整理。对各段观测值进行尺长改正、温度改正、倾斜改正后相加即得所需距离。

③钢尺量距的误差及注意事项。

a. 定线误差。定线不直使丈量沿着折线进行,当尺长为 30 m、偏差为 0.4 m 时,产生的误差约为 3 mm。在实际测量中,只要认真操作,目估定线误差不超过 0.1 m,便能满足精度要求,但在线路较长或精密丈量中应使用经纬仪定线。

b. 拉力误差。钢尺拉力多为 98 N。当用 50 m 钢尺丈量时,拉力每变化 10 N,尺长将产生 +1 mm 的误差,所以丈量时应保持标准拉力。

c. 尺身不平的误差。使用平量法时,尺身不水平将使丈量结果比实际水平距离长,这种误差是累积性误差,其影响与定线误差相似。

d. 其他误差。对尺长误差、温度误差和高差产生的距离误差应分别进行改正。

e. 丈量中容易出现的错误。这些错误主要表现在司尺员将尺的零点搞错,读数员读错读数或记录员记错读数。

(2)因瓦基线尺量距

因瓦基线尺,又称铁镍合金基线尺,是在进行传统精密距离测量时使用的,采用温度膨胀系数小于 $0.5 \times 10^{-6}/$ ℃的铁镍合金制成的基线尺。

①因瓦基线尺量距的原理。

因瓦基线尺是用温度膨胀系数很小的因瓦合金钢制造的线状尺或带状尺。常用的线状尺长 24 m,钢丝直径 1.65 mm,线尺两端各连接一个有毫米刻画的分划尺,分划尺刻度为 80 mm。量距时用 10 kg 重锤通过滑轮引张,使尺子成悬链线形状,线尺两端分划尺上同名刻画线间的直线距离,即悬链线的弦长,是线尺的工作长度。因瓦基线尺受温度变化影响极小,量距精度高达 1/1 000 000,主要用于丈量三角网的基线和其他高精度的边长。

②因瓦基线尺的使用。

因瓦基线尺主要在实验室、车间、野外等环境中使用。若使用普通钢卷尺来测量大尺寸的长度,在温度多变的野外,由于钢尺受温度影响而使其长度发生变化,同时测温不准会给大尺寸长度测量结果带来巨大的误差。因此,在量距精度要求很高时,往往使用因瓦基线尺，它是用温度膨胀系数很小的因瓦合金钢制造的，能大大提高测量的准确度。

现场使用因瓦基线尺时两端加载 10 kg 重锤张力，采用悬测方式。线状因瓦基线尺只有两段刻度，无中间刻度，无须托平支架，故只能进行整数倍距离测量；带状因瓦基线尺如普通钢卷尺，截面为扁平矩形，需要托平支架，采用两端加载 10 kg 重锤张力，其中间 0.5 m 整数段有刻度，可测量量程范围内的任意长度。前者一般长 24 m，后者一般长 50 m。在尺两端各连一个三棱形的分划尺，长 8 cm，其上最小分划值为 1 mm。因瓦基线尺全套由 4 根主尺、一根 8 m 或 4 m 长的辅尺组成，不用时安放在带有卷鼓的尺箱内。

虽然目前通过光干涉法和使用精密测距仪（电磁波测距仪）等可以快速便捷地进行测量，在大地测量中也得到了较广泛的应用，但由于因瓦基线尺的稳定性和可靠性，我国测绘及工程测量中仍然大量使用传统的因瓦基线尺进行大尺寸的测距，特别是野外大尺寸高精度基线、国家大地控制网中的基线、地震形变测量、精密工程测量等还是要依赖因瓦基线尺来丈量的，并且电磁波测距仪的仪器常数和仪器测量的准确度还是要依赖野外高精度基线来检定的。

2. 电磁波测距

电磁波测距是通过测定电磁波在待测距离上往返传播的时间 t，利用下列基本公式来计算待测距离 D 的：

$$D = 1/2 \cdot c \cdot t_{2D} \tag{1-2}$$

式中　c——电磁波在大气中的传播速度，取决于电磁波的波长和观测时测线上的气象条件，一般视为已知值，电磁波在真空中的传播速度为 $c_0 = (299\ 792\ 458 \pm 1.2)\ \text{m/s}$；

　　　t_{2D}——电磁波在测线上的往返传播时间，可以直接测定，也可以间接测定。

直接测量方法是通过测定脉冲在测线上往返传播过程中的脉冲数来测定 t_{2D} 的，间接测量方法则是通过调制光在测线上往返传播所产生的相位差来测定 t_{2D} 的，精密测距一般采用相位差式测量方法。

（1）相位式测距原理

相位式测距是通过测量调制波在测线上往返传播所产生的相位移间接地测定电磁波在测线上的往返传播时间 t_{2D}。

如果将调制波的往程和返程摊平，则如图 1-2 所示。由光源发出的光波通过调制器调制后，成为光强随高频信号变化的调制波。调制波射向测线另一端的反射棱镜，经反射棱镜反射后，被接收器所接收，然后由相位计将发射信号（又称参考信号）与接收信号（又称测距信号）进行相位比较。

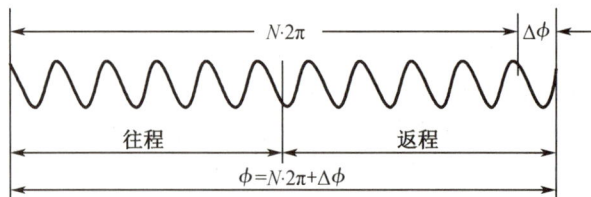

图 1-2　相位式测距原理

只要获得调制波在被测距离上往返传播所引起的相位移（或称相位延迟）ϕ，则往返传播时间 t_{2D} 为

$$t_{2D} = \phi/\omega = \phi/2\pi f \tag{1-3}$$

式中　ω——调制波的角频率；

　　　f——调制波的线频率。

（2）电磁波测距仪分类

目前,电磁波测距仪种类繁多、型号多样,按载波可分为光波测距仪、微波测距仪和多载波测距仪。其中,光波测距仪包括利用白炽灯、高压水银灯为光源的光速测距仪,以激光作为载波的激光测距仪,以及以红外发光管或红外激光管为光源的红外测距仪;按测程可分为测程在 3 km 以内的短程测距仪、测程在 3~15 km 的中程测距仪、测程大于 15 km 的远程测距仪和超远程测距仪;按精度可分为超高精度测距仪、高精度测距仪和一般精度测距仪。

我国城市测量依每千米测距中的误差将测距仪分为Ⅰ级[$m_D \leqslant \pm 5$ mm(m_D 为测距中误差,且 $m_D = a + bD$,其中 a 为标称精度中的固定误差(mm),b 为标称精度中的比例误差系数(mm/km),D 为测距长度(km)]、Ⅱ级(± 5 mm $\leqslant m_D \leqslant \pm 10$ mm)和Ⅲ级(± 10 mm $\leqslant m_D \leqslant \pm 20$ mm);按测距方式可将测距仪分为脉冲式测距仪、相位式测距仪和混合式测距仪,脉冲式测距仪的测程远而精度较低,相位式测距仪的测程较短而精度高。精密测距仪均采用相位式或脉冲、相位混合的测距方式。微波测距仪、激光测距仪、红外测距仪和多载波测距仪均属于相位式测距仪;激光人工测距仪、机载激光测高仪和激光测月设备等则属于脉冲式测距仪。

（3）电磁波测距仪的使用

电磁波测距仪一般由照准头、控制器、电源和反射器四部分组成,经常与经纬仪连接使用。各种型号的电磁波测距仪结构不同,操作方法也有差异,使用时应严格按照说明书进行操作。测距仪测距的一般要求为安置仪器、距离测量及成果整理。距离测量时需要同时测量垂直角(或仪器高)、温度、气压等用于平距改正。

设测距读数(斜距)平均值为 D',须经多项改正后,才能得到两点间正确的水平距离。

①仪器加常数和乘常数改正。

加常数改正为

$$\Delta D_c = a \tag{1-4}$$

乘常数改正为

$$\Delta D_R = b \cdot D' \tag{1-5}$$

一般加常数 a 和乘常数 b 由仪器检定部门在已知基线上比对求得。

②气象改正。

影响光速的大气折射率是光的波长、气温、气压的函数。对某一型号的测距仪,其光波波长为定值。因此,根据观测时测定的气温及气压可以计算出距离的气象改正。距离的气象改正与距离成正比,改正参数 A 的计算公式由仪器说明书给出,算出 A 后,即可求气象改正。

$$\Delta D_A = A \cdot D' \tag{1-6}$$

③倾斜改正。

倾斜改正可由垂直角和高差来计算,计算公式为

$$\Delta D_\alpha = D' \cdot (\cos \alpha - 1) \tag{1-7}$$

式中　α——斜边的垂直角。

3. 双频激光干涉测距

双频激光干涉仪是目前测长仪中精度较高的一种仪器,它能在较差的环境中达到 5×10^{-7} 左右的测量精度,测程可达几十米,而且自动化程度高。双频激光干涉仪由于高精度和自动化的特点,非常适合于高精度工程测量以及测距仪、全站仪的测距精度自动检测。

双频激光干涉仪的自动化程度高,可用微机控制测量和移动,测距仪可实现数据的自动采集。因此,通过硬件、软件可实现测距仪在双频激光干涉仪上的自动化检测。自动化测量系统原理框图如图1-3所示。图1-3中,用户计算机和干涉仪计算机利用232RS实现通信,波特率为9 600,这样用户计算机可控制激光干涉仪进行测量和移动。用户计算机和测距仪进行通信实现测量数据的自动采集。激光干涉仪、测距仪的测量数据全部进入用户计算机以进行数据处理和分析,并打印出检测结果。

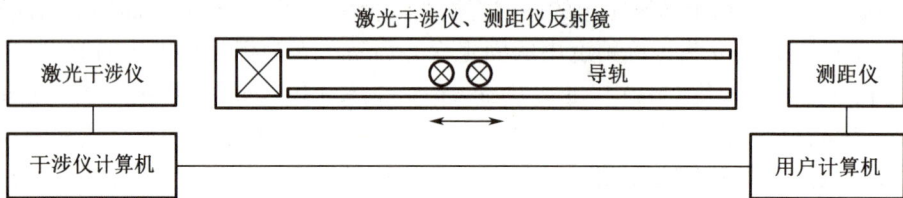

图1-3 自动化测量系统原理框图

将测距仪调整到与棱镜导轨移动直线一致的方向上,使棱镜的高度与测距仪同高,选择激光干涉仪移动的步距,只需一人控制用户计算机以实现测距仪的自动化检测。

用双频激光干涉仪还可检定因瓦水准尺、米纹尺和其他线尺等。

4. 偏距测量

在许多精密工程测量的实际工作中,往往需要测定一点至一条直线的垂直距离,称为偏距测量。偏距测量工作的特点是垂直距离一般比较小,如不超过2 m,但绝对精度很高,一般要求达到几十微米。欧洲核子研究中心(CERN)研制出两种精密偏距测量的专门装置:一是用带有探测器的尼龙丝准直系统测量偏距,二是用带有跟踪接收机的激光准直系统测量偏距。

(1)尼龙丝准直系统

尼龙丝准直系统由尼龙丝、带有探测器的尺子及控制装置三部分组成。直径0.25 mm的尼龙丝,采用点针对中和一端固定另一端引张的方法,在两基准点间拉紧而形成一条基准线。带有探测器的尺子强制对中在基准点的插座中,并保持水平和与尼龙丝垂直,建立一条过基准点中心且垂直于尼龙丝的垂线。探测器的分辨率为0.001 mm。控制装置由逻辑线路、滤波器、前置放大器、功率放大器以及伺服回路等组成。探测器在精密螺丝杆上移动的距离(即偏距)可由计算器显示出来。该装置已广泛地应用在CERN的系列工程中,能测量的最大偏距为520 mm,在100 m长基准线上偏距的精度是±0.05 mm。但由于尼龙丝很细,受气流影响很大,故要求观测条件十分稳定。否则,在有空气湍流的地方,将引起尼龙丝不停地振动,从而使测量结果产生系统误差。此时应用激光准直系统能获得好的结果。

(2)激光准直系统

激光准直系统由一带有专门光学系统的激光源及一台光电管接收机组成。基准线由一束激光束标定。由氦氖激光器发出的功率为 1 mW 的激光束，经过专门的光学系统后，实现以下两点基本要求：一是将激光束的发散度降低到 1/10，直径也相应地减少到 1/10。比如，从光学系统出口发射的 11 mm 的激光束，在 100 m 距离处，仅增加到 14 mm。二是保证光强按高斯分布，以使接收机能够按照光强准确地探测出光束的中心位置。

光电接收机是在螺丝杆驱动下移动的滑座。滑座沿着螺丝杆的移动、位置的测量和计数，以及激光束中心位置的探测等与尼龙丝准直系统都是相似的。所不同的只是探测光束中心位置的光电管按激光束垂直整置。为此，借助光电管后面的两个小光电管来保证它们被激光束的中央条带照明，这个条带光分别由分主光电管两半的 0.5 mm 宽的缝隙透射过来。差信号电检流计指示，只要转动检流计直至指针为零，便达到了垂直的目的。

该仪器在长 100 m 的基准线上，可测垂直距离（偏距）600 mm，仪器分辨率为 0.01 mm，采取必要措施时，测偏距精度可达 ±0.09 mm。

【任务实施】

任务内容：分段尺度的测量；

任务要求：完成分段长宽高等主要尺度测量，填写表格、绘制草图、标注测量尺寸并分析分段状态；

场地：船舶建造工艺实训室或具有船舶分段的场所；

工具：测距仪、直尺、卷尺等。

分段名称			测量人员		测量时间	
序号	测量内容	测量数据（单位：mm）				
①	左边长度					
②	右边长度					
③	左后端高					
④	左前端高					
⑤	右后端高					
⑥	右前端高					
⑦	分段前端宽					
⑧	分段后端宽					
分段状态分析						

任务二　水准仪的使用

【任务描述】

水准仪是根据水准测量原理测量地面点间高差的仪器,主要用于工程高程测量。水准测量又名"几何水准测量",是用水准仪和水准尺测定地面上两点间高差的方法。其原理是在地面两点间安置水准仪,观测竖立在两点上的水准尺,按尺上读数推算两点间的高差。通常由水准原点或任一已知高程点出发,沿选定的水准路线逐站测定各点的高程。由于不同高程的水准面不平行,沿不同路线测得的两点间高差将有差异,因此在整理国家水准测量成果时,须按所采用的正常高系统加以必要的改正,以求得正确的高程。水准仪在船舶建造过程中主要用于大型结构物的高差测量。本任务主要介绍应用水准仪对散货船底部分段进行高差测量的方法。

【知识准备】

水准仪是在 17 至 18 世纪发明了望远镜和水准器后出现的。20 世纪初,在制出内调焦望远镜和符合水准器的基础上生产出微倾水准仪。20 世纪 50 年代初出现了自动安平水准仪。20 世纪 60 年代研制出了激光水准仪。20 世纪 90 年代出现了电子水准仪或数字水准仪。

一、水准仪的用途

几何水准测量是经典高差测量方法,使用的仪器是水准仪,其原理是借助水平视线(由水准器得到)获取竖立在两点上的标尺读数,从而测定两立尺点间的高差。

长期以来,光学水准仪一直是水准测量的主要仪器,其结构较为简单。水准仪必须有标尺同时配合才能使用。光学水准仪有可靠的精度保证,但需人工观测记录,作业强度大,满足不了数字化和自动化的测量要求。随着测量技术的发展,光学水准仪正在被电子水准仪所替代。

普通水准仪主要部件有光学粗瞄准、调焦手轮、物镜、水平循环微动手轮、球面基座、水泡观察器、圆水泡、度盘、脚螺丝手轮、目镜、目镜罩、度盘指示牌等(图 1-4)。

目前,我国水准仪等级是按仪器所能达到的每千米往返测高差中数的偶然中误差这一精度指标划分的,共分为 4 个等级。

水准仪型号都以 DS 开头,分别为"大地"和"水准仪"汉语拼音的首字母,书写通常省略字母 D。其后"05""1""3""10"等数字表示该仪器的精度。S3 级和 S10 级水准仪又称为普通水准仪,主要用于国家三、四等水准测量及(或)一般工程水准测量,S05 级和 S1 级水准仪称为精密水准仪,主要用于国家一、二等精密水准测量(表 1-1)。目前,水准仪可分为光学水准仪和电子水准仪两大类。

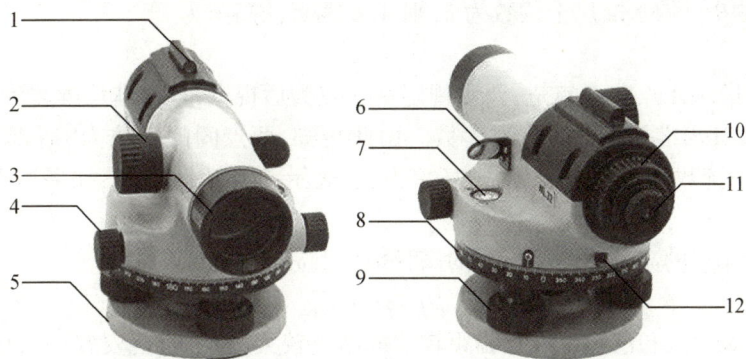

1—光学粗瞄准；2—调焦手轮；3—物镜；4—水平循环微动手轮；5—球面基座；6—水泡观察器；
7—圆水泡；8—度盘；9—脚螺丝手轮；10—目镜罩；11—目镜；12—度盘指示牌。

图 1-4　水准仪

表 1-1　水准仪型号及用途

水准仪型号	S05	S1	S3	S10
每千米往返测高差中数的偶然中误差	≤0.5 mm	≤1 mm	≤3 mm	≤10 mm
主要用途	国家一等精密水准测量及地震监测	国家二等精密水准测量	国家三、四等水准测量及一般工程水准测量	一般工程水准测量

二、水准测量的基本原理

如图 1-5 所示，利用一台能够提供水平视线的水准仪，并借助水准尺，来测定地面两点间的高差，由已知点的高程推算出未知点的高程。

水准测量原理

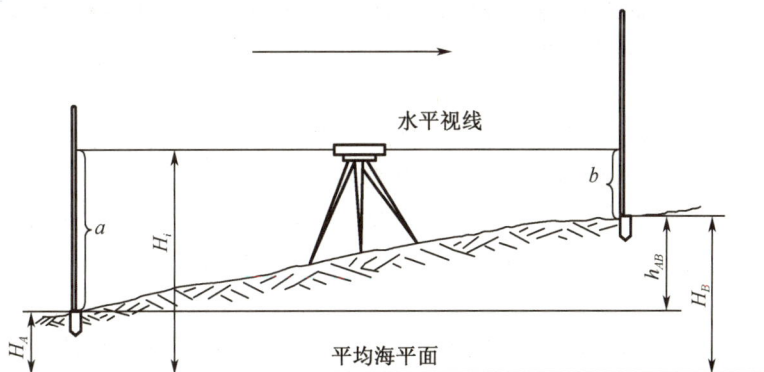

图 1-5　水准测量原理

设已知点 A 的高程为 H_A，求 B 点的高程 H_B。在 A、B 两点间安置一架水准仪，并在 A、B 两点上分别竖立水准尺(尺子零点在低端)，根据水准仪望远镜的水平视线在 A 点的水准尺

上读数为 a，在 B 点的水准尺上读数为 b，则 A、B 两点的高差为

$$h_{AB} = a - b \qquad (1-8)$$

设水准测量从 A 点向 B 点进行，则规定称 A 点为后视点，其水准尺读数为后视读数；称 B 点为前视点，其水准尺读数为前视读数。由此可知，两点间的高差为"后视读数-前视读数"。如果后视读数大于前视读数，则高差为正，表示 B 点比 A 点高；如果后视读数小于前视读数，则高差为负，表示 B 点比 A 点低。

如果已知 A 点的高程 H_A，则 B 点的高程 H_B 可按下式计算：

$$H_B = H_A + h_{AB} \qquad (1-9)$$

当欲测的高程点和已知水准点相距较远或高差较大，且不可能安置一次仪器即测得两点间的高差时，可在水准路线中加设若干个临时的立尺点，称为转点（代号为 TP，英文 Turning Point 的缩写），依次连续安置水准仪测定相邻各点间的高差，最后取各个高差的代数和，可得到起、终两点间的高差，从而计算出待求点高程。

三、水准仪的种类

水准仪按结构分为微倾水准仪、自动安平水准仪、激光水准仪和电子水准仪；按精度分为精密水准仪和普通水准仪。

1. 微倾水准仪

微倾水准仪是借助微倾螺旋获得水平视线的一种常用水准仪。作业时先用圆水准器将仪器粗略整平，每次读数前再借助微倾螺旋，使符合水准器在竖直面内俯仰，直到符合水准气泡精确居中，使视线水平。微倾式精密水准仪同普通水准仪比较，前者管水准器的分划值小、灵敏度高，望远镜的放大倍率大，明亮度强，仪器结构坚固，特别是望远镜与管水准器之间的连接牢固，装有光学测微器，并配有精密水准标尺，以提高读数精度。我国生产的微倾式精密水准仪，其望远镜放大倍率为 40 倍，管水准器分划值为 $10''/2$ mm，光学测微器最小读数为 0.05 mm，望远镜照准部分、管水准器和光学测微器都共同安装在防热罩内。

2. 自动安平水准仪

自动安平水准仪是借助自动安平补偿器获得水平视线的一种水准仪。它的特点主要是当望远镜视线有微量倾斜时，补偿器在重力作用下对望远镜做相对移动，从而能自动且迅速地获得视线水平时的标尺读数。

3. 激光水准仪

激光水准仪是利用激光束代替人工读数的一种水准仪。其将激光器发出的激光束导入望远镜筒内，使其沿视准轴方向射出水平激光束。

利用激光的单色性和相干性，可在望远镜物镜前装配一块具有一定遮光图案的玻璃片或金属片，即波带板，使之产生衍射干涉。经过望远镜调焦，在波带板的调焦范围内，获得一明亮而精细的十字形或圆形的激光光斑，从而更精确地照准目标。如在前、后水准标尺上配备能自动跟踪的光电接收靶，即可进行水准测量。在施工测量和大型构件装配中，常用激光水准仪建立水平面或水平线。

4. 电子水准仪

电子水准仪又称数字水准仪，它是在自动安平水准仪的基础上发展起来的。它采用条码标尺，各厂家标尺编码的条码图案不相同，不能互换使用。目前照准标尺和调焦仍需目视进行。人工完成照准和调焦之后，标尺条码一方面被成像在望远镜分化板上，供目视观

测;另一方面通过望远镜的分光镜,标尺条码又被成像在光电传感器(又称探测器)上,即线阵 CCD 器件上,供电子读数。因此,如果使用传统水准标尺,电子水准仪又可以像普通自动安平水准仪一样使用。不过这时的测量精度低于电子测量的精度。特别是精密电子水准仪,由于没有光学测微器,当成普通自动安平水准仪使用时,其精度更低。

各厂家的电子水准仪采用了大体一致的结构,其基本构造由光学机械部分、自动安平补偿装置和电子设备组成。电子设备主要包括调焦编码器、光电传感器(即线阵 CCD 器件)、读数电子元件、单片微处理机、接口(外部电源和外部存储记录)、显示器件、键盘以及影像数据处理软件等,标尺采用条码标尺供电子测量使用。

索佳、蔡司、拓普康等测量公司先后推出了各自的电子水准仪。到目前为止,电子水准仪已经发展到了第二代、第三代产品,仪器测量精度已经达到了一、二等水准测量的要求。图 1-6 是索佳 SDL2 电子水准仪。

电子水准仪与传统光学水准仪相比有以下特点:

①读数客观。基本不存在误读、误记问题,消除了人为读数误差。

②精度高。视线和视距读数都是采用大量条码分划图

图 1-6　索佳 SDL2 电子水准仪

像经过处理后取平均值的,因此削弱了标尺分划误差的影响。大多数仪器都有进行多次读数取平均数的功能,可以自动弱化外界条件(如振动、大气扰动等)的影响。这同时也就要求标尺条码有足够的可见范围,用于测量的条码不能被遮挡。

③速度快。由于省去了读、记、现场计算以及人为出错的重测数量,测量时间与传统光学水准仪相比可以节省 1/3 左右。

④效率高。只需调焦和按键就可以自动读数,减轻了劳动强度;还能实现数据的自动记录、检核、处理,并能从仪器中直接把数据输入计算机进行存储或后处理。

⑤操作简单。由于仪器实现了读数和记录的自动化,并预存了大量测量和检核程序,在操作时还有实时提示,因此测量人员可以很快掌握使用方法,减少了培训时间,即使非专业的作业人员也能很快熟练使用仪器。

但电子水准仪也存在一些不如传统光学水准仪的地方,主要表现如下:

①电子水准仪对标尺进行读数不如传统光学水准仪灵活,只能对其配套标尺进行照准读数。而在有些部门的应用中,使用自制的标尺,甚至是普通的钢板尺,只要有刻画线,传统光学水准仪就能读数,而电子水准仪则无法工作。同时,电子水准仪要求有一定的视场范围,但有些情况下,只能通过一个较窄的狭缝进行照准读数,这时就只能使用传统光学水准仪。

②电子水准仪受外界条件影响较大。由于电子水准仪是由 CCD 探测器来分辨标尺条码的图像,进而进行电子读数,而 CCD 只能在有限的亮度范围内将图像转换为用于测量的有效电信号,因此,水准标尺的亮度是很重要的,要求标尺亮度均匀且适中。

四、光学水准仪的基本结构

光学水准仪由望远镜、水准器和基座三部分组成,如图 1-7 所示。

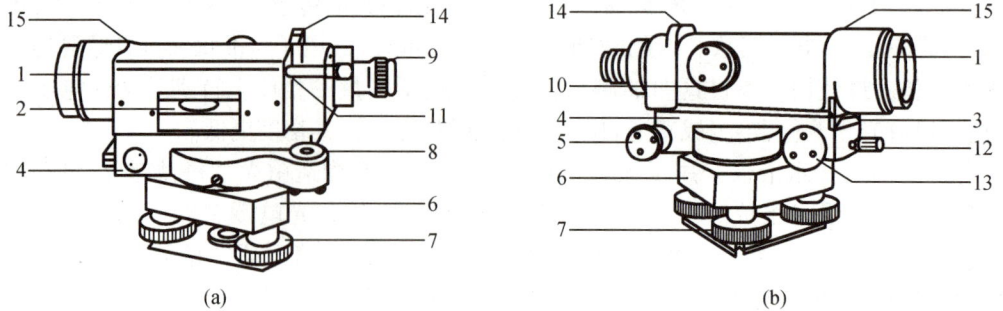

(a)　　　　　　　　　　　(b)

1—远镜物镜；2—水准管；3—簧片；4—支架；5—微倾螺旋；6—基座；7—脚螺旋；8—圆水准器；
9—望远镜目镜；10—物镜调焦螺旋；11—气泡观察镜；12—制动螺旋；13—微动螺旋；14—缺口；15—准星。

图 1-7　DS₃ 型微倾式水准仪

图 1-8 所示为 DS₃ 型微倾式水准仪望远镜，主要由物镜、目镜、调焦透镜和十字丝分划板所组成。物镜和目镜多采用复合透镜组。物镜的作用是和调焦透镜一起将远处的目标在十字丝分划板上形成缩小而明亮的实像，目镜的作用是将物镜所成的实像与十字丝一起放大成虚像。十字丝分划板是一块刻有分划线的透明薄平板玻璃片。分划板上互相垂直的两条长丝称为十字丝。纵丝亦称竖丝，横丝亦称中丝。上、下两条对称的短丝称为视距丝，用于测量距离。操作时利用十字丝交叉点和中丝瞄准目标，读取水准尺上的读数。十字丝交叉点与物镜光心的连线，称为望远镜的视准轴（图 1-8 中的 $C—C$）。延长视准轴并使其水平，即得水准测量中所需的水平视线。

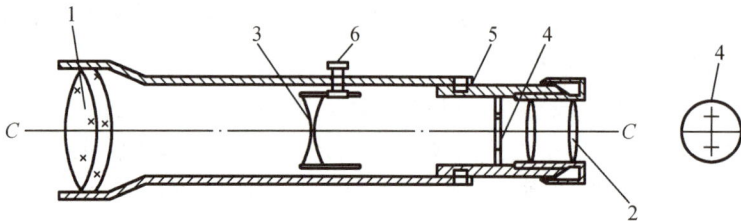

1—物镜；2—目镜；3—调焦透镜；4—十字丝分划板；5—连接螺钉；6—调焦螺旋。

图 1-8　DS₃ 型微倾式水准仪望远镜

水准器是操作人员判断水准仪安置是否正确的重要部件。水准仪通常装有圆水准器和管水准器，它们分别用来指示仪器竖轴是否竖直和视准轴是否水平。圆水准器（图 1-9）顶面的内壁是球面，其中有圆形分划圈（圆圈），圆圈的中心为水准器的零点，通过零点的球面法线为圆水准器轴线，当圆水准器气泡居中时，该轴线处于竖直位置，圆水准器的功能是用于仪器的粗略整平。管水准器又称水准管（图 1-10），是把纵向内壁磨成圆弧形的玻璃管，管内装酒精和乙醚的混合液，加热融封冷却后留有一个近于真空的气泡。为提高水准管气泡居中精度，DS₃ 型微倾式水准仪在水准管的上方安装一组符合棱镜，通过符合棱镜的折光作用，使气泡两端的像反映在望远镜旁的符合气泡观察窗中。

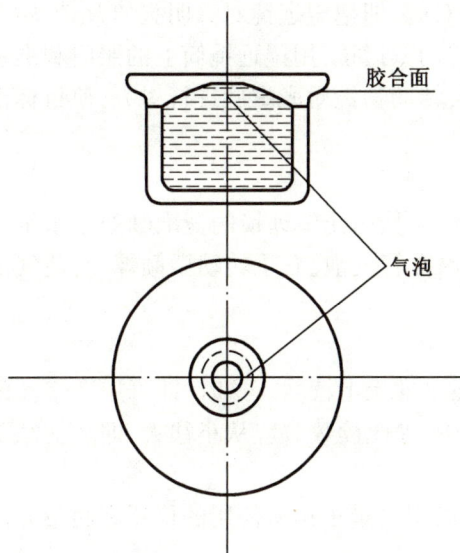

图 1-9 圆水准器

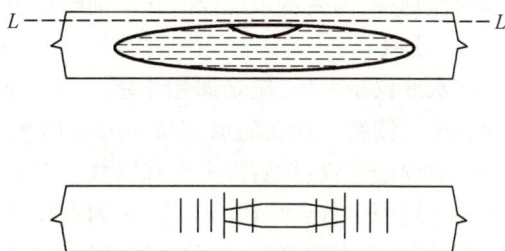

图 1-10 水准管

基座主要由轴座、脚螺旋、底板和三角压板构成。其作用是支承仪器的上部,即将仪器的竖轴插入轴座内旋转。脚螺旋用于调整圆水准器气泡居中。底板通过连接螺旋与下部三脚架连接。

水准尺是水准测量时使用的标尺,常用干燥的优质木料、玻璃钢、铝合金等材料制成。水准尺根据其构造又可分为直尺、折尺和塔尺。直尺和塔尺中又有单面水准尺和双面水准尺。

尺垫用生铁铸成,一般为三角形,中央有一凸起的半球体,下部有三个支脚。水准测量时,将支脚牢固地踩入地下,然后将水准尺立于半球顶上,用以保持尺底高度不变。尺垫仅在转点处竖立水准尺时使用。

五、水准仪的操作

1. 水准仪的操作步骤

水准仪的使用主要包括安置水准仪、粗略整平、瞄准水准尺、精确整平(即精平)和读数五个步骤。

水准仪的结构
及使用

(1)安置水准仪

安置水准仪是将仪器安装在可以伸缩的三脚架上并置于两观测点之间。首先打开三脚架,并根据观测者的身高调节架腿长度,用目估法使三脚架头大致水平,将三脚架安置稳固,然后打开仪器箱取出水准仪,用连接螺旋将仪器牢固地固连在三脚架头上。

(2)粗略整平

粗略整平是将仪器的视线粗略水平,转动脚螺旋,使圆水准器气泡居中,使仪器的纵轴大致铅垂,为在各个方向精密定平仪器创造条件。在整平过程中,气泡移动的方向与拇指运动的方向一致。

(3)瞄准水准尺

瞄准是把望远镜对准水准尺,进行目镜和物镜调焦,使十字丝和水准尺像十分清晰,消

除视差,以便在尺上进行正确读数。首先进行目镜对光,即把望远镜对着明亮的背景,转动目镜对光螺旋,使十字丝清晰。再松开制动螺旋,转动望远镜,用望远镜筒上的照门和准星瞄准水准尺,拧紧制动螺旋。然后从望远镜中观察,转动物镜对光螺旋进行对光,使目标清晰,再转动微动螺旋,使竖丝对准水准尺。

（4）精平

精平是转动微倾螺旋,使水准管气泡居中(符合),从而使望远镜的视准轴处于水平位置。眼睛通过位于目镜左方的符合气泡观察窗看水准管气泡,右手转动微倾螺旋,使气泡两端的像吻合,即表示水准仪的视准轴已精确水平。

（5）读数

使水准仪精平后,应立即用十字丝的中横丝在水准尺上读数。这时,即可用十字丝的中丝在尺上读数。现在的水准仪多采用倒像望远镜,因此读数时应从小往大,即从上往下读。先估读毫米数,然后报出全部读数。

测量地面上各点高程的工作,称为高程测量。高程测量根据所使用的仪器和测量方法的不同,可分为水准测量、三角高程测量和气压高程测量。

2. 水准仪使用注意事项

①安置水准仪时,必须检查设备的稳固装置,设备与支架等必须架稳、架牢。

②仪器安置好后,在操作过程中严禁碰动仪器,以免造成振动或移位而产生误差。

③读数时,水准管气泡必须居中。

④仪器操作过程中,要轻、要稳,严禁用大力。

⑤仪器从仪器箱中取出时,需用双手握住仪器基座部分,慢慢取出,作业完毕后,将所有微动螺旋旋到中央位置,然后慢慢放入箱中,并固紧制动螺旋,不可强行或猛力关箱盖。

⑥在外作业时,仪器旁要随时有人防护,以免因一些突发或意外而造成设备损毁。

⑦搬运时,应把仪器所有制动螺旋略微拧紧,但不要拧得太紧,搬运过程中仪器脚架必须竖直拿稳,不得横扛在肩上。

⑧清洁物镜和目镜时,应先用干净的软毛刷轻轻拂拭,然后用擦镜纸擦拭,严禁用其他物品擦拭镜头。

⑨仪器上的螺旋不润滑时,不可强行旋转,必须检查其不润滑原因,及时排除。

⑩仪器任何部分若发生故障,不应勉强继续使用,要立即检修,否则会加剧仪器损坏的程度。

3. 水准仪的检校

水准仪的轴线如图1-11所示,图中C—C为视准轴,L—L为水准管轴,L'—L'为圆水准器轴,V—V为仪器旋转轴(纵轴)。

根据水准测量的基本原理,水准仪必须提供一条水平视线,据此在水准尺上读数,才能正确地测定地面两点间的高差。为此,水准仪应满足下列条件:

①圆水准器轴应平行于仪器纵轴($L'—L'//V—V$);

②十字丝的中丝(横丝)应垂直于仪器纵轴;

③水准管轴应平行于视准轴($L—L//C—C$)。

（1）圆水准器的检验和校正

旋转脚螺旋,使圆水准气泡居中,如图1-12(a)所示。然后,将仪器绕纵轴旋转180°,如果气泡偏于一边,如图1-12(b)所示,说明$L'—L'$不平行于$V—V$,需要校正。

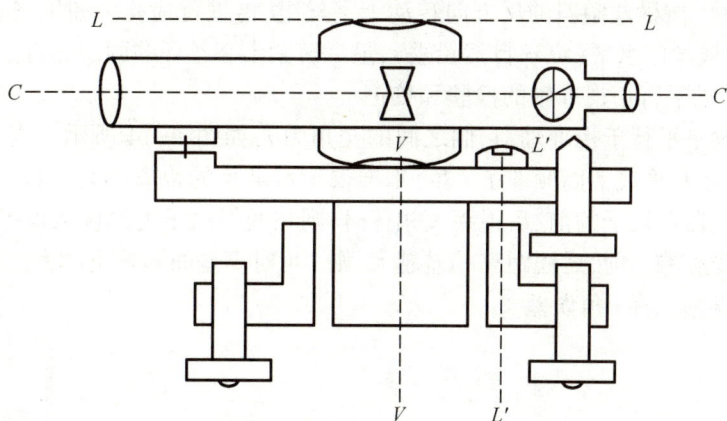

图 1-11　水准仪的轴线

校正方法如下:转动脚螺旋,使气泡向圆水准器中心移动偏距的一半,如图 1-12(c)所示,然后用校正针拨圆水准器底下的三个校正螺钉,使气泡居中,如图 1-12(d)所示。在圆水准器底下,除了有三个校正螺钉以外,中间还有一个松紧螺钉。在拨动各个校正螺钉以前,应先稍转松一下松紧螺钉,然后再拨动校正螺钉。旋进某个校正螺钉,气泡即往该螺钉的方向移动,注意,在校正时仅需移动气泡偏移量的一半。校正完毕,勿忘把松紧螺钉再旋紧。

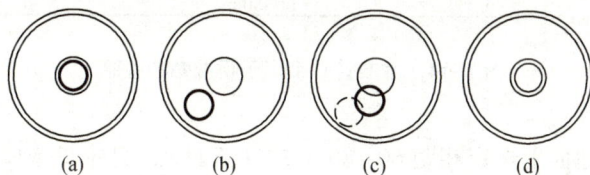

(a)　　　(b)　　　(c)　　　(d)

图 1-12　圆水准器的检验与校正

(2)十字丝的检验和校正

当水准仪整平后,十字丝的横丝应该水平,纵丝应该铅垂,即横丝应该垂直于仪器的纵轴。整平仪器后,用十字丝交点瞄准一个明显点 P,制紧制动螺旋,转动微动螺旋,如果 P 点在望远镜中左右移动时离开横丝(图 1-13(a)),表示纵轴铅垂时横丝不平,需要校正。

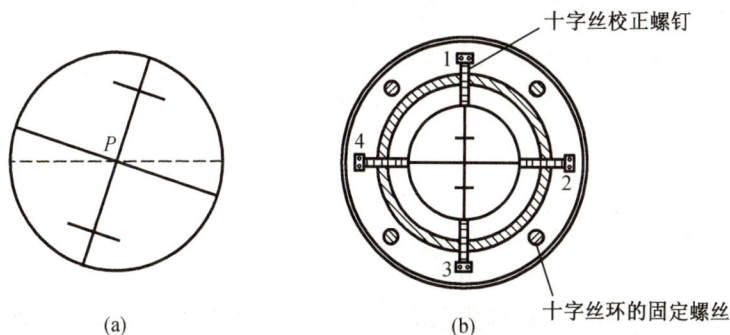

十字丝校正螺钉

十字丝环的固定螺丝

(a)　　　　　　　　(b)

图 1-13　十字丝的检验和校正

校正方法如下:旋下靠目镜处的十字丝环外罩,用螺丝刀松开十字丝环的四个固定螺丝(图1-13(b))，按横丝倾斜的反方向转动十字丝组，再进行检验。如果 P 点始终在横丝上移动，则表示横丝已水平(纵丝自然铅垂)，最后转紧十字丝环的固定螺钉。

（3）水准管轴平行于视准轴的检验和校正

设水准管轴不平行于视准轴，它们之间的交角为 i，如图1-14所示。当水准管气泡居中时，视准轴不在水平线上而倾斜了 i 角，水准仪至水准尺的距离越远，由此引起的读数偏差就越大。当仪器至尺子的前、后视距离相等时，则在两根尺子上的读数偏差 Δ 也相等，因此所求高差不受影响。前、后视距离相差越大，则 i 角对高差的影响也越大。视准轴不平行于水准管轴的误差也称 i 角误差。

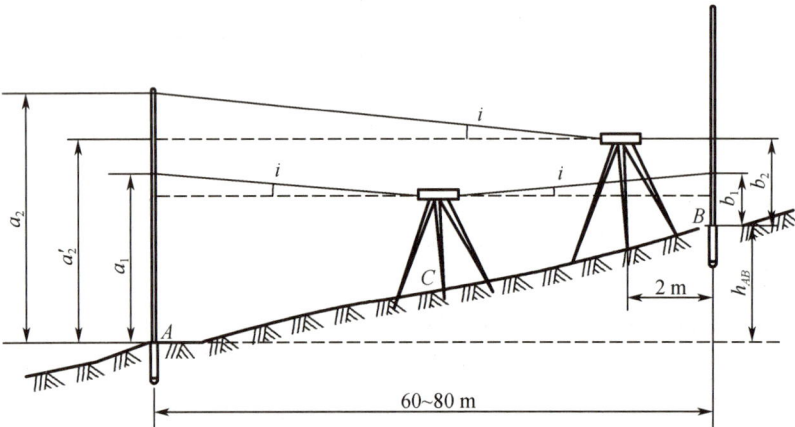

图1-14　水准管轴平行于视准轴的检验

检验时，在平坦地面上选定相距 $60\sim80$ m 的 A、B 两点(打木桩或安放尺垫)，竖立水准尺。先将水准仪安置于 A、B 的中点 C，精确整平仪器后分别读取 A、B 点上水准尺的读数 a_1'、b_1'；改变水准仪高度 10 cm 以上，再重读两尺的读数 a_1''、b_1''。前后两次分别计算高差，高差之差如果不大于 5 mm，则取其平均数，作为 A、B 两点间不受 i 角影响的正确高差：

$$h=\frac{1}{2}\left[(a_1'-b_1')+(a_1''-b_1'')\right] \tag{1-10}$$

将水准仪搬到与 B 点相距约 2 m 处，精确整平仪器后分别读取 A、B 点水准尺读数 a_2、b_2，又测得高差 $h_2=a_2-b_2$。如果 $h_1=h_2$，说明水准管轴平行于视准轴，否则，按下列公式计算 A 尺上的应有读数 a_2' 以及水准管轴与视准轴的交角(视线的倾角) i：

$$a_2'=h_1+b_2$$

$$i=\frac{|a_2-a_2'|}{D_{AB}}\cdot\rho'' \tag{1-11}$$

式中　D_{AB}——A、B 两点间的距离；

　　　ρ''——1 弧度的秒值，$\rho''=206\,265''$。

校正方法如下：对于 DS_3 型微倾式水准仪，当 $i>20''$ 时，需要进行水准管轴平行于视准轴的校正。转动微倾螺旋，使横丝在 A 尺上的读数从 a_2 移到 a_2'，此时，视准轴已水平，但水准管气泡已不居中(符合)，用校正针拨动水准管位于目镜一端的上、下两个校正螺钉，使水准管两端的影像符合，即水准管轴亦处于水平位置，满足 $L—L//C—C$ 的条件。

【任务实施】

任务内容:双层底分段内底板平整度的测量;

任务要求:使用水准仪完成分段内底板平整度的测量并分析内底板状态;

场地:具有双层底分段的实训室,也可测量地面,通过判定地面平整度代替;

工具:水准仪、钢直尺、卷尺等;

操作过程:测量双层底内底板四个角点高度(或更多点),通过高度差分析内底板平整度。

分段名称			测量人员		测量时间	
序号	测量内容		测量数据(单位:mm)			
①	位置1					
②	位置2					
③	位置3					
④	位置4					
平整度分析						

任务三 经纬仪的使用

【任务描述】

经纬仪是一种根据测角原理设计的精密光学测量仪器,主要用于水平角的测量和竖直角的测量,并可用于工程放样以及粗略的距离测取。我们常见的曲线测量、更换定位测量、平面测量、地形测量等都会用到经纬仪。常用的经纬仪有光学经纬仪和电子经纬仪两大类。本任务主要介绍应用经纬仪对船侧分段进行端差测量的方法。

【知识准备】

经纬仪最初的发明与航海有着密切的关系。在15至16世纪,英国、法国等一些发达国家,因航海和战争,需要绘制各种地图和海图而使用三角测量法,就是根据两个已知点上的观测结果,求出远处第三点的位置,但由于没有合适的仪器,导致角度测量手段有限,精度不高,由此绘制出的地图精度也不高。而经纬仪的发明,提高了角度的观测精度,同时简化了测量和计算的过程,也为绘制地图提供了更精确的数据。后来经纬仪被广泛地应用于各项工程建设的测量上。

经纬仪是由英国机械师西森于1730年首先研制的,后经改进成形,正式用于英国大地测量中。1904年,德国开始生产玻璃度盘经纬仪。随着电子技术的发展,20世纪60年代出现了电子经纬仪。在此基础上,20世纪70年代制成了电子速测仪。

一、经纬仪的分类

目前,经纬仪的种类很多,按精度分为精密经纬仪和普通经纬仪;按度盘刻度和读数方式,分为游标经纬仪、光学经纬仪和电子经纬仪(目前我国主要使用光学经纬仪和电子经纬仪,游标经纬仪早已淘汰);按轴系构造分为复测经纬仪和方向经纬仪。此外,还有可自动按编码穿孔记录度盘读数的编码度盘经纬仪;可连续自动瞄准空中目标的自动跟踪经纬仪;利用陀螺定向原理迅速独立测定地面点方位的陀螺经纬仪和激光经纬仪;具有经纬仪、子午仪和天顶仪三种作用的供天文观测的全能经纬仪;将摄影机与经纬仪结合在一起供地面摄影测量用的摄影经纬仪等。

经纬仪按其精度(从高精度到低精度)划分为DJ_1、DJ_2、DJ_6等级别。其中D、J分别为"大地测量"和"经纬仪"的汉语拼音的首字母,1、2、6分别为该经纬仪一测回平均方向观测中误差,即表示该仪器所能达到的精度指标。

二、光学经纬仪基本结构

各种等级和型号的光学经纬仪,其结构有所不同,因厂家生产而有所差异,但是它们的基本构造是相同的,都由望远镜、水平度盘、竖直度盘、圆水准器、基座等组成。测量时,将经纬仪安置在三脚架上,用垂球或光学对中器将仪器中心对准地面测站点上,用圆水准器将仪器定平,用望远镜瞄准测量目标,用水平度盘和竖直度盘测定水平角及竖直角,如图1-15所示。

经纬仪的组成
及原理

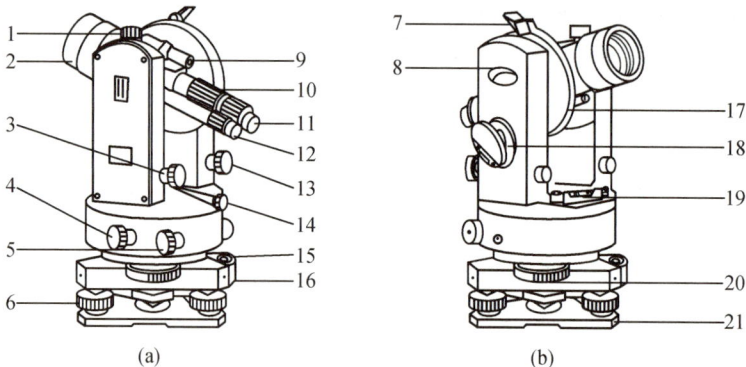

1—望远镜制动螺旋;2—望远镜物镜;3—望远镜微动螺旋;4—水平制动螺旋;5—水平微动螺旋;6—脚螺旋;
7—竖盘水准观察镜;8—竖盘水准管;9—瞄准器;10—物镜调焦环;11—望远镜目镜;12—度盘读数镜;
13—竖盘水准管微动螺旋;14—光学对中器;15—圆水准器;16—基座;17—竖直度盘;18—度盘照明镜;
19—平盘水准管;20—水平度盘位置变换轮;21—基座底板。

图1-15　DJ_6级光学经纬仪

基座用来支承整个仪器,并借助中心螺旋使经纬仪与脚架相连接。其上有三个脚螺旋用来整平仪器。轴座连接螺旋拧紧后,可将仪器上部固定在基座上;使用仪器时,切勿松动该螺旋,以免照准部与基座分离而坠地。另外,有的经纬仪基座上还装有圆水准器,用来粗略整平仪器。

度盘包括水平度盘和竖直度盘，它们都是用光学玻璃制成的圆环，周边刻有间隔相等的度数分划，用于量测角度。水平度盘的刻画从 0°～360° 按顺时针方向注记；测角时，水平度盘不动；若需要其转动时，可通过水平度盘位置变换手轮或复测器（复测钮或复测扳手）实现。竖直度盘的刻画注记有顺时针和逆时针两种形式，它固定在横轴（望远镜旋转轴，亦称水平轴，常用"H—H"表示）的一端，随望远镜一起在竖直面内转动。

照准部是指仪器上部可水平转动的部分（其旋转轴称为竖轴）。照准部有平盘水准管、光学对中器、支架、横轴、竖直度盘、望远镜、度盘读数镜等构件。照准部在水平方向转动，瞄准目标时，由水平制动螺旋和水平微动螺旋来控制。望远镜的转动轴为横轴，瞄准目标时，由望远镜在竖直平面内转动的竖直制动螺旋和竖直微动螺旋来控制。

三、经纬仪的操作

1. 测前准备

①到达工作地点后，先打开经纬仪箱盖，使仪器适应外界环境。

②打开三脚架，调节好脚架高度，使架头大致水平，稳固地架设在所测角点的上方。

③用连接中心螺旋将经纬仪固定连接在架头上。

2. 操作程序

（1）对中

对中的目的是要把仪器的纵轴安置到测站的铅垂线上。

①锤球对中。对中时，在连接中心螺旋的钩上悬挂垂球移动三脚架，使垂球尖大致对准测站点，将三脚架的各脚稳固地踩入地中。若垂球尖偏离测站点较大，需平移脚架，使垂球尖大致对准测站点，再踩紧脚架；若偏离较小，可略旋移连接中心螺旋，将仪器在架头的圈孔范围内移动，使垂球尖对准测站点，再拧紧连接中心螺旋。

②光学对中。使用光学对中器对中时，应首先目估对中，并使仪器概略整平。用光学对中器先对地调焦，然后将仪器在架头上平移，交替使用对中和整平的方法，直到测站点的像落在光学对中器圆圈的中央，达到既对中又整平，最后拧紧连接中心螺旋。

（2）整平

整平的目的是使经纬仪的纵轴铅垂，从而使水平度盘和横轴处于水平位置，垂直度盘位于铅垂平面内。

①使照准部水准管平行于任意两个脚螺旋中心的连线方向。

②两手同时向内或外旋转这两个脚螺旋，使气泡居中。

③旋转照准部 90°，使水准管垂直于上述两个脚螺旋连线的方向，然后用第三个脚螺旋使气泡居中。

反复操作上述各步骤，直至照准部转到任意位置，气泡偏离中央均不超过半格时为止。

（3）瞄准

①目镜调焦。将望远镜对向明亮的背景，转动目镜调焦螺旋，使十字丝最清晰。

②粗瞄目标。松开望远镜制动螺旋和水平制动螺旋，通过望远镜上的瞄准器，旋转望远镜，对准目标，然后制紧制动螺旋。

③物镜调焦。转动物镜调焦环，使目标的像十分清晰，再旋转望远镜微动螺旋和水平

经纬仪的使用

微动螺旋，使目标像靠近十字丝。

④消除视差。左、右或上、下微移眼睛，观察目标像与十字丝之间是否有相对移动，如果存在视差，则需要重新进行物镜调焦，直至消除视差为止。

⑤精确瞄准。用水平微动螺旋，使十字丝纵丝对准目标。

（4）水平角观测（测回法）

①盘左位置。松开照准部和望远镜照部，转动望远镜外的制动螺旋（或扳手），通过照门和准星粗略瞄准左目标A，拧紧制动螺旋，仔细调焦，用照准部与望远镜的微动螺旋，精确瞄准A目标，读记水平度盘读数；松开照准部和望远镜制动螺旋，顺时针转动照准部，用上述同样方法瞄准目标B，读记水平度盘读数。以上两步称上半测回，测得该角角值。

②盘右位置。松开照准部和望远镜制动螺旋，倒转望远镜，逆时针转动照准部、瞄准B点，读记水平度盘读数；再松开照准部和望远镜制动螺旋，逆时针方向转动照部，瞄准A，读记水平度盘读数。以上两步称下半测回，又测得该角角值，上、下两半测回合称一测回，当两个半测回角值之差不超过规定时，则取它们的平均值作为一测回的最后角值。

（5）竖直角观测

①将经纬仪安置在测站上，对中、整平、盘左瞄准目标，固定望远镜和照准部，用望远镜微动螺旋，使十字丝的横丝精确地切准目标的顶部。

②旋转指标水准管微动螺旋，使气泡居中，再查看下十字丝横丝是否仍切准目标，确认后立即读数并记入手簿中。

③盘右照准目标同一部位，以同样的方法读数并记录。

④通过计算得竖直角。

（6）读数

光学经纬仪的水平度盘和竖直度盘分划线通过一系列棱镜和透镜，成像于望远镜旁的读数显微镜内，观测者通过读数显微镜读取度盘上的读数。各种光学经纬仪因读数系统不同，读数方法也不一样。DJ$_6$级光学经纬仪一般有测微尺读数系统和单平板玻璃测微器读数系统两种。

如图1-16所示，在读数显微镜中可以看到两个读数窗：注有"H"（或"水平"）的是水平度盘读数窗；注有"V"（或"竖直"）的是竖直度盘读数窗。度盘分划值为度，每个读数窗上都刻有分成60小格的测微尺，其长度等于度盘间隔1°的两分划线之间的影像宽度，因此测微尺上一格的分划值为1′，可估读到0.1，即6″。读数时，先调节反光镜和读数显微镜目镜，看清读数窗内度盘的影像；然后读出位于测微尺上的度盘分划线的注记度数，再以该度盘分划线为指标，在测微尺上读取不足度盘分划值的分数，并估读秒数，二者相加即得度盘读数。两个水平方向的读数相减就是这两个方向的水平角。

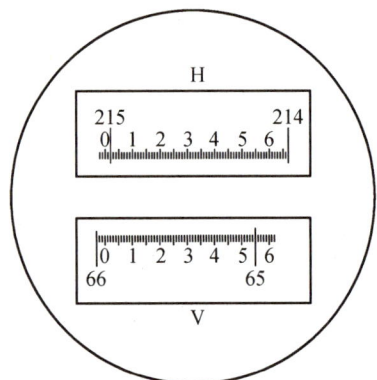

图1-16　DJ$_6$型光学经纬仪读数窗

竖直角与水平角一样，其角值为度盘上两个方向的读数之差，所不同的是，竖直角的两个方向中的一个是水平方向，对某种经纬仪来说，视线水平时的竖盘读数应为0°或90°的倍数,所以测量竖直角时,只要瞄准目标,读出竖盘读数,即可计算出竖直角。

四、经纬仪操作注意事项

①操作过程中,仪器必须架稳、架牢,严禁碰动经纬仪。

②竖直角观测时,读数时指标水准管气泡必须居中。

③水平角观测时,应尽量瞄准底部,当目标较近,成像较大时,用十字丝竖丝单丝平分目标。当目标较远时,可用十字丝竖丝与目标重合或将目标夹在双竖丝中央。

④经纬仪从仪器箱中取出时,要用双手握住经纬仪基座部分,慢慢取出,作业完毕后,应将所有微动螺旋旋至中央位置,然后慢慢放入箱中,并固紧制动螺旋,不可强行或猛力关箱盖,仪器放入箱中后立即上锁。

⑤在外作业时,经纬仪旁要随时有人防护,以免造成重大损失。

⑥搬站时,应把经纬仪的所有制动螺旋略微拧紧,但不要拧得太紧,搬运过程中仪器脚架必须竖直拿稳,不得横扛在肩上。

⑦搬站时,若距离远或者环境情况不好等,经纬仪必须装箱搬运。

⑧清洁物镜和目镜时,应先用干净的软毛刷轻轻拂拭,然后用擦镜纸擦拭,严禁用其他物品擦拭镜面。

五、经纬仪的检验和校正

经纬仪检验和校正的项目较多,但通常只进行主要轴线间几何关系的检验和校正。如图 1-17 所示,经纬仪的主要轴线有:照准部水准管轴 $L—L$、仪器旋转轴(竖轴)$V—V$、望远镜视准轴 $C—C$、望远镜旋转轴(横轴)$H—H$。各轴线之间应满足的几何条件如下:

①照准部水准管轴应垂直于仪器竖轴,即 $L—L \perp V—V$;

②望远镜十字丝竖丝应垂直于望远镜横轴 $H—H$;

③望远镜视准轴应垂直于望远镜横轴,即 $C—C \perp H—H$;

④望远镜横轴应垂直于仪器竖轴,即 $H—H \perp V—V$。

除以上条件外,经纬仪一般还应满足竖盘指标差为零,以及光学对点器的光学垂线与仪器竖轴重合等条件。仪器在出厂时,以上各条件一般都能满足,但由于在搬运或长期使用过程中的振动、碰撞等,各项条件往往会发生变化。因此,在使用仪器作业前,必须对仪器进行检验与校正。

1. 水准管轴垂直于竖轴的检验与校正

将仪器粗略整平,然后转动照准部使水准管平行于任意两个脚螺旋连线方向,调节这两个脚螺旋使水准管气泡居中,再将仪器旋转 180°,如果气泡仍然居中,表明条件满足,否则需要校正。

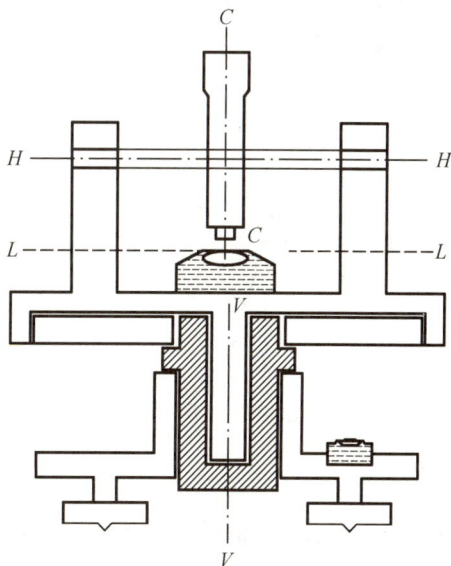

图 1-17　经纬仪的轴线

该项检验的校正类似于水准仪，即转动脚螺旋，使气泡退回偏离中心位置的一半，再用校正针调节水准管一端的校正螺钉，注意先放松一个，再旋紧另一个，使气泡居中。此项检验与校正比较精细，需反复进行，直至仪器旋转到任意方向，气泡仍然居中，或偏离不超过一个分划格。

2. 十字丝的竖丝垂直于横轴的检验与校正

用十字丝竖丝的上端或下端精确对准远处一明显的目标点，固定水平制动螺旋和望远镜制动螺旋，用望远镜微动螺旋使望远镜上下做微小俯仰，如果目标点始终在竖丝上移动，说明条件满足，否则需要校正，如图 1-18(a)所示。

校正时，卸下目镜处的十字丝环罩，如图 1-18(b)所示，微微旋松十字丝环的四个固定螺丝，转动十字丝环，直至望远镜上下俯仰时竖丝与点状目标始终重合为止。最后拧紧各固定螺丝，并旋上护盖。

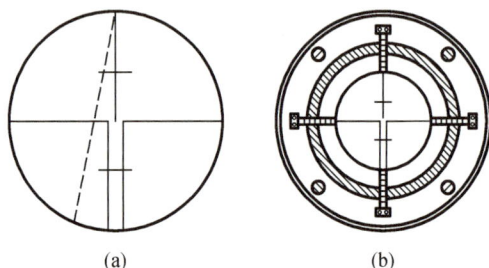

图 1-18　十字丝的检验与校正

3. 视准轴垂直于横轴的检验与校正

在平坦地面上选择一条长为 $60 \sim 100\ \mathrm{m}$ 的直线 AB，将经纬仪安置在 A、B 中间的 O 点处，并在 A 点设置一瞄准标志，在 B 点横置一支有毫米刻画的尺子。如图 1-19 所示，盘左瞄准 A 点，固定照准部，倒转望远镜瞄准 B 点的横尺，用竖丝在横尺上读数，设为 B_1；盘右瞄准 A 点，固定照准部，倒转望远镜，在 B 点横尺上读得 B_2。若 B_1、B_2 两点重合，说明条件满足，否则需要校正。

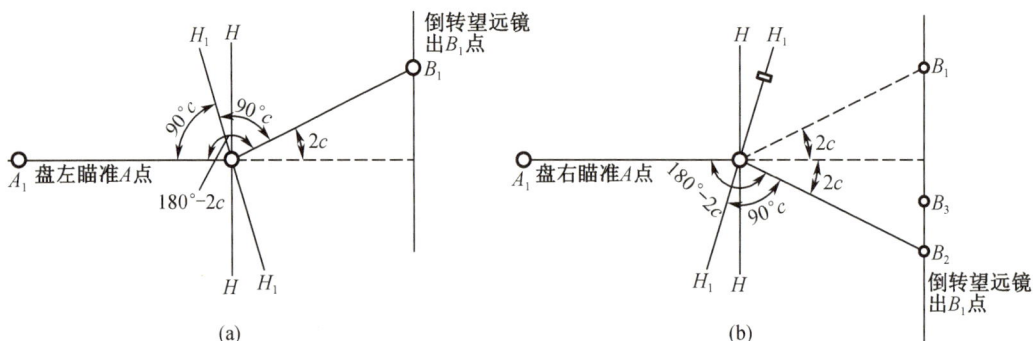

图 1-19　视准轴的检验与校正

校正时，由 B_2 点向 B_1 点量四分之一 B_1B_2 的长度，定出 B_3 点，先取下十字丝环的保护罩，再通过调节十字丝环的校正螺钉，使十字丝交点对准 B_3 点。反复检校，直至 c 值不超过 $\pm 1'$ 为止。

4.横轴垂直竖轴的检验与校正

在距墙壁 15~30 m 处安置经纬仪,在墙面上设置一明显的目标点 P(可事先做好贴在墙面上),如图 1-20 所示,要求望远镜瞄准 P 点时的仰角在 30°以上。盘左位置瞄准 P 点,固定照准部,调整竖盘指标水准管气泡居中后,读竖盘读数 $\alpha_左$,然后放平望远镜,照准墙上与仪器同高的一点 P_1,做出标志。盘右位置同样瞄准 P 点,读得竖盘读数 $\alpha_右$,放平望远镜后在墙上与仪器同高处得出另一点 P_2,也做出标志。若 P_1、P_2 两点重合,说明条件满足。也可用带毫米刻画的横尺代替与望远镜同高时的墙上标志。若 P_1、P_2 两点不重合,则需要校正。

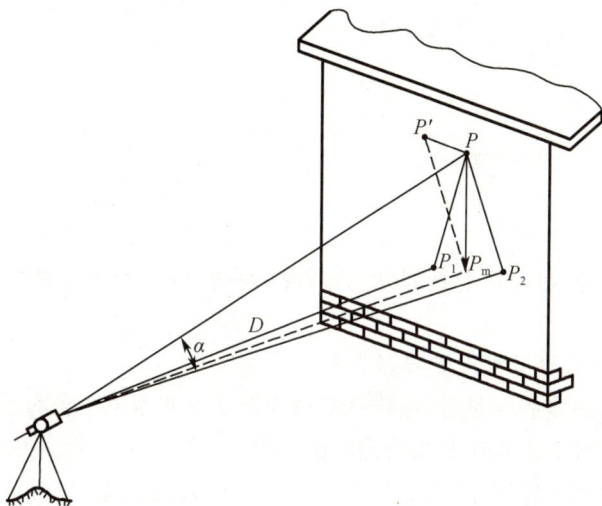

图 1-20   横轴垂直竖轴的检验与校正

校正时,在墙上定出 P_1P_2 的中点 P_m,调节水平微动螺旋使望远镜瞄准 P_m 点,再将望远镜往上仰,此时,十字丝交点必定偏离 P 点而照准 P' 点。校正横轴一端支架上的偏心环,使横轴的一端升高或降低,移动十字丝交点位置,并精确照准 P 点。由于近代光学经纬仪的制造工艺能确保横轴与竖轴垂直,且将横轴密封起来,故使用仪器时,一般对此项目只进行检验,如需校正,应由仪器修理人员进行。

5.竖盘指标差的检验与校正

在地面上安置好经纬仪,用盘左、盘右分别瞄准同一目标,正确读取竖盘读数 $\alpha_左$ 和 $\alpha_右$,并分别计算出竖直角 α 和指标差 X。当 X 值超过规定值时,应加以校正。

校正时,用盘右位置照准原目标,调节竖盘指标水准管微动螺旋,使竖盘读数对准正确读数,此时,竖盘指标水准管气泡不居中,调节竖盘指标水准管校正螺钉,使气泡居中。反复检校,直至指标差在规定范围为止。

【任务实施】

任务内容:绘制直线段;

任务要求:使用经纬仪在地面绘制图示线段并检查绘制精度;

场地:具有平整地面的场地;

工具:经纬仪、钢直尺、石笔等;

操作过程:使用经纬仪等工具在地面绘制图示线段。

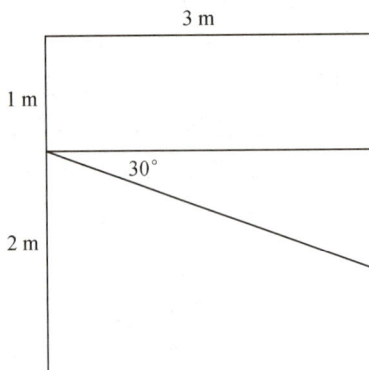

思考与练习

一、判断题

1. 手工测量和数据处理对平直部件、分段测量和分段的变形检测都具有较好的效果。
（　　）

2. 不同船型建造的测量精度差异基本相同。　　　　　　　　　　　　　（　　）

3. 在测量中,精确度表示测量结果中随机误差大小的程度,准确度表示测量结果中系统误差大小的程度,精度是准确度和精确度的综合。　　　　　　　　　　（　　）

4. 船舶建造过程中的精度测量误差主要包括测量人员误差、仪器误差、测量方法误差、测量环境误差和材料误差五个来源。　　　　　　　　　　　　　　　　（　　）

5. 环境误差是指在整个测量过程中由于环境温度、湿度、风力等引起的精度超差。
（　　）

6. 水准仪是根据水准测量原理测量地面点间距离的仪器。　　　　　　　（　　）

7. 水准仪在使用操作时主要包括水准仪的安置、粗略整平、瞄准水准尺、精确整平和读数等五个步骤。　　　　　　　　　　　　　　　　　　　　　　　（　　）

8. 安置水准仪是将仪器安装在可以伸缩的三脚架上并置于两观测点之间。（　　）

9. 现在的水准仪多采用倒像望远镜,因此读数时应从小往大,即从上往下读。先估读毫米数,然后报出全部读数。　　　　　　　　　　　　　　　　　　（　　）

10. 经纬仪的种类按度盘刻度和读数方式的不同,分为游标经纬仪、光学经纬仪和电子经纬仪。　　　　　　　　　　　　　　　　　　　　　　　　　　　（　　）

二、选择题

1. 精密工程测量范围包括精密地直线定线、（　　）以及设置稳定的精密测量标志。

A. 测量角度　　　　B. 测量距离　　　　C. 测量高差　　　　D. A+B+C

2. 大型船舶钢结构建造的现场通常都是开敞场地,要求仪器具备（　　）高等级防尘防水要求,同时适应宽范围工作温度。

A. 高等级防尘要求　　B. 高等级防水要求　　C. 适应宽范围工作温度　　D. A+B+C

3. 工程测量技术主要包括以工程建筑为对象的工程测量和以机器设备为对象的（　　）两大部分,主要任务是为各种服务对象提供测绘保障,满足它们所提出的各种要求。

A. 大地测量　　　　B. 工业测量　　　　C. 建筑测量　　　　D. 海洋测量

4.（　　）代表工程测量学的发展方向,包括船舶工程等大型特种精密工程,是促进现代工程测量学科发展的动力。

　　A.地图制图　　　　　B.海洋测量　　　　　C.精密工程测量　　　D.摄影测量

5.工程测量过程中必须掌握的四个基本要素包括测量对象、计量单位、（　　）和测量准确度。

　　A.测量目标　　　　　B.测量仪器　　　　　C.测量精度　　　　　D.测量方法

7.测量工作的主要任务之一是确定地面点的空间位置,其表示方法为（　　）。

　　A.坐标和距离　　　B.坐标和高程　　　C.距离和高程　　　D.距离和角度

8.测量地面点的（　　）、水平距离和高差是测量的基本工作。

　　A.水平角　　　　　B.高程　　　　　　C.斜距　　　　　　D.坐标

9.我国大地水准面的确定方法是在（　　）市的黄海边设立测定海水高低起落的验潮站,通过长期观测,求得平均海水面,并作为高程基准面。

　　A.西安　　　　　　B.大连　　　　　　C.青岛　　　　　　D.太原

10.测量仪器误差是指（　　）等原因而造成的误差。

　　A.测量人员生理机能限制　　　　　　B.测量设备精度或故障

　　C.测量工艺不完善　　　　　　　　　D.环境因素

三、问答题

1.精密工程测量范围包括哪些内容?

2.船舶建造过程测量具有哪些特点?

3.船舶建造精度测量技术经历了哪四个重要发展阶段?

4.简述多传感器三维信息动态测量。

5.常用测量工具按用途可分为哪几类?

6.测量仪器按用途和特点可分为哪几类?

7.测量仪器按构造可分为哪几类?

8.简述精密工程测量的测量精度。

9.简述精密工程测量的测量误差。

10.船舶建造过程中的精度测量误差主要来自哪些方面?

11.简述钢尺量距的具体步骤。

12.距离测量有哪几种方法?

13.电磁波精密测距采用哪种方法? 其测距原理是什么?

14.水准仪测量的基本原理是什么? 其具体操作步骤有哪些?

15.水准仪的检验和校正包括哪几个方面的工作?

16.光学水准仪的基本结构由哪几部分组成?

17.水准仪使用注意事项有哪些?

18.经纬仪如何安置? 对中和整平的目的是什么?

19.经纬仪的使用中视差是如何产生的,怎样消除?

20.经纬仪望远镜横轴为何要垂直于仪器竖轴,如何检验?

21.光学经纬仪由哪几部分组成?

22.经纬仪操作注意事项有哪些?

项目二
精度造船测量设备的使用

【项目描述】

随着船舶大型化、智能化、绿色化的发展，大数据、5G、人工智能等新一代先进技术，也给船舶制造业发展带来了革命性的影响。精度造船测量设备通常是指先进的三维精密测量设备，它能够在特定的空间范围内，测量出船舶结构或分段的几何形状、长度及圆周分度。现在的三维测量数据不仅仅包含 X、Y、Z 点的信息，还包括 R、G、B 颜色信息，同时还有物体反色率的信息。将三维测量技术与船舶计算机辅助三维建模技术相结合，这样全面的信息能给人一种物体在电脑里真实再现的感觉。由于三维技术的直观度和真实的视觉感，采用三维产品模型更易于船舶生产和设计人员的观察、理解及沟通。随着数字化工业技术的发展，三维技术已经逐渐代替了二维技术。

三维测量是指用可在三个方向移动的探测器(即可在三个相互垂直的导轨上移动)以接触或非接触等方式传送信号，三个导轨(轴)的位移测量系统经数据处理器或计算机等计算出工件的各点坐标(X、Y、Z)。三维测量的测量功能包括尺寸精度、定位精度、几何精度及轮廓精度等。其应用领域包括船舶机械、汽车、航空、军工、家具、工具原型等测量高精度的几何零部件以及测量复杂形状的机械零部件。本项目重点介绍目前广泛应用于造船精度测量的全站仪、近景摄影系统和三维激光扫描仪等精密测量设备及其使用方法。

思政导航

【学习目标】

知识目标：

1. 了解船用全站仪系统的组成及其特点；
2. 熟悉摄影测量技术的基本原理和方法；
3. 掌握迁站等精度测量概念及操作方法；
4. 熟悉三维激光扫描仪原理及操作方法。

能力目标：

1. 能根据任务要求选择合适的测量设备；
2. 能对全站仪等精密仪器进行精度校检；
3. 能正确且熟练操作全站仪等测量仪器；
4. 能正确使用设备完成高精度测量任务。

素质目标：
1. 培养不断开拓创新的职业品质；
2. 养成爱护贵重设备的工作习惯。

【工作任务】

任务一　全站仪的使用
任务二　工业摄影测量系统的使用
任务三　三维激光扫描仪的使用

任务一　全站仪的使用

【任务描述】

全站仪即全站型电子测距仪，是一种集光电、计算机、微电子通信、精密机械加工等高精尖技术于一体的先进测量仪器，是集水平角、垂直角、距离（斜距、平距）、高差测量功能于一体的测绘仪器系统。全站仪采用光电扫描度盘，将人工光学测微读数代之以自动记录和显示读数，使测角操作简单化，且可避免读数误差的产生。全站仪通过一次安置就可完成该测站上全部测量工作，因而广泛用于地上大型建筑和精密工程测量或变形监测领域。用它可方便、高效、可靠地完成多种工程测量工作，是目前测量工作中使用频率最高的仪器之一，具有常规测量仪器无法比拟的优点，是新一代综合性勘察测绘仪器。本任务主要介绍应用全站仪进行船舶分段三维坐标的测量。

【知识准备】

一、全站仪测量技术发展概述

全站仪是在满足角度测量自动化的过程中应运而生的，各类电子经纬仪在测绘作业中发挥着巨大的作用。全站仪的发展经历了从组合式（即光电测距仪与光学经纬仪组合，或光电测距仪与电子经纬仪组合），到整体式（即将光电测距仪的光波发射接收系统的光轴和经纬仪的视准轴组合为同轴的整体式全站仪）等几个阶段。

在传统的地面测量中，为了确定某点的平面坐标或高程，往往用经纬仪测量角度、光电测距仪测量边长、水准仪测定高程。

在传统测量中，人们把快速测量距离和角度（方位）的方法称为速测法，或称为速测术，并将实现这种速测原理而设计制造的仪器称为速测仪。

人们对速测仪的理解是有一个发展过程的。起初距离测量是通过光学的方法来实现的，如带有视距丝的望远镜属于光学经纬仪，也是一台典型的速测仪。为区别起见，我们把这种速测仪称为"光学速测仪"。被测点的平面位置是由"光学速测仪"的光学视距和方向测量来确定的，而高程是用三角高程测量方法来实现的。这种方法与传统的方法相比，在速度、操作及经济性等方面显示出明显的优越性。但因距离测程与精度方面的限制，此类光学速测仪主要在某些普通施工测量或地形测量中使用。

光电测距技术的出现（特别是小型化），为速测技术的快速发展奠定了基础。20 世纪 80 年代以来，微电子和微处理技术突飞猛进，经纬仪的角度测量实现了电子化、自动化，从而使测量仪器实现了测角、测距的一体化，并且在微处理器的管理下，可以自动存储、计算和传输测量数据。从此，地面测量中的速测技术开始全面进入"全站型电子速测仪"的时代。

电子测距技术的出现，大大地推动了速测仪的发展。用电磁波测距仪代替光学视距经纬仪，使得测程更大、测量时间更短、精度更高。人们将应用电磁波测距仪进行测定的速测仪统称为"电子速测仪"。

随着电子测角技术的出现，这一"电子速测仪"的概念又相应地发生了变化。根据测角方法的不同，电子速测仪分为半站型电子速测仪和全站型电子速测仪。半站型电子速测仪是指用光学方法测角的电子速测仪，也有的称之为"测距经纬仪"，如图 2-1 所示。这种速测仪出现较早，并且进行了不断的改进，可将光学角度读数通过键盘输入测距仪，对斜距进行换算，最后得出平距、高差、方向角和坐标差，这些结果都可自动传输到外部存储器中。全站型电子速测仪则是由电子测角、电子测距、电子计算和数据存储单元等组成的三维坐标测量系统，测量结果能自动显示，并能与外围设备交换信息，是多功能的测量仪器。由于全站型电子速测仪较完善地实现了测量和处理过程的电子化与一体化，因此人们也通常称之为整体型全站仪或简称全站仪，如图 2-2 所示。

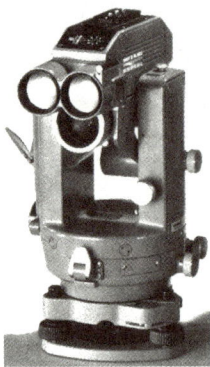

图 2-1　半站型电子速测仪

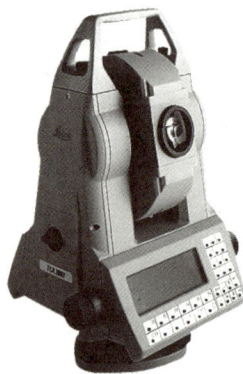

图 2-2　整体型全站仪

20 世纪 80 年代末，人们根据电子测角系统和电子测距系统的不平衡发展，将全站仪分成两大类，即积木式和整体式；20 世纪 90 年代以来，基本上都发展为整体式全站仪。

全站仪几乎可以用在所有的测量领域。电子全站仪由电源部分、测角系统、测距系统、数据处理部分、通信接口及显示屏、键盘等组成。

二、船用全站仪

1. 全站仪的主要功能

全站仪是集测距、测角功能于一体,由微处理机控制,自动测距、测角,自动归算水平距离、高差、坐标增量等的测绘仪器,同时还可自动显示、记录、存储和输出数据,是一种智能型的测绘仪器。与普通仪器相比,全站仪具有如下功能:

全站仪的组成
及测量原理

①能在数秒内测定距离、坐标值,测量方式分为精测、粗测、跟踪三种,可任选其中一种。

②角度、距离、坐标的测量结果在液晶屏幕上自动显示,不需人工读数、计算,测量速度快、效率高。

③测距时仪器可自动进行气象改正。

④系统参数可视需要进行设置、更改。

⑤菜单式操作,可进行人机对话。提示语言有中文、英文等。

⑥内存大,一般可储存几千个点的测量数据,能充分满足野外测量需要。

⑦数据可录入电子手簿,并输入计算机进行处理。

⑧仪器内置多种测量应用程序,可视实际测量工作需要,随时调用。

全站仪作为一种现代大地测量仪器,它的主要特点是同时具备电子经纬仪测角和测距两种功能,并由电子计算机控制、采集、处理和储存观测数据,使测量数字化、后处理自动化。全站仪除了应用于常规的控制测量、地形测量和工程测量外,还广泛应用于变形测量等领域。

全站仪的发展虽然使其具备的功能越来越多,但是操作的方便性没有改变。内置程序的增多和标准化是近年来全站仪发展的一个重要特点,程序的执行过程实际上就是仪器操作的执行过程,这就使观测者能够按仪器中设定的正确的操作步骤去完成工作,从而避免误操作。另外,仪器的数据共享能力在不断加强,全站仪和其他类型的仪器(如 GPS 接收机、数字水准仪)之间的数据交流越来越方便,自动化水平不断提高。

全站仪早期的发展主要体现在硬件设备上(如质量的减小、体积的减小等),中期的发展主要体现在软件功能上(如水平距离的归算,加、乘常数的改正等);现今的发展则是全方位的,具有与电脑兼容的双 PC 卡,可以同时插系统卡和专用功能卡,实现数据的共享和传输,还可以进行系统的二次开发。

2. 船用全站仪的结构

船用全站仪是集光、机、电于一体的高科技仪器设备,其中轴系机械结构和望远镜光学瞄准系统与光学经纬仪相比没有大的差异,而电子系统主要由电子测距单元、电子测角及微处理器单元和电子记录单元构成。

(1)船用全站仪的特点

目前,我国船厂在造船精度控制方面使用的全站仪主要是索佳系列船用全站仪和徕卡全站仪。近些年,国内一些研究机构也正积极开发自主品牌的船用全站仪。

图 2-3 是索佳 SET50RX 船用全站仪。SET50RX 船用全站仪采用外接船舶建造机载软件,其特点是能够在高温或寒冷、粉尘飞扬的船舶建造现场使用,在 −30~60 ℃的环境下均可正常工作。其适用于环境复杂的寒冷雪天和夏日炎炎的船舶建造现场。

图 2-4 是索佳 SETX-S 船用全站仪。SETX-S 船用全站仪内置丰富的机载软件,无须依托外在的掌上电脑,即可实现测量与检测工作。船舶建造机载软件采用 EcoMES 分段测量与分析软件,包括基本功能分段测量、分段分析、几何尺寸检测、船坞船台水线水尺绘制、余量画线等功能,同时安装了参考线测量软件和参考面测量软件。

图 2-5 是索佳 SRX-S 船用全站仪。SRX-S 船用全站仪不仅具备了 SETX 系列船用全站仪的所有功能,还在 SETX 系列船用全站仪的基础上增加了自动绘制水尺水线软件。同时 SRX-S 船用全站仪还具备以下特点:

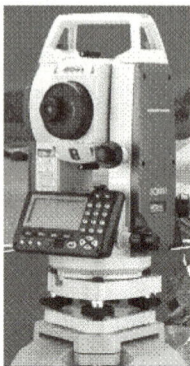

图 2-3 索佳 SET50RX 船用全站仪

图 2-4 索佳 SETX-S 船用全站仪

①采用马达驱动可实现测量自动化、水线绘制自动化;船坞格子线和船坞控制点自动放样和定期自动化复核功能。

②可采用位置跟踪,能动态引导船舶下水出坞、动态跟进搭载定位。

③支持无线网络,分段测量数据在线传输,无须往返提交测量数据,提高测量效率。

此外,索佳 NET 系列全站仪是世界最高测量精度的全站仪之一,达到了亚毫米级测距精度,除具备与 SRX-S 同样的自动化功能外,还具备以下特点:工业计量级的测角精度达到 0.5 s;其反射贴片精度达到 0.5 mm+1 ppm[①];无棱镜精度达到 1 mm+1 ppm。

图 2-5 索佳 SRX-S 船用全站仪

(2)全站仪的电子系统结构

全站仪的电子系统结构主要由主板、存储卡板和马达板组成。主板是电子系统的核心,确保角度测量、距离测量、马达功能和输入/输出等部分的正常工作。图 2-6 为徕卡 TPS1000 系列全站仪的电子系统结构示意图。

电子系统又可归纳为光电测量子系统和微处理子系统。光电测量子系统的主要功能有:水平角测量、垂直角测量、距离测量、仪器电子整平与轴系误差自动补偿、轴系驱动和目标自动照准、跟踪等。微处理子系统的主要功能有:控制和检核各类测量程序及指令,确保

---

① 1 ppm=1.0×10^{-6}。

全站仪各部件有序工作;实现角度电子测微,距离精、粗读数等内容的逻辑判断与数据链接,全站仪轴系误差的补偿与改正;距离测量的气象改正或其他归算等;管理数据的显示、处理与存储,以及与外围设备的信息交换等。

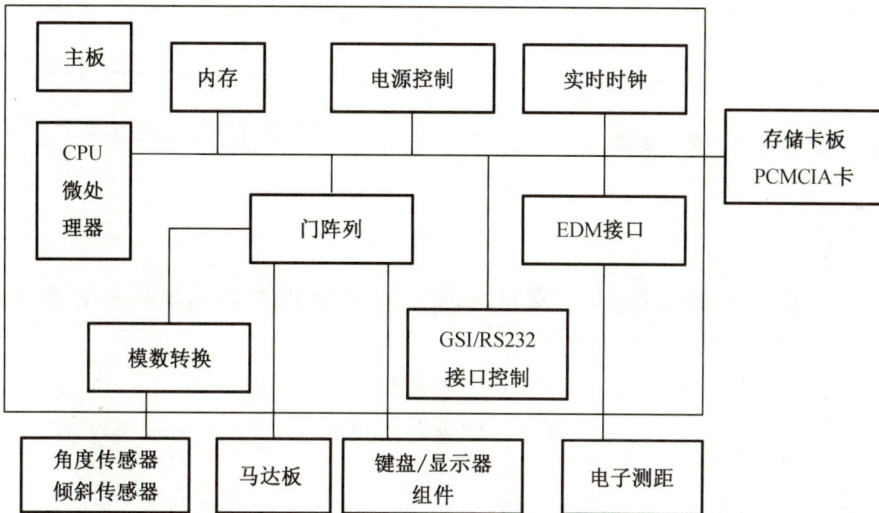

图 2-6　徕卡 TPS1000 系列全站仪的电子系统结构示意图

三、全站仪的测量原理

全站仪测量系统是利用极坐标(球坐标)的测量原理,只需要测量一个斜距和两个角度(水平角和天顶距)就可以得到被测点的三维坐标。

1. 坐标系建立

在造船精度控制测量系统中,可存在多种不同的坐标系,如测站坐标系、物方坐标系、设计坐标系。

(1)测站坐标系

在选定点安置仪器后,以全站坐标仪中心为原点,水平度盘零度方向为 X 轴方向,Z 轴方向与全站仪铅直方向一致,Y 轴以左手坐标系法则(测量坐标系)确定,如图 2-7 所示。

(2)物方坐标系

在造船精度控制测量过程中,测量人员可根据现场实物摆放的姿态,建立符合生产需求的物方坐标系。如图 2-8 所示,典型的物方坐标系建立方法为:以测量的第 1 点为原点,第 1 点至第 2 点连线为 X 轴,第 1 点至第 3 点连线确定 Y 轴方向(XOY 平面),Z 轴以右手坐标系法则(数学坐标系)确定。

(3)设计坐标系

设计坐标系为船舶设计所采用的坐标系,一般以船体中心线与艉垂线的交点为原点,中心线确定 X 轴(朝船首方向为正),艉垂线确定 Z 轴(向上为正),Y 轴以右手坐标系法则确定。

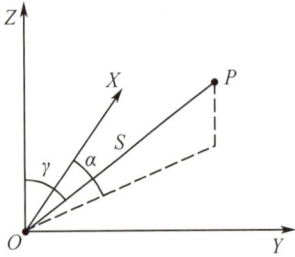

图 2-7　测站坐标系及观测参数

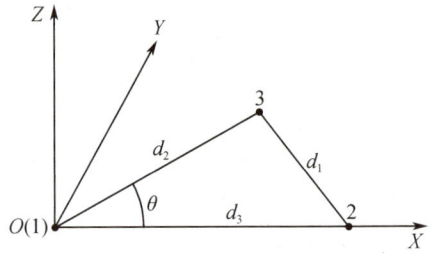

图 2-8　物方坐标系建立

2. 坐标解算

（1）测站坐标

如图 2-7 所示，全站仪中心位于点 O，观测点为 P，斜距为 S，天顶距为 γ，水平角为 α，则点 P 在测站坐标系下的三维坐标为

$$\begin{cases} x_P = S \cdot \cos\beta \cdot \cos\alpha \\ y_P = S \cdot \cos\beta \cdot \sin\alpha \\ z_P = S \cdot \sin\beta \end{cases} \tag{2-1}$$

式中，β 为垂直角，当 $0° \leqslant \gamma \leqslant 180°$ 时，$\beta = 90° - \gamma$；当 $180° < \gamma \leqslant 360°$ 时，$\beta = \gamma - 270°$。

（2）物方坐标

若测量人员根据现场需求，建立了物方坐标系，则需将测站坐标转换至物方坐标系下。坐标转换常采用七参数法：3 个平移参数、3 个旋转参数、1 个缩放参数。

3. 双距偏心测量

若待测点处于隐蔽处，无法直接观测，可采用两点式觇牌进行测量。如图 2-9 所示，将两点式觇牌的端点对准实际待测点 A，调整两标靶，使其中心与 A 位于同一直线上。分别观测两标靶，获取测站坐标，根据空间几何关系，可算得实际待测点 A 的测站坐标。

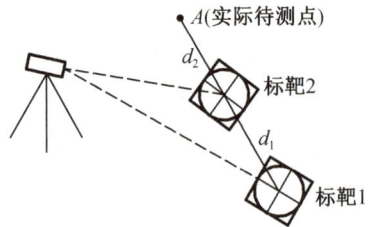

图 2-9　双距偏心测量

图 2-9 中，d_1 为两标靶中心间距离，d_2 为标靶 2 中心到实际待测点 A 的距离，两者均可精确量取。

4. 迁站测量

由于船体为大尺寸构件，实际操作中难以在某一测站观测到所有目标点，需进行迁站工作，将全站仪搬至另一位置后，要进行测站坐标系的连接，实现不同测站的实测坐标转化至同一测站坐标系下。

如图 2-10 所示，将全站仪从 A 搬至 B，迁站前分别观测两旋转标靶，获取测站坐标。将仪器迁移至 B，再次观测两旋转标靶数据（斜距、天顶距、水平角）。通过以上数据可反算出 B 点仪器中心在原测站坐标系中的三维坐标

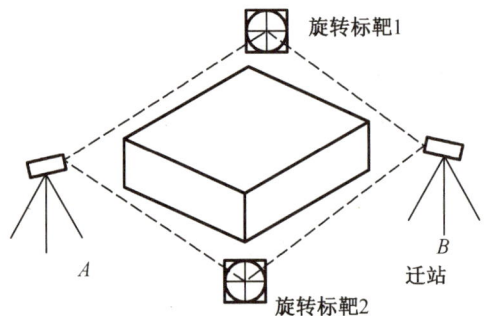

图 2-10　测站转移

值,其中平面坐标以交会法、高程坐标以高差法进行计算。在此基础上,可将后面观测点的坐标归算至同一测站坐标系下。

5. 坐标系转换

在精度控制测量过程中,有时需直接对目标点位置的准确程度进行评定。全站仪测量所得的为测站坐标或物方坐标,其与船体理论设计坐标所属的坐标系有所不同。因此,在分析目标点误差前,需进行坐标系转换工作,将测站坐标系或物方坐标系下点位坐标转换至设计坐标系中。

四、船用全站仪的使用

1. 船用全站仪的应用范围

全站仪在 20 世纪 90 年代被广泛应用于造船三维测量工作。随着计算机信息化技术的发展,近几年相继开发出多款与造船软件相匹配的船用全站仪。船用全站仪主要应用于以下几个方面:

全站仪的使用

①测量船体(分段)的型长、型宽、型深;一般通过全站仪"对边测量""点投影"等程序测量已知两点间的斜距、水平距离和高差。

②还原船舶设计坐标系。通过全站仪机载程序,在平面船台上,可实现船舶坐标系的还原。

③绘制吃水线和水尺。利用全站仪机载程序,通过自动计算、瞄准与位置指示,可实现全自动吃水线绘制工作。

④船舶分段建造三维放样。全站仪机载放样程序,定义分段中心线为参考线,可实现分段的三维放样。

⑤对隐蔽点进行测量。通过全站仪的专用测量程序(隐蔽点测量程序),并配合专用的测量标靶,可完成该测量工作。

⑥船舶分段空间位置计算。利用全站仪机载的专用程序,可以实现分段高度、长度、宽度、对角线等空间元素的分析。

⑦船舶分段建造精度检测。将全站仪测量与专门的分析系统连接,可实施船舶分段建造精度检测。

⑧船底平面度测量。将全站仪测量与专门的分析系统连接,可实施船底平面度测量。

2. 船用全站仪的操作步骤

船用全站仪属精密测量仪器,在使用时应按以下步骤进行操作:

(1)开箱提取仪器

①先安置三脚架,使三脚架稳固,开箱取出仪器前应看清仪器在箱中摆放的位置,以便用毕装箱时放回原处。

②从箱中取出仪器时不可握拿望远镜,应握住基座或望远镜的支架,取出仪器后小心地安置在三脚架上,立即旋紧连接螺旋,做到连接牢固。

③仪器调平的要领是"调架高,粗整平;调螺旋,精整平"。特别注意:整平以电子气泡为准,由于光照、震动等原因,在测量过程中气泡常常会偏离。

(2)仪器的架设

①安置全站仪时,首先要将三脚架架头大致对中、整平并架设稳当。在设置三脚架时,不容许将经纬仪先安在架头上然后摆设三脚架,必须先摆好三脚架而后放置全站仪。

②三脚架一定要架设稳当,其关键在于三条脚腿不能分得太窄也不能分得太宽,一般

与地面大致呈60°即可。

③三脚架的脚尖要顺着脚腿方向均匀地踩入地内,不要顺铅垂方向踩,也不能用冲力往下猛踩。

④三脚架架设稳妥后,放上全站仪,并随即拧紧连接中心螺旋。

⑤为了检查仪器在三脚架上连接的可靠性,在拧紧中心螺旋的同时,用手移动一下仪器的基座,如固紧不动则说明已连接正确,可进行下一步操作。

（3）现场测量

①整平完成后开始测量,操作时应先松开制动螺旋,再转动仪器,使用仪器各螺旋必须十分小心,应有轻重感。

②仪器所在地必须时时有人,所谓"人不离机",防止其他无关人员使用以及行人车辆等冲撞仪器。

③在细雨中使用仪器时,必须撑伞,特别注意不得使仪器受潮。

④瞄准时必须将被测物体与仪器十字丝均调整至最清晰状态,然后才可以进行测量。

⑤测量过程中,反射片摆放时应大致正对仪器,呈一定的角度,摆放角度尽量不要小于30°。

⑥测量隐蔽靶的时候,隐蔽靶上的两个反射目标大致正对仪器,俯仰角度不宜过大,测量时先外后内,确定测量偏差在允许范围内。

⑦若需进行搬站,旋转靶摆放尽量放在被测分段两侧,"长边控制短边",形成"交会优质角度",若条件不允许,则旋转靶与仪器之间所成的角度至少应大于15°（经验值）。

（4）仪器搬移

①搬移仪器前,应使望远镜对向度盘中心。

②搬移仪器时,应先检查一下连接螺旋,然后,一手握住仪器的基座或支架,一手抱住三脚架,近乎垂直地搬移,不得横放在肩上,以免损坏仪器。当搬移距离较长时,必须装箱搬移。

③搬移仪器时必须带走仪器箱及有关工具。

（5）仪器装箱

①应清除仪器及箱子上的灰尘、污物和三脚架上的泥土,将基座上的脚螺旋处于大致相等的高度。

②拧松连接螺旋,卸下仪器,装入箱子后,旋紧有关的制动螺旋。

③箱门要关紧,并立即扣上门扣或上锁。

④工作完毕,应检点一切附件与工具,以防遗失。

3. 数据采集

数据采集主要有初始测量、双标靶测量和迁站测量等坐标测量模式,可供用户根据实际需要选择使用。

（1）初始测量

全站仪测量得到测点在测站坐标系下的三维坐标,考虑到实际测量操作及数据分析的需要,系统在测量特征点坐标的同时,以被测物体为主体建立测量坐标系,并将后续测点坐标从测站坐标系 $A-xyz$ 转换到测量坐标系 $O-XYZ$ 中。坐标系的建立有以下几种情况:

①原点点1、X 方向点2建立的坐标系。将最先测量的两个点,即点1、点2确定的铅垂面作为 XZ 平面,以点1作为坐标系的原点,过点1的铅垂线方向作为 Z 轴方向,过点1且与 XZ 平面正交的方向作为 Y 轴方向建立如图2-11所示的坐标系。

依这种方法建立坐标系,点 2 坐标为

$$\begin{cases} X_2 = \sqrt{(x_2-x_1)^2 + (y_2-y_1)^2} \\ Y_2 = 0 \\ Z_2 = z_2 - z_1 \end{cases} \tag{2-2}$$

后续测点坐标依分步转换模型,从测站坐标系转换至该测量坐标系中。

②X 轴点 1、点 2,Y 方向点 3 建立的坐标系。将最先测量的三个点确定的平面作为 XY 平面,以点 1 作为坐标系原点,点 1 和点 2 连线方向作为 X 轴,过点 1 且与 XY 平面正交的方向作为 Z 轴方向建立如图 2-12 所示坐标系。

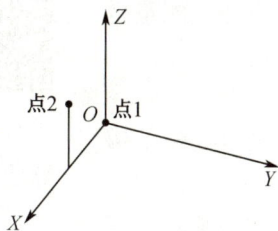

图 2-11　原点点 1、X 方向点 2
建立的坐标系

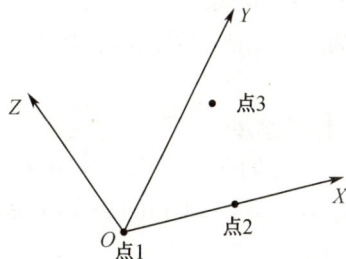

图 2-12　X 轴点 1、点 2,Y 方向点 3
建立的坐标系

在该坐标系中,点 2 坐标为

$$\begin{cases} X_2 = \sqrt{(x_2-x_1)^2 + (y_2-y_1)^2 + (z_2-z_1)^2} \\ Y_2 = 0 \\ Z_2 = 0 \end{cases} \tag{2-3}$$

点 3 坐标为

$$\begin{cases} X_3 = (S_{13}^2 + S_{12}^2 - S_{23}^2)/2S_{12} \\ Y_3 = \sqrt{[(S_{12}+S_{23})^2 - S_{13}^2][S_{13}^2 - (S_{12}-S_{23})^2]}/2S_{12} \\ Z_3 = 0 \end{cases} \tag{2-4}$$

式中

$$S_{13} = \sqrt{(x_3-x_1)^2 + (y_3-y_1)^2 + (z_3-z_1)^2} \tag{2-5}$$

$$S_{23} = \sqrt{(x_3-x_2)^2 + (y_3-y_2)^2 + (z_3-z_2)^2} \tag{2-6}$$

$$S_{12} = \sqrt{(x_2-x_1)^2 + (y_2-y_1)^2 + (z_2-z_1)^2} \tag{2-7}$$

后续测点坐标依三维整体转换模型,从测站坐标系转换至该测量坐标系中。

③X 轴点 1、点 2,Z 方向点 3 建立的坐标系。将最先测量的三个点确定的平面作为 XZ 平面,以点 1 作为坐标系原点,点 1 和点 2 连线方向作为 X 轴,过点 1 且与 XZ 平面正交的方向作为 Y 轴方向建立如图 2-13 所示坐标系。

在该坐标系中,点 2 坐标为

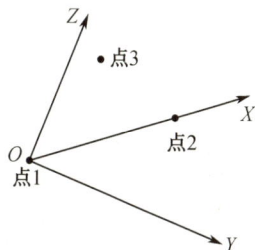

图 2-13　X 轴点 1、点 2,
Z 方向点 3 建立的坐标系

$$\begin{cases} X_2 = \sqrt{(x_2-x_1)^2+(y_2-y_1)^2+(z_2-z_1)^2} \\ Y_2 = 0 \\ Z_2 = 0 \end{cases} \tag{2-8}$$

点 3 坐标为

$$\begin{cases} X_3 = (S_{13}^2+S_{12}^2-S_{23}^2)/2S_{12} \\ Y_3 = 0 \\ Z_3 = \sqrt{[(S_{12}+S_{23})^2-S_{13}^2][S_{13}^2-(S_{12}-S_{23})^2]}/2S_{12} \end{cases} \tag{2-9}$$

式中，S_{13}、S_{23}、S_{12} 同式(2-5)至式(2-7)。

后续测点坐标依三维整体转换模型，从测站坐标系转换至该测量坐标系中。

（2）双标靶测量

无法直接照准的待测点，可采用双标靶测量方式测量。双标靶结构及测量示意图如图 2-14 和图 2-15 所示。

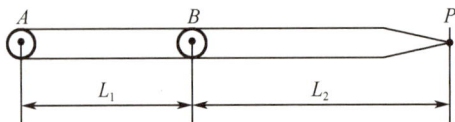

图 2-14　双标靶结构示意图

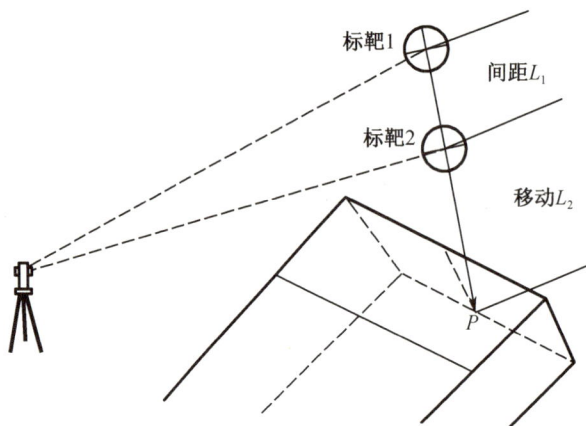

图 2-15　双标靶测量示意图

双标靶 P 点放在无法直接照准的待测点上，L_1、L_2 长度已知，通过测量点 A、B 的坐标，解得待测点 P 的坐标。

（3）迁站测量

现场测量作业时，由于在一些地方无法将待测对象的所有面进行勘测，因此需移动仪器，并将剩余面与先前测定过的面进行衔接后继续测定，如图 2-16 所示。

全站仪
测量附件

迁站原理

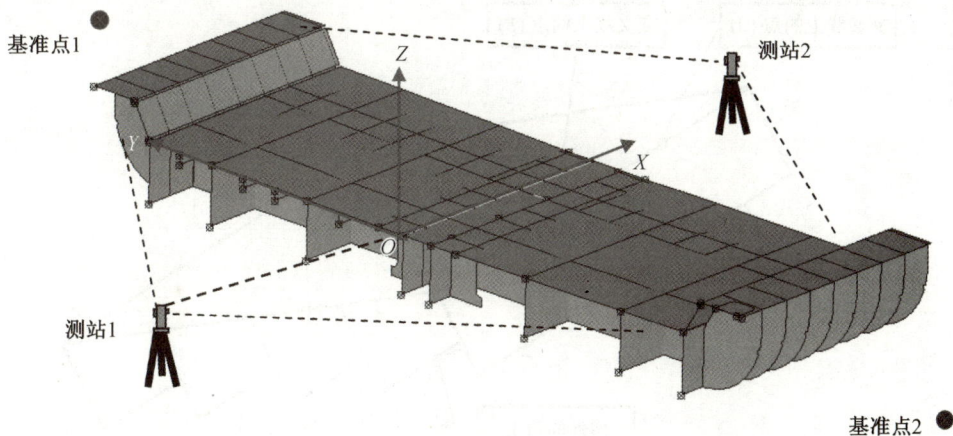

图2-16　迁站测量示意图

为了让测量数据保持连贯性,迁站后,首先需要进行坐标系的连接测量。通过再次对迁站前观测的一些测量点(控制点)进行观测,建立坐标系转换模型,从而保证测量数据的连续性。

4. 数据计算与分析

数据计算与分析主要包括空间两点间距离、直线度、三点间角度、三角形面积、构件间角度和平面度的计算。

(1)空间两点间距离

如图2-17所示,计算空间两点间距离,公式为

$$S_{AB}=\sqrt{(x_A-x_B)^2+(y_A-y_B)^2+(z_A-z_B)^2} \qquad (2-10)$$

(2)直线度

直线度用于设计数据或测量数据的计算工作,选择两基线点确定标准线,选择偏差点计算该点至标准线的直线偏差,X、Y、Z偏差。

(3)三点间角度

三点间角度用于设计数据或测量数据的计算工作,依次选择构成空间角的三个点,计算该角值。

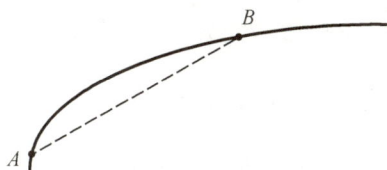

图2-17　计算空间两点间距离示意图

(4)三角形面积

三角形面积用于设计数据或测量数据的计算工作,选择构成空间三角形的三个顶点,计算该三角形面积。

(5)构件间角度

构件间角度用于设计数据或测量数据的计算工作,选择构成待求角度的四个点,计算构件间夹角,如图2-18所示。

(6)平面度

平面度用于设计数据或测量数据的计算工作,选择构成基准面的三个点(A、B、C),选择待计算点(D),计算平面偏差,如图2-19所示。

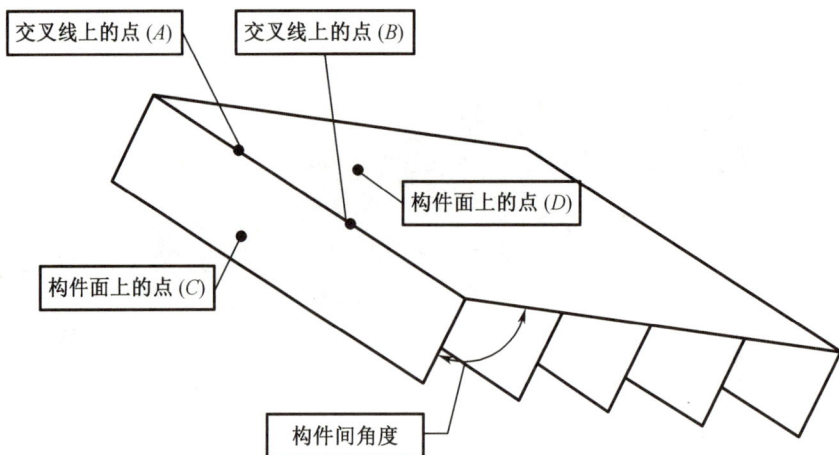

图 2-18　构件间角度计算示意图

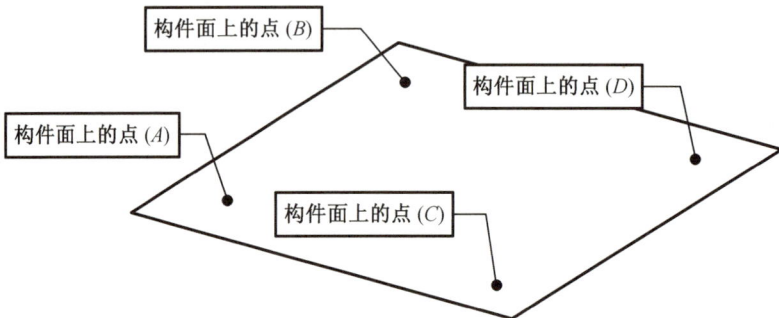

图 2-19　平面度计算示意图

五、船用全站仪的维护

1. 全站仪使用注意事项

全站仪属精密测量仪器,使用时必须严格遵守操作规程,精心爱护。应严格执行测量计划,务必提前备好测量所需的仪器及各种工具。使用过程要注意以下事项:

①测量仪器必须定期保养和维护,并应认真登记备案。

②测量仪器严禁擅自拆卸或改装,更不得私自外借。

③使用时必须爱护测量仪器,防止日晒、雨淋,仪器箱子不应坐人。

④仪器工具必须保持完整、清洁,不得任意放置,并需有专人保管,小件工具如反射片、旋转靶等应防止遗失。

⑤仪器工具若发生故障,应及时向相关管理人员报告,不得自行处理,若有损坏或遗失,应写书面检查,并进行登记,按有关条例赔偿。

⑥仪器长时间不用时,应每半个月对仪器进行一次检查,确认仪器状态,出现问题的仪器不能使用。电池长时间不用时,应每半个月进行一次充放电。

2. 全站仪在室内的保存

船舶建造过程中很多作业是在室外进行的,仪器经常会遭受日晒、灰尘和湿气等的侵蚀。因此,正确使用,妥善保养,对于保证仪器的精度,延长其使用年限具有重要意义。

仪器设备的保管应由专人负责。此人负责登记使用台账,检查仪器性能的完好性,以及对仪器进行日常维护和检查。

测量仪器在室内保存时应注意以下几个方面:

①存放仪器的房间应清洁、干燥、明亮,且通风良好,室温不宜剧烈变化,适宜温度为10~16 ℃。在冬季,仪器不能存放在暖气设备附近。

②室内应有消防设备,但不能用一般酸碱式灭火器,宜用液体二氧化碳、四氯化碳及新的安全消防器。室内也不要存放具有酸、碱类气味的物品,以防腐蚀仪器。

③存放仪器的库房,要采取严格防潮措施。库房相对湿度要求在60%以下,特别是南方的梅雨季节,更应采取专门的防潮措施。有条件的可装空气调节器,以控制湿度和温度。一般可用氯化钙吸潮,也可用块状石灰吸潮。

④对存放在一般室内的常用仪器,必须保证仪器箱内干燥,可在箱内放1~2袋"防潮剂"。这种"防潮剂"的主要成分是硅胶(硅酸钠)和少量钴盐,即将钴盐溶于水(按5%浓度),洒在硅胶上加热烘干即可。钴盐主要用作指示剂,因干燥的钴盐呈深蓝色,吸潮后则变为粉红色。变粉红后的硅胶失去了吸潮能力,必须加热烘烤或烈日暴晒,使水分蒸发复呈紫色以致深蓝色,才能继续使用。将硅胶装入小布袋内(每袋40~80 g),放入仪器箱中使用。

⑤仪器应放在木柜内或柜架上,不要直接放在地上。三脚架应平放或者竖直放置,不应随便斜靠,以防挠曲变形。存放三脚架时,应先把活动腿缩回并收拢。

3. 仪器的运送

仪器受到震动会使机械或光学零件松动、移位或损坏,以致造成仪器各轴线的几何关系变化,光学系统成像不清或像差增大,机械部分转动失灵或卡死。轻则使用不便,影响观测精度,重则不能使用甚至报废。

测量仪器越精密越要注意防震。因此,在运送仪器的过程中,应做到以下几点:

①仪器长途搬运时,应装入特制的木箱中。箱内垫以刨花、纸卷、泡沫塑料等弹性的物品,箱外标明"光学仪器,不许倒置,小心轻放,怕潮怕压"等字样。

②短途运送仪器时,可以不装运输箱,但要有专人护送。在乘坐汽车或外出作业时,仪器要背在身上;路途稍远的,要坐着抱在身上,切忌将仪器放在机动车、畜力车上,以防受震。条件不具备的,必须装入运输箱内,并在运送车上放置柔软的垫子或垫上一层厚厚的干草等减震物品,由专人护送。

③仪器在运输途中,均要注意防止日晒、雨淋。放置的地方要安全稳妥、干燥和清洁。

4. 电池的维护

全站仪、卫星电话、摄像机、数码相机、便携式微机等设备配置的电池是重要的部件之一,现在所配备的电池一般为Ni-MH(镍氢电池)和Ni-Cd(镍镉电池)、锂电池,电池的好坏、电量的多少决定了作业时间的长短,因此应进行妥善的维护,延长其使用寿命,确保仪器设备的作用得到最大限度的发挥。

①各种仪器、电子设备在电源打开时不要将电池取出,因为此时存储的数据可能会丢失,所以须在电源关闭后再取出电池。

②充电电池可以反复充电使用,但是,如果在电池还存有剩余电量的状态下充电,则会缩短电池的工作时间,此时,电池的电压可通过刷新给予复原,从而改善作业时间,充足电

的电池放电完成时间约 8 h。

③不要连续进行充电或放电,否则会损坏电池和充电器。如有必要进行充电或放电,则应在停止充电约 30 min 后再使用充电器。

④不要在电池刚充电后就进行充电或放电,这样会造成电池损坏,以致不能使用。

⑤超过规定的充电时间会缩短电池的使用寿命,应尽量避免超长时间充电。

5. 仪器的取放

①从箱内取出仪器时,应注意仪器在箱内安放的位置,以便用完后按原位放回。

②拿取经纬仪时,不能只用一只手将仪器提出。应一只手握住仪器支架,另一只手托住仪器基座慢慢取出。

③取出仪器后,随即将仪器竖立抱起并安放在三脚架上,再旋上中心螺旋,然后关上仪器箱,并放置在不易碰撞的安全地点。

④作业完毕后,应将所有微动螺旋旋至中央位置,并将仪器外表的灰尘用软毛刷轻轻刷干净,然后按取出时的原位轻轻放入箱中。

⑤仪器放好后要稍稍拧紧各制动螺旋,以免携带时仪器在箱中摇晃受损。

⑥关闭箱盖时要缓慢,不可强压或猛力冲击,试盖箱盖一次再将仪器箱盖好后上锁。

⑦从工地作业带回来的仪器,应随即打开箱盖并晾在通风干燥的地方,晾干擦净后再放回箱中。

6. 其他应注意的事项

①仪器遇到剧烈的气温变化时,必须采取专门措施,以防止仪器上面凝结水珠。当遇到这种情况时,可在仪器箱内塞些泡沫塑料用以保温,在到达作业地点后,不要急于把仪器箱打开,应使仪器有半个小时左右逐步适应气温的过程。

②三脚架要防止暴晒、雨淋、碰撞。从工地带回来的三脚架要将其上的污物擦拭干净,放在阴凉通风处晾干,不要放在太阳下晒干。三脚架的伸缩滑动部分,经常擦以白蜡,这不仅可以防止水分渗蚀木质引起脚架变形,还可以增加滑动部分的光滑度,以利使用。架头及其他连接部分要经常检查、调整,防止松动。

③仪器发生故障以后,不应勉强继续使用,否则会使仪器的损坏程度加重。但不要在野外任意拆卸仪器,必须带回室内,由专业人员进行维修。

④不能用手指触及望远镜物镜或其他光学零件的抛光面。对于物镜外表面的灰尘,可用干净的驼毛刷轻轻地拂去;而对于较脏的污秽,最好在室内处理,不得已时也可用透镜纸轻轻地擦拭。

【任务实施】

任务内容:分段数据的测量;

任务要求:使用全站仪完成分段数据的测量,与项目一任务 1 测量结果进行对比,并分析分段状态;

场地:船舶建造工艺实训室或具有船舶分段场所;

工具:全站仪、钢直尺、卷尺等;

操作过程:测量分段两端板与板、板与桁材的交点,能够覆盖分段主要尺度。

分段名称		测量人员		测量时间	
序号	测量内容	测量数据(单位:mm)			
①	位置 1				
②	位置 2				
③	位置 3				
④	位置 4				
⑤	位置 5				
⑥	位置 6				
⑦	另一端位置 1				
⑧	另一端位置 2				
…	…				
分段状态分析					

任务二　工业摄影测量系统的使用

【任务描述】

　　工业摄影测量是通过摄影(摄像)和随后的图像处理及摄影测量处理以获取被摄目标形状、大小和运动状态的一门技术。摄影测量在近百年的历史中经历了模拟、解析和数字摄影测量三个阶段。而数字化近景摄影测量作为它的一个应用领域,在许多方面具有优越性。在船舶生产流水线上,为了提高生产效率和产品质量,可通过安装量测摄影机,实时地量测被加工结构物的大小和形状,引导设备对分段进行加工和处理。本任务主要介绍工业摄影测量系统进行船舶结构物测量的方法。

【任务实施】

一、工业摄影测量技术概述

　　摄影测量学是一门研究利用影像重建物体空间的几何和物理模型的学科及技术。但是在摄影测量不同的发展阶段,其研究的内容、特点、生产所使用的仪器设备、组织方式等均具有不同的特点,甚至具有较大的差别。

　　1839 年摄影技术发明以后,便开始在测量中应用该技术。至 1900 年,所用的方法还只是交会摄影测量,即将摄影机安置在一条基线的两端进行摄影,然后量测像点在相片上的位置,求其方向线再做交会计算,以求其大地位置和高程。至20世纪初,发明了立体观测方法后,德国人普夫锐士(Pulfrich)制成了立体坐标量测仪,欧瑞(Orel)又发明了自动立体测图仪,于是便有了地面立体摄影测量。但是,在地面上进行摄影,存在着视界不广,前景遮蔽后景,精度不均匀等不可克服的缺点。于是很自然地人们就在解决空中摄影方面做了巨大努力。第一次世界大战中航空技术有了迅速的发展,同时由于军事上的需要,促使航空摄影测量有了很大发展。其发展大致可分为模拟摄影测量、解析摄影测量、数字摄影测量三个阶段。

1. 模拟摄影测量

所谓模拟摄影测量,即利用几何反转的特性(摄影可逆性),设法把拍摄时获得的无数对同名点的两张相邻相片,保持拍摄瞬间的相对状态来进行投影,此时各同名点的摄影光线必然仍对应相交于地面某相应的地物点上。显然,由无数对同名光线交点组成的立体模型与所摄地区的地表面完全吻合。利用这一原理,德国、苏联、瑞士等国先后制成了多倍投影测图仪、立体量测仪、精密立体测图仪等,由于这些仪器均采用光学投影器、机械投影器或光学-机械投影器来模拟摄影过程,因此我们称之为模拟摄影测量仪器。这一发展时期也就称为模拟摄影测量时代。20世纪六七十年代这种类型的仪器发展到了顶峰。

2. 解析摄影测量

电子计算机和计算技术的发展开辟了解析摄影测量的新纪元。1957年美国人海拉瓦提出了摄影测量的新概念,就是用数字投影来代替光学的、机械的或光学-机械的模拟投影。所谓数字投影就是利用计算机实时地进行共线方程的计算,从而交会被摄物体的空间位置。20世纪60年代初,意大利的OMI公司与美国的Bendix公司合作制成了世界上第一台解析测图仪AP-1。其后,特别是20世纪70年代,解析测图仪有了较快的发展,德国、美国、瑞士等都先后生产了新型的解析测图仪。解析测图与模拟测图的主要区别在于前者使用数字投影方式,后者使用模拟投影方式;前者为计算机控制的坐标量测系统,后者使用纯光学的、机械的或光学-机械的模拟测图装置;前者是计算机辅助的人工操作,后者是完全的手工操作。

3. 数字摄影测量

1996年的维也纳国际摄影测量与遥感学会(ISPRS)上,展出了众多数字摄影测量系统,它表明数字摄影测量已经步入实用阶段。所谓数字摄影测量就是以数字影像为基础,用电子计算机进行分析和处理,确定被摄物体的形状大小和空间位置及其性质的技术。数字摄影测量与模拟、解析摄影测量的区别在于它处理的原始信息不仅可以是相片,也可以是数字化影像。同时,影像匹配技术代替了双眼观测,实现了真正意义的自动测图,它所使用的仪器只有计算机及相应的外围设备。

二、工业摄影测量系统的组成

工业摄影测量系统主要由测量型数字相机、工业摄影测量标志、标尺、计算机及检测分析软件等组成。

1. 测量型数字相机

测量型数字相机(通常称为测量专用相机),就是专为测量而设计制造的数字相机。测量专用相机的特点与要求:专门为测量而设计,内方位元素经过严格检校且为已知镜头头畸变小,有效控制底片(芯片)变形,设备复杂、费用高,多用于各种高精度的测量任务。

CIM-1测量型数字相机是某公司研发出的一种智能化测量相机,是目前世界上拥有较高分辨率的工业级智能测量专用相机之一,如图2-20所示。

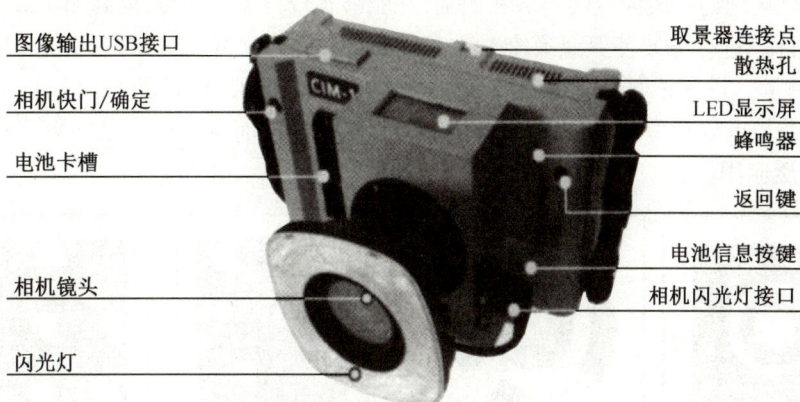

图 2-20　CIM-1 测量型数字相机

CIM-1测量型数字相机拥有许多独特的技术性能,具有高无损压缩比、高存储量、大视场等特点,其参数及主要技术指标见表2-1。

表 2-1　CIM-1 测量型数字相机参数及主要技术指标

相机参数	主要技术指标
处理器	CPU 1.6 GHz
接口	有线、无线数据传输,USB 存储卡
闪光	环形、全自动
电池	外置、可插拔
分辨率	2 900 万像素
CCD 尺寸	36 mm×24 mm
视场角范围	81°×59°
相片压缩比	>15:1
瞄准	取景器、2 个激光点
测量范围	0.3~80 m
工作温度	−10~50 ℃

2. 工业摄影测量标志

(1)编码标志

在数字近景工业摄影测量中,低精度摄影测量可以使用物体本身的特征作为测量特征,但对高精度测量和物体空间描述来讲,物体本身的特征是不够的。由于大多数被测物体(特别是工业部件)没有明显的特征和很好的对比度特征,或者被测物体具有明显特征,但由于工业现场测量需要多测站来实现对物体的测量,从不同角度进行摄影时会产生不同的图像,测量手段不能可靠地识别和精确地定位物体上的特征时,只有通过在被测物体上增加具有明显特征的人工标志来辅助测量过程的完成。

数字工业摄影测量中使用人工标志,一方面可以保证和提高测量精度及可靠性;另一方面人工标志很容易布设,在工业测量现场以及其他精密测量现场,利用人工标志作为被测点或控制点可以简化被测物体成像点的辨认和识别,并能够实现自动化测量,提高测量效率。

对普通标志进行编码使其具有唯一的身份信息,这样就可以对这些标志实现自动的探测、识别和测量。目前编码标志主要分为两大类,一类是同心圆环型(图2-21(a)、图2-21(b));另一类是点分布型(图2-21(c)、图2-21(d))。目前编码标志已在数字近景摄影测量中得到广泛应用。

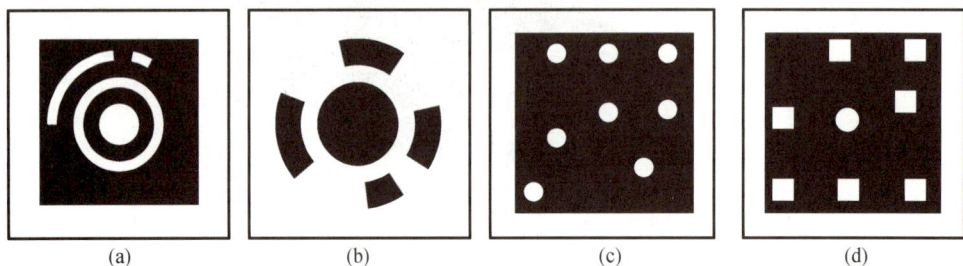

图2-21 典型编码标志类型

(2)工具标志

所谓工具标志,顾名思义就是工业摄影测量过程中使用的一种工具性标志,主要起到承上启下和转接的作用。常见的工具标志有纽扣靶标、球形靶标等。

①纽扣靶标。纽扣靶标通过金属铆钉连接基准点。纽扣靶标用于与被测量物体坐标系统对齐的基准点,如图2-22所示。

图2-22 纽扣靶标及其在飞机测量中的应用

②球形靶标。在工业摄影测量中,圆形平面标志图像的形状与相机主光轴和标志平面法线夹角有关。正直摄影(摄影主光轴与平面法线平行)情况下,圆形标志的成像也为圆形,但非正直摄影(摄影主光轴与平面法线不平行)情况下,圆形标志的成像为椭圆或圆锥的一部分,随着主光轴与标志平面法线夹角增大,标志图像所成的椭圆也变窄,如图 2-23 所示。椭圆图像变窄,在识别与定位时会增加识别的难度,降低定位精度,匹配精度也会降低。

球形标志具有旋转不变性,其图像与视角方向无关,理想情况下是圆形,特别适合大角度交向摄影。球形标志是选择球状物体作为摄影测量的标志,可以使用钢球、玻璃球、塑料球或特意加工的球形体作为标志,如图 2-24 所示。

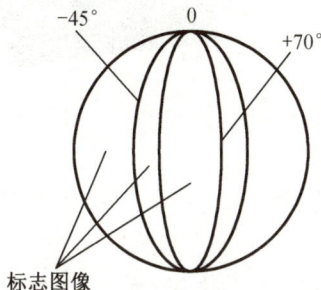

图 2-23　不同视角标志图像

图 2-24　球形标志

球形标志与外部照明配合,可以生成圆形图像。但是,球形标志在实际测量中也有不足,主要表现在:对外部照明很敏感,当照明光线与球形表面交角减小时,会产生阴影;如果光源位置太接近于相机,标志图像的中心是最亮的点,而从中心到边缘亮度逐渐变暗;如果光源、相机与标志不在同一条直线上,标志图像中最亮点不在标志图像圆形的中心;由于球形标志的实际形状影响,球形标志图像的边缘与背景之间对比度也不如平面标志图像边缘与背景之间的对比度明显。

③常见工具标志。图 2-25(a)是用于圆孔测量,并能改变测量点方向(转向 90°)的工具标志;图 2-25(b)是用于表面点转向 90°测量,底座带磁性的工具标志;图 2-25(c)是用于圆孔测量的工具标志;图 2-25(d)是用于圆孔测量,并改变测量点方向(转向 45°)的工具标志。

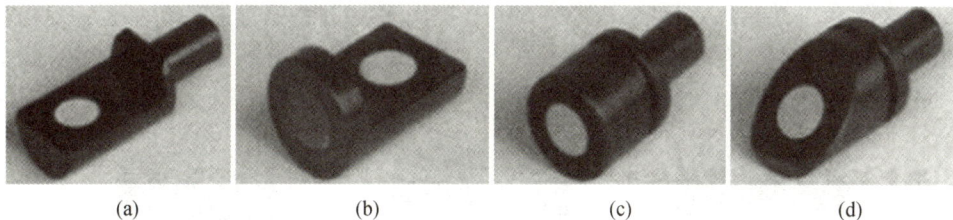

(a)　　　　　　(b)　　　　　　(c)　　　　　　(d)

图 2-25　常见工具标志

(3)特征标志

特征标志是为了测量某些面边缘、角点、圆而设计的测量标志,一般特征标志由编码点组合而成。

①用来测量面的特征标志。图 2-26(a)为可以直接用来测量平面的特征标志,图 2-26

（b）为可以将测量面旋转 45°进行测量的特征标志，图 2-26（c）为可以将测量面旋转 90°进行测量的特征标志。图 2-27 为面特征标志的应用。

图 2-26　测量面的特征标志

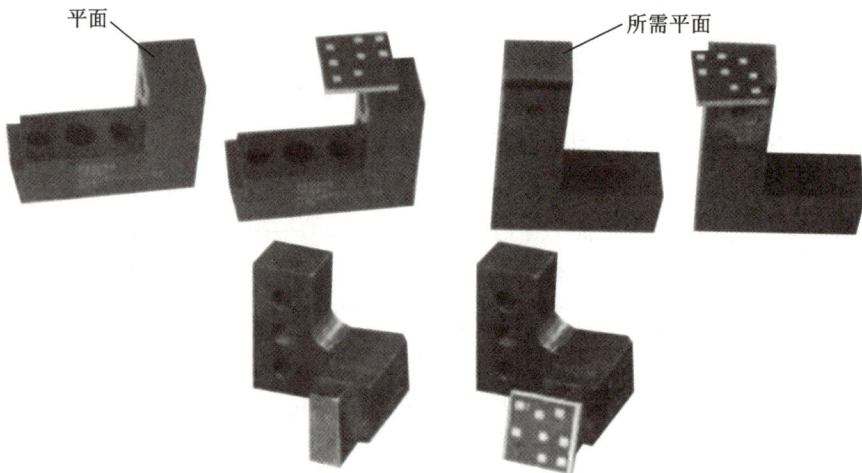

图 2-27　面特征标志的应用

②用来测量边缘的特征标志。图 2-28(a)是用来测量左侧边缘的特征标志,图 2-28(b)是用来测量右侧边缘的特征标志,图 2-28(c)是用来测量背面边缘的特征标志。图 2-29 为边缘特征标志的应用。

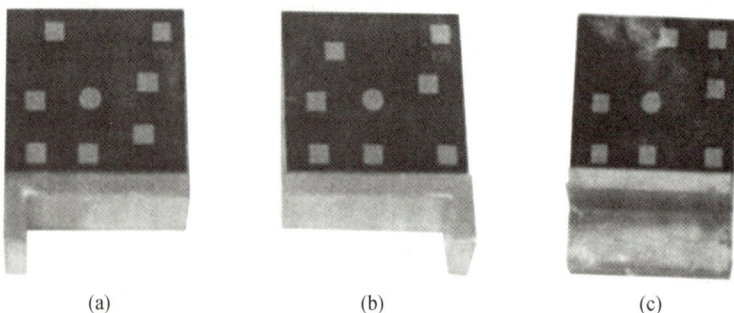

图 2-28　测量边缘的特征标志

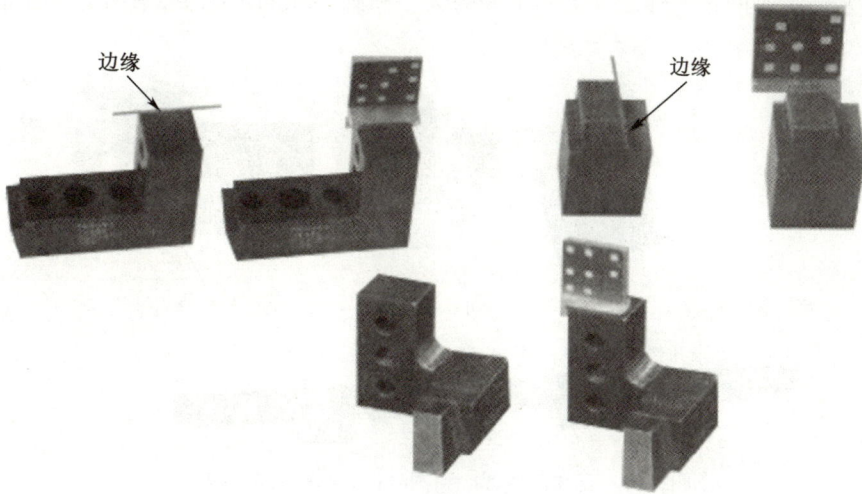

图 2-29　边缘特征标志的应用

③用来测量角点的特征标志。图 2-30 为测量角点的特征标志。图 2-31 为角点特征标志的应用。

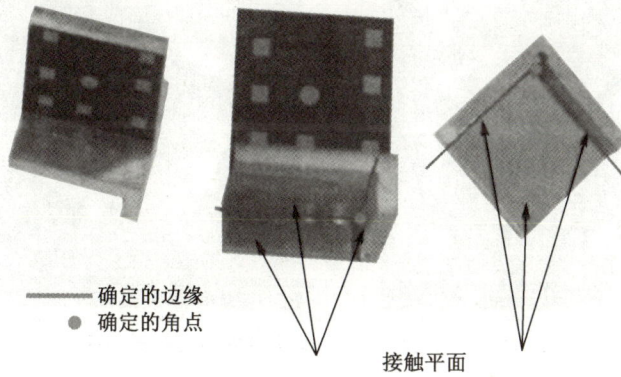

——　确定的边缘
●　确定的角点
接触平面

图 2-30　测量角点的特征标志

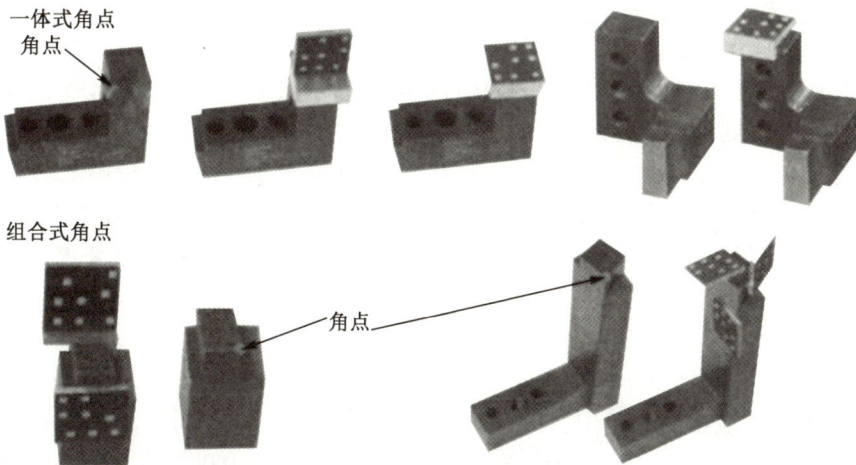

一体式角点
角点
组合式角点
角点

图 2-31　角点特征标志的应用

④用来测量圆的特征标志。已知工件的圆心和圆半径的情况下,采用的特征标志与应用如图 2-32 所示。

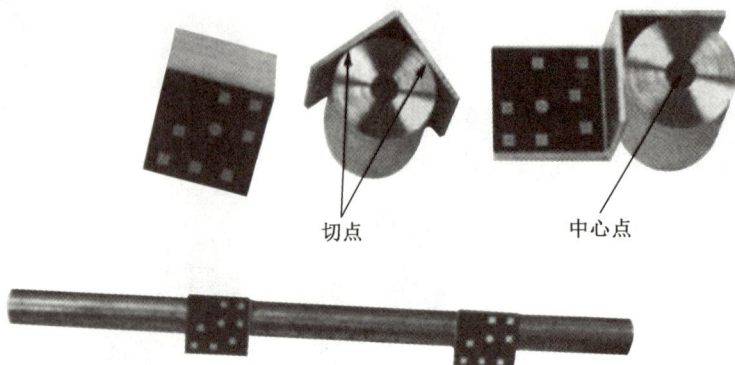

切点　　　　　　中心点

图 2-32　已知工件圆心和圆半径的特征标志与应用

在未知工件圆心和圆半径的情况下,用两个直角特征标志组合到一起对工件进行测量(图 2-33)。

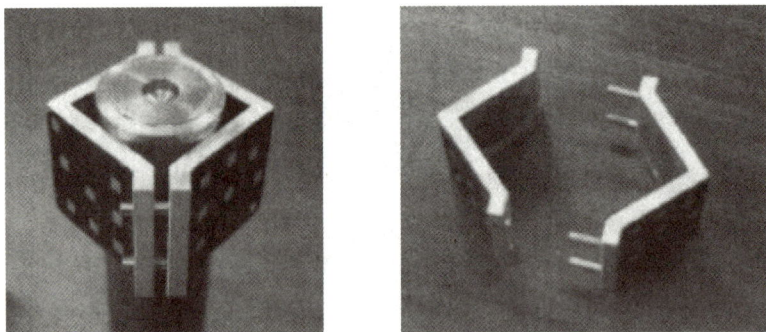

图 2-33　未知工件圆心和圆半径的特征标志与应用

三、工业摄影测量的应用

用测量相机对被测工件进行拍照称为工业摄影测量摄影(简称测量拍照)。工业摄影测量摄影的工具是测量专用相机,以及与其相关的辅助设备(包括定向靶、基准尺、人工标志等),其拍摄的对象是待测量工件,如卫星天线、飞机零件等。在进行摄影之前,一般要对被测物粘贴能够反映物体本身几何特征的标志点。拍摄得到的相片中物体特征与背景对比明显,便于内业提取待测物的几何特征。而一般数码相机摄影没有这种要求。

与普通数码相机拍照相比,用测量相机进行测量要求相对高一些。以下是测量相机拍摄的一般要求。

1. 摄影距离与被测物体尺寸

在数字近景工业摄影测量中,一般的原则是拍摄距离与被测对象的尺寸一致,即物体有多大摄影距离有多远。如果某一系统的相对测量精度是 1:50 000,则对 10 m 的被测物其精度为 0.2 mm,如果测量 5 m 的物体,则测量精度为 0.1 mm。原则上讲,被摄物体越小,其绝对测量精度越高。但当被测物比较大时,为了提高精度,可以将摄站离物体近一点摄影,每张相片仅拍摄物体的一部分,可以用多个局部将物体整体拼接起来,当然这种办法的代价是要增加摄站数目和计算量。在某些情况下(如某些空间限制的摄影测量),可以利用该方法,通过调整摄影距离来改善测量精度。

数字近景工业摄影测量系统的测量精度受不同因素的影响变化很大。现实中一般根据被测物体尺寸的大小来选择适当的摄影距离进行拍摄。如果摄影距离太远,则要适当增大反光标志的直径,否则会由于成像像素过少而影响标志像点中心定位精度,从而会降低测量精度。摄影距离太近,视场小,成像大,每张相片仅拍摄物体的一小部分,影像拼接多、重叠少,也会使得测量精度降低。

2. 拍摄相片数量

对于摄影测量,拍摄照片数量越多精度越高,但是当相片数量达到一定程度后,精度的提升就会非常小,具体的拍摄数量要根据被测物体的大小、形状做出判断。拍摄相片数量的原则是将整个被测物体以各个角度都要拍摄到。例如,一个长 5 m、高 3 m 的墙,需要拍摄大概 20 多张相片。

3. 拍摄相片角度

拍摄被测物体的最好角度是测量光线(镜头)垂直于被测物体表面,但是由于现场环境的限制,会有一些斜视角度,但是镜头与物体表面的法向方向角度最大不能超过 60″,并且被测物体要有多角度交会。

4. 相片要求

拍摄的相片中,至少要有三张包含概略定向规,四张包含基准尺。单张相片中,至少要有四个编码点。测量相片的质量、数量、角度,以及摄影距离等是影响测量精度的几何因素,应符合摄影测量区域网的基本要求。

四、工业摄影测量系统发展趋势

数字工业摄影测量技术经过几十年的发展,在理论研究和产品化等方面都取得重大进步。国外成熟测量系统在现有基础上不断推陈出新,国内相关机构也在理论研究不断深入的基础上,逐步迈向实用化、产品化。纵览数字工业摄影测量技术的发展历程和现状,可以预见其今后将呈现如下发展趋势:

1. 相机呈多样化、专业化发展

用于数字工业摄影测量的相机已经有专业量测型相机、数码单反相机、红外相机、工业摄像头等多种类型。GSI 公司生产的 INCA3 相机是专业量测型相机的典型代表,该相机基于柯达科学级 CCD 相机改装而成,具有极佳的成像性能和稳定的机械结构,而且配备 Intel 266 MHz Pentium Ⅱ CPU 型微处理器,能够对摄影参数进行自动设置,对相片进行预处理并提示测量标志的成像信息。数码单反相机以其相对低廉的价格和日益强大的成像性能,正越来越成为数字工业摄影测量的常用传感器。

2. 测量精度、自动化程度不断提高

随着工业部件的制造精度、表面复杂程度不断提高,数字工业摄影测量必然要向高精度、超高精度和高度自动化方向发展。测量精度的提高主要依赖于影像传感器性能的日益强大、对畸变差的检校精度逐步提高以及像点定位等算法的不断优化。

3. 对动态测量理论的研究逐步深入和实用化

摄影测量的数据源(图像)是瞬时获取的,这一特点使得数字工业摄影测量技术特别适用于对动态目标的测量,如风洞变形实验、汽车碰撞测试、工件振动变形测量等。很多测量系统,如 V-STARS M8、Metronor、Metris K600 等都具备动态测量功能,但在测量精度、范围以及采样频率等方面都有待于进一步加强。数字工业摄影测量技术用于动态目标测量需解决的关键问题主要包括多传感器高速同步、图像快速获取与存储、海量数据快速处理及测量基准确定等。

4. 三维数据分析软件日益专用化、精细化

获取被测目标(点)的三维坐标信息是数字工业摄影测量的基本功能,同时,对三维坐标数据进行深入分析也是其重要功能之一。测量点坐标信息在不同领域的用途不尽相同,如逆向工程中利用点云数据进行几何造型,工业制造中利用离散点坐标与 CAD 设计模型进行比对,而动态测量数据则多用于目标的动态变形分析。应用领域的多样性和复杂性决定了难以集成一套涵盖各种功能的、通用的数据分析系统,而必然是针对不同用户开发各种专用的、精细的数据分析软件。

5. 更加注重与其他测量传感器的融合

多传感器融合是测量技术的发展特点,也是数字工业摄影测量技术发展的必然结果。通过不同测量系统融合,能够充分发挥摄影测量自动、快速、精确的优点,极大地提高其他测量系统的性能,如电子经纬仪系统、全站仪系统和激光扫描仪系统等。

【任务实施】

任务内容:曲面板精度的测量(选做);

任务要求:使用摄影测量设备测量曲面板,并与曲面板材设计数据进行对比分析;

场地:船舶建造工艺实训室或具有曲面板材的场所;

工具:摄影测量系统;

操作过程:在曲面板上贴标识,使用摄像机测量并分析。

测量人员		测量时间	
序号	测量内容	测量数据(单位:mm)	
①	位置 1		
②	位置 2		
③	位置 3		
④	位置 4		
⑤	位置 5		
⑥	位置 6		
⑦	另一端位置 1		
⑧	另一端位置 2		
…	…		
曲面板状态分析			

任务三　三维激光扫描仪的使用

【任务描述】

三维激光扫描技术又称"实景复制技术",是 20 世纪 90 年代中期开始出现的一项高新技术,也是测绘领域继 GPS 技术之后的一次技术革命。它通过高速激光扫描测量的方法,以较大面积、较高分辨率,快速获取被测对象表面的三维坐标数据,可以快速、大量地采集空间点位信息,为快速建立物体的三维影像模型提供了一种全新的技术手段。其具有快速性、非接触性、实时动态、高密度、高精度、数字化、自动化等特性。

三维激光扫描技术主要利用激光测距原理来获取目标数据,可用于船舶变形监测、船舶分段断面和体积测量、工程测量、地形测量、古建筑和文物保护等领域,具有不需要合作目标高精度、高密度、高效率全数字特征等优点。三维激光扫描技术可以真实描述扫描对象的整体结构及形态特性,快速准确生成三维数据模型,有效避免了基于点数据进行分析造成的局部性和片面性。将三维激光扫描技术与船舶控制测量结合起来,可以得到扫描目标的精确坐标位置。本任务主要介绍三维激光扫描仪进行船舶结构的测量。

【知识准备】

一、三维扫描技术

三维扫描仪主要用来测量并分析现实世界中物体或环境的形状(几何构造)与外观数据(如颜色、表面反照率等性质)。搜集到的数据常被用来进行三维重建计算,在虚拟世界中创建实际物体的数字模型。这些模型具有相当广泛的用途,如工业设计、瑕疵检测、逆向工程、机器人导引、地貌测量、医学信息、生物信息、刑事鉴定、数字文物典藏、电影制片、游戏创作素材等。三维扫描仪在部分地区又称为激光抄数机或 3D 抄数机。

随着信息和通信技术的发展,人们在生活和工作中接触到越来越多的图形图像。获取图像的方法包括使用各种摄像机、照相机、扫描仪等,利用这些手段通常只能得到物体的平面图像,即物体的二维信息。在许多领域,如机器视觉、面形检测实物仿形、自动加工、产品质量控制、生物医学等,物体的三维信息是必不可少的。因此,三维扫描仪是迅速获取物体的立体彩色信息并将其转化为计算机能直接处理的三维数字模型,实现三维信息数字化的一种极为有效的工具。

三维扫描仪的用途是创建物体几何表面的点云,这些点云可用来插补成物体的表面形状,越密集的点云越可以创建更精确的模型(这个过程称作三维重建)。若扫描仪能够取得表面颜色,则可进一步在重建的表面上粘贴材质贴图,即所谓的材质印射。

三维扫描仪可模拟为照相机,它们的视线范围都体现圆锥状,信息的搜集皆限定在一定的范围内。两者不同之处在于相机所抓取的是颜色信息,而三维扫描仪测量的是距离。由于测得的结果含有深度信息,因此常以深度影像或距离影像称之。

由于三维扫描仪的扫描范围有限,因此常需要变换扫描器与物体的相对位置或将物体放置于电动转盘上,经过多次扫描以拼凑物体的完整模型。将多个片面模型整合的技术称作影像注册或对齐,其中涉及多种三维比对方法。

二、三维扫描仪的种类及工作原理

1. 三维扫描仪的种类

三维扫描仪根据传感方式的不同,分为接触式和非接触式两种。

(1)接触式三维扫描仪

接触式三维扫描仪采用探测头直接接触物体表面,通过探测头反馈回来的光电信号转换为数字面形信息,从而实现对物体面形的扫描和测量,主要以三坐标测量机为代表。

接触式测量的优点是具有较高的准确性和可靠性,配合专业测量软件,可快速准确地测量出物体的基本几何形状,如面、圆、圆柱、圆锥、圆球等。

接触式测量的缺点是测量费用较高;探头易磨损,测量速度慢;检测一些内部元件有先天的限制,故欲求得物体真实外形则需要对探头半径进行补偿,因此可能会导致修正误差的问题;在测量时,接触探头的力将使探头尖端部分与被测件之间发生局部变形而影响测量值的实际读数;由于探头触发机构的惯性及时间延迟而使探头产生超越现象,趋近速度会产生动态误差。

(2)非接触式三维扫描仪

随着计算机机器视觉这一新兴学科的兴起和发展,用非接触的光电方法对曲面的三维形貌进行快速测量已成为大趋势。这种非接触式测量不仅避免了接触测量中需要对测头半径加以补偿所带来的麻烦,而且可以实现对各类表面进行高速三维扫描。

采用非接触式三维扫描仪对物体表面不会有损伤,同时相比接触式三维扫描仪具有速度快,容易操作等优点。三维激光扫描仪可以达到 5 000~10 000 点/s 的速度,而照相式三维扫描仪则采用面光,速度更是达到几秒百万个测量点,应用于实时扫描、工业检测具有很好的优势。

目前,非接触式三维扫描仪很多。根据传感方法不同,常用的有基于激光扫描测量、结构光扫描测量和工业 CT(电子计算机断层扫描)等。其主流产品分别有三维激光扫描仪、照相式三维扫描仪和 CT 仪等。

2. 三维激光扫描仪工作原理

三维激光扫描仪是通过发射激光来扫描获取被测物体表面三维坐标和反射光强度的仪器,是一种无接触式主动测量系统,如图 2-34 所示。

三维激光测量技术的出现和发展为空间三维信息的获取提供了全新的技术手段,为信息数字化发展提供了必要的生存条件。激光测量技

三维激光扫描仪的组成及使用

图 2-34 三维激光扫描仪

术出现于 20 世纪 80 年代,由于激光具有单色性、方向性、相干性和高亮度等特性,将其引入测量装置中,在精度、速度、易操作性等方面均表现出巨大的优势,它的出现引发了现代测量技术的一场革命,引起相关行业学者的广泛关注,许多高技术公司、研究机构将研究方向和重点放在激光测量装置的研究中。随着激光技术、半导体技术、微电子技术、计算机技术、传感器等技术的发展和应用需求的推动,激光测量技术也逐步由点对点的激光测距装置发展到采用非接触主动测量方式快速获取物体表面大量采样点三维空间坐标的三维激光扫描测量技术。随着三维激光扫描测量装置在精度、速度、易操作性、轻便、抗干扰能力等性能方面的提升及价格方面的逐步下降,20 世纪 90 年代,其在测绘领域成为研究的热点,扫描对象不断扩大,应用领域不断扩展,逐步成为快速获取空间实体三维模型的主要方式之一,许多公司都推出了不同类型的三维激光扫描测量系统。20 世纪 90 年代中后期,三维激光扫描仪已形成了颇具规模的产业。

无论扫描仪的类型如何,三维激光扫描仪的构造原理都是相似的。三维激光扫描仪的主要构造是由一台高速精确的激光测距仪,配上一组可以引导激光并以均匀角速度扫描的反射棱镜。激光测距仪主动发射激光,同时接收由自然物表面反射的信号,从而可以进行测距,针对每一个扫描点可测得测站至扫描点的斜距,再配合扫描的水平和垂直方向角,可以得到每一扫描点与测站的空间相对坐标。如果测站的空间坐标是已知的,那么可以求得每一个扫描点的三维坐标,如图 2-35 所示。

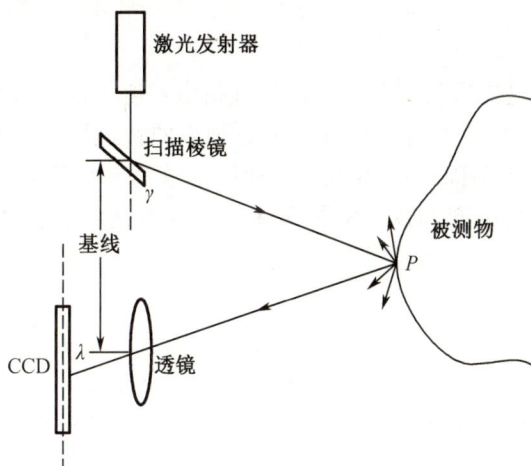

图 2-35 三维激光扫描仪工作原理

三维激光扫描仪基于激光的单色性、方向性、相干性和高亮度等特性,在注重测量速度和操作简便的同时,保证了测量的综合精度,其测量原理主要分为测距、测角、扫描、定向四个方面。

(1)测距原理

激光测距作为激光扫描技术的关键组成部分,对于激光扫描的定位、获取空间三维信息具有十分重要的作用。目前,测距方法主要有三角法、脉冲法和相位法。

①三角法测距。三角法测距是借助三角形几何关系,求得扫描中心到扫描对象的距离。激光发射点和 CCD 接收点位于高精度基线两端,并与目标反射点构成一个空间平面三角形。由于基线长 L 较小,故决定了三角法测量距离较短,适合于近距测量。

②脉冲法测距。脉冲法测距是通过测量发射和接收激光脉冲信号的时间差来间接获

得被测目标的距离。激光发射器向目标发射一束脉冲信号,经目标漫反射后到达接收系统,设测量距离为 S,光速为 c,测得激光信号往返传播的时间差为 Δt,则有 $S = c\Delta t/2$。可以看出,影响距离精度的因素主要有 c 和 Δt,而精度主要由大气折射率所决定,如图 2-36 所示。

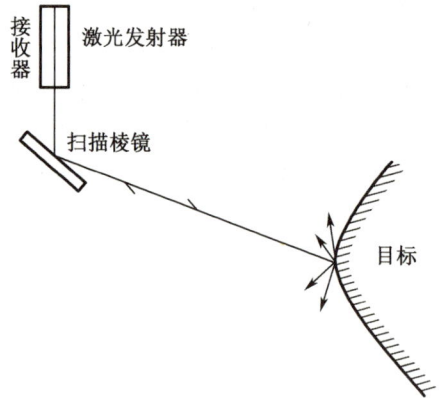

图 2-36 脉冲法测距

③相位法测距。相位法测距是用无线电波段的频率,对激光束进行幅度调制,通过测定调制光信号在被测距离上往返传播所产生的相位差,间接测定往返时间,并进一步计算出被测距离。相位型扫描仪可分为调幅型、调频型和相位变换型等。这种测距方式是一种间接测距方式,通过检测发射和接收信号之间的相位差,获得被测目标的距离。其测距精度较高,可达到毫米级,主要应用于精密测量和医学研究。

以上三种测距方法各有优缺点,主要集中在测程与精度的关系上,脉冲法测量的距离最长,但精度随距离的增加而降低。相位法适合于中程测量,具有较高的测量精度,但是它是通过两个间接测量才得到距离值。三角法测量的距离最短,但是其精度最高,适合近距离、室内测量。

(2)扫描原理

三维激光扫描仪通过内置伺服驱动马达系统精密控制多面扫描棱镜的转动,决定激光束出射方向,从而使脉冲激光束沿横轴方向和纵轴方向快速扫描。目前,扫描控制装置主要有摆动扫描镜和旋转正多面体扫描镜。摆动扫描镜为平面反射镜,由电机驱动往返振荡,扫描速度较慢,适合高精度测量。旋转多面体扫描镜在电机驱动下绕自身对称轴匀速旋转,扫描速度快。

(3)测角原理

区别于常规仪器的度盘测角方式,激光扫描仪通过改变激光光路获得扫描角度。把两个步进电机和扫描棱镜安装在一起,分别实现水平和垂直方向扫描。步进电机是一种将电脉冲信号转换成角位移的控制微电机,它可以实现对激光扫描仪的精确定位。

(4)定向原理

三维激光扫描仪扫描的点云数据都在其自定义的扫描坐标系中,但是数据的后处理要求是大地坐标系下的数据,这就需要将扫描坐标系下的数据转换到大地坐标系下,这个过程就称为三维激光扫描仪的定向。

3. 三维激光扫描仪的分类方法

三维激光扫描仪作为光、电等技术集成化的新型测绘仪器,种类繁多,按测距原理可分为三角法激光扫描仪、脉冲式激光扫描仪、相位式激光扫描仪和脉冲相位式激光扫描仪;按测量车载型、手持型及机载型测量平台可分为地面固定型激光扫描仪、活动式激光扫描仪;按测量的扫描距离可分为短距离型激光扫描仪、中距离型激光扫描仪及长距离型激光扫描仪和航空激光扫描仪。各种扫描仪在测程范围、扫描视场、扫描速率、测距精度、测角精度等方面各有特点。通过参数可见,三角法激光扫描仪测量距离最短,扫描速率慢,但是其精度很高,适合许多高精度的测量,在人体医学和精密工业中有很好的应用,如外科整形、测量、矫正手术、在线加工、工业设计等。脉冲式激光扫描仪测程远，扫描速率快，距离测量精度较低，但角度测量精度较高，并随着测程与扫描速率的增加，精度呈现降低的趋势，主要应用在基础设施测量、地形测量、变形测量、工程施工、事故现场恢复、古迹修复与保护等方面。相位式激光扫描仪测程介于上述两者之间，扫描速率最快，但是角度测量精度很低，在改建及现场测绘工程、汽车在线加工、大型器件监测、船体测量、医学研究、食品加工等方面有广泛的应用。

①短距离型激光扫描仪：其最长扫描距离不超过 3 m，一般最佳扫描距离为 0.6~1.2 m。通常这类扫描仪适合用于小型模具的量测，不仅扫描速度快且精度较高。例如，美能达公司出品的 VIVID910 高精度三维激光扫描仪、手持式三维数据扫描仪 FastScan 等，都属于这类扫描仪。

②中距离型激光扫描仪：最长扫描距离小于 30 m，多用于大型模具或室内空间的测量。

③长距离型激光扫描仪：扫描距离大于 30 m，主要应用于建筑物、矿山、大坝、大型土木工程等的测量。例如，奥地利 Riegl 公司出品的 LMSZ420i 三维激光扫描仪和加拿大 Cyra 技术有限责任公司出品的 Cyrax2500 激光扫描仪等，都属于这类扫描仪。

④航空激光扫描仪：最长扫描距离通常大于 1 km，并且需要配备精确的导航定位系统。其可用于大范围地形的扫描测量。

三维激光扫描测量技术克服了传统测量技术的局限性，采用非接触主动测量方式直接获取高精度三维数据，能够对任意物体进行扫描，且没有白天和黑夜的限制，快速将现实世界的信息转换成可以处理的数据。它具有扫描速度快、实时性强、精度高、主动性强、全数字特征等优点，可以极大地降低成本，节约时间，而且使用方便，其输出格式可直接与 CAD（计算机辅助设计）、三维动画等工具软件接口。目前，生产三维激光扫描仪的公司有很多，我国有广州中海达测绘科技有限公司、北京容创兴业科技发展有限公司等，国外典型的有瑞士 Leica 公司、美国 3DDIGITAL 公司和 Polhemus 公司、奥地利 Rigel 公司、瑞典 TopEye 公司、法国 MENSI 公司、日本 Minolta 公司等。它们各自的产品在测距精度、测距范围、数据采样率、最小点间距、模型化点定位精度、激光点大小、扫描视场、激光等级、激光波长等指标上会有所不同，可根据不同的情况如成本、模型的精度要求等因素进行综合考虑之后，选用不同的三维激光扫描仪产品。

三、三维激光扫描检测在造船领域的应用

最近几年，三维激光扫描技术不断发展并日渐成熟，目前三维扫描设备也逐渐商业化，三维激光扫描仪的巨大优势就在于可以快速扫描被测物体，不需反射棱镜即可直接获得高精度的扫描点云数据。这样一来，可以高效地对真实世界进行三维建模和虚拟重现。因此，其已经成为当前研究的热点之一，并在文物数字化保护、土木工程、工业测量、自然灾害调查、城乡规划、船舶与海洋工程等领域有广泛的应用。

三维激光扫描检测方式和传统检测方法比较的优势如下：

①使用物理延伸的传统办法通常无法检测船舶部件或分段的角落，而这些部位是最容易发生变形的；三维激光扫描检测方式则有效地解决了这一传统测量问题。

②传统的在船舶货舱中进行的检测需要搭建脚手架，搭建一个特殊的轻型脚手架进行检测通常需要几周的时间，且相当昂贵；而三维激光扫描检测则不需要。

③通过数码照相技术对不锈钢格子进行检测，在高分辨率情况下，一次只能捕获很小

面积的信息,如果通过外部光源采集全部照片,需要长达一周以上的时间;而采用三维激光扫描检测方式只需要几十分钟或更快。

三维激光扫描仪在船舶加工制造、曲轴、船体检修等多方面得到广泛应用。其基本特点有:三维激光扫描仪得到"点云"包含采集点的三维坐标和回光信号的强度的数字文件,便于移植到其他系统处理和使用,这为后期船舶和曲轴的设计修正、数据对比、加工提供真实可靠的数据,能够满足船舶加工制造、曲轴、船体检修等多方面要求。在高效完成检测任务的同时提升效益,这对于需要快速完成的测量工作、节省船舶建造时间尤其重要。

1. 船舶壳体和大型零部件扫描检测

采用三维激光扫描对船舶壳体或部件进行全面精确扫描检测,能够精确检验船舶钢结构壳体表面特殊曲面,如图 2-37 所示,并获得船体原始点云数据,如图 2-38 所示。

图 2-37　船舶壳体扫描检测

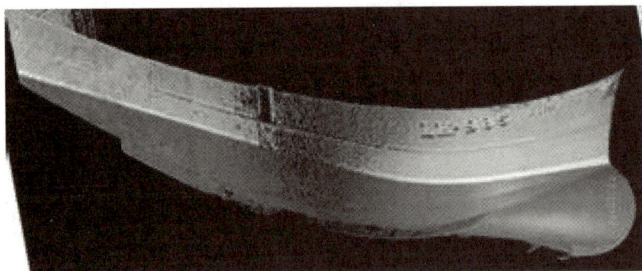

图 2-38　获得船体原始点云数据

将测量点云数据导入船舶三维激光扫描专用软件,与已有的船舶 CAD 设计图进行套合,可以对船体变形状态以及结构变化进行自动分析,得到精确的船舶变化数据。

2. 船舶大型零部件扫描检测

三维激光扫描仪能代替常规的测量手段,对船舶设备大型零部件进行扫描检测。三维激光扫描仪通过对一些重要船舶部件进行非接触扫描,能够提供高精度三维点云数据,并建立真实的设备三维模型,为设备磨损、变形等提供真实有效的数据。

3. 船舶部件精确定位

三维激光扫描也可用于船舶部件或分段定位检测。

4. 船舶部件逆向工程

一件拟制的船舶产品如果没有原始设计图,需要委托单位交付一件样品或模型图纸,请船厂复制出来。传统的复制方法是用 1:1 的比例放样模型,再进行生产。这种方法属于模拟式复制,无法建立工件尺寸图档,也无法做任何的外形修改。

目前,船舶部件逆向工程是针对一现有船舶工件(样品或模型),利用三维激光扫描准确、快速地测得其轮廓坐标,并加以建构曲面、编辑、修改后传输到 CAD/CAM(计算机辅助制造)系统,再由 CAM 制作所需图纸,将样品模型制作出来。

逆向工程是近年来兴起的新技术,但对于许多样品并不是单纯的自由曲面,碰到凹槽、开孔或许多的基本几何形状之处,仍需做形状辨识、建构及叠合处理(如电子产品外壳、汽车外形等)。为了实现船舶部件逆向工程的完整性及快速性,接触几何测量与非接触三维测量的有效快速拟合已成为逆向工程研究的重要课题。

此外,三维激光扫描检测技术在船舶零部件最佳焊接点分析,船舱变形检测,基准面、基准线、基准点自动进行最佳排列,船舶建造多层剖面切片检查等精度控制技术方面均有十分广阔的应用空间。

【任务实施】

任务内容:船舶分段的三维扫描(选做);

任务要求:使用三维扫描仪完成船舶分段的扫描,并将主要点与项目二任务1结果进行对比;

场地:船舶建造工艺实训室或具有船舶分段的场所;

工具:三维激光扫描仪;

操作过程:使用三维扫描仪扫描分段,得到分段点云数据。

思考与练习

一、判断题

1. 精度造船测量设备通常是指先进的三维精密测量设备,它能够在特定的空间范围内,测量出船舶结构或分段的几何形状、长度及圆周分度。　　　　　　　　　　　　　(　　)

2. 全站仪是一种集光电、计算机、微电子通信、精密机械加工等高精尖技术于一体的先进测量仪器,是集水平角、垂直角、距离(斜距、平距)、高差测量功能于一体的测绘仪器系统。　　　　　　　　　　　　　　　　　　　　　　　　　　　　　　　　　　　(　　)

3. 全站仪主要特点是同时具备电子经纬仪测角和测距两种功能,并由电子计算机控制、采集、处理和储存观测数据,使测量数字化、后处理自动化。　　　　　　　　　(　　)

4. 全站仪属精密测量仪器,使用时必须严格操作程序,精心爱护。　　　　　(　　)

5. 工业摄影测量是目前精度造船中测量精度较高的一种测量设备。　　　　(　　)

6. 数字工业摄影测量中使用人工标志,应能保证和提高测量精度和可靠性,另一方面人工标志很容易布设。　　　　　　　　　　　　　　　　　　　　　　　　　　　(　　)

7. 工业摄影测量过程中使用工具性标志,主要起到承上启下和转接的作用。常见的工具标志是方形靶标。　　　　　　　　　　　　　　　　　　　　　　　　　　　　(　　)

8. 三维激光扫描技术可以真实描述扫描对象的整体结构及形态特性,快速准确生成三维数据模型,有效避免了基于点数据进行分析造成的局部性和片面性。　　　　　(　　)

9. 三维激光扫描仪按照扫描平台的不同可以分为机载激光扫描系统、地面型激光扫描系统、便携式激光扫描系统。　　　　　　　　　　　　　　　　　　　　　　　　(　　)

10. 三维激光扫描检测技术可用于船舶零部件最佳焊接点分析、船舱变形检测等作业。

　　　　　　　　　　　　　　　　　　　　　　　　　　　　　　　　　　　(　　)

二、选择题

1. 现在的船舶三维测量数据可包含(　　　　)。

A. X、Y、Z 点的信息　　　　　　　　　　B. R、G、B 颜色信息

C. 有物体反色率的信息　　　　　　　　　　D. A+B+C

2. 三维测量的测量功能包括(　　　)。

A. 尺寸精度　　　　　　　　　　　　　　B. 定位精度

C. 几何精度及轮廓精度　　　　　　　　　D. A+B+C

3. (　　　)可对被测对象在不同位置扫描,快速地获取物体在给定坐标系下的三维坐标,通过坐标转换和建模,可输出被测对象的各种图形和数字模型,还能直接转换到 CAD 成图。

A. 经纬仪　　　　　　　　　　　　　　B. 三维激光扫描仪

C. 全站仪　　　　　　　　　　　　　　D. GPS

4. 在高精度仪器中,(　　　)是一种集测角、测距于一体的测量仪器,其测量范围大、智能程度高。

A. 经纬仪　　　　　B. 全站仪　　　　　C. 水准仪　　　　　D. 水平仪

5. 在造船精度控制测量过程中,测量人员可根据现场实物摆放的姿态,建立符合生产需求的(　　　)。

A. 大地坐标系　　　B. 测站坐标系　　　C. 物方坐标系　　　D. 设计坐标系

6. 在实际船舶建造的测量操作中,由于受到多种因素的影响,测量所得的量值 X 通常并不能准确地等于被测量之量的真值 A,我们将二者之差称为测量(　　　)。

A. 差值　　　　　　B. 误差　　　　　　C. 错误　　　　　　D. 偏差

7. 全站仪的电子系统结构主要由(　　　)。

A. 主板　　　　　　B. 存储卡板　　　　C. 马达板　　　　　D. A+B+C

8. 工业摄影测量是通过摄影和随后的图像处理和摄影测量处理以获取被摄目标(　　　)的一门技术。

A. 形状　　　　　　B. 大小　　　　　　C. 运动状态　　　　D. A+B+C

9. 目前,先进的摄影测量主要采用(　　　)三个阶段。

A. 模拟摄影测量　　B. 解析摄影测量　　C. 数字摄影测量　　D. 底片成像摄影测量

10. 船舶部件逆向工程是针对一现有船舶样品或模型,利用三维激光扫描准确、快速地测得其轮廓坐标,并加以建构曲面、编辑、修改后传输到 CAD/CAM 系统,再由 CAM 制作所需(　　　),将样品模型制作出来。

A. 图纸　　　　　　B. 模型　　　　　　C. 实物　　　　　　D. 数据

三、问答题

1. 简述全站仪的主要功能。

2. 简述全站仪测量技术的发展过程。

3. 船用全站仪有哪些结构特点?

4. 全站仪的电子系统结构主要由哪几部分组成?

5. 简述全站仪的测量原理。

6. 什么是迁站测量?

7. 精度控制测量过程中,为什么要进行坐标系转换?

8. 船用全站仪的主要应用范围有哪些?

9. 船用全站仪的操作包括哪些基本步骤?

10. 船用全站仪数据计算与分析包括哪些内容？

11. 船舶精度测量仪器在室内保存时应注意哪些事项？

12. 船舶精度测量仪器在运送的过程中应注意哪些事项？

13. 什么是数字摄影测量技术？

14. 工业摄影测量系统由哪几部分组成？

15. 工业摄影测量标志有哪些？

16. 简述工业摄影测量编码标志。

17. 简述工业摄影测量工具标志。

18. 工业摄影测量时，测量相机拍摄的一般要求有哪些？

19. 工业摄影测量系统有哪些发展趋势？

20. 简述三维激光扫描技术。

21. 简述三维激光扫描仪工作原理。

22. 三维激光扫描仪有哪些种类？

23. 简述三维激光扫描检测可应用于船舶修造的应用领域。

24. 三维激光扫描检测方式与传统检测方法相比，其优势体现在哪些方面？

项目三
材料加工阶段精度作业

【项目描述】

　　船体与上层建筑建造是用钢材制成船的壳体和上层建筑的生产过程。船体与上层建筑建造是将钢材制成船体构件,再将它们组装焊接成中间产品(部件、分段、总段),然后吊运到船台或船坞总装成船体和上层建筑。船体结构由各种板材和型材组成,船用的板材和型材需要经过加工才能进入后续的船体装配工序,其加工精度对后续装配质量具有较大的影响。本项目以典型船体分段加工阶段板材、内部材加工为背景,介绍零件、部件和组件等各个工作环节进行精度加工、装配和检验的方法。

【学习目标】

知识目标:

1. 掌握钢材材质检验的内容与方法;
2. 掌握切割精度检验的内容与方法;
3. 掌握曲板材精度检验内容与方法;
4. 掌握内部材精度检验内容与方法。

能力目标:

1. 能正确对船用钢材材质进行检验;
2. 能正确对板材切割精度进行检验;
3. 能正确对曲面板材进行精度检验;
4. 能正确对内部结构进行精度检验。

素质目标:

1. 树立检验工作是保证质量重要手段的观念;
2. 养成检验工作严谨细致与一丝不苟的作风。

思政导航

【工作任务】

任务一　钢材材质检验
任务二　板材切割精度检查
任务三　曲板材加工精度作业
任务四　内部材加工精度作业

任务一　钢材材质检验

【任务描述】

现代大型船体主要由钢板和型材加工制成各种船体结构,而钢材类型和样式繁多,且需经过船级社认证,特种船舶或特殊结构形式的用钢还需要进行力学性能分析、形变性能测试等性能检测。钢材表面一般带有氧化皮、铁渣、局部凹凸不平、翘曲或扭曲等缺陷,需要对钢材进行矫平、除锈和涂防护底漆等作业,这些作业统称为钢材预处理。本任务在了解船用钢材类型和特点的基础上,主要介绍船舶钢材入库检验和船体材料性能检查。

船用钢材的要求

【知识准备】

一、船用钢材检验的基本要求

船用钢材主要用于制造船舶壳体、重要结构件和船舶管系等。在造船过程中首先体现造船质量的就是船用材料本身的质量。现今,世界各国的船级社对入级船舶的材料均提出了严格的要求,这些质量要求的具体内容在各船级社的规范中都进行了详尽的说明。因此对入级船舶所用的材料来说,无论是材料制造厂,还是造船厂,都应遵循规范所提出的要求。各国船级社对材料的质量要求基本相似。

由于船用材料从制造厂到造船厂直至船上安装,需要经历相当长的一段时间,材料的一些质量问题往往到装船时才暴露出来。因此,造船厂须在签订订货合同和材料进厂后的入库验收两个环节中严格控制材料质量。造船厂材料检验的内容包括:核查材料的质量证书;材料外观质量检验和钢印、标志检验;材料内在质量的复验。

1. 船级社对造船材料检验的基本规定

①钢质海船船体、锅炉、压力容器和机械等所用材料的生产、试验和检验应符合船级社规范规定。船级社规范一般对材料的化学成分、力学性能指标、厚度公差、试验方法和缺陷的修整等进行了规定。

②造船材料必须是船级社认可的工厂生产的。

③所有经船级社认可或检验合格的材料应具有船级社的印记。凡不具有船级社印记或未经船级社同意的材料,不得装船使用。

④船级社对造船材料的等级一般都在规范中做出了规定。例如,中国船级社对一般强度船体结构钢分为 A、B、D、E 四个等级;对高强度船体结构钢按最小屈服强度区分强度等级,每一强度等级又按其缺口冲击韧性的不同分为 A、D、E 三个级别,船级社规定的高强度船体结构钢分为 A32、D32、E32、A36、D36、E36 六个等级。

对于规范中未列出的材料品种,其化学成分、力学性能和试验方法,可按有关的国家标准或经船级社认可的其他标准验收。

⑤凡经船级社认可或检验合格的船用材料,除了应具有船级社印记外,还要有船级社颁发的或由验船师(或验船师代理人)签署的材料生产的产品合格证书,以证明其材料符合规范要求。

⑥船用材料在造船厂的加工、切削或制作过程中,若发现并证实其不符合要求,则即使该材料事先持有合格证书,也应作为不合格处置。

2. 造船厂对造船材料检验的基本规定

①船用材料进造船厂后,必须先经过质量检验部门的入库检查验收。

②材料入库检验前,物资供应部门及技术部门应将材料订货清单、订货合同、技术协议、质量标准以及入库单、发货明细表、材料质量检验证明书等提供给质量检验部门,作为材料入库检验的依据。

二、材料复验的程序和内容

1. 材料入库检验的程序

①物资供应部门填写材料入库检验申请单,向质量检验部门报验。

②质量检验部门按入库检验申请单注明的内容,检查材料的包装和标志,核查材料的编号、品种、规格、数量与材料质量证明书等有关证件、资料的一致性。

③查对材料质量证明书的内容是否填写齐全,核查化学成分和力学性能的原始记录是否符合有关规范的规定,核查是否具有船级社的认可证据。对完整的材料质量证明书,应归档备查。

④凡经船级社认可的造船材料,其化学成分和力学性能一般不再另行复验,下列情况应予复验:

a. 材料钢印标记不清楚、证书中数据不清楚或对材料质量有疑问时,应对材料进行部分项目或全部项目复验;

b. 按合同技术文件规定必须复验的项目;

c. 船东或验船师要求复验的项目。

⑤对所检验的材料做出合格与否的结论,在实物上及材质证书的相应位置处做出合格识别标记,并对这批材料给予检验合格编号,作为生产过程中质量追溯的依据。

⑥对检验不合格的材料做出明显标记,并通知物资供应部门进行处理。

2. 材料检验的内容

(1)外观质量检验

外观质量检验主要是材料表面质量和尺度规格检查。材料上轻微的缺陷可以用机械方法去除,在适当条件下也可允许采用焊接方法修正缺陷。

当发现材料有严重的外表缺陷或尺度规格严重超差时,即可判定材料不合格。经检查合格后方可进行下一步的化学分析和力学性能试验。

(2)化学分析检验

①材料复验的化学分析结果,应符合有关船级社的规范或经船级社认可的其他有关标准的规定。

②钢制材料的化学分析分熔炼分析和成品分析两种。

熔炼分析是指在钢液浇铸过程中采取样锭,然后制成试样并对其进行的化学分析,分析结果表示同一炉或同一罐钢液的平均化学成分。

成品分析是指在经过加工的成品钢材(包括钢坯)上采取试样,然后对其进行的化学分析。造船厂对钢板、型钢、钢管的化学成分的复验属成品分析。

3. 力学性能试验

①力学性能试验试样的数量、尺寸及截取方向应符合有关船级规范和有关国家标准的规定。

②除冲击试验外，当材料的任一项力学性能试验结果不满足要求时，对不合格的项目，可再取双倍数量的试样进行复试，复试结果均合格者，则该批材料可以验收。

③材料的冲击试验，一组 3 个冲击试样的平均能量值应符合有关规定，其中一个单值可低于规定平均值，但不得低于该平均值的 70%。

冲击试验结果不符合规定时，只要低于规定平均值的单值不超过 2 个，且只有一个单值低于规定平均值的 70%，便可再取一组 3 个冲击试样进行附加试验，所得结果与原来的结果加在一起取平均值，当新的平均值不低于规定值时方可验收。在这 6 个参与平均的单值中，低于规定值的单值不得超过 2 个，最多只允许一个单值低于该平均值的 70%，否则仍不能验收。

④材料力学性能试验复试不合格，已做试验的单件不能验收。假如另选 2 个单件，并做全套试验得到满意结果后，该批材料的剩余部分可以验收。如果试验中仍有一个结果不合格，则该批材料不能验收。

⑤当一批材料被拒收时，该批剩余材料中未做试验的单件仍可逐件重新提交试验，试验结果合格者，仍可逐件验收。

三、船用钢材检验项目

钢材检验是指钢板和型钢进造船厂后的入库复验，属钢材的成品复验，所有船用钢板和型钢应经过船级社的检验并签发质量证书。核查材料的质量证书、外观检验和核对钢印标志的检验都是必须进行的。

钢材检验方法及过程

1. 钢板和型钢质量证书的核查

检验员对钢板和型钢质量证书核查的内容有：

①核对材料牌号规格数量及炉罐号与实物是否一致；

②材质证书上应有船级社的书面证明内容、船级社印记和验船师的签名；

③根据钢材的不同品种级别，分别按船级社规范中所列的标准核对钢材的化学成分和力学性能。

当上述内容的检验工作结束后，如发现不符合要求时检验员应做出不同意验收的结论，并通知物资供应部门进行处理。

2. 钢板和型钢外观质量检验

（1）产品标记检查

对每件钢板或型钢的外观进行检查前应检查钢材上的标记是否齐全，这些标记包括钢厂名称、钢级标记、炉罐号和船级社标记等，如图 3-1 所示。

（2）钢板和型钢表面缺陷检验

①钢板及型钢表面不允许有气泡、结疤、裂纹、拉裂、夹杂、压入氧化铁皮以及分层等缺陷，但允许有不影响质量的表面缺陷存在，如薄层氧化、铁皮铁锈、不明显的粗糙网纹划痕等局部缺陷。

②船体结构钢和机械结构钢的表面缺陷可采用局部打磨方法予以消除，但修整后的任何部位的厚度不得减薄到公称厚度的 93% 以下，且减薄量不得大于 3 mm，打磨后表面应光洁平顺。

船号、零件号、材质、炉罐号、人员、时间

图 3-1　产品标记检查

③不能按上述方法修磨处理的表面缺陷,在验船师认可的情况下可用铲削或打磨后进行焊补的方法修整,焊补修整后必要时应对焊补区域进行无损探伤。

（3）钢板表面缺陷的限定及修整

钢板表面缺陷的限定及修整要求见表 3-1。

表 3-1　钢板表面缺陷的限定及修整要求

限定	要求
麻点 剥落 结疤 刻痕 气孔　（图：缺陷深度 d/mm 对 缺陷面积比/%，标注 C、B、A 区域，$20\ \mathrm{mm}\leqslant t\leqslant 50\ \mathrm{mm}$、$t<20\ \mathrm{mm}$，$t$—钢板厚度,mm）	①A 范围为优良区,只包含有 0.2 mm 以下极轻微的不必修整的表面缺陷。②B 范围为合格区,包含有一定数量允许存在的表面缺陷,不需修整;实线内为 20 mm 厚度以下的板,虚线内（含直线范围）为 20~50 mm 厚度的板。③C 范围为修整区,即存在某些不允许存在的表面缺陷,必须按规定修整。④缺陷修整方法:$d<0.07t$,且 $d\leqslant3$ mm,磨平;$0.07t\leqslant d\leqslant0.2t$,焊补后磨平。式中　d——缺陷深度,mm;　　　　t——钢板厚度,mm。如果缺陷深度大于钢板厚度的 20%,面积超过钢板面积的 2%,则这部分钢板需按规定进行更换

表 3-1(续)

限定	要求
局部夹层 (a) (b)	①夹层的范围比较小,可批除后再焊补,如图(a)所示;夹层的范围比较小且接近钢材表面则进行焊补,如图(b)所示。 ②在夹层情况比较严重的情况下必须仔细检验,采取相应的修整方法
严重夹层	①如果夹层范围相当广泛,则可更换一张钢板的一部分。 ②标准规格的钢板需要更换的最小宽度或长度:外板和强力甲板在船中 $0.6L$ 区域内分别为 1 600 mm 和 800 mm;其他结构为 300 mm 或板厚的 10 倍,取其大者。在个别情况下可减到 50 mm+4t(t 为钢板厚度,单位为 mm)。 ③如果夹层程度非常严重且范围相当广泛,则整张钢板应更换

（4）钢板缺陷面积的计算

钢板缺陷面积是指距离缺陷边缘 50 mm 范围内的影响区域面积,如图 3-2 和图 3-3 所示。

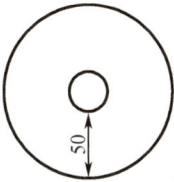

图 3-2　孤立点状缺陷图

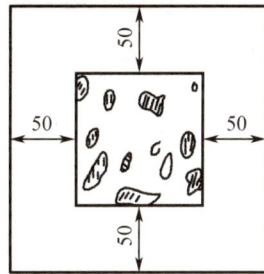

图 3-3　聚集状缺陷

孤立点状缺陷面积一般以近似圆形或长方形面积计算,聚集状缺陷可按其组成的图形近似为正方形、长方形、圆形、梯形等面积计算。

（5）缺陷深度的测量

①测量工具由百分表的测量针穿过特制的三角底架组成。

②测量缺陷深时先在缺陷四周平面处,把百分表指针校到零位,然后移动测量工具至缺陷。

3. 船用钢材厚度和平面度检验

（1）钢板的厚度检查

①对船体结构用普通钢、高强度钢、宽扁钢以及机械结构用钢，其厚度负偏差应符合中国船级社规定（表3-2）。因国际上已普遍规定最大厚度负偏差为0.3 mm，在钢板厚度检验时应予注意型钢的负偏差应符合国家标准或船级社认可的标准。

表 3-2　钢板的厚度负偏差

板厚 t/mm	允许的厚度负偏差/mm
$t \leq 15$	0.4
$15 < t \leq 45$	$0.1 + 0.02t$
$t > 45$	1.0

②对锅炉和受压容器用钢、低温韧性钢、奥氏体不锈钢和复合钢板等材料，其厚度公差如在订货合同中没有规定将公称厚度作为最小厚度时，则板厚不大于10 mm者板厚负偏差不得大于0.3 mm，板厚大于10 mm者板厚负偏差不得大于0.5 mm。

③钢板测厚时，钢板的厚度在距离钢板边缘不少于25 mm处，测量钢板的四角及两个横边的中间为必测部位。任何测点测得的钢板厚度负偏差均不得超过规定的偏差数，测量方法如图3-4所示，测量仪器一般采用超声波测厚仪。

图 3-4　钢板厚度测量示意图

（2）型钢的厚度和宽度检验

型钢的厚度和宽度应在距型钢末端不小于500 mm的地方进行测量，其检验可参照《热轧球扁钢》（GB/T 9945—2021）等国家标准进行，如图3-5所示。

图 3-5　型材厚度测量示意图

（3）钢板平面度检验

钢板平面度是指钢板表面突然隆起或凹下，且在造船零部件加工过程中无法消除的变形。钢板平面度的检验可用 1 m 长的直尺测量，其偏差见表 3-3。

表 3-3 钢板的平面度偏差

厚度/mm	允许的每米平面度偏差/mm
$t \leq 4$	12
$4 < t \leq 15$	10
$t > 15$	5

4. 钢板和型钢的理化检验

对钢板和型钢的内在质量进行检验，也就是对钢材的化学成分和力学性能进行取样检验复验时，可以仅做化学分析试验，也可以仅做力学性能试验，见表 3-1。复验的程序如下：

（1）取样方法

①钢板和型钢的化学成分试样取样。成品化学分析试样必须在钢材上具有代表性的部位采取，试样应均匀一致，能充分代表每一熔炼号或每一罐或每一批钢材的化学成分，试样应具有足够的数量，以满足全部分析要求。

化学分析用的试样样屑可以钻取或用其他工具加工取得，样屑应粉碎并混合均匀。制取样屑时不能用水油或其他润滑剂，并去除氧化铁皮和脏物，成品钢材还应去除脱碳层、渗碳层、涂层、镀层金属或其他外来物质。

②钢板和型钢的力学性能试样取样。对钢板和宽大于或等于 400 mm 的扁钢，距一边大约 1/4 板宽处切取试样，如图 3-6 所示。

对球扁钢、角钢等型钢及宽度小于 400 mm 的扁钢，应在距一边的 1/3 宽度处切取试样，如图 3-7 所示。对于槽钢可在腹板上距边 1/4 宽度处切取试样，如图 3-7（c）所示。

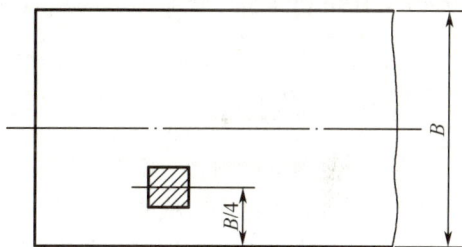

图 3-6 钢板试样位置

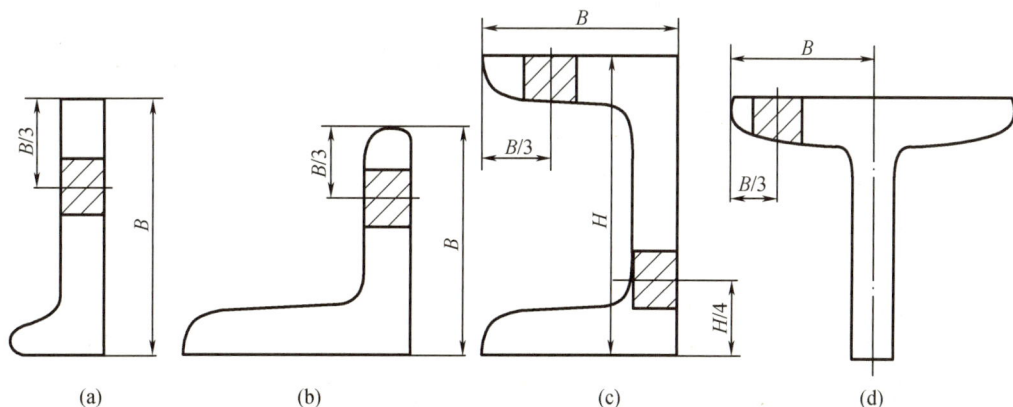

图 3-7 型钢试样位置

（2）取样数量

试样的数量在各船级社的规范中均有规定，可参照执行。

化学分析按每一炉罐号取一个试样进行。

力学性能试验时，对于所交付的每批钢材，若质量不大于 50 t，则应从单件钢材上切取一个拉力试样；当质量大于 50 t 时，应从每 50 t 或不足 50 t 的余量的不同单件钢材上各切取一个拉力试样；对于同一炉罐号的钢材，其厚度或直径每改变 10 mm，均应另做一批而且切取一个拉力试样。

对于 B 级和 D 级钢如果钢材质量不大于 50 t，则应从所交付的每批钢材中最厚的单件上切取一组 3 个冲击试样；当质量大于 50 t 时，应从每 50 t 或不足 50 t 的余量的不同单件上各切取一组 3 个冲击试样。

对于 D 级钢当采用认可的可控制轧制工艺代替正火时，应按上述两项规定切取冲击试样，但要求从每 25 t 或不足 25 t 的余量的不同单件上各切取一组 3 个冲击试样。

（3）复验标准

化学分析和力学性能试验的结果应按船级社的标准核对检验，并以此做出检验结论。由于船舶建造规范中化学成分的标准通常仅指钢厂桶样化学成分，而船厂对钢材复验的化学分析是针对钢板和型钢的，也就是钢厂的成品。因此，船厂对钢材化学分析的结果还应参照有关成品化学成分允许偏差的内容来评定。

化学分析和力学性能试验的结果不符合规定要求时，船厂检验部门应立即做不同意验收的结论。但如果产生少数的超标而且超标的量值也很小，可以由物供部门提请设计部门研究考虑，在得到驻船厂验船师的同意后方可验收使用。

【任务实施】

任务内容：钢材检验；

任务要求：对钢材进行检查；

场地：船舶建造工艺实训室或具有钢材的场所；

工具：测厚仪或游标卡尺、钢直尺、卷尺等；

操作过程：检查钢材的型号、证书、表面质量等。

钢材类型		检查人员		检查时间	
序号	检查内容				
①	入级船级社				
②	钢材证书编号				
③	钢材材质				
④	钢材使用位置				
⑤	平均厚度				
⑥	表面质量				

任务二　钢材切割精度检查

【任务描述】

船用板材切割下料是船体结构加工的第一道工序。板材切割精度对后续组件装配有着重要影响。随着船舶焊接技术的发展,高效率的切割装备不断涌现,从手工火焰切割到数控等离子切割,再到精细等离子切割、激光切割、复合切割加工等,现代智能化精密切割加工技术的进步推动了高精度切割装备的发展。在船舶建造过程中,材料切割精度除受人为因素影响外,还会受到切割设备自身精度以及环境等因素影响。本任务是对切割机和切割板进行精度检查。

【知识准备】

材料的切割下料和部材的加工是在船厂加工车间完成的。加工过程的精度管理主要内容包括切割机精度管理、加工部材精度管理、实名制管理、加工误操作的管理以及切割缺陷的管理等。

一、切割机精度管理

切割管理是部材加工过程中对部材的尺寸、部材表面品质及材质进行管理,以确保达到后续进行组立时的完美精度品质。

切割精度试验

切割机是板材切割和下料的主要工具设备,对数控切割和下料的过程进行监控是加工精度管理的第一步。船厂加工切割下料的主要工作流程如图3-8所示。

切割机的精度检查主要包括试板精度检查、对角精度检查两部分。

①试板精度检查。切割机操作手每日切割前首先进行试板的切割,并对数据进行记录。每日一次,在试板上标记尺寸切割时间,由精度检查员确认后废止。试板检查如图3-9所示。

②对角精度检查。每日切割工作开始前,需要在原材料上进行100M.K标记线检查,标记线尺寸在8 000 mm×2 000 mm以上。白班和夜班各一次,确认对角精度,并将数据进行记录,由精度检查员进行确认,如图3-10所示。

二、气割精度管理标准与尺寸偏差

1. 气割精度管理标准

气割精度管理标准是各船厂根据自身的设备状况以及管理水平确定的。表3-4所示是某船厂制定的气割精度管理标准。

```
                    ┌──────┐
                    │ 领料 │
                    └──────┘
                        │
        ┌──────┐   ┌──────────────┐
        │ 调试 │───│  设备试板切割  │◄──────────────┐
        └──────┘   └──────────────┘               │
              │         │                         │
        ┌──────────┐ ┌──────┐                     │
        │  不合格  │ │ 合格 │                      │
        └──────────┘ └──────┘                     │
                        │                         │
                    ┌──────┐                      │
                    │ 下料 │                       │
                    └──────┘                      │
                        │                         │
            ┌────────────────────────┐            │
            │  主板100%自主精度检查     │            │
            └────────────────────────┘            │
                        │                         │
                ┌──────────┐              ┌──────────┐
                │ 精度检查 │               │  不可调  │
                └──────────┘              └──────────┘
              ┌──────┐  ┌──────────┐           │
              │ 合格 │  │  不合格  │────────────┤
              └──────┘  └──────────┘           │
                │                              │
                │   ┌──────────────┐      ┌──────┐
                │   │  标清调节措施  │◄─────│ 可调 │
                │   └──────────────┘      └──────┘
          ┌──────┐◄──────┘
          │ 加工 │◄────────┐
          └──────┘         │
                │          │
          ┌──────────────┐ │
          │  自主精度检查  │ │
          └──────────────┘ │
                │          │
          ┌──────────┐     │
          │ 精度检查 │      │
          └──────────┘     │
        ┌──────────┐ ┌──────┐
        │  不合格  │─┘│ 合格 │
        └──────────┘  └──────┘
                        │
                    ┌──────┐
                    │ 小组立 │
                    └──────┘
```

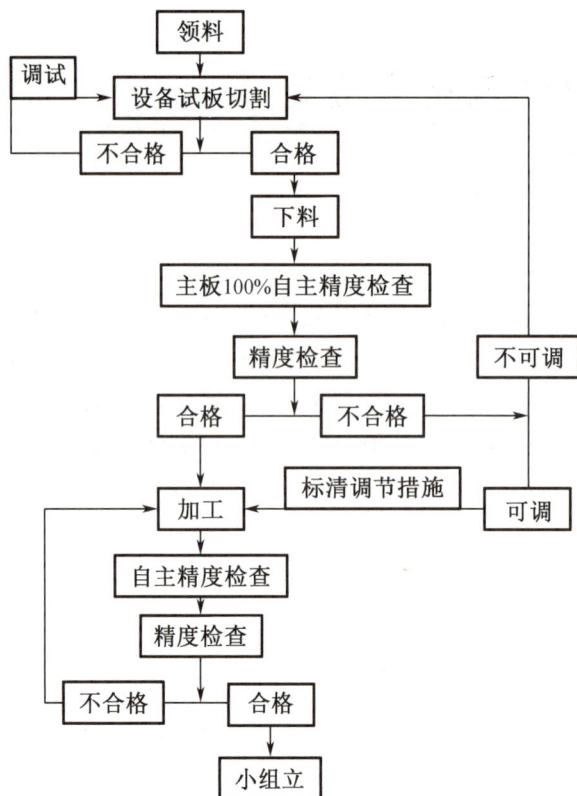

图3-8 船厂加工切割下料的主要工作流程

图3-9 试板精度检查

图3-10 对角精度检查

表 3-4 气割精度管理标准

项目				标准范围	允许极限	备注
焊接接缝边	表面粗糙度	重要部分	自动、半自动气割	0.10 mm	0.20 mm	
			手工气割	0.40 mm	0.80 mm	
		非重要部分	自动、半自动气割	0.10 mm	0.20 mm	
			手工气割	0.80 mm	1.50 mm	
	气割缺口	对接焊缝	艏 0.6L 区域内的外板、强力甲板	—	<2.0 mm	用砂轮或焊补修整缺口。L 为船长
			其他	—	<3.0 mm	
		角焊缝		—	<3.0 mm	

2. 气割尺寸偏差

气割尺寸偏差是各船厂根据自身的工艺技术水平具体制定的。表 3-5 所示是某船厂制定的气割尺寸偏差。

表 3-5 气割尺寸偏差

项目			标准范围	允许极限	备注
板边缘直线度	自动割刀		≤0.4 mm	≤0.5 mm	
	手工切割		≤1.5 mm	≤2.5 mm	
坡口面尺寸	坡口面角度 θ		±2°	±4°	
	过渡段长度 l		±0.5d	±1.0d	
	坡口深度 d		±1.5 mm	±2.0 mm	
构件尺寸	构件尺寸偏差	主要构件	±2.5 mm	±4.0 mm	双层底肋板、桁材等
		次要构件	±3.5 mm	±5.0 mm	
	面板宽度偏差		±2.0 mm	+4.0 mm −3.0 mm	

三、切割精度测试

1. 切割作业准备

切割前首先要针对前期已建造船发现的问题点进行分析,对常见的问题点进行切割过程中重点管理。切割机的精度管理员每天对试板、对角线尺寸进行管理(± 1 mm),以达到管理要求。

准备必要的工器具,开始作业前的检查。按照《数控切割机点检表》所标示的内容对切割机进行作业前点检。

2. 枪头高度的确定

将切割机的电源、丙烯、氧气、压缩空气等阀门打开,操作枪头下降按钮至下限位置(由空气传感器控制),用高度尺检测枪头旋转四连杆机构的轴心离钢板高度是否为确认后的原始高度($170 \sim 185$ mm),枪头离钢板高度为 $8 \sim 8.5$ mm(用等高块检测)。如不符合要求需进行调整。

3. offset 测试

在一块尺寸大于 300 mm×300 mm,厚度在 $10 \sim 18$ mm 的残材上运行 offset 检测程序,根据切割后形状判断割枪与画线枪中心是否在一直线上,如偏差超过 0.5 mm,则需进行调整(图 3-11)。

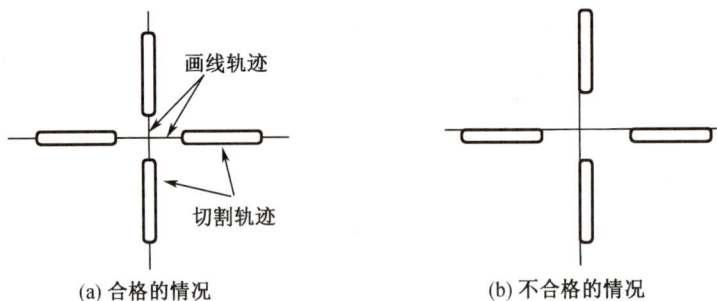

图 3-11　offset 测试

4. 画线粗细的确认

根据画线轨迹确认画线的清晰度及线的粗细是否符合要求,画线的粗细规定在 1 mm 左右。如不符合要求,可以通过调整氧气压力或对画线嘴进行清理以达到规定的标准。

5. 对角线及定位精度测量

用画线枪或画线笔在长度大于 8 m,宽度大于 3 m 的钢板上画交叉线,用卷尺计测长、宽及对角线的误差,并在规定的记录单上进行记录。如误差超过 1 mm 需联系工务部进行调整。

6. 精度测试频率要求

精度测试频率要求见表 3-6。

表 3-6　精度测试频率要求

精度测试项目	频度	标准范围
枪头高度的确认	1 次/班及尺寸超差时	（标准值±0.5）mm
offset 测试	1 次/班及尺寸超差时	±0.5 mm
画线粗细的确认	1 次/日	（1±0.5）mm
定位精度及对角线测试	1 次/周及机器异常停止后	0~1 mm
连杆机构原始高度	半年一次或离散值较大时	

精度检查后,填写检验单见表 3-7、表 3-8。

表 3-7　切割精度检验单

检查时间	A	B	C	D	E	F	G	H	操作者确认	精度确认

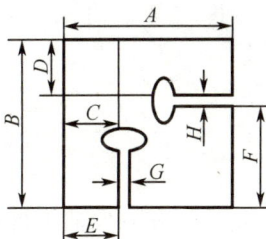

项目	尺寸/mm	要求/mm
A	300	
B	300	
C	100	
D	100	
E	100	±1
F	180	
G	20	
H	20	

表 3-8　对角切割精度检验单

检查时间	A	B	C	D	E	F	担当者确认	精度确认
								要求/mm
								±1

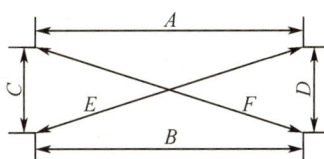

四、发生加工误操作及切割缺陷的管理方法

在作业过程中如发生加工误操作或切割缺陷时，应按以下步骤进行修正操作：

①加工部门如发生误操作时，应向品质保证部门反馈，经同意后方可进行修正。

②精度检查员在检查中发现加工误操作时，应做成检查报告及修正方法，通报加工部门，并对修正情况进行确认。

③作业中由于切割机或人为原因造成切割缺陷，问题不是很严重的时候应立即给予修正。

④将加工误操作进行记录，项目结束后，制作误操作单，防止在相同作业中出现同样的问题。

【任务实施】

任务内容：切割机精度检查（选做）；

任务要求：参照表3-7，对切割机进行精度检查，并填写表格；

场地：船舶建造工艺实训室或具有切割机的场所；

工具：切割机、钢直尺、石笔等。

任务三 曲板材加工精度作业

【任务描述】

船体曲板是指船体的曲面外板，一般可分为单向曲度外板和双向曲度外板。仅具有单向曲度的外板称为可展开曲板，只要用几何作图法或简单的计算法就能精确地展开；而具有双向曲度的外板，严格来说是不可能精确地展开的，因此称为不可展开曲板，如球形、风帆形、马鞍形等。曲板材是船体结构中加工难度最大，也是最费时费力的加工环节，根据曲面形状，有多种加工方法。本任务在曲面板材常用加工方法的基础上，重点介绍曲面板材的精度加工作业和精度检查方法。

【知识准备】

船用平直板材一般经过边缘加工即可成形使用，但对于非平直的板材，在边缘加工后还需要经过弯曲成形加工。目前最常用的弯曲成形加工方法有辊弯、压弯、折弯和水火弯板。

一、弯曲板件冷加工方法

船体零件成形加工的原理是利用钢材金属处于常温下（20 ℃），在外力的作用时具有可塑特性，即冲压性、冲剪性、成形性和定形性的原理而

曲面板精度基准

达到成形的目的。也就是说冷弯加工的实质是利用外力作用在工件上，使工件产生不可回复的塑性残余变形。冷加工之后材料将产生冷作硬化现象，使强度提高，塑性下降。而这种冷作硬化的影响，随着离开加工处的距离的增加而减小。对一般钢材来说，当弯曲半径大于 10 倍板材厚的情况下，材料机械性能的改变并不影响产品的使用性能。

1. 冷弯曲板件加工基准线

弯曲板件加工操作前必须画出加工线。对于双向曲度复杂板件必须先加工成单向曲度，然后再热弯成形。其操作方法见表 3-9。

表 3-9　冷弯曲板件加工基准线及操作方法

板件形状特征	加工基准线及操作方法	示图
圆筒形	①加工线即为筒体展开后的母线。 ②板件展开方向的两端应进行预直边加工（俗称闷头）、预弯加工，按圆弧铁样候样，预弯长度等于轧弯机二下辊中心的距间除 2	加工线 展开线
圆锥形	①加工线即为圆锥体展开后的母线。 ②展开后的形状为一扇形，轧弯时一般分为三个加工区，板件展开方向的两端须进行预弯曲，弯曲加工时也是由两端向中心区顺序进行，板件的上下、大小口端各用铁棒候样，三个加工区的过渡段，须垫垫板轧制和顺	加工线 展开线
单向扭曲	方法一： 将单向扭曲板件视为斜置于圆柱面上的板，其加工线则为圆柱面展开后的母线的一部分，是否采用预弯，则须视其弯曲度而定	加工线 展开线
	方法二： 取零件首、尾端两块加工样板。使样板的垂直边（把杆）及端点 A 相重合，同时使二样板的曲线边（型线部分）与平面相切，得切点 B、C。然后在钢板上量取 L、S，得 B'、C'，连接 $B'C'$，作 $B'C'$ 的平等线即为加工线。进入弯板机弯曲	加工线

2. 板件弯曲工艺要求

①工作环境温度不低于 -20 ℃，在南方特别在车间内这一环境一般能够保证。

②弯曲加工板，特别是薄板应先预轧平整。

③轧制板件应标写工程编号、分段号、零件号、加工基准线和加工线,备好加工样板(横曲样板或三角样板)。

④轧制板件的周边应清除切割挂渣。

⑤轧制圆筒板、扇形板、扭曲板时,遇型线不和顺的"强档",应在鼓出的部位塞进适当的垫片轧制平顺,消除波形等缺陷。

⑥弯曲度大的圆筒形、圆锥形、扇形板件边缘处的弧形,在滚轧前应在油压机上压出,圆弧与上、下端口径的曲率应一致。

⑦在油压机上弯制板件时,在整个压制过程中应均匀地搁置在下模上。

⑧压角板件的长度大大超过角形压模的长度时,压角不能一次成形,必须采用分段逐次压制的方法,每次压弯的角度应按表3-10所示。逐次压制时,其后一段重叠的长度为50 mm,同轧角一样。

表3-10 分段逐次压制轧角

板件轧弯宽度/mm	<70	70~100	100~150	150~300	>300
每次轧角/(°)	>30	30~25	25~20	20~15	<15

3. 板件弯曲工艺标准

①加工前应根据加工交接单上注明的材料规格、牌号及夺取度选用适当的加工机械。轧形或轧形前,轧辊或模具应清洁无异物,板件应消除表面油污、垃圾、光刺、挂渣等物。

②轧弯时,应先用样箱、样板来辨别弯势、弯向及弯曲程度,必要时敲制小铁样条轧弯试样。

③采用活络样板时,对准上下傍路线,画出加工基线,弯曲度过大时应敲制小铁样条候样。

④油压机加工时,应边压边候样,压制后应用横曲样板或小铁样条进行检查。

⑤弯压板件应避开卷筒板和脆性板。

⑥安装压模时,应小心轻放,压模表面不允许与硬物碰撞,安装油压机的上下压模、中心线应一致。

⑦板件弯曲面与样板间的空隙应≤2 mm。

二、弯曲板件热加工方法

金属钢材具有热胀冷缩的属性,当局部加热到600~700 ℃时,由于热场的局部性,受热金属膨胀,而未受热金属要限制它膨胀,就产生压缩性变形。金属冷却时,这种收缩变形在钢材的整个厚度方向存在,如图3-12所示。由于加热面温度较高,产生的压缩塑性变形量大于背面,形成的收缩变形也较背面大,从而形成角变形。火焰弯板就是利用局部受热后钢材所产生的角变形及横向收缩来达到弯曲的目的的。

如果下面加热的运行速度加快,在加热区周围迅速浇水冷却,提高冷却速度,增加厚度方向上的温度梯度(温度差),从而使角变形量增大,这便是水火弯板效率高的原理。

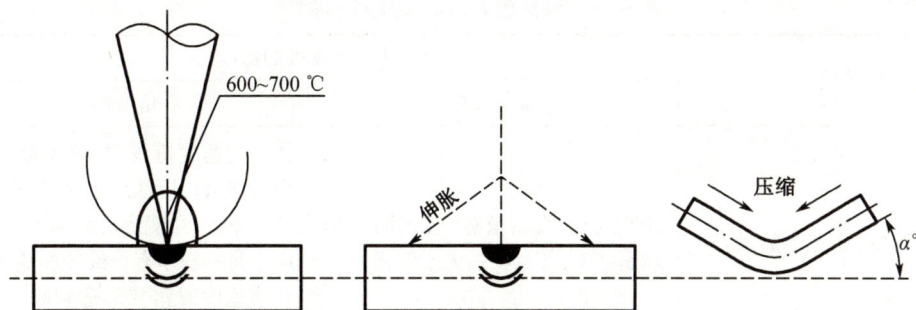

图3-12　金属钢材局部受热后钢材所产生的角变形及横向收缩

火工矫正同样是根据这一原理,不过是通过加热把已变形的局部还原过来。用水进行跟踪冷却的目的是加大这种变形,增加成形和矫正效果。

1. 水火弯板

对碳素钢种和船用结构钢及船用高度结构钢的热加工和热矫正都可采用水火弯板这一工艺。水火弯板具有如下特点:

①劳动生产效率显著提高,工效可提高2~3倍。

②成形质量好,板面光滑平顺,板厚减薄极微。

③改善劳动条件,取消大锤敲击。

④设备简单,操作方便。

2. 加热线形式对水火弯板的影响

在进行水火弯板时,加热线的位置疏密和长短对板材的成形效果影响很大。加热线的位置主要取决于所要求的构件形状,如帆形板和鞍形板的成形,都是先由冷弯加工成横曲,然后用水火弯曲法弯出纵向曲度。对于帆形板,其纵向曲度方向与横向曲度的方向一致,加热线位于板的横剖面两侧,弯曲时采用水火收边的方法,依靠其横向收缩变形及角变形使构件两侧纵边缩短而得到纵向弯曲,如图3-13所示。而鞍形板则由于其纵向曲度的方向与横向曲度的方向相反,故其加热线位于板的横剖面的中间,弯曲时应加热板件背面的中间部分,使板件的中间部分产生纵向缩短而得到其纵向弯曲,图3-14所示。至于加热线的长短、疏密则主要影响板件的成形效果。总的来说,加热线愈密、愈长,则产生的变形愈大,成形效果愈好。

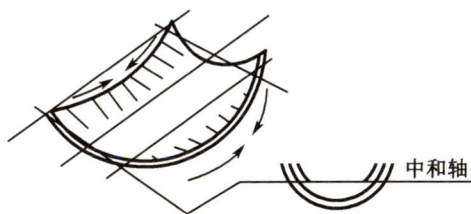

图3-13　帆形板变形

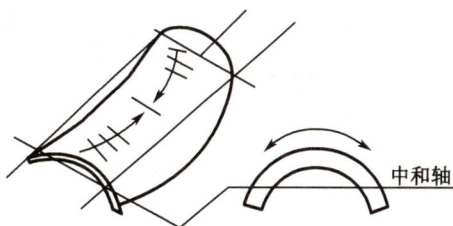

图3-14　鞍形板变形

3. 加热因素对板件成形的影响

加热因素指加热速度、加热嘴口径、加热深度和水火距,它对加工成形的效果影响很大,见表3-11。

表 3-11　加热因素对板件成形的影响

加热因素	对水火弯板的影响	
	横向收缩	角变形
加热速度(决定加热量)	速度愈慢,收缩量愈大,在同一加热速度下,薄板收缩大于厚板	在一定速度范围内,速度愈快,角变形愈大。但速度过快时,板面加热量不足,角变形反而减小。故对应于每一板厚有一最佳加热速度,在该速度时角变形达到峰点。通常薄板较厚板更快达到峰点
加热嘴口径(决定火焰功率)	加热嘴口径愈大,单位线热能愈强,横向收缩量愈大	加热嘴口径愈大,角变形愈大
加热温度	随温度增高而增大。当温度超过900 ℃时,收缩量增大不显著	随温度增高而增大。薄板到达一定温度(约750 ℃)后,角变形的增大不显著
加热深度	收缩量随深度增加而略有增大	在1/2板厚内,角变形随深度增加而增大;超过1/2板厚后,角变形随深度继续增加而逐渐减小
水火距(决定冷却速度)浇水点至火焰间的距离,称为"水火距"	收缩量随水火距增大而增大。达到某一峰点后,继续增大水火距则收缩量减小	角变形随水火距的增大而减小

4. 水火弯板的冷却方式

水跟踪冷却的形式对水火弯板的影响见表 3-12。

表 3-12　水跟踪冷却的形式对水火弯板的影响

冷却方式	示意图	对水火弯板的影响		特点及适用范围
		横向收缩	角变形	
空气冷却		最小	较大	操作简单,但成形速度慢,生产效率低。在角变形的同时产生加工所不需要的纵向挠度
背面跟踪水冷却		较大	最大	角变形大,成形效果好,但所用设备复杂,操作不便。在实际生产中一般不采用,仅用于个别厚度很大的大曲率板

表 3-12（续）

冷却方式		示意图	对水火弯板的影响		特点及适用范围
			横向收缩	角变形	
正面水冷却	跟踪水冷	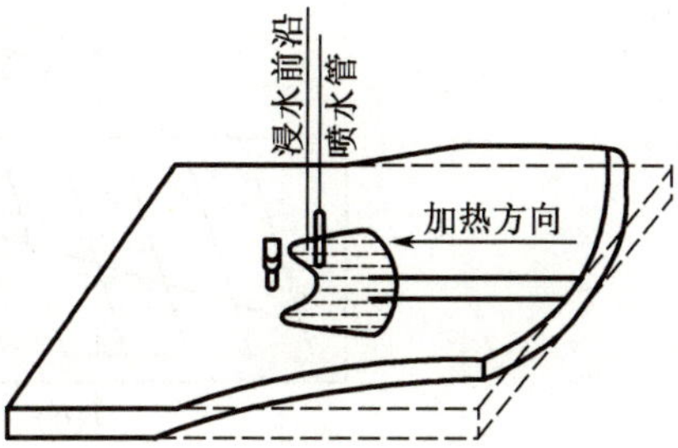	较大	较小	成形效果较空气冷却好，设备简单，操作方便，为目前最常用的
	环状水冷		最大	最小	冷却方式，环状水冷更适用于薄板

5. 水火弯板工艺要求

①条状板材加热前应根据构件的成形要求，在板件上预先定出加热线的位置，各加热线的起点不宜在同一条直线上，应互相错开。

②根据板件的成形，选择合理的加热参数。

③形状左右对称的零件，对称轴两侧的加热线的数量位置和长度应一致，操作也必须对称进行。

④同一部位避免重复加热三次以上，对低合金钢更应严格控制。

⑤新钢种板材的水火弯板应经试验鉴定后方可进行。

三、曲板材加工作业

曲板材加工作业前需准备的工器具主要包括木样板（或活络样板）、活动模、角度尺、烘枪、张线、石笔、板夹、钢丝绳、垫木等。

1. 作业前的检查

①正式作业前需检查气体泄漏情况，对气管及烘枪的各接口部位用肥皂水进行泄漏检查，对作业中使用的吊具需实施点检。

②确认钢板的船号、名称、左右、前后、上下。

③HT 材、MS 材的识别。线状加热弯曲作业前，需在外板展开图上画出 HT 材的使用范围。

2. 弯曲模的准备

①从前道工序处取来经过事先准备好的弯曲模，确认活动模的弯曲是否光顺。

②在钢板的前后端安放弯曲模。把弯曲模上的见透线位置点与钢板上的见透线进行对合，检查弯曲模的横梁是否在同一个水平面内。如不在同一个水平面内，可在低处钢板的下方垫入枕木，如图 3-15 所示。

3. 画加热线

①加热部位在板宽的中央。

②加热线和较高枕木侧纵板缝线的夹角为 65°~75°。

③加热间隔为 400 mm,如 400 mm 间隔加热以后达不到规定的扭曲度时,需将间距改为 200 mm。

④加热余留尺寸为 100 mm,如图 3-16 所示。

图 3-15　安放弯曲模

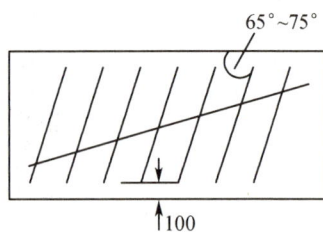

图 3-16　加热线位置

⑤进行表面线状加热时,须在加热线上进行加热。

⑥烘枪火口与钢板之间的间隔为 20 mm。加热时,边加热边用冷水冷却。

4. 线状加热温度

①进行表面线状加热时,如材料厚度不同,加热速度控制也不相同。通常加热基准见表 3-13。

表 3-13　加热基准

板厚/mm	加热速度/(mm/min)	最高加热温度/℃	使用燃气	火口	燃气压力/(kg/cm²)	氧气压力/(kg/cm²)
$t \leqslant 8$	500	900	丙烯	2 号	0.7	5
$8 < t \leqslant 10$	350	900	丙烯	2 号	0.7	5
$10 < t \leqslant 15$	300	900	丙烯	2 号	0.7	5
$15 < t \leqslant 20$	200	900	丙烯	2 号	0.7	5
$t > 20$	150	900	丙烯	2 号	0.7	5

②用烘枪的火焰加热后即用温度笔测定加热温度。温度测定基准见表 3-14。

表 3-14　温度测定基准

测定温度/℃	条件
900	927 ℃的温度笔不熔化
	843 ℃的温度笔熔化
650	704 ℃的温度笔不熔化
	621 ℃的温度笔熔化
500	500 ℃的温度笔不熔化

③操作人员应使用温度笔等测温工具,及时对加热温度进行控制和调整。

④对于 HT 材通常采用抽样的方法对温度进行检测,检查加热条件是否适宜。

5. 钢板反面线状加热

①钢板翻身。钢板扭曲时如出现纵向弯曲,将纵向弯曲消除时,须把钢板翻转过来,在扭曲较小的板端下面垫入枕木。

②反面画加热线。在材料反面按照和正面加热线相同的角度画反面加热线,如图 3-17 所示。

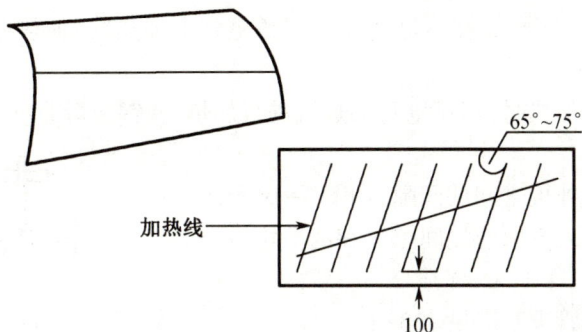

图 3-17　反面画加热线

③反面线状加热。沿加热线加热后,在烘枪火口后方 150 mm 处进行水冷却。

④反面加热后,经确认弯曲精度后,再将材料翻转过来。

6. 水冷基准

水冷基准见表 3-15。

表 3-15　水冷基准

材质	最高加热温度/℃	水冷开始温度
MS 材	800	加热后用水冷却
	900	600 ℃ 开始用水冷却
HT 材	650	加热后用水冷却
	900	500 ℃ 开始用水冷却

7. 扭曲检查

①扭曲检查时,将钢板两端的弯曲模放入规定的位置,按对角线方向进行张线,测量交叉部位线与线的间隔,如图 3-18 所示。

②扭曲检查精度管理基准见表 3-16。

图 3-18　扭曲检查

表 3-16　扭曲检查精度管理基准

品质特性	管理基准/mm	CSQS（中国造船质量标准）	
		标准范围/mm	许用范围/mm
扭曲外板	±5.0	±2.5	±5.0

8.横向弯曲加热

①把所有的弯曲模放在规定的位置上。

②检查横向弯曲,在弯曲度不足的地方用粉笔画上加热线,加热线与横向弯曲轨迹线平行。

③横向弯曲线状加热时,用烘枪对加热线进行加热,使钢板弯曲度与弯曲模相同。

9.检查弯曲量

①测量弯曲模与外板之间的间隙,如图 3-19 所示。

②弯曲度不足的地方取两端间隙之和的平均值。

$$X = (X_1 + X_2)/2$$

③弯曲测量精度管理基准见表 3-17。

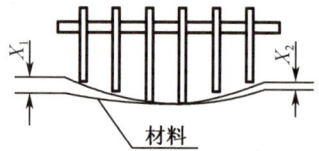

图 3-19　弯曲测量

表 3-17　弯曲测量精度管理基准

品质特性	管理标准/mm	CSQS	
		标准范围/mm	许用范围/mm
横向弯曲	−5±3.0	±2.5	±5.0

四、曲板材加工精度检查

曲板材在加工过程中要不断进行检查,检查的方法通常是采用弯曲模检查各相应部位的弯曲度,直至其满足精度要求为止,待加工成形后再做完工检查,并将检查数据填入曲板材精度检查单(图 3-20)。

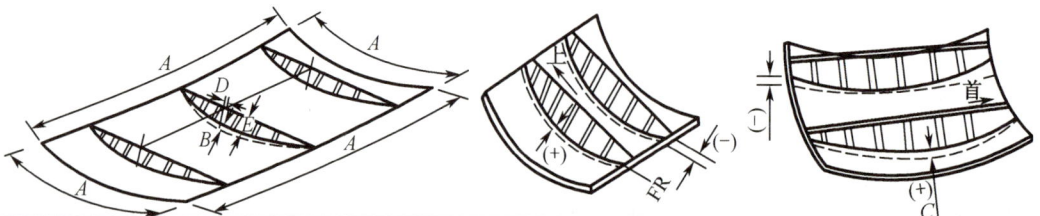

检查位置	项目	管理基准/mm	允许界限/mm	实测值/mm	备注
A	长度/宽度	±2	±3		
B	横曲量	±3	±5		
C	纵曲量	±3	±5		
D	垂直基准线	≤2	≤3		
E	水平基准线	≤2	≤3		

图 3-20　曲板材精度检查单

曲板材完工检查的方法如下：

1. 弯曲模检查法

船舶建造过程中的弯曲板材件类型繁多、形状各异。因此，根据弯曲件的形状、尺寸、精度、材料和生产批量等拟定的弯曲工序而设计的弯曲模具也是多种多样的。采用这种检查方法时，弯曲模的加工一般要采用样板或样件来控制精度，测量的数值需根据操作者的实践经验和反复试验来确定。

2. 三维精密测量法

三维精密测量法就是采用近景摄影系统或激光三维扫描仪等设备对被测物进行全方位测量，确定被测物的三维坐标测量数据。这种测量方法的优势就在于可以快速扫描被测物体，直接获得高精度的扫描点云数据，高效地对真实曲板材进行三维建模和虚拟重现。

【任务实施】

任务内容：曲面板材精度检查；

任务要求：参考图 3-20，使用样板或摄影测量系统或三维扫描仪对曲面板进行精度检查，填写表格并与设计数据进行对比分析；

场地：船舶建造工艺实训室或具有曲面板材的场所；

工具：样板或活络样板或摄影测量系统或三维扫描仪、卷尺、直尺、线锤等；

操作过程：使用工具对曲面板材进行精度检查，并与设计数据进行对比。

板材名称				检查人员		检查时间	
序号	项目	管理基准/mm	允许界限/mm	检验位置	检验数据	超差/mm	
①	长度	±2	±3				
②	宽度	±2	±3				
③	横曲量	±3	±3				
④	纵曲量	±3	±3				
⑤	垂直基准线						
⑥	水平基准线						
精度分析							

任务四 内部材加工精度作业

【任务描述】

分段内部材主要是指内部主板、肋板、各种骨材等构件,其加工精度对于分段装配精度和质量具有较大影响,也是造船精度控制的主要对象。本任务在内部材基本加工工艺和精度管理知识的基础上,重点对内部材进行精度检查。

【知识准备】

加工阶段的作业流程内容复杂,管理难度大。为了控制加工过程中的作业精度,保证作业质量,需要选择具体的精度管理点,规定作业必须遵守的操作要领,并在要领中规定各类作业的管理位置、管理基准及允许界限。

一、内部材加工精度管理基准

内部材精度基准

内部材加工精度管理按照作业内容的不同主要包括以下部分:

1. 板材尺寸补偿量精度管理

板材尺寸精度管理时,通常根据板材的形式分为 A 型与 B 型。

（1）A 型

A 型带坡口试板尺寸精度管理,如图 3-21 所示。

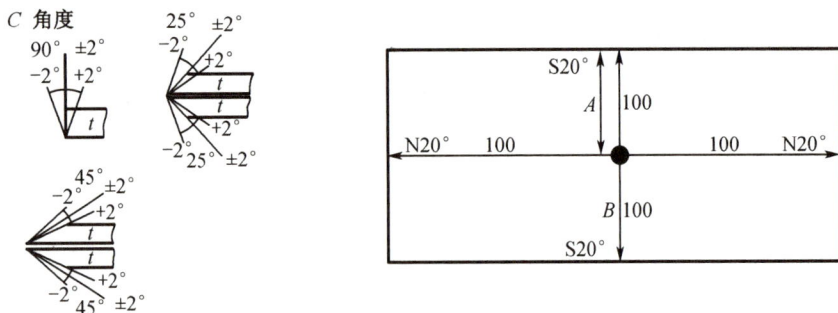

检查位置	项目	管理基准/mm	允许界限/mm	备注
A	区间	±1	±1.5	
B	总宽	±1	±1.5	
C	角度	0°	±2°	

图 3-21 A 型板材补偿量精度管理基准

（2）B型

B型无坡口试板尺寸精度管理，如图3-22所示。

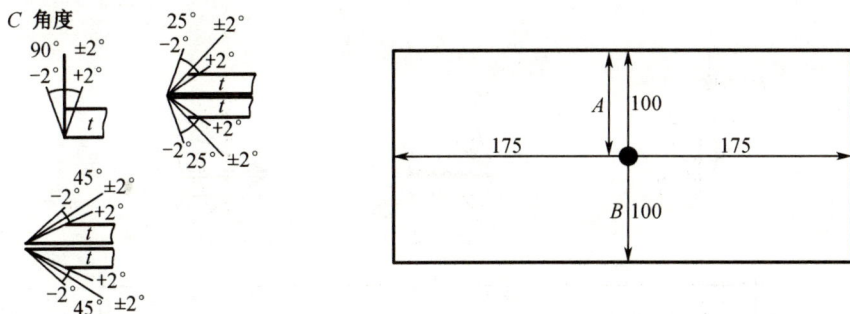

检查位置	项目	管理基准/mm	允许界限/mm	备注
A	区间	±1	±1.5	
B	总宽	±1	±1.5	
C	角度	0°	±2°	

图 3-22　B 型板材补偿量精度管理基准

2. 主板材粉末画线精度管理

为了统一测量基准，在主板上距边界固定距离（如 100 mm）处喷粉画出的标记线，如图 3-23 所示。

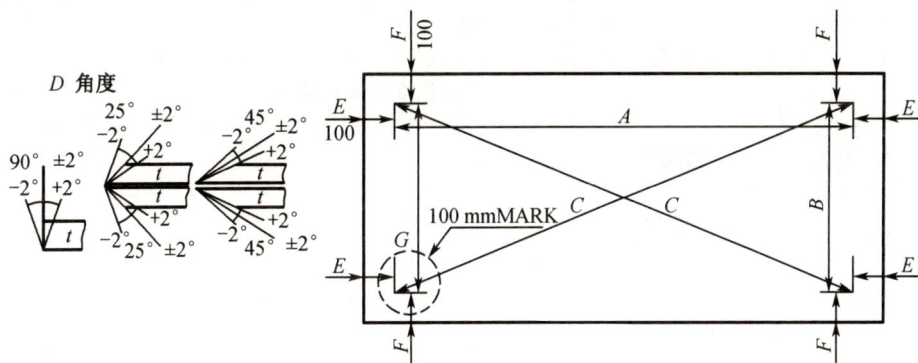

检查位置	项目	管理基准/mm	允许界限/mm	备注
A	长度	±0.5	±1	
B	宽度	±0.5	±1	
C	对角线	±0.5	±1	
D	角度	0°	±2°	
E	标记长度	0	±0.5	
F	标记宽度	0	±0.5	
G	喷粉线粗细	±1.0	±1.5	

图 3-23　主板材粉末画线精度管理基准

3. 主板材拼板精度管理

主板材拼板精度管理基准,如图 3-24 所示。

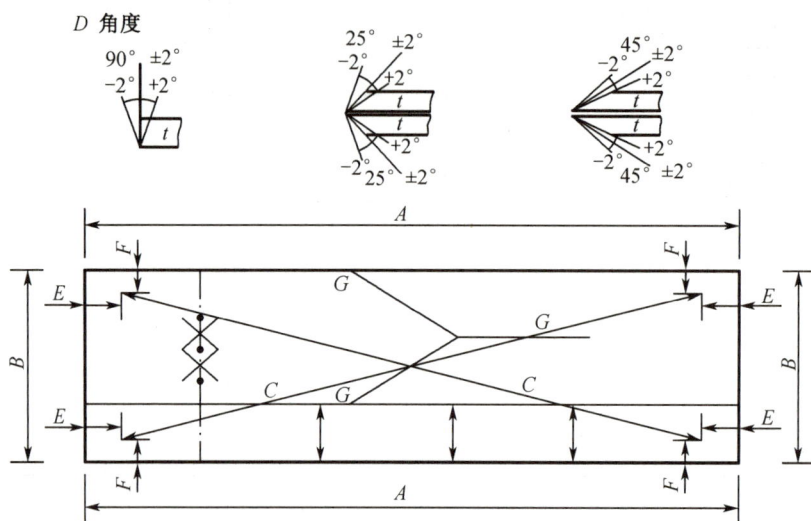

检查位置	项目	管理基准/mm	允许界限/mm	备注
A	全长	±1	±2	
		适用精度管理对象部材		
B	全幅	±1	±2	
C	对角线	±1	±2	
D	角度	0°	±2°	
E	标记长度	±1	±1.5	
F	标记宽度	±1	±1.5	
G	直线度	0	±0.4	

图 3-24 主板材拼板精度管理基准

4.肋板切断材精度管理

肋板切断材精度管理基准,如图 3-25 所示。

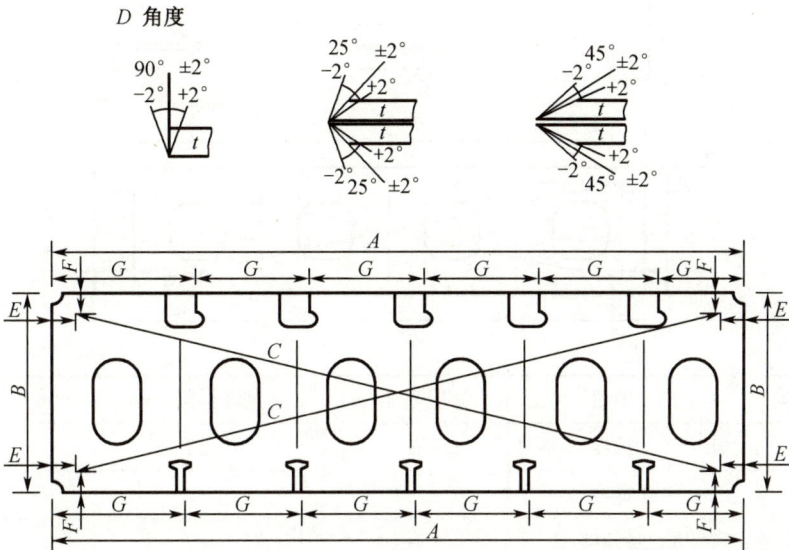

检查位置	项目	管理基准/mm	允许界限/mm	备注
A	长度	±1	±2	
B	宽度	±1	±2	
C	对角线	±1	±2	
D	角度	0°	±2°	
E	标记长度	±1	±1.5	
F	标记宽度	±1	±1.5	
G	开孔间累积距离 (距 M.K 线)	±0.5	±1	

图 3-25　肋板切断材精度管理基准

5. 横梁、纵桁切断材精度管理

横梁、纵桁切断材精度管理基准，如图 3-26 所示。

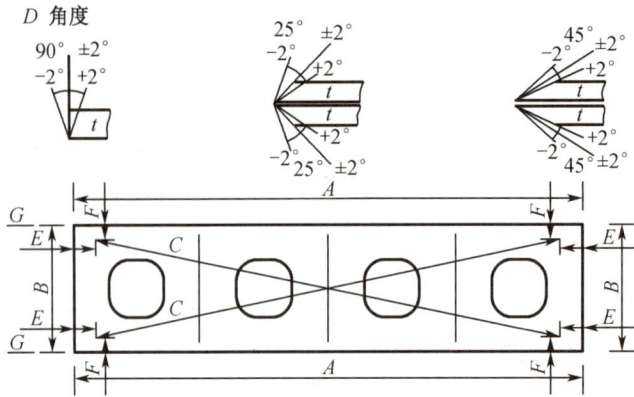

检查位置	项目	管理基准/mm	允许界限/mm	备注
A	长度	±1	±2	
B	宽度	±1	±2	
C	对角线	±1	±2	
D	角度	0°	±2°	
E	标记长度	±1	±1.5	
F	标记宽度	±1	±1.5	
G	直线度	±1	±2	

图 3-26　横梁、纵桁切断材精度管理基准

6. 其他内部型材精度管理

内部型材的精度管理基准，如图 3-27 所示。

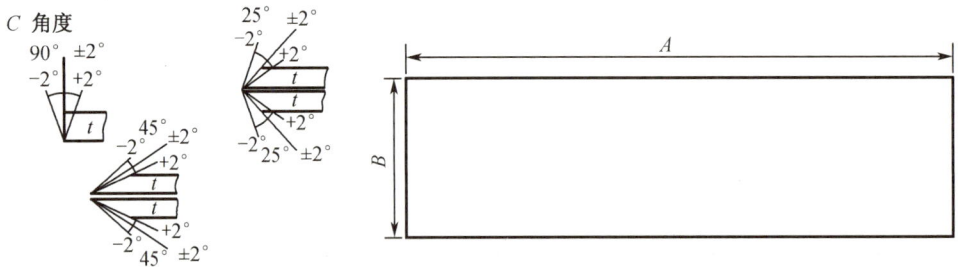

检查位置	项目	管理基准/mm	允许界限/mm	备注
A	长度	±1	±2	
B	宽度	±1	±2	
C	角度	0°	±2°	

图 3-27　其他内部型材精度管理基准

二、内部材作业精度管理基准

1. 型材安装作业精度管理

型材安装作业的精度管理基准,如图 3-28 所示。

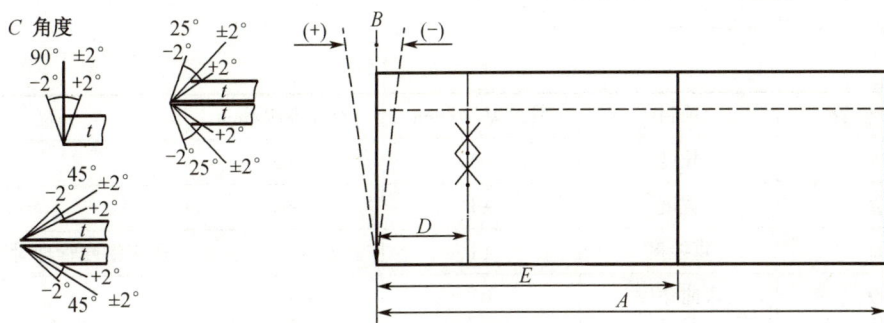

检查位置	项目	管理基准/mm	允许界限/mm	备注
A	长度	−1~0	−2~±1	
B	WEB 面直角度	−1~0	−2~±1	
C	角度	0°	±2°	
D	控制标记线	±1	±1.5	
E	理论线	±1	±1.5	

图 3-28　型材精度管理基准

2. 肋骨冷弯作业精度管理

肋骨冷弯作业精度管理基准,如图 3-29 示。

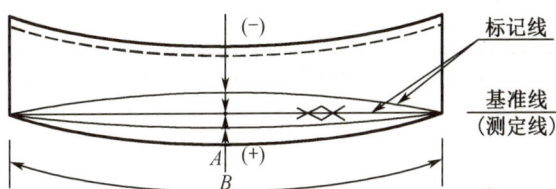

检查位置	项目	管理基准/mm	允许界限/mm	备注
A	基准线	±2	±3	
B	长度	±2	±3	

图 3-29　肋骨冷弯精度管理基准

3. 槽型油压材加工作业精度管理

槽型油压材加工作业精度管理基准,如图 3-30 所示。

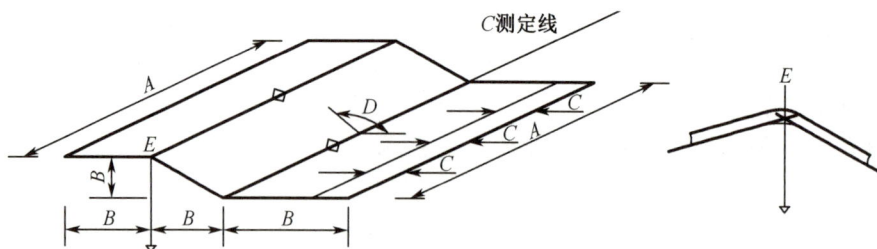

检查位置	项目	管理基准/mm	允许界限/mm	备注
A	长度	±1	±2	
B	宽度	±1	±3	
C	直线度	±1	±2	适应精度管理对象部材
D	弯曲角度	0°	±0.2°	
E	铅垂度	0°	±0.1°	

图3-30　槽形油压材加工作业精度管理基准

4. 压筋板材加工作业精度管理

压筋板材加工作业精度管理基准，如图3-31所示。

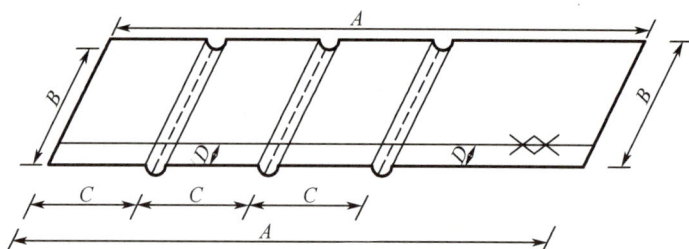

检查位置	项目	管理基准/mm	允许界限/mm	备注
A	长度	±2	±3	
B	高度	±2	±3	
C	距离	±2	±3	
D	直线度	±3	±5	

图3-31　压筋板材加工作业精度管理基准

三、内部材加工作业

1. 作业准备

(1) 按照《火焰切割机点检记录表》的点检项目对切割机进行点检，并记录点检结果。

(2) 打开丙烯气、氧气、压缩空气、水等的总阀门，调整压力。

(3) 合上电源开关。

内部材精度
检验过程

(4)确认被切割钢板的作业表、图表等是否齐全(图3-32)。

一贯番号	材质	厚度	宽度	长度	钢板重量	预处理	作业票	摘要
N6837	K32A	21.0	2 900	13 520	6 432	EE	1	D5-H

N6837   K32A   21.0×2 900×13 520

图3-32 待切割的钢板

2. 钢板放置

(1)确认钢板的规格(板厚、长度、宽度、材质、预处理要求等)与作业表的数据是否一致。

(2)用电磁吊将钢板吊至切割平台,按图3-33进行定位。

注意:平行的两块钢板定位时要保证起割侧基本在一直线上;定位治具要经常检查,以保证定位后钢板与轨道的平行度。

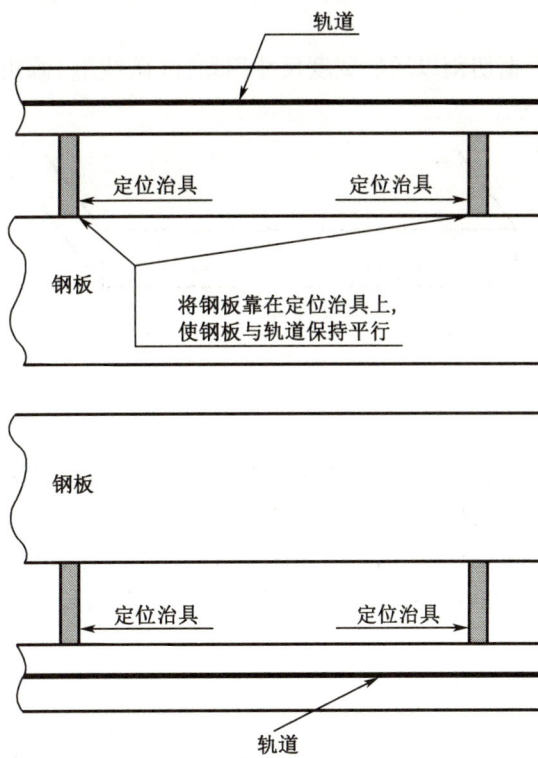

图3-33 钢板定位

3. 钢板画线作业

（1）将钢板上的标示与作业表及施工图对照,确认规格、尺寸、字体颜色是否正确。

（2）用记号笔将船号、分段名、部材名称、开坡口形式、材质、宽度、长度尺寸等写在钢板表面上。

4. 切割作业

切割作业时,切割的顺序如图 3-34 所示。

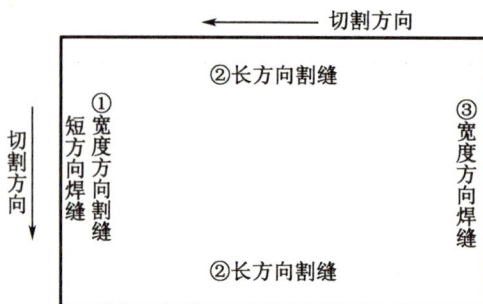

图 3-34　切割顺序

（1）宽度方向切割

采用切割机点燃后的割嘴沿钢板长度方向空走一遍的方法,确认长度方向板边的直线性后,在钢板端部约 10 mm 处根据指示坡口形式进行切割。

（2）长度方向切割

①使用画线钢尺,根据切割以后的宽度尺寸用划针（画线笔）画出切割开始点位置及开坡口形式,如图 3-35 所示。

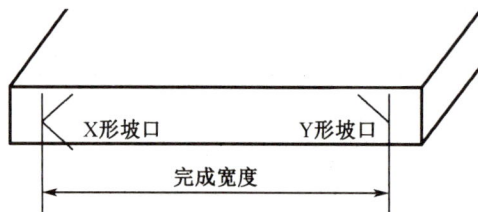

图 3-35　长度方向画线

②将各割嘴根据指示的开坡口角度调整到确定的位置,如图 3-36 所示。

③各割嘴点火,并调节火焰。

④切割机行走开始,进行切割,调整切割速度,打开冷却水阀。

⑤从开始切割到切割 200~400 mm 时,用手动割刀去除残材,检查宽度尺寸和开坡口形状。

⑥清除板边切割残渣。

（3）另一侧宽度方向切割

用画线钢尺,以已切割好的宽边为始点,量取长度方向的尺寸,并用划针（画线笔）画出切割开始点位置及开坡口形式。

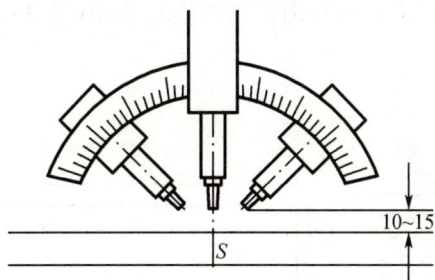

图 3-36　割嘴位置调整

5. 尺寸确认

用画线钢尺,以切割好的宽边为始点,量取长度方向的尺寸,并用划针(画线笔)画出切割开始点位置及开坡口形式。

①板宽度及长度计测夹具。

将计测用夹具安装在如图 3-37 所示的卷尺上(使用精度管理班校验过的量具)。

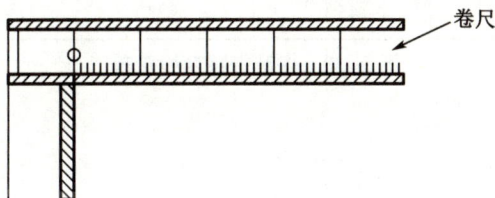

图 3-37　计测用夹具安装

②按图 3-38 对切割后钢板各尺寸进行计测,并将实际尺寸记录在钢板上。

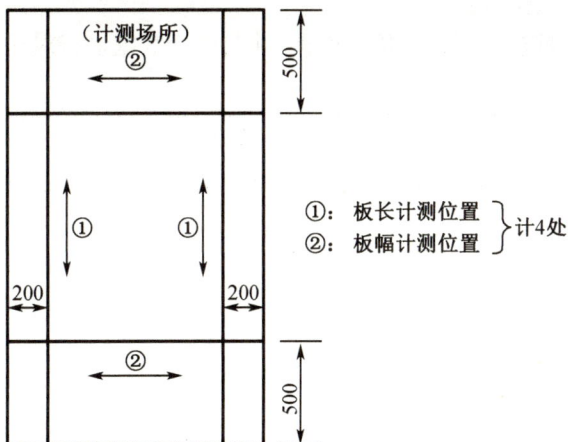

图 3-38　尺寸计测与记录

③用焊缝量规测量剖口角度。

6. 完工确认

①确认切割精度(宽度、长度、对角线长度、坡口角度、留余量等),并记录在专门的记录纸上。

②确认板图是否相符,完成后填写内部材精度检验单(图 3-39)。

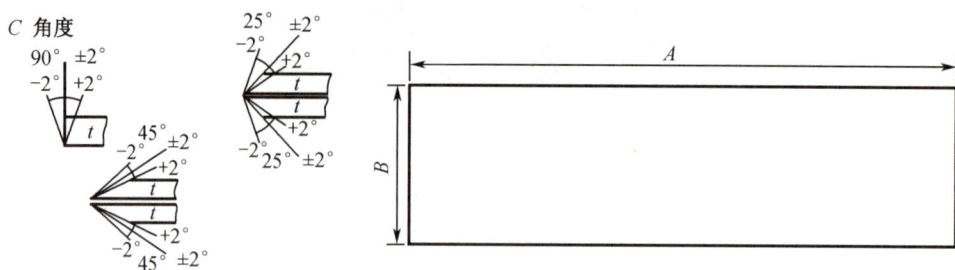

检查位置	项目	管理基准/mm	允许界限/mm	实测值	备注
A	长度	±1	±2		
B	宽度	±1	±2		
C	角度	45°	±2°		

图 3-39　内部材精度检查单

【任务实施】

任务内容:肋板精度检查(或其他内部材检查);

任务要求:参考图 3-25,完成某肋板精度检查,填写表格并与设计数据进行对比分析;

场地:船舶建造工艺实训室或具有肋板的场所;

工具:卷尺、直尺、线锤等;

操作过程:使用工具对肋板进行精度检查,并与设计数据进行对比。

板材名称				检查人员		检查时间		
序号	项目	管理基准/mm	允许界限/mm	检验位置	检验数据	超差/mm		
①	长度	±1	±2					
②	宽度	±1	±2					
③	对角线	±1	±2					
④	角度	0°	2°					
⑤	标记长度	±1	±1.5					
⑥	标记宽度	±1	±1.5					
⑦	开孔间累计距离	±0.5	±1					
精度分析								

注:如肋板没有标记 MK 线,需自主标记,以靠板材左端、下端为基准,MK 线为 150 mm

思考与练习

一、判断题

1. 所有经船级社认可或检验合格的材料应具有船级社的印记。凡不具有船级社印记的材料或未经船级社同意，不得装船使用。　　　　　　　　　　　　　　（　）

2. 船级社认可或检验合格的船用材料，应具有船级社印记外，不需要船级社颁发或由验船师签署的材料生产的产品合格证书。　　　　　　　　　　　　　　（　）

3. 船用材料进造船厂后，必须先经过质量检验部门的入库检查验收。　　（　）

4. 船用材料外观质量检验主要是材料进行化学分析检验。　　　　　　（　）

5. 钢材检验是指钢板和型钢进造船厂后的入库复验属钢材的成品复验，一般船用钢板和型钢不需经船级社的检验并签发质量证书船厂。　　　　　　　　　（　）

6. 试板精度检查是钢材切割机操作手每日切割前首先进行试板的切割，对数据进行记录，并对精度进行分析。　　　　　　　　　　　　　　　　　　　　（　）

二、选择题

1. 大型船舶船体结构钢材预处理主要是对钢材进行（　　）等作业。

A. 矫平　　　　　　B. 除锈　　　　　　C. 涂防护底漆　　　　D. A+B+C

2. 对于规范中未列出的材料品种，其（　　）可按有关的国家标准或经船级社认可的其他标准验收。

A. 化学成分　　　　B. 力学性能　　　　C. 试验方法　　　　D. A 或 B 或 C

3. 船级社对造船材料的等级一般都在规范中作出了规定。中国船级社对一般强度船体结构钢分为（　　）

A. A、B 二个等级　　　　　　　　　　B. A、B、C 三个等级

C. A、B、D、E 四个等级　　　　　　　D. A、B、C、D、E 五个等级

4. 船体曲板是指船体的曲面外板，其一般可分为单向曲度外板和双向曲度外板。仅具有单向曲度的外板称为（　　）。

A. 可展开曲板　　　B. 球形曲板　　　C. 风帆形曲板　　　D. 马鞍形曲板

5. 船体零件冷弯成形加工是利用钢材金属处于（　　）左右常温下，在外力的作用时具有可塑特性，即冲压性、冲剪性、成形性和定形性的原理而达到成形的目的。

A. 0 ℃　　　　　　B. 20 ℃　　　　　C. 50 ℃　　　　　　D. 80 ℃

6. 弯曲板件热加工方法是将金属钢材局部加热到（　　）时，由于热场的局部性，受热金属在膨胀，而未受热的金属要限制它膨胀，就产生压缩性变形的过程。

A. 100～200 ℃　　B. 300～400 ℃　　C. 600～700 ℃　　D. 1 000 ℃

三、问答题

1. 简述造船常用的钢材类型和力学性能特点。

2. 船用板材进场检验的主要内容包括哪些？

3. 简述船用钢材检查的基本过程。

4. 简述板材下料切割的工艺过程。

5. 船用板材切割的精度有哪些基本要求？

6. 如何进行板材切割试验？

7. 简述板材切割精度检查的工艺过程。

8. 如何做好板材下料管理？

9. 船体结构中常见的曲面板材有哪些类型，位于什么部位？

10. 常见的曲面板材加工的方法有哪些？

11. 曲面板材检验的工具有哪些？

12. 影响水火弯板成形效果的因素有哪些？

13. 简述曲面板材的精度要求。

14. 试论述水火弯板的工艺过程。

15. 曲面板材的精度作业包括哪些工艺过程？

16. 船体内部常见结构有哪些？

17. 简述内部平直材的精度基本要求。

18. 简述压筋板的精度基本要求。

项目四

分段建造精度作业

【项目描述】

分段造船模式是国内外船舶建造的主流模式,万吨级以上船舶根据不同船厂的起吊能力和建造水平,可能划分成几十个分段甚至上百个分段,更大型的船舶分段划分的数目更多。不管是何种类型的分段,基本上都要经过零件加工、板材拼接、画线、小组件装配、中组和分段装配等几个阶段。由于前序生产环节是后续生产的基础,前一流程生产精度没有达到要求,后续装配前就要对其进行修改,这样往往会造成工时和材料的浪费,而且占用了场地和设备。因此,做好各个阶段的精度控制是现代船舶建造的一个非常重要环节。本项目将重点介绍分段建造阶段的精度作业和精度管理。

思政导航

【学习目标】

知识目标:

1. 了解分段建造工艺及其对船舶建造质量的影响;
2. 掌握拼板以及划线精度作业的工艺要求与方法;
3. 掌握部、组件装配精度作业的工艺要求与方法;
4. 掌握船舶分段装配精度作业的工艺要求与方法。

能力目标:

1. 能正确开展拼板及划线精度作业;
2. 能正确开展船舶部组件精度作业;
3. 能正确开展分段装配的精度作业。

素质目标:

1. 树立船舶建造过程是一个巨量化系统工程的观念;
2. 形成误差累计可能造成由量变到质变发展的认知;
3. 养成精益求精、实事求是和安全防范的工作作风。

【工作任务】

任务一　拼板和画线精度作业

任务二　组件装配精度作业

任务三　分段装配精度作业

任务一 拼板和画线精度作业

【任务描述】

板材拼接和画线是后续小组生产的基础,板材上的结构线可以在板材切割时由切割机画出,一般精度控制较好的企业,后续装配骨材或板材时不需再次画结构线。为保证构件装配的正确,需要严格控制画线的精度。本任务在了解平面、曲面板材拼接和平面、曲面板材画线的精度控制方法的基础上,介绍板材拼接和画线精度作业。

【知识准备】

拼板精度基准

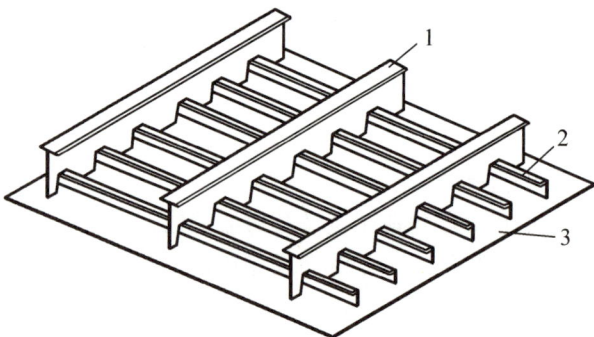

一、船体的结构形式

1. 船体结构的基本形式

船体板架结构通常由板材和纵横交叉的骨材和桁材组成,骨材和桁材可增强板材对外力的抵抗能力,如图 4-1 所示。其中较小的骨材数目多、间距小,较大的桁材数目少而间距大。根据较小骨材布置的方向,板架结构可分为纵骨架式、横骨架式和混合骨架式三种类型。

(1)纵骨架式

数目多而间距小的骨材沿船长方向布置。其优点是多数骨材纵向

1—桁材;2—骨材;3—板。

图 4-1 板架结构

布置,骨材参与船梁抵抗纵向弯曲的有效面积,提高了船梁的纵向抗弯能力,增加了船体的总纵强度,并且由于纵向骨材布置较密,可以提高板对总纵弯曲压缩力作用时的稳定性。因而相应地可以减小板的厚度,减轻结构质量。其缺点是施工比较麻烦。舰船、大型运输船等采用这种形式较多。

(2)横骨架式

数目多而间距小的骨材沿船宽方向布置。其优点是多数骨材横向布置,横向强度较好,施工比较方便,建造成本低。其缺点是在同样受力情况下,外板和甲板的厚度比纵骨架式的大,结构质量较大。如小型船舶、内河船舶及大型船舶的首尾结构。

(3)混合骨架式

船体上部分采用纵骨架式,部分采用横骨架式。目前大部分的船舶船底、油船的甲板采用纵骨架式,舷侧、首尾部傍板采用横骨架式。

2.各类构件的组合

船体结构主要是由钢板和型材组合而成的,钢板可分为普通钢、高强钢、特种钢,型材主要有角钢、球扁钢、槽钢、工字钢形式。钢板与钢板、钢板与型材之间的组合要视船舶建造规范及船体本身所要求的强度采用其特定的形式,而各种形式之间的组合又会根据各企业的具体的生产模式有所差别,故对精度管理而言不能一概而论,可以根据其常规的组合方式得到一些基本参数来进行精度管理和采取各种控制手段。

一般组合形式有对接、搭接、角接及 T 字接头四种,如图 4-2 所示。

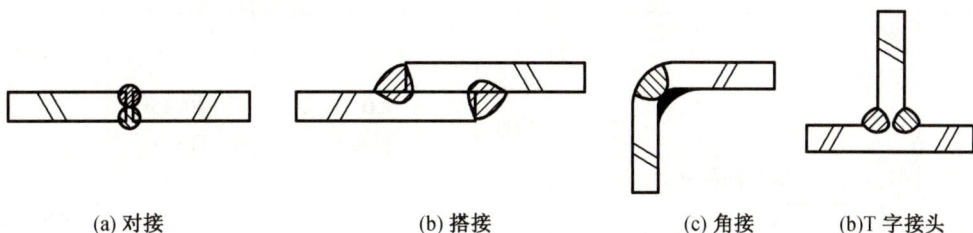

| (a) 对接 | (b) 搭接 | (c) 角接 | (b)T 字接头 |

图 4-2　构件的组合形式

在这些组合中各种板厚之间的接头是有区别的,对于每一种板厚都有特定的焊接工艺规范要求,要根据钢种和施工工位选取坡口形式及焊接参数,所以每种组合成形后的变形、收缩参数也不尽相同。举例来说:同样 16 mm 的两块钢板对接,焊接有埋弧自动焊、CO_2 气体保护焊、手工焊、垂直气电焊等方式;从施工角度看,有俯焊、横焊、立焊和仰焊等作业姿态。

对接与角接、厚板与薄板,每种组合的方式,其主要坡口形式有如下几种。

焊件厚度较大时,常在板边开有一定形状的坡口,坡口的形状与尺寸可根据国家标准选用。对接接头的坡口形式有 V 形、X 形、U 形和双 U 形几种,如图 4-3 所示。

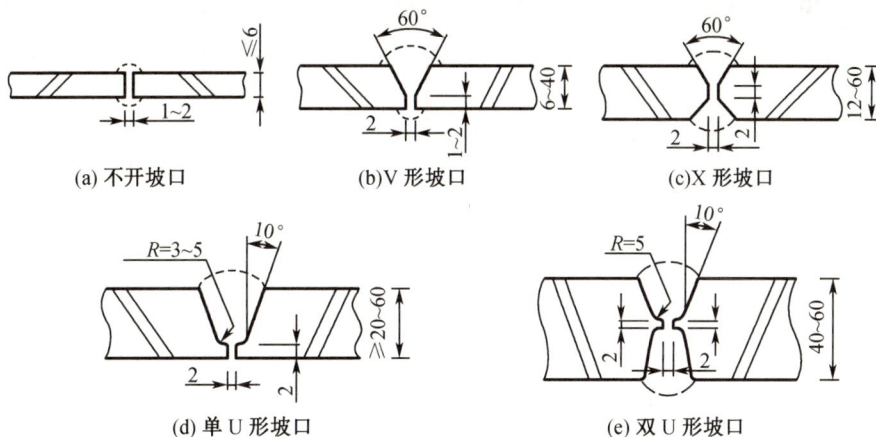

| (a) 不开坡口 | (b)V 形坡口 | (c)X 形坡口 |
| (d) 单 U 形坡口 | (e) 双 U 形坡口 | |

图 4-3　对接形式

坡口的作用是使电弧能深入焊缝的根部,使根部焊透。钝边是为了防止烧穿,但钝边的尺寸要保证第一层焊缝能焊透,间隙也是为了保证根部能焊透。当板厚在 6 mm 以下时,一般不需要开坡口。

在各施工过程中产生的尺寸偏差会造成间隙超差,而且这类间隙超差又较为普遍,对于超差的处理在船体建造质量标准中有明确的处理规定(表4-1),精度管理过程中会由于这些超差的引发因素不规律而难以掌控。

表4-1　装配检验表　　　　　　　　　　　　　　　　单位:mm

项目	检验内容		精度标准		检验方法
			标准范围	允许范围	
对接缝	装配间隙 a	主要构件	$\leqslant 0.1t$ 且 $\leqslant 3$	$\leqslant 0.15t$ 且 $\leqslant 3$	用短钢尺测量
		次要构件	$\leqslant 0.15t$ 且 $\leqslant 3$	$\leqslant 0.2t$ 且 $\leqslant 3$	
手工、CO_2 焊对接缝	坡口根部间隙 a	手工、CO_2 焊	$\leqslant 3.5$	$\leqslant 5.0$	用塞尺测量
		CO_2 单面焊（带衬垫）	$2 \leqslant a \leqslant 8$	$a \leqslant 16$	
角接缝	装配间隙 a		$\leqslant 2$	$\leqslant 3$	用塞尺测量
搭接缝	装配间隙 a $\frac{2t+15}{\max 50}$		$\leqslant 2$	$\leqslant 3$	用塞尺测量

3. 节点形式

节点形式是根据船舶骨架形式并在某几个结构形成组合后,会造成一些特有变形的基础上进行分析的,主要有下列几种:

①平直结构的直角连接。船体货舱区平直部位的结构基本都属于这个类型,如肋板与外板、肋板与纵桁、纵骨与外板及船体大部分角接部位的结构等。

②平直结构的开(拢)尺连接。船体甲板区域的结构有此类情况,如纵骨与甲板、斜舱壁与扶强材等。

③平直结构与曲板的连接。船体舯部区域结构就属此类情况,如肋板、半肋板与舯部转圆外板。

④曲面结构与单曲度板的直角连接。船体货舱区从平直区开始过渡到曲面区域部分有此类结构情况,如弯曲肋板、弯曲肋骨与外板。

⑤曲面结构与多曲度板的直角连接。船体首尾区域这类情况最多,如肋板与外板、肋骨与外板。

⑥曲面结构与多曲度板的开(拢)尺连接。船体首尾区域有此情况,如艏柱部位的结构、甲板有抛昂势部位的结构等。

通过对这些节点形式的解读,可以更深入地解释不同结构、不同组合方式、不同的船体部位均有其变形的不同因素,在实际生产中,上述的六种节点形式又是以两种或两种以上的组合方式出现的。对于对接缝,可以通过控制其间隙来达到精度要求,而对于角接缝而言,其间隙控制因为受多种前道施工的影响,必然会产生较多不规则情况,特别是在船体首尾区域,结构与结构间的连接通常都有一定的角度,每一个带角度的结构偏差即会对与之衔接的结构产生影响,表面看似某个结构的错位变形,其实变形的来源复杂多变,对结构形成整体后的变形规律亦难以控制,可以通过总结以往变形情况来进行变形预控及精度管控。

二、船舶施工基准线

1. 基准线的概述

(1)基准线的定义

基准线是指在船体作业时先把各零件、组立或分段,在统一的基准边以相同的尺寸先进行画线,用来指导正确的组立以及搭载阶段测量所做的基准,作为现场作业指导和精度管理的基准,以确保制造出良好的船体结构尺寸所设定的参考线。

拼板和画线
精度检查

基准线是船舶建造从零部件对接开始直到搭载结束的整个船体建造中,确保施工人员进行精度施工的基础。

(2)基准线的分类

船舶建造施工中设立基准线的目的主要是对船舶分段的外形尺寸控制确立统一的基准;分段内部的画线统一以基准线进行标准施工作业;装配的时候以线对线进行施工确立统一的基准;为分段总组及搭载时提供统一的基准线,便于装配对位,以及总段尺寸的控制。

船舶施工基准线主要有基准线和辅助基准线两种。基准线是用于精度管理、总组和搭载的标准参考线;辅助基准线是以基准线为基准,对一些复杂构件加工时重新设置的辅助参考线。在船舶建造施工图上,基准线和辅助基准线标示如图4-4所示。

(3)基准线的用途

设置施工基准线是船舶建造精度控制技术中一项十分重要的工作。作业中通常需要

根据基准线位置进行施工,在现场各阶段施工范围和施工位置需要根据实际情况再设立辅助基准线。施工现场管理时,基准线作为施工指导与技术管理的依据,并以此作为施工状态和使用状态调查报告的主要参考数据,以确保船舶施工的准确性。

名　称	图　示
基准线	⬦
辅助基准线	⬦

图 4-4　基准线和辅助基准线标示

船舶施工基准线用途主要包括以下几个方面:

①在部件装配、分段装配、搭载和总段合拢时作为尺寸控制基准。

②在各阶段装配焊接施工时对焊接收缩值进行测定。

③在实施精度管理时作为管理控制基准。

2. 基准线设置

(1)150M. K 定义

为了在全船施工中将基准线形成统一的标准并且方便施工人员进行分段装配、总组和搭载施工,设定统一的 150M. K 基准线,本尺寸为理论值。在实际工作中按照 150 mm 或 100 mm 减去相应的坡口间隙值后进行施工。在总组、搭载时将基准线之间的尺寸控制在 300 mm,从而对整个总组和搭载进行控制。在实际工作中为了方便使用而统一名称即 150M. K。

图 4-5(a)是理想状态下设置的施工基准线,图 4-5(b)是在非理想状态下经过调整后的施工基准线。

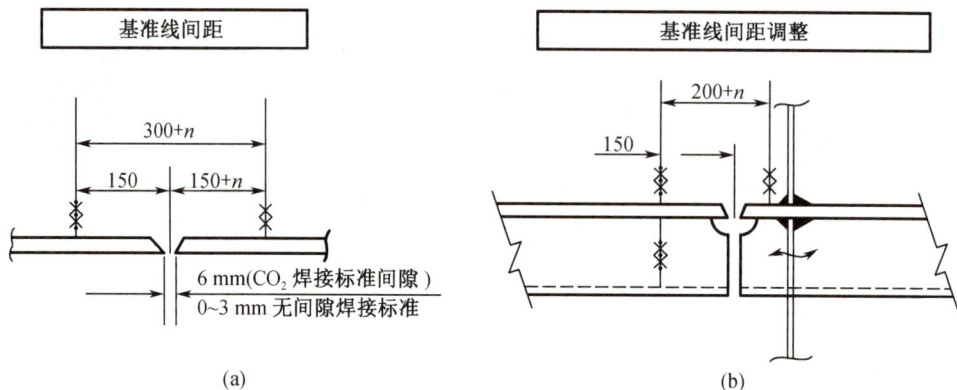

(a)　　　　　　　　　　　　(b)

图 4-5　非理想状态下施工基准线

(2)船体主要区域基准线施工位置

基准线施工的位置根据工作的需要大致按照以下部位进行施工:

①以机舱前舱壁为界,在船首方向以船尾为基准,在船尾方向以船首为基准施工,如图 4-6 所示。

②船左右方向的分段(甲板、双层底等)以中线和尾部为基准施工,如图 4-7 所示。

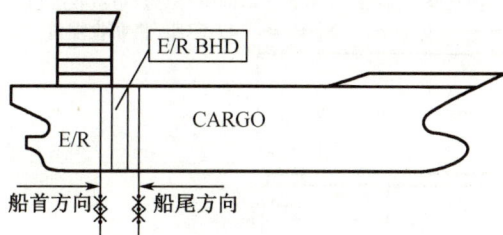

图 4-6　船首、船尾方向的施工基准

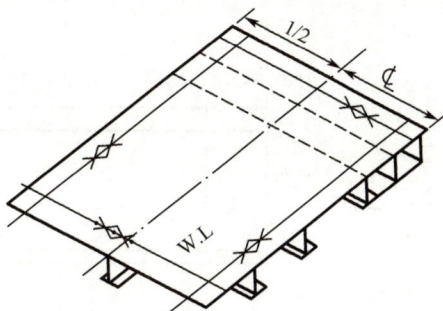

图 4-7　船左右方向的施工基准

③船上下方向的分段(舷侧、舱壁等)以底部和尾部为基准施工,如图 4-8 所示。

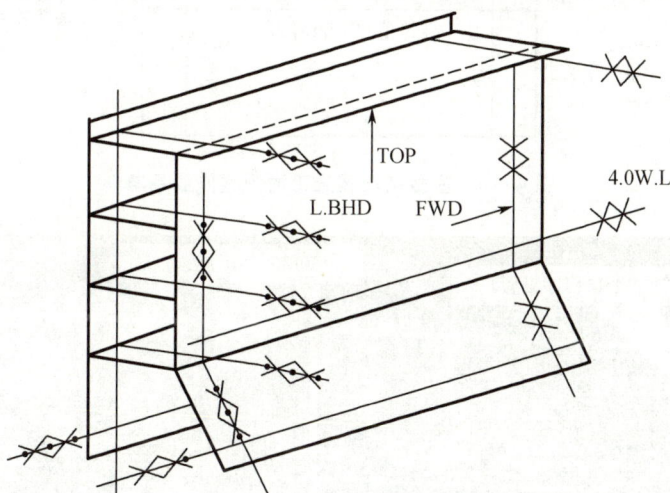

图 4-8　船上下方向的施工基准

(3)150M.K 施工

①内部零件装配时,基准线(150M.K)画线作业基准如图 4-9 所示。内部材料 150M.K 应在切割程序中就进行设置,一些画线遗漏零件则可在相应的作业阶段重新设置。

②主板基准线施工时,以船尾面(下面,外面)为基准,设置时绝对基准保持零值,另外一面作为参考,如图 4-10 所示。

③基准线的数控画线设置。T 排的面板和腹板切割时,150M.K 数控画线编程设计在零件切割时画线,以便于装配和精度控制,如图 4-11(a)所示。

角钢切割时手动设置 150M.K,并确认角钢切割的尺寸,如图 4-11(b)所示。

数控画线的基准线在切割施工时应保证准确,通常误差应在 0~2 mm,操作人员应能够确认切割的准确性。

当画线的基准线从零件的穿越孔通过,而不利于装配人员施工时,应在基准线的基础上偏移 150 mm 后作为新的基准线,小零件也应进行 150M.K 设定,以便于装配时线对线施工,如图 4-12 所示。施工人员在施工前应先确认基准线的准确性后方可进行施工。

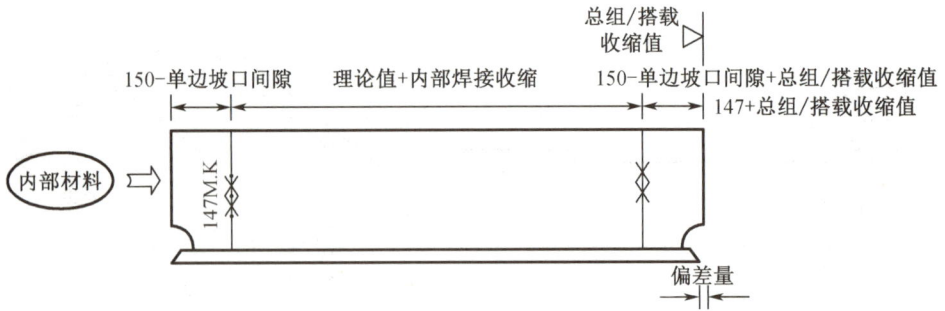

图 4-9　内部零件装配画线作业基准

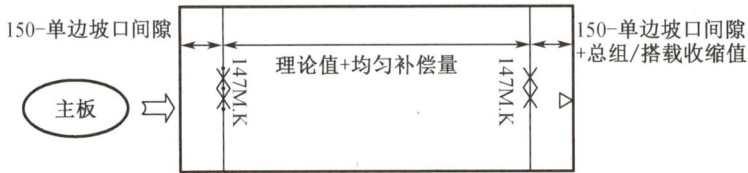

图 4-10　主板基准线施工时画线作业基准

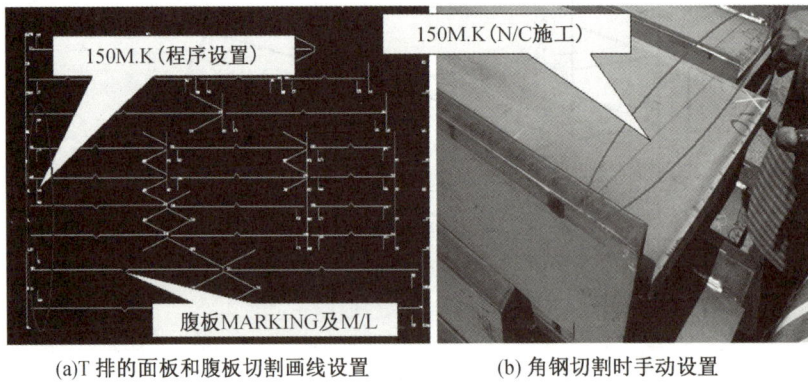

(a)T 排的面板和腹板切割画线设置　　　(b) 角钢切割时手动设置

图 4-11　切割设置

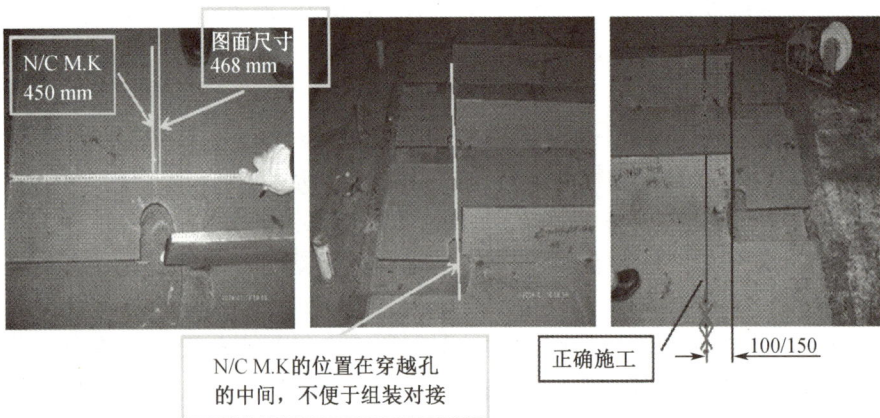

图 4-12　特殊位置画线设置

3. 基准线施工流程

按照船舶建造过程,基准线施工流程主要包括切割、小组、中组、船板焊接、主板 M. K 标记、纵骨排列、大组、P. E(总组)及搭载作业。

(1)切割

切割作业前,需进行主板和内部构件基准线标识,作为加工和后续装配的基准,如图 4-13 所示。

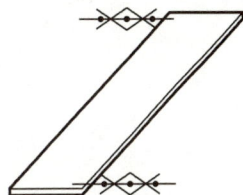

(2)小组和中组

在进行小组和中组时,应保证基面板和加强筋基准线一致,如图 4-14 所示。

图 4-13 切割基准线施工

(3)船板焊接

船板焊接作业时要保证主板基准线的一致,如图 4-15 所示。

(4)主板 M. K 标记与纵骨排列

主板 M. K 标记需要在绝对基准线上进行标识,在进行纵骨排列时要保证主板上纵骨基准一致,如图 4-16 所示。

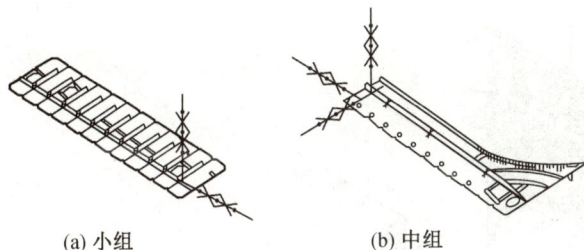

(a) 小组　　(b) 中组

图 4-14 小组和中组基准线施工

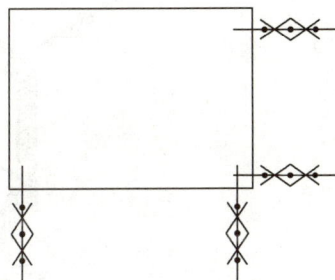

图 4-15 船板焊接基准线施工

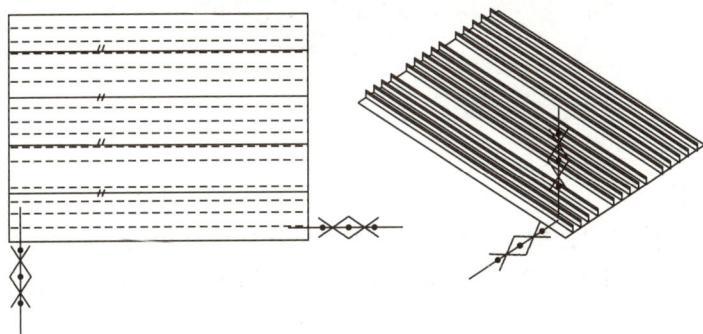

图 4-16 主板 M. K 标记与纵骨排列基准线施工

(5)大组

大组前首先要保证小组和中组装配定位准确,在大组过程中保持基准线的一致,如图 4-17 所示。

(6)P. E(总组)及搭载作业

P. E(总组)及搭载作业时主要考虑各构件的搭载的补偿值是否一致,以搭载基准线进行搭载,如图 4-18 所示。

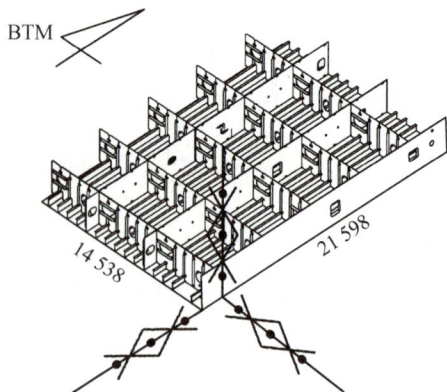

图 4-17　大组基准线施工

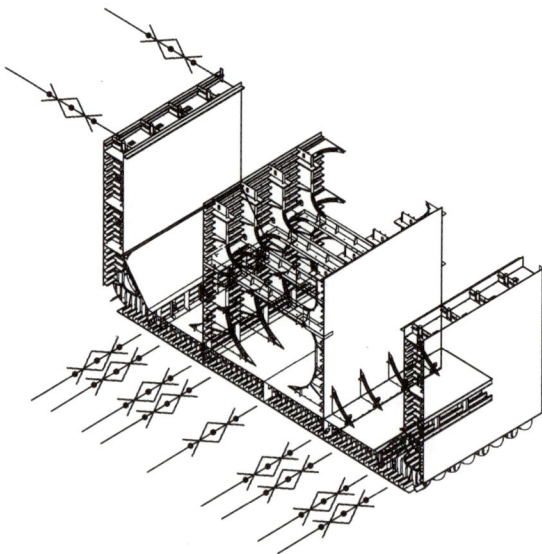

图 4-18　搭载作业基准线施工

4. 画线基准书

画线可对切割偏差的直角不合格、曲线加工引起的变形、板接时发生焊接收缩及组装精度不合格等问题予以补偿和修正，以确保内部材尺寸的准确性并给现场提供组装的准确依据。

船舶建造施工中的实际尺寸应根据以下方式进行计算。

实际尺寸＝理论尺寸＋分段内部均匀加放之补偿值＋总组/搭载补偿量－相应的单边坡口间隙值

（1）平面分段画线施工流程

①主板对接，以基准边对齐为基准施工，如图 4-19 所示。

②基准线 M.K（150）以无余量边为基准施工，如图 4-20 所示。

③基准边 150M.K 作点，任意长度作另一点基准施工，如图 4-21 所示。

④作基准边基准线，利用勾股定理作点连接施工，如图 4-22 所示。

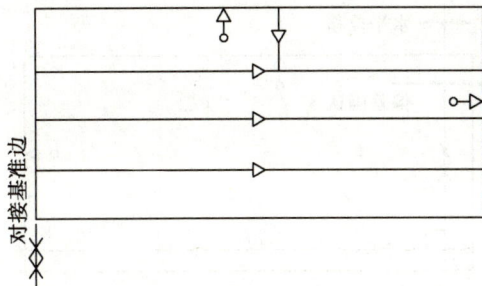

图 4-19　主板对接基准施工

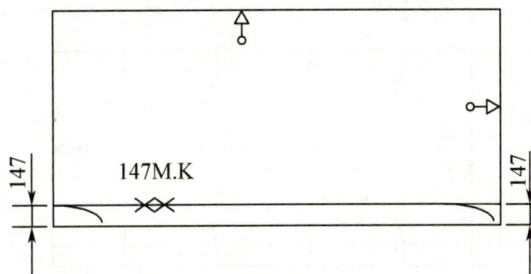

图 4-20　基准线 MK(150)基准施工

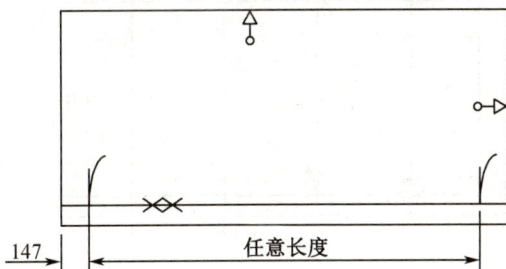

图 4-21　基准边施工

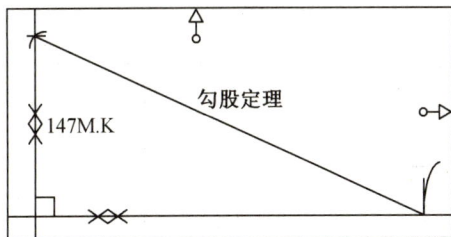

图 4-22　基准边基准线施工

⑤确认主板的正规,偏差过大(±3 mm 以上)时基准线施工,如图 4-23 所示。

⑥以基准线为起点在长度方向画点进行水平位移调整,如图 4-24 所示。

⑦肋位线连接画线,如图 4-25 所示。

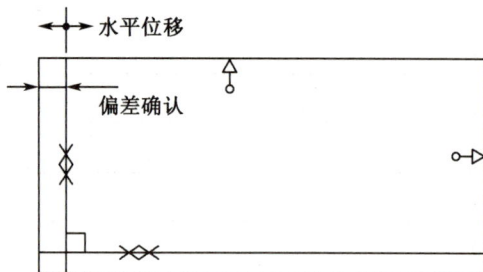

图4-23　偏差过大时基准线施工

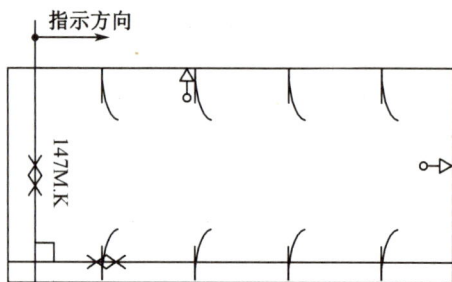

图4-24　以基准线进行水平位移调整

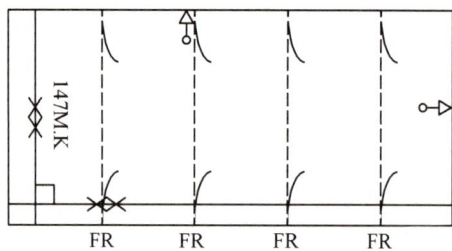

FR—肋位。

图4-25　肋位线连接划线

⑧宽度方向内部点施工,如图4-26所示。

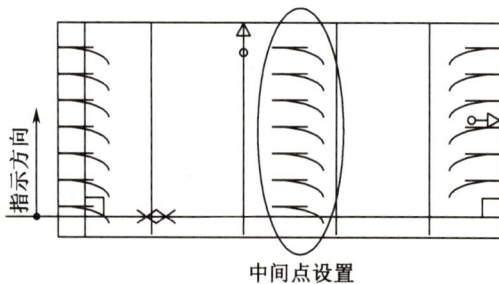

图4-26　宽度方向内部点施工

⑨纵骨线连接画线,如图 4-27 所示。

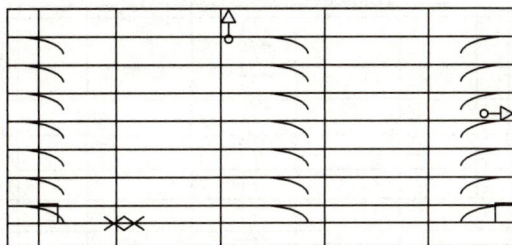

图 4-27 纵骨线连接画线

⑩理论线及零件号标记(特殊情况焊高标记),如图 4-28 所示。

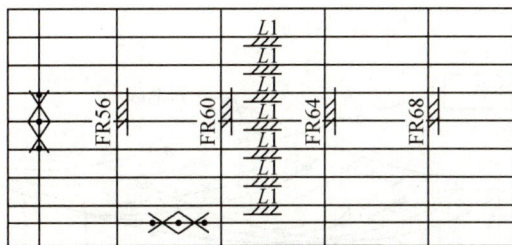

FR—肋位。

图 4-28 理论线及零件号标记

作辅助基准线,确认主板的状态(长:切割;短:长肉),如图 4-29 所示。

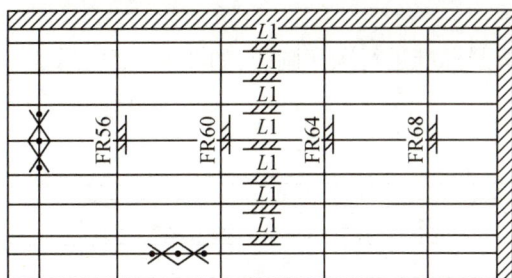

FR—肋位。

图 4-29 辅助基准线

根据焊接保留基准将焊接保留区域标记,如图 4-30 所示。

(2)曲面分段画线流程

曲面主板画线主要根据二次画线图进行施工,由于主板带有线型,因此曲面主板的线型要绝对控制,在主板型线前确认主板的坐标。在画线时基准边要绝对遵守并且注意150M.K尺的位置。

①根据图纸标记及基准线设置规定进行基准线施工,如图 4-31 所示。

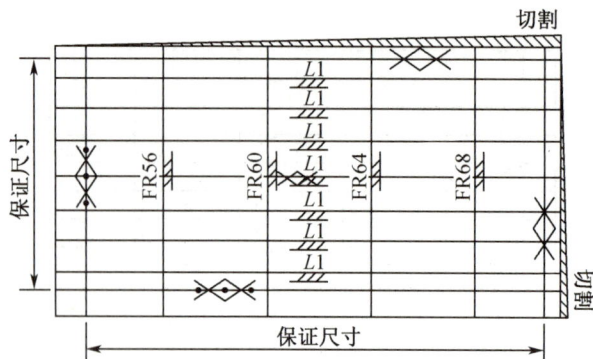

FR—肋位。

图 4-30 焊接保留区域标记

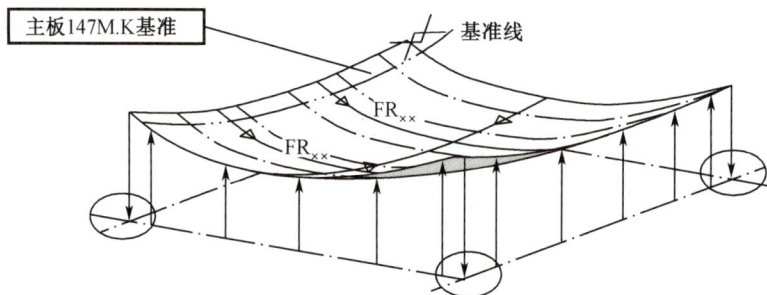

FR—肋位。

图 4-31 根据图纸标记及基准线设置施工

②根据二次画线图按照标准进行顺序画线,如图 4-32 所示。

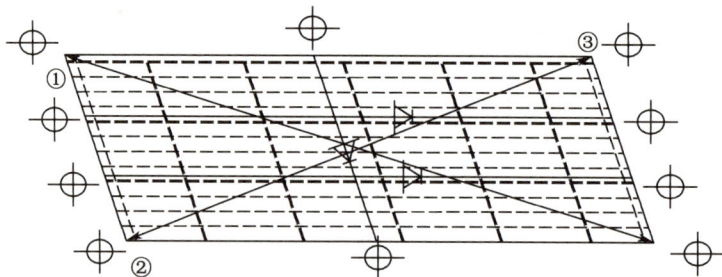

图 4-32 根据二次画线图按照标准画线

5.基准线应用示例

(1)基准线通用事项

当结构连接部位的间隙过大或搭接发生时基准线间距应按照规定值保持。为达到此目的,加工、组立、总组的精度首先要保证,再根据基准线的画线进行正确的施工,对主板进行长肉或切割修正,从而保证零件在分段装配、总组、搭载前精度保持正确,为下一道工序做好准备,如图 4-33 所示。

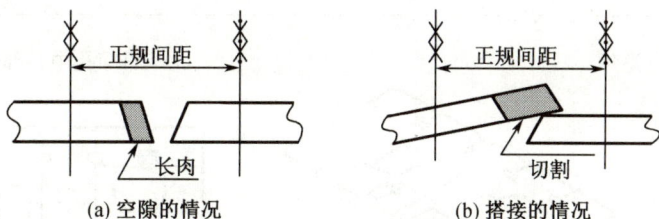

(a) 空隙的情况　　　　　　(b) 搭接的情况

图 4-33　间隙过大或搭接时基准线施工

基准线数据的使用。在精度管理中,应在各阶段作业中(装配、焊接)前后进行基准线间距检查,求得收缩值,从而进行数据统计、分析、反馈、修正,避免下次同样的问题再出现。各船型的收缩数据在基准线中得到反映。

(2)基准线作业要领

由于基准线的位置不同,在进行作业时需要结合具体的情况进行施工作业,见表 4-2。

表 4-2　基准线作业要领

区号	作业要领	
差越线	适用	① 自动焊接 150 mm ② 半自动焊接 150-单边坡口间隙
贯穿线	适用	① 与焊缝呈直角

表 4-2（续）

区号	作业要领
合线	适用 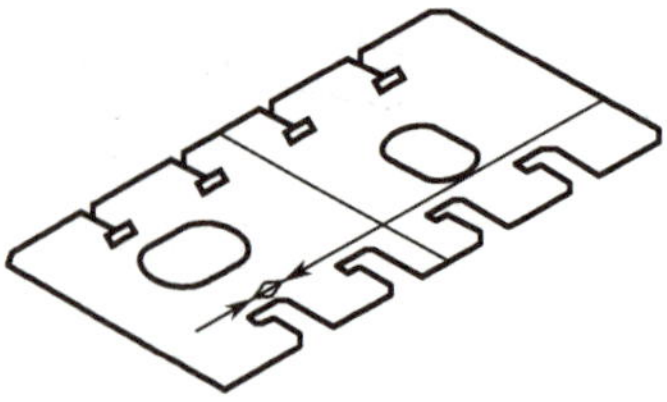 ①从贯穿孔中心部位偏移 150 mm 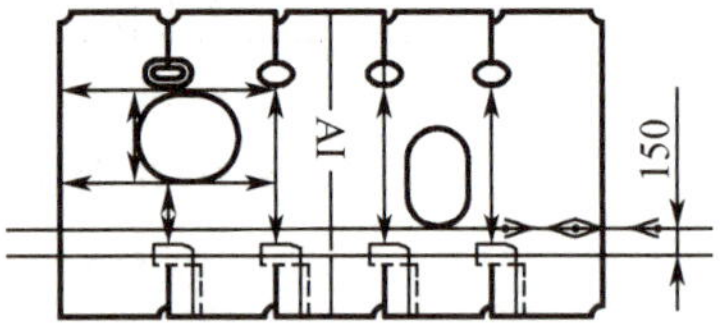

（3）基准线施工应用

表 4-3 是基准线施工实际应用案例。

表 4-3　基准线施工实际应用案例

区分	详细内容
组立	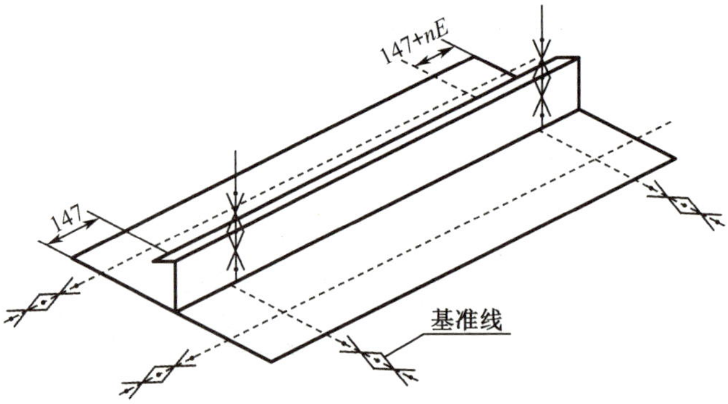 ①基准线时 150-单边坡口间隙：坡口间隙为 6 mm 时，适用 147 mm； ②相对基准线 150-单边坡口间隙+nE（总组/搭载补偿量）
总组搭载	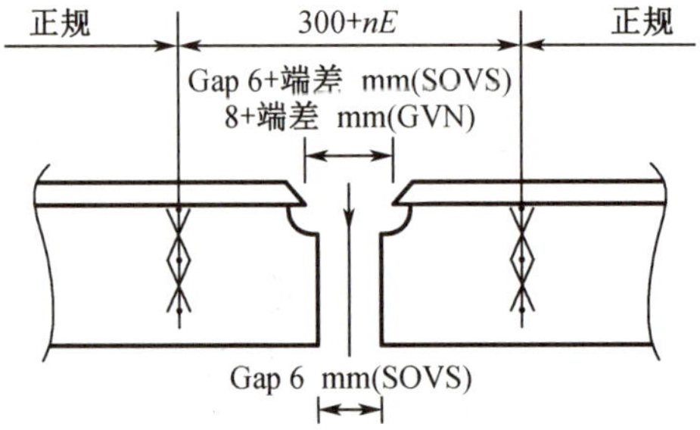 ①基准线的间隔 300+nE 保持装配； ②端差是主板和零件的搭载补偿值的差异
基准线适用	①注意总组/搭载补偿量； ②基准线是适用于结构中加放了搭载补偿量的相反的另一边

（4）船坞定位及基准线运用

对于各类船型,在全船精度管理图中仍需画出贯穿各分/总段的中心线、直剖线、水线、肋骨检验线族,要求基本覆盖所有分段及总段,以便于分/总段在船坞的搭载定位。

①长度方向。在分段中心线上放线坠与地线的中心线首、尾对应。基准线间距在正规允许值内调整（300+nE）,如图4-34所示。

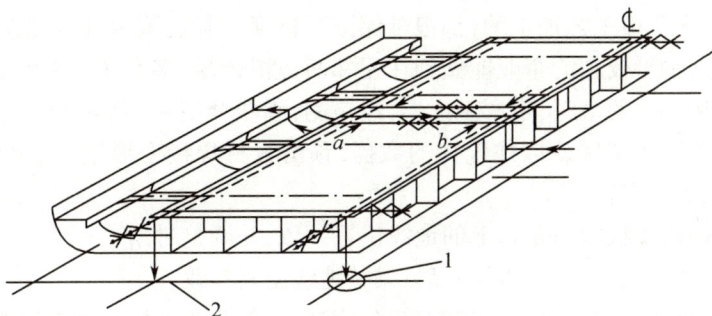

1—线坠;2—地线。

图4-34　长度方向基准线运用

②宽度方向。板缝接头部位的基准线间距a、b按常规对应（300+nE）,在对接部位放线坠与地线相对应,如图4-35所示。

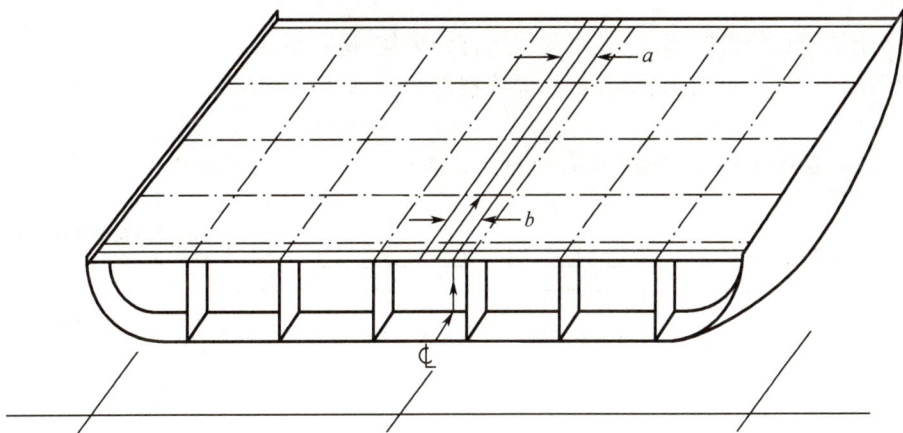

图4-35　宽度方向基准线运用

三、板材拼接的精度作业

1.平面板材拼接的精度作业

船体内部及稍大规模船的底部、舷侧都存在很多平直板材,它们的拼板都是在装配平台上进行的,其对接较为简单,根据板材厚度和对接方式,按照相关规范或企业标准开好如图4-3等的坡口形式,选择适当的焊接方式,拼板间隙参见相关规范或如表4-1所示预留装配间隙,不同厚度的板材对接,要做好焊接过渡,尤其是要注意板材的理论线位置,还要考虑哪一端留余量,留多少余量。

当前,绝大多数船舶制造企业的平面板材拼接都实现了自动焊或半自动焊,焊接时要加装引弧板和熄弧板,在保证焊接质量的情况下,不要破坏拼板的尺寸精度,平面板材拼接对位,主要通过对准两块板材上的肋位线或纵骨线来对位。

2. 曲面板材拼接的精度作业

曲面板材的精度控制难度较大,尤其是双向曲度或复杂曲度板,曲面板材无论是用弯板机弯制还是水火弯板工艺加工的,都很难保证其精度,因此,国内外的船舶制造企业都给曲面板留有余量,水平较高的企业能做到在相邻两边留余量,多数企业要给四边留余量,一般留 30 mm 或 50 mm 的余量,带弯制成形,经检测、画线介绍后,割除余量。曲面外板在拼板时,要根据相关工艺文件或以往统计的数据,预留板材焊接变形量。一般曲面外板的精度控制要注意以下几点:

①吊线锤,确认外板端与平台上的地线位置一致,并调整对角。

②一定要确认外板的长、宽等尺寸后,调整地线使其一致。

③用线锤调整地线作业时,要注意保持分段高度,并注意外板端部坡口的理论性位置。

④长度方向端差超出许用范围时,首尾方向可进行调整作业。但如果长度方向板长不足时,只能在不超出管理基准范围内进行调整。

⑤板缝和搭接的端部四点要一直挂着线锤,随时确认。

⑥为了保证板缝和搭接的端部的直线度,拼板合拢部的地线位置要确认。

⑦用肉眼确认合拢部位没有弯曲变形后,用拼板工具固定住曲板,以便在最大限度上减少变形。

⑧防止地线点位置的移动,需用花篮螺钉约束住,避免滑动。

⑨根据坡口形态不同,应用各自的焊缝根部面积,如图 4-36 所示。

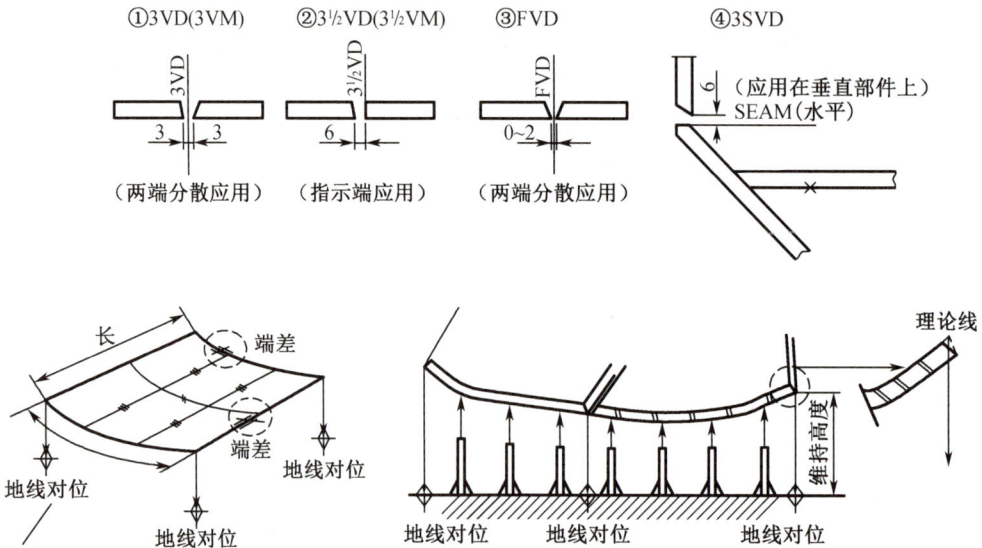

图 4-36　外板拼板作业图

四、板材画线精度作业

画线精度基准

1. 平面板材画线精度作业

技术水平较高的船舶建造企业,平面板材上的结构线等可由切割机画出,后续经复检无偏差或偏差在允许范围内,可直接用于构件装配和板材拼接,无须二次画线,而一般水平的船舶建造企业,虽也可在船舶设计过程中考虑到构件线、装配线,切割机也能够画出,但后续生产对板材的精度控制不高,构件装配时,结构线已偏离了原位置,因此就需要重新做精度检测,二次画线,所以为了避免麻烦,在板材切割时就不需画出结构线等线型。

以某散货船平直外底板板材为例来说明平直板材的画线作业,如图4-37所示,其精度管理标准见表4-4。

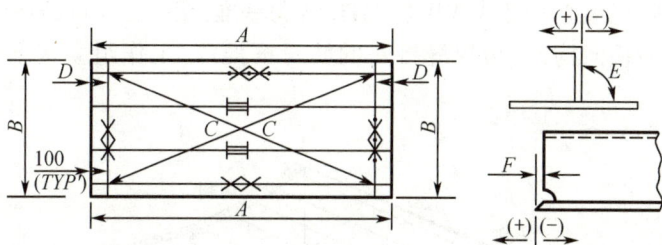

图4-37 平面板材画线示意图

表4-4 精度管理标准

检查位置	检查项目	管理基准	允许界限	备注
A	长度/mm	±2	±3	
B	高度、宽度/mm	±2	±3	
C	对角线/mm	±3	±4	
D	基准线/mm	±0.5	±1	
E	纵骨角度/(°)	0~+3	0~+5	
F	纵骨端差/mm	0~-1	+1~-2	

由图4-37所示,板材上要画出构件的安装线,如图中为角钢位置线,所画线型为构件的理论线,装配时要考虑构件的厚度朝向,其次要画出板材中心线,对角线以供板材精度检查测量使用,此外要画出施工基准线(有关基准线的含义请参照本任务后知识拓展内容),以四条基准线在四角的交点为参考,检查板材的平整度。如板材在某一端留有余量,在这里要经过测量确定多余量大小,并画出余量线,以供割除。余量大小及表4-4内的精度管理标准值是针对某特定企业的,符合自身建造水平的,可通过对以往大量建造数据的统计、分析,优化建造方案和工艺水平,加强精度管理,制定出合理的精度标准,并在实践中,不断完善、提升。

2.曲面板材画线精度作业

曲面板材的精度控制难度较大,根据曲面类型和复杂程度,在曲面板设计时都会在某相连两边,甚至四边都留有余量,一般船体中部单向曲度板或简单双向曲度板可在两边留余量,余量大小在 10~50 mm,首尾复杂曲度板一般要在四边留余量,余量一般在 30~100 mm。曲面板的画线要画出装配基准线(一般以未留余量的一端为基准端,偏移 100 mm 画线)、余量切割线、横纵骨材构件线等。下面以两边留余量和四边都留余量来说明曲面板的画线精度作业过程。

(1)相邻两边有余量的情况

外板画线作业过程中在一端有余量的情况下的画线如图 4-38 所示。

①在确认分段的长、宽、直线度、对角尺寸的同时进行拼板作业。

②上下方向组立基准线(100M.K)时,舷侧外板以第一根构件或甲板或 STR 构件线为基准,确认地线并画线;船底外板则在内侧板上,偏 100 mm 位置确认地线并画线。

③内部件画线,以组立基准线或甲板、STR 线为基准,根据二次画线图画线。

④其他,如甲板横向构件、角焊缝接头的肋骨框架等,工作组立基准线尺寸需要另行画线。

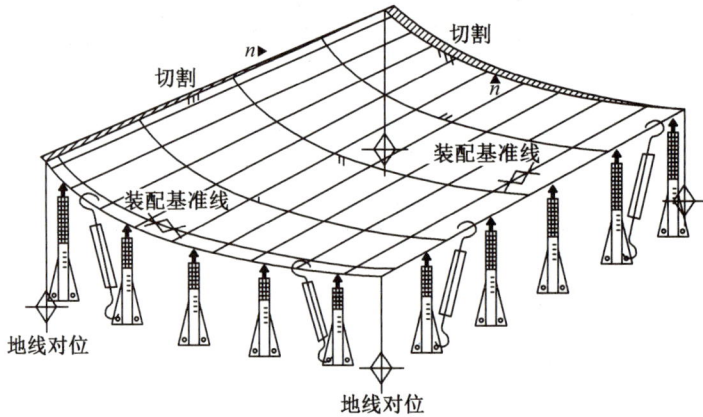

图 4-38　画线示意图

(2)四边都有余量的情况

外板画线作业过程中在四边均有余量的情况下的装配作业如图 4-39 所示。

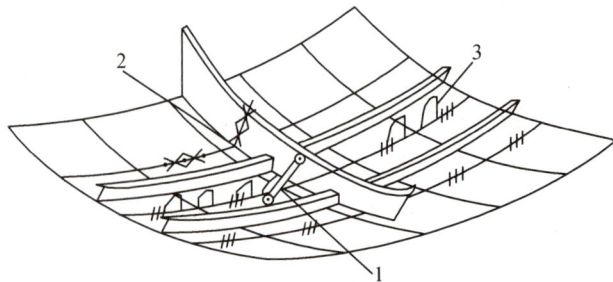

1—补强材;2—装配基准线;3—定位工装。

图 4-39　装配作业图

①组立基准线:参照分段划分图,以某一端为基准,如以尾端部 100 mm 位置确认地线并画线。

②内部件划线:以组立为基准或桁材线为基准,根据二次划线图画出肋骨线位置。

③纵骨装配。

a. 装配作业:构件移动到构件线位置,避免间隙的发生,特别是合拢两端口和肋位位置要准确对位.

b. 端差作业:主板和构件的组立基准线对位一致后,调整端差。

c. 角度作业:使用对角线尺寸的方法调整纵骨端部的角度。

3. 准备工作

曲面板材画线精度作业时需准备经纬仪、吊线锤、角尺等必要的测量工具,另外还需准备现场记录的石笔、图纸、检查单等材料。

4. 作业顺序

以图 4-36、图 4-38 曲面板的拼接为例,进行曲面板材的拼接和画线作业时,先将曲面板材与图纸对比,对照板材编号是否与图纸相同;再检查板材的中心线、肋位线等是否画正确,有无漏线;检查对接缝是否正确,胎架是否正确等。拼板、画线完成后填写精度检查单(表 4-5)。

表 4-5　拼板、画线精度检查单

分段名		检查场地		检查人员	
拼板名		检查时间		其他	
检查位置	检查项目	管理基准		允许界限	备注
	长度				
	高度/宽度				
	对角线				
	基准线				
	纵骨角度				
	纵骨端差				

【任务实施】

任务 1:平直板材 M. K 线的绘制;

任务要求:完成平直板材 150M. K 线的绘制;

场地:船舶建造工艺实训室或具有平面板材的场所;

工具:直尺、卷尺、石笔、弹线墨斗等;

纵横骨材间距:0.5 m,也可根据板材尺寸自行定义,但应至少具有纵横各 3 根结构线;

标注要求:标注 M. K 线、结构理论线;

精度要求：M.K 线精度≤2 mm，骨材间距≤3 mm，任意对角线与其中点偏差≤1 mm。

任务 2：曲面板材 M.K 线的绘制与检验（选做）；

任务要求：完成曲面板材 150M.K 线的绘制和检验；

已知条件：曲面的某相邻两端为无余量端，另两端留有余量；

场地：船舶建造工艺实训室或具有曲面板材的场所；

工具：直尺、卷尺、石笔、弹线墨斗等；

纵横骨材间距：0.5 m，也可根据板材尺寸自行定义，但应至少具有纵横各 3 根结构线；

标注要求：标注 M.K 线、结构理论线；

精度要求：M.K 线精度≤3 mm，骨材间距≤4 mm，任意对角线与其中点偏差≤1 mm。

分组实施，相互检查，并将相关结果填入表 4-5。

任务二　组件装配精度作业

【任务描述】

组件装配是船体分段装配的一个生产阶段，就是在固定的场地加工船舶最简单的船体结构构件，一般分为小组立装配和中组立装配。小组立是指两个或两个以上零件组成构件的生产过程，如拼装 T 型材、拼接板材、肋板上安装加强材、加强筋开孔等都属于小组立作业阶段。中组立是指将小组件和小组件加零件和部件组装成更大组合件。组件装配是后续分段装配的基础，其装配精度对分段装配有很大的影响。本任务在组件装配工艺和精度管理基础上，重点介绍组件的精度作业和精度检查。

【任务实施】

一、组立形式

1.T 型材小组立

T 型材在船体结构中是应用较多的一种结构方式，根据施工难易程度一般将 T 型材划分为平直 T 型材和弯曲 T 型材，后一种加工较为复杂，两种类型结构如图 4-40 所示。T 型材在船体的强横梁、强肋骨、纵桁材、舱壁扶强材、强力肘板等部位大量采用，纵向结构的船型用得更多。T 型材一般都是企业自制，工作量较大，而 T 型材施工是一项看似简单，实则很重要的工作内容，这个结构的精度控制不到位，对后续的精度管理将会造成极大的影响，尤其是非平直 T 型材，要通过生产设计得到腹板弯曲和面板弯曲数据，设定合理的弯曲工艺，加强检验，确保其精度符合要求。

图 4-41 是国内某船舶制造企业制定的 T 型材精度作业管理标准。

各类型组件精度基准

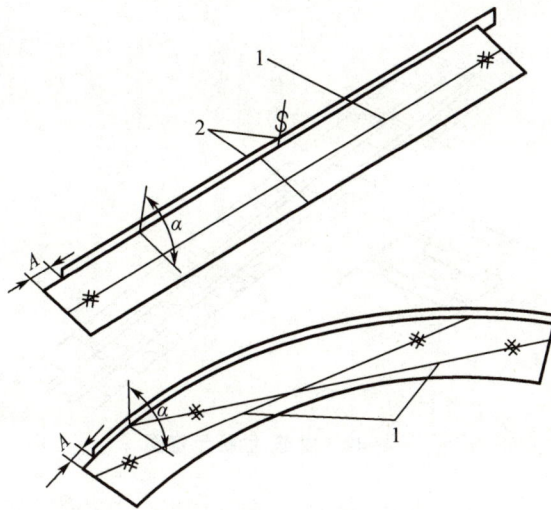

1—矫正对合线;2—对接缝。

图 4-40　直线形和曲形 T 型材

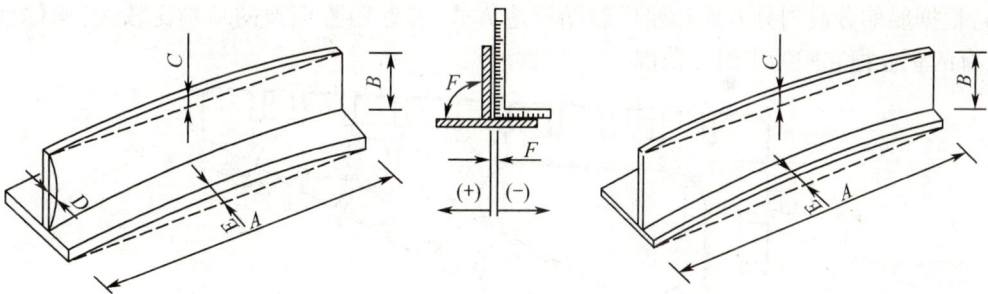

检查位置	检查项目	管理基准	允许界限	备注
A	长度/mm	±1	±2	使用精度管理对象部材
B	宽度/mm	±1	±2	
C	WEB 直线度/(mm/m)	±2	±3	
D	WEB 垂直度/mm	±1	±1.5	
E	表面直线度/(mm/m)	±3	±4	
F	表面直角度/(°)	±1	±2	

图 4-41　自制组合材作业精度管理基准

2. 平面小组立

(1)龙筋、肋板

船体结构上存在平面小组件,如龙筋、肋板或长条状平台,旁底桁等,其安装结构一般为板材上安装扁钢(型钢)桁材,如图 4-42 所示。小组装配精度将会直接影响到底部分段、舷侧分段成形后的整体平面度。

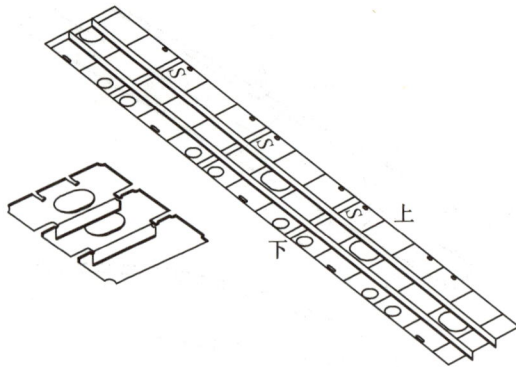

图4-42 龙筋、肋板示意图

（2）肋骨框架

肋骨框架是货船底边舱和顶边舱内特有的结构形式，如图4-43所示，有水密和非水密之分，由于材料利用率，一般都将框架板分成多片，其拼装质量会影响到分段的完工尺寸能否符合精度要求，因此对框架板的拼接要求较高（板材的拼接和画线在任务一中已经介绍），根据船舶分段划分方式和船厂船舶建造方式，有些肋骨框架的结构比较大，构件也较多，有的企业把它归为中组立范围。

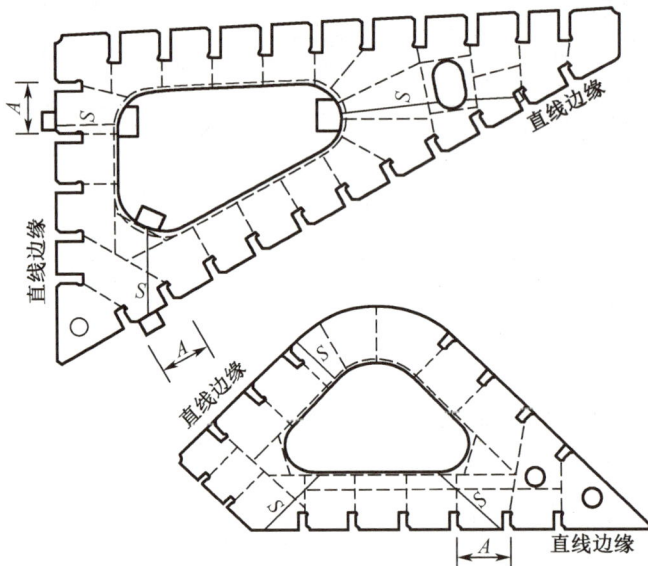

A—骨材间距；S—对接线。

图4-43 肋骨框架结构图

（3）平面舱壁

平面舱壁是上层建筑分段的主要结构，如图4-44所示，机舱及艏部有少量分布，在上层建筑分段中舱壁有外围壁和内围壁之分，因其板材厚度相对较薄，所以施工后较易引起各类变形，在施工中控制变形是重要内容之一，尤其是外围壁施工。

3. 中组立形式

中组立以不形成分段的小组件之间的条框结构、块状结构、箱体结构为主(图4-45),或是由几个小组件、小组件与零件组合成更大的组件,只要在平面能够施工的都可以将它们作为中组或小组的施工范围。小组、中组生产最大的优点是将分段立体施工的内容放到平面做,压缩分段的平台制造(大组立)周期,减少分段焊接工作量,在质量上更有利于保证分段制造精度。

根据各小组件结构的特点及精度所要求的基准管理尺寸,可将其控制内容分解为主要控制尺寸、常规控制尺寸与目测控制项目。主要控制尺寸内容有长度、宽度、对角线、角度等;常规控制尺寸内容有挡距、端差、变形量、直线度等;目测控制项目主要有平面度、角变形以及一些采用随身工具就可得到测量结果的内容。但随着有些结构主次的变换,其控制内容必须相应地随其变化,如图4-42中的龙筋条框结构。在小组件时肋板的尺寸控制应为主体,在形成中组结构后肋板与龙筋板的角度及肋板的挡距应为主要控制尺寸。

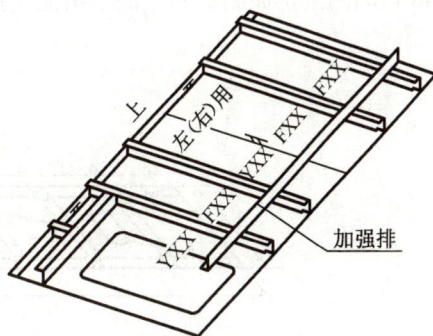

图4-44　舱壁结构图

根据船体分段划分方案和船厂建造模式,中组件的尺寸大小有很大区别。有些较大中组件的尺寸与分段大小差不多,而有些中组尺寸较小,有若干个中组件组成分段。因此,有时中组和大组或分段的区别很小。

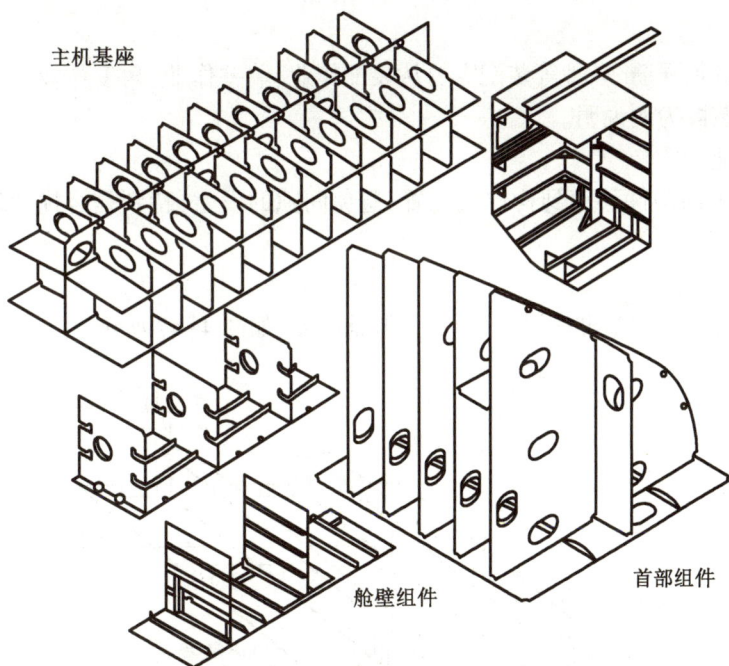

图4-45　中组件结构

二、平面小组立的精度作业

小组立的工艺流程包括：零件的准备—小零件安装的位置画线—小零件安装的定位—焊接—焊接后整形—打磨—报验等工序。船舶建造过程中，应根据船型、工艺水平等情况，制定相应的精度作业管理标准。图4-46是国内某企业制定的平面小组立作业精度管理标准。

小组件精度检查

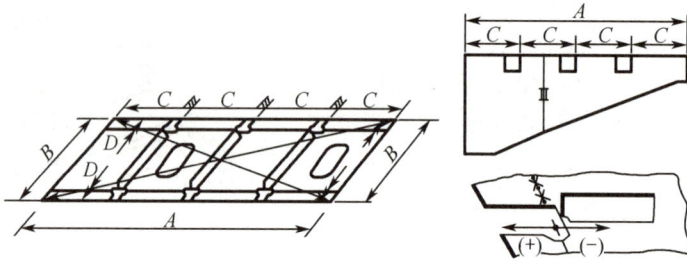

检查位置	检查项目	管理基准/mm	允许界限/mm	备注
A	长度	−2~0	−3~0	
B	高度	±1	±2	使用精度管理对象部材
C	扶强材距离	±1	±2	
D	扶强材端部	−1~0	−2~+1	

图 4-46　平面小组立作业精度管理标准

平面小组件加强筋、纵骨等装配需要从装配作业、端差作业、角度作业三方面进行精度控制。以纵骨装配为例说明。

1. 装配作业

将需要装配的构件移动到构件线位置，避免间隙的发生，特别是合拢两端口和肋位位置要准确对位。

2. 端差作业

主板和构件的组立基准线对位一致后，调整端差，如图4-47所示。

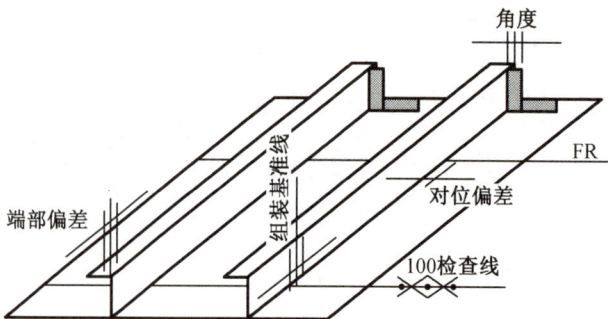

图 4-47　端差作业图

3.角度作业

使用直角尺等工具调整角度,特别是合拢两端口和肋位等位置要准确对位,如图4-48所示。

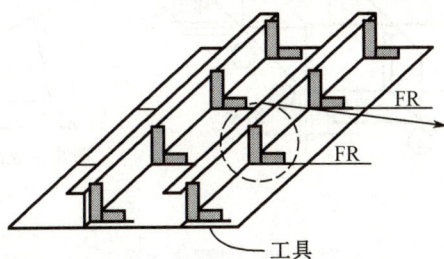

图4-48　角度作业图

精度作业完成后,填写精度检查单,见表4-6。

表4-6　小组作业精度检查单

分段名		检查场地		检查人员	
拼板名		检查时间		其他	
检查位置	检查项目	管理基准		允许界限	备注
	长度				
	高度/宽度				
	对角线				
	基准线				
	纵骨角度				
	纵骨端差				

三、平直中组立的精度作业

平直组件一般指至少有一平直板作为基面的建造形式,如图4-49所示分别为双层底和顶边舱示意图。中组立作业过程中,装配作业和端差作业是精度控制的重点。

中组件精度基准

1.装配作业重点关注点

装配作业需要重点关注小组及中组搭载时对位构件线,特别是分段端部和构件位置需要准确对位。

2.端差作业重点关注点

①内部件:纵向件要和主板及内部件的组立基准线对位一致,横向及高度方向则以无余量端为基准对位。

②主板件:以无余量边的组立基准线为基准,利用线锤控制端差。

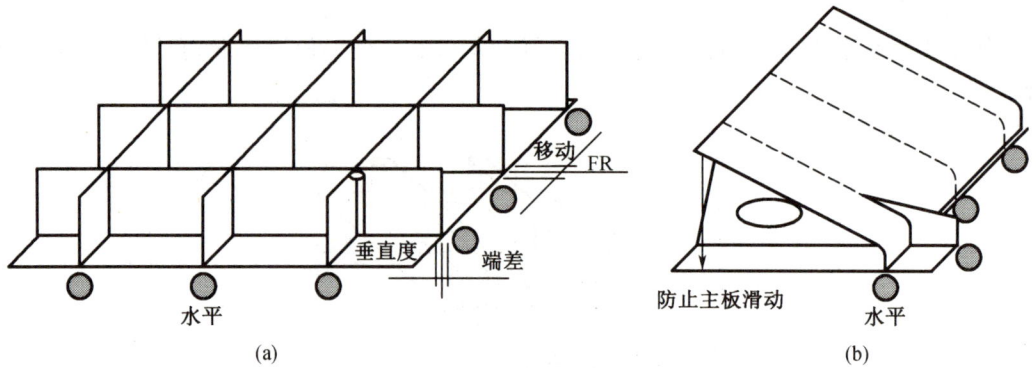

图 4-49　装配作业图

3. 水平基准面作业

主要构件的水平一定要确认后方可进行装配作业,同时最大限度避免分段的扭曲发生。

4. 垂直度

内部件的交叉点主要构件的垂直度确认后方可装配,如图 4-49 所示。

表 4-7 所示是某船舶企业制定的平直中组立精度标准。

表 4-7　平直中组立精度标准

编号	项目	管理基准/mm	允许界限/mm	备注
1	长度	±3	±4	
2	宽度	±3	±4	
3	高度	±2	±3	
4	对角线	±3	±4	
5	水平	±3	±5	
6	垂直度	±3	±4	
7	端差	±2	±3	
8	内部材间隔	±2	±3	

四、曲面中组立的精度作业

曲面中组件一般在首尾单层结构中分布较多,船中分段如以底边舱斜板为基面,最后安装的舭部曲面也是中组件。典型曲面中组件如图 4-50 所示。

1. 水平基准面作业

①水平作业之前,事先确认地线点是否有移动。

②主要构件及两端部的纵骨位置一定要检查水平。

③提前把握由于焊接造成水平上翘情况,事先将水平下降,并用花篮螺钉约束后进行作业(反变形施工)。

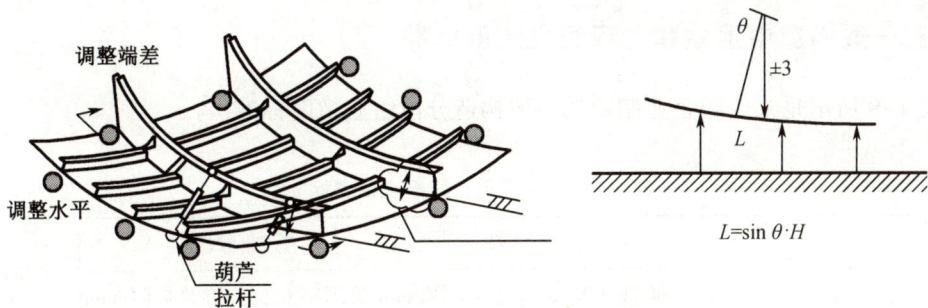

$$L=\sin\theta\cdot H$$

图 4-50 曲板组立作业图

2. 装配作业

小组和中组搭载时,对位构件线特别是合拢两端口和肋位位置要准确对位。需要确保肋骨框架与组立基准线一致。

3. 端差作业

无余量方向的外板端部,以甲板和 STR. 线为基准进行对位。

4. 角度作业

使用胎架上的组立角度,考虑焊接反变形量,使用线锤进行对位。

5. 其他

如箱形类和纵向舱壁等结构,确认端部交叉位置的端差后作业。

表 4-8 所示是某船舶企业制定的曲面中组立精度标准。

表 4-8 曲面中组立精度标准

编号	项目	管理基准	允许界限	备注
1	长度/mm	±3	±5	
2	宽度/mm	±3	±5	
3	坐标/mm	≤3	≤5	
4	胎架高度/mm	±3	±5	
5	胎架倾斜度/(°)	≤5	≤10	
6	部材角度/(°)	±3	±5	
7	端部水平差/mm	±3	±5	
8	胎架间隔/mm	≤3	≤5	
9	内部材间隔/mm	±3	±5	

五、一般构造中组立和舱口组立精度标准

表4-9所示是某船舶企业制定的一般构造分段组立精度标准。

表4-9　一般构造分段组立精度标准

编号	项目	平分段		曲分段		备注
		管理基准/mm	允许界限/mm	管理基准/mm	允许界限/mm	
1	长度、宽度/mm	±3	±5	±4	±6	
2	对角线/mm	±3	±5	±4	±6	
3	高度/mm	±2	±3	±4	±6	
4	水平/mm	±3	±5	±4	±6	
5	垂直度/mm	±3	±4	±5	±6	
6	端差/mm	±2	±3	±4	±6	
7	围长/mm	±2	±3	±3	±5	
8	内部材间隔/mm	±2	±3	±3	±4	
9	内部材直线度/(mm/m)	±2	±3	±3	±4	
10	基准线及100M.K/mm	±1	±2	±1	±2	
11	纵向角度/mm(°)	±3	±4	±4	±6	

舱口围在有些船舶上是将它划分成一个分段，也有的将它划分为组件。

表4-10所示是某船舶企业制定的舱口围板组立精度标准。

表4-10　舱口围板组立精度标准

编号	项目	管理基准	允许界限	备注
1	长度、宽度、高度/mm	±2	±3	
2	顶部水平/mm	±2	±3	舱口围板顶部内、外两侧
3	桁材垂直度/mm	±3	±5	
4	内部材间隔/mm	±2	±3	
5	基准线/mm	±1	±2	
6	顶部直线度/(mm/m)	±2	±3	舱口围板顶部内、外两侧

六、常见中组立精度控制示例

1. VLCC 纵舱壁组件结构（图 4-51）

中组件的
精度检查

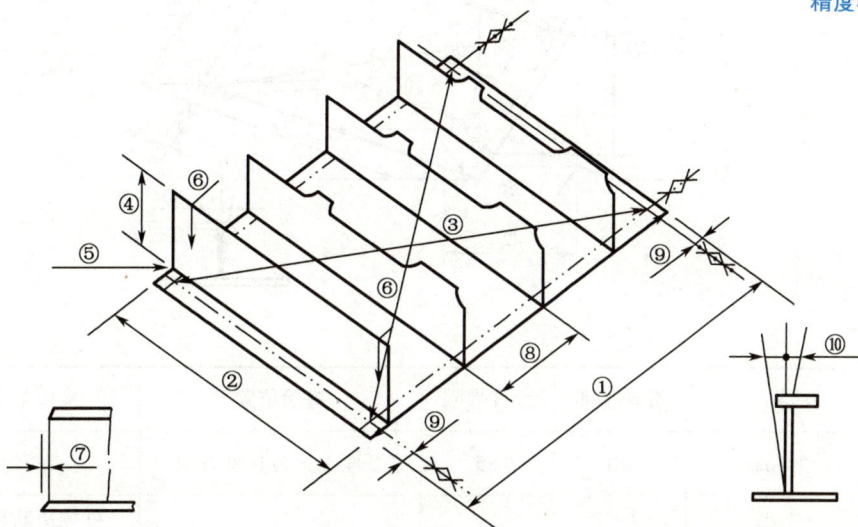

序号	项目	管理基准	允许界限	检验位置	检验基准点
①	长度/mm	±3	±5	主板（纵舱壁）	船首端缝
②	宽度/mm	±3	±5	主板（纵舱壁）	首、尾肋骨及甲板
③	对角线长度/mm	±3	±5	主板（纵舱壁）	基准线
④	高度/mm	±2	±3	甲板、桁材、肋板各2点	纵舱壁
⑤	水平（标注）/mm	±3	±5	内部材交叉点9点以上	船首肋骨基准
⑥	垂直度/mm	±3	±5	首、尾端缝及纵缝部位上、下甲板	纵舱壁
⑦	端差/mm	±1	±3	首、尾端缝及纵缝部位	主板
⑧	内部材间隔/mm	±2	±3	全内部材	
⑨	基准线/mm	±1	±2	纵舱壁内、外各2点	基准连接线
⑩	角度/(°)	±3	±4	端部长	端部、首、尾相交点

图 4-51　VLCC 纵舱壁组件结构

2. 槽型舱壁基座组件（图 4-52）

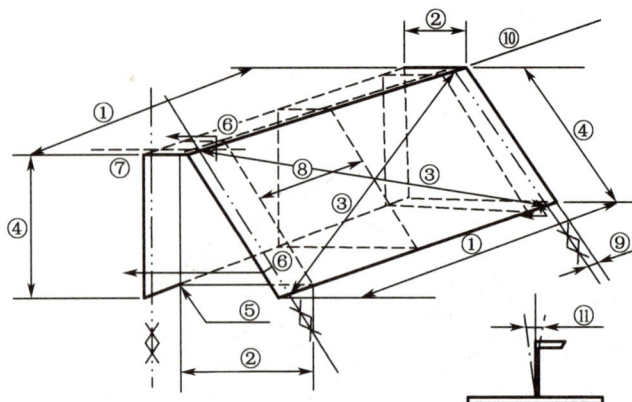

序号	项目	管理基准	允许界限	检验位置	检验基准点
①	长度/mm	±3	±5	基座上平台长度方向	肋骨
②	宽度/mm	±3	±5	基座上平台宽度方向	外侧边肋骨型线 FR MOULD
③	对角线长度/mm	±3	±5	基座斜板对角点	
④	高度/mm	±2	±3	基座竖板高	基座顶部
⑤	水平（标注）/mm	±3	±5	内部材交叉点6点以上	桁材基准
⑥	垂直度/mm	±3	±5	基座首、尾部	基座舱壁
⑦	端差/mm	±1	±3	基座竖版、平台、斜板	主板
⑧	内部材间隔/mm	±2	±3	全内部材	
⑨	基准线/mm	±1	±2	所有基准线	基准连续纵骨
⑩	直线度/（mm/m）	±2	±4	基座顶首、尾两面	
⑪	加强筋角度/（°）	±3	±5	内部加强筋	尾 JOINT 部

图 4-52　槽型舱壁基座组件

3. VLCC 油舱壁底部组件(图 4-53)

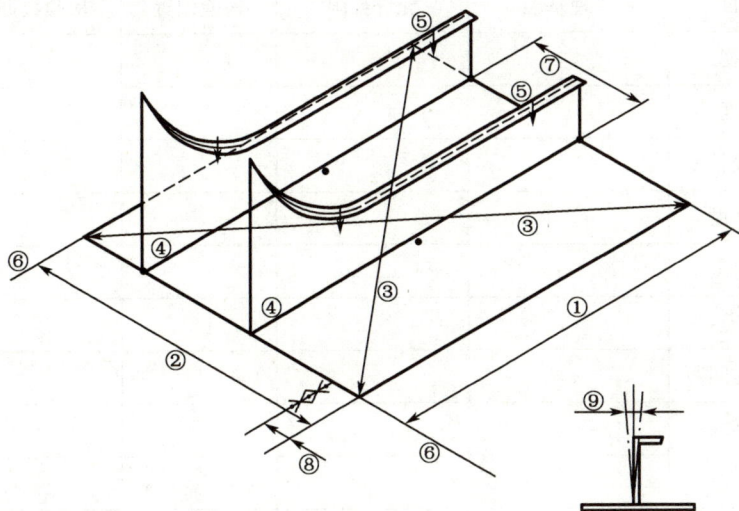

序号	项目	管理基准	允许界限	检验位置	检验基准点
①	长度/mm	±3	±5	主板	基准线
②	宽度/mm	±3	±5	主板	基准线
③	对角线长度/mm	±3	±5	主板	基准线
④	水平(标注)/mm	±3	±5	内部材交叉点6点以上	中线
⑤	垂直度/mm	±3	±4	全竖向组件	
⑥	端差/mm	±1	±3	主板和内部材	主板
⑦	内部材间隔/mm	±2	±3	全内部材	
⑧	基准线/mm	±1	±2	全部基准线	图面指示书
⑨	角度/(°)	±3	±4	组件安装角度	

图 4-53　VLCC 油舱壁底部组件

【任务实施】

任务内容:组件精度检查;

任务要求:以某船舶组件为目标,完成组件的精度检查,并填写记录表;

场地:船舶建造工艺实训室或具有船舶组件的场所;

工具:经纬仪、直尺、卷尺、角尺等;

精度基准:参照对应组件的精度基准。

分段名称			检查人员		检查时间	
序号	项目	管理基准	允许界限	检验位置	检验数据	超差
①	长度					
②	宽度					
③	对角线长度					
④	水平度					
⑤	垂直度					
⑥	端差					
⑦	内部材间距					
⑧	基准线					
⑨	角度					
精度分析						

任务三　分段装配精度作业

【任务描述】

　　船体分段是指根据船体结构特点和建造施工工艺要求,对船体进行合理划分,形成若干个独立装配单元的船体结构段。这些由船体零件、部件组成的船体局部结构段,是组成船体整体的中间产品。

　　分段造船是当前船舶建造的最主流方式,根据船舶尺寸大小和船厂建造能力及水平的不同,船舶分段的划分量和划分形式多种多样,分段是进行船台(船坞)建造的最基本单位。船体分段的合理划分,直接影响着区域舾装和涂装的生产效率。分段建造的精度对后续搭载具有非常重要的影响。木任务在分段建造的基础上,重点介绍分段的精度作业和精度检查。

【知识准备】

一、船体分段的划分

　　根据船舶类型和结构特点,船体分段有不同的划分方式,经过划分后,一般可以将分段以其部位及形状分为底部分段、舷部分段、舷侧分段、甲板分段、槽型舱壁分段、半立体分段(主要形式以甲板、傍板、内部舱壁等组成)、上层建筑分段、舱口围分段、特型分段(带挂舵臂、带艉轴毂、球

各类型分段
精度基准

鼻艏等)几大类。对于这些类型的分段精度控制作业中都有不同的控制要求及控制方式。下面以几种比较重要的分段分别进行说明。

1.底部分段

底部分段是一般船舶货舱区最基本的分段形式,虽然这类分段看似方方正正,施工难度也不大,但其精度尺寸的优劣将会直接影响到后续分段的精度控制,甚至会影响到散货船、集装箱船等的舱口围结构的精度。对底部分段的精度管理主要内容有:长度、宽度、高度、水平度、内外底板平行度、端差、边缘平直度、中间各构件的相对位置、角度等,针对有横舱壁构架的部位其水平度尤为重点控制项目,其主要控制点如图4-54所示。

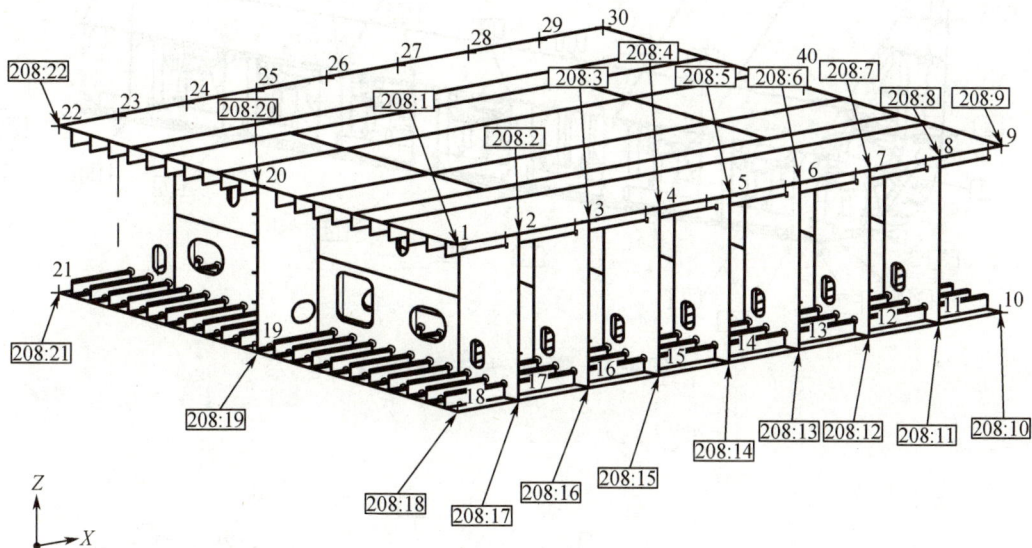

图4-54 底部分段主要控制点

2.舷部分段

舷部分段也是货舱区最基本的分段形式,但由于其建造工位及建造流程的特异性,特别是处在货舱区首、尾部的几个分段,精度控制如果方法不当会造成比其他分段更大的偏差量。对舷部分段的精度控制内容有长度、宽度、高度(主要针对斜底板与外板交接部位)、平整度、直线度、内部框架平面度、端差、肋骨间距等,特别针对带有横舱壁构架的部位需重点检测。其主要控制点如图4-55所示,它一般是以底边舱斜板为基面来建造的,因此,精度测量时,要选择合适的坐标系,所测数据要经过变换为设计状态的数据。

3.舷侧分段

这里所说的舷侧分段主要是顶边水舱分段,除了超大型的VLOC船在划分时将其划分为上部和下部,其他船型基本都是舷部分段向上一直到甲板为止。正因为该分段已到主甲板部位,故其控制内容相比其他分段有特定的要求,还由于目前该分段的建造方式为先组成片状部件,然后再将几个片状在水平胎架上合拢,所以在分段建造过程中各片状的精度控制显得尤为重要,只有确保过程控制达到精度标准范围才能保证分段的最终精度尺寸。

顶边舱精度控制主要内容有长度、宽度、高度、甲板冲势(抛势)、主板平整度、端差、肋骨框平整度等,特别控制内容为甲板开口与分段总长度的相互关系,因为这项控制内容会直接影响到后续舱口围的安装精度。其主要控制点如图4-56所示。

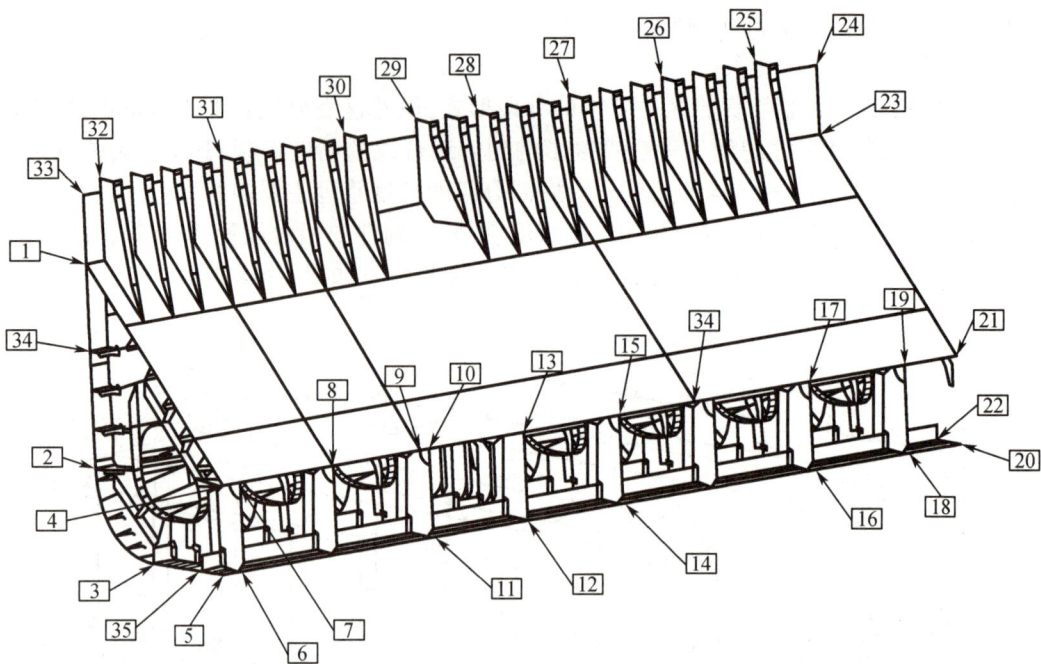

图 4-55　舯部分段主要控制点

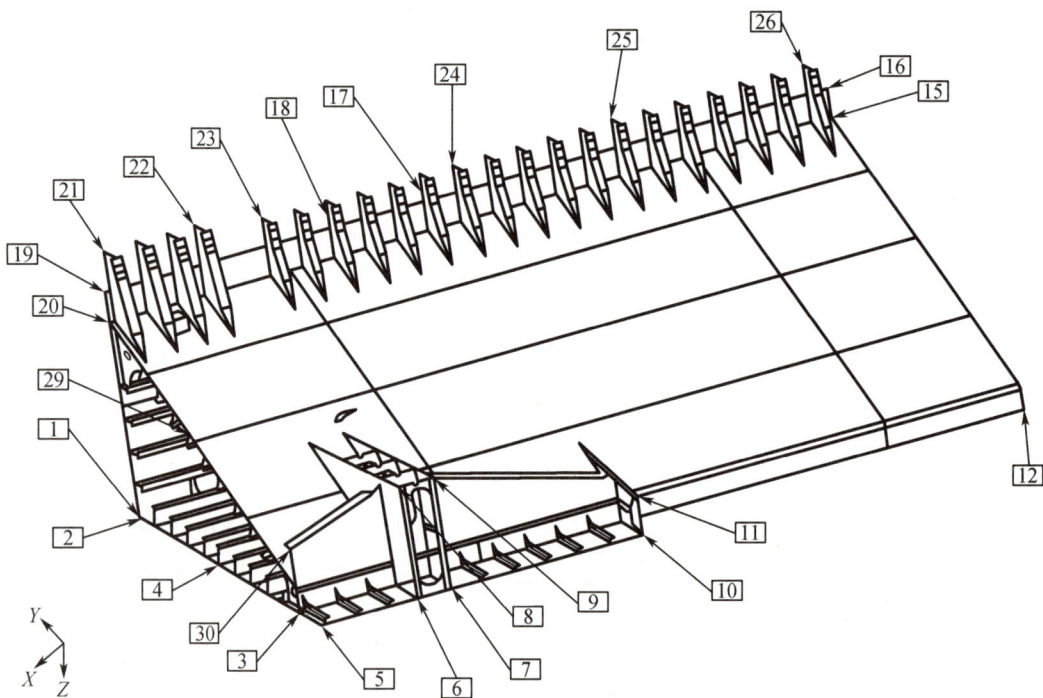

图 4-56　舷侧分段主要控制点

4. 槽型舱壁分段

槽型舱壁分段在各类分段中结构相对比较简单,但是由于其槽型部分水平无强结构,施工中必然会引起横向收缩,如果控制不当会造成两侧垂直接缝产生间隙,同时对高度的控制要求相比其他分段要高,在分段无余量情况下,座墩下口修割过多会造成其他方向的尺寸偏差。

从结构方面来分析舱壁分段对精度控制难度不大,但是该分段施工中很容易出现槽型部位的横向收缩,这应该为精度控制的主要项目之一。其主要控制点如图 4-57 所示。

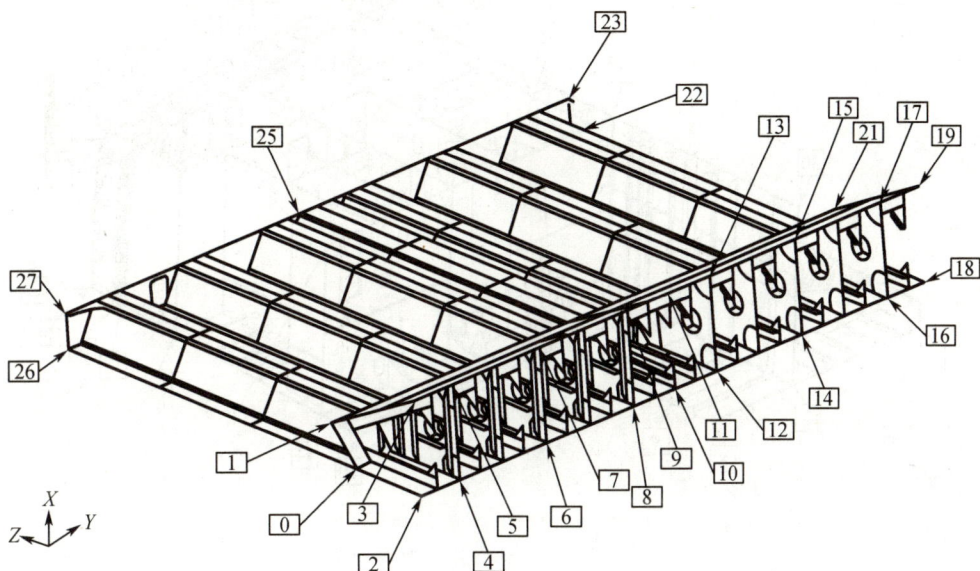

图 4-57　舱壁分段主要控制点

5. 半立体分段

在各类分段中,首尾半立体分段相对比较复杂的,一般安排在分段未脱离胎架前检验,重点检验舷侧外板曲面分段安装位置的正确性,检验舷顶列板与甲板边板的角焊缝的工艺要求。检验分段两端肋骨和横舱壁的垂直度,其主要控制点如图 4-58 所示。

6. 舱口围分段

舱口围在船体结构中虽然不属于主船体分段,但是很多船企是以片体部件的形式在船坞(船台)进行最后的装焊作业,这个作业方式虽说能为保持舱口的尺寸提供一些有利的方面,就总体而言舱口围的尺寸控制一直是精度管理的重点难题之一。在散货船、集装箱船等船型的施工中,各企业采取的建造方式都各不相同,但保证舱口围面板的平面度与开口尺寸是最终目标,通过对主船体建造各过程的分析,我们认为真正要控制其安装精度,就必须从舱口围本身的建造方式、从船体底部分段到顶边舱分段的精度控制开始做起。

以散货船舱口围为例,其片体在进行装焊作业时应进行精度控制,内容有高度、直线度、平面度、长度、面板与围壁板的角度等,其面板平面度在各制作阶段应分别制定相应的控制标准,通过这些内容的控制首先使其本身能够达到精度标准。在搭载阶段,采用两种方式,一种是以片体单个吊运到位,然后在确保舱口开口面精度要求的前提下,进行同步定位,这个方式对船坞周期控制不太有利;另一种是在平台进行整体总组,其又可分为正造和反造两种方式,这种方式可以按纯理论尺寸进行装焊,也可在船体甲板面分段(顶边舱分段与甲板分段)定位完成后驳取舱口开口尺寸,在总组时以实际尺寸进行精度控制,如图 4-59 所示。在这两种建造方式中,我们以舱口围面板平面度与舱口开口尺寸为主要控制基准,同时兼顾甲板面的开口尺寸,精度能够得到有效保证,是今后舱口围建造的必经之路。

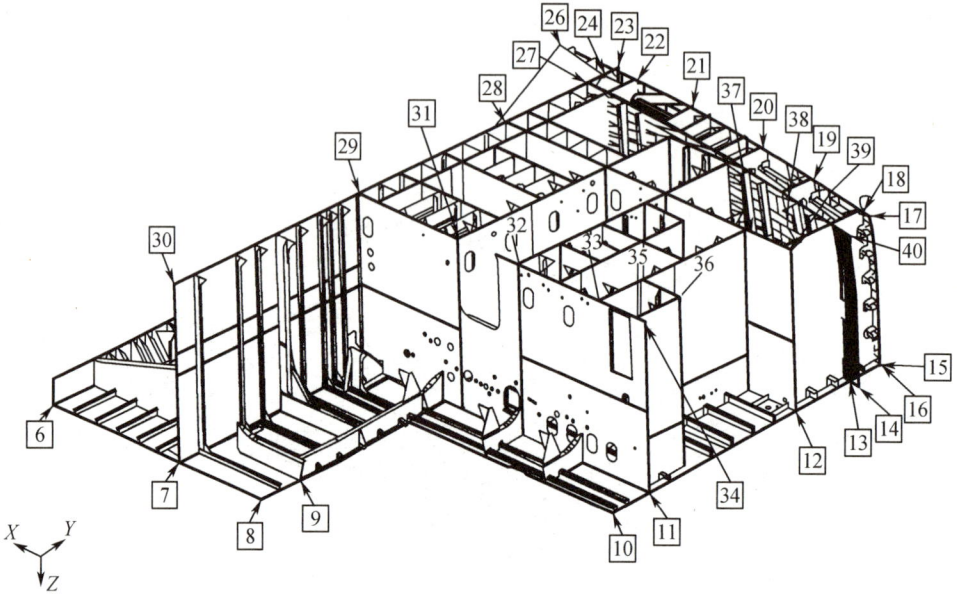

图 4-58　半立体分段主要控制点

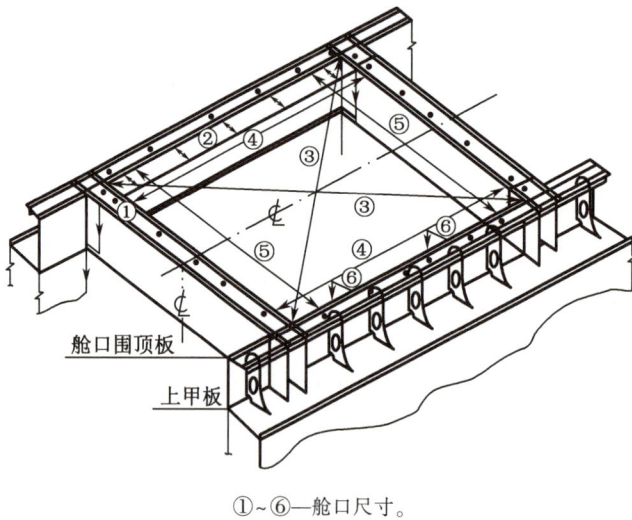

①~⑥—舱口尺寸。

图 4-59　舱口围分段建造方法

7. 带挂舵臂、带艉轴毂分段

该类型的分段通常分为两个部分进行精度管控,一是船体板架结构部分以船体分段的精度要求控制其变形;二是对由铸钢件组成的挂舵臂、艉轴毂控制其中心线、各端面的同心度、轴中心线、舵中心线本身的精度及与船体的相对位置偏差。这些数据要从铸钢件的定位开始直到镗孔结束才能算完成,各施工过程中的装、焊、余热、清根、修补、加强、堆放,一旦有哪个环节控制不当均有可能会造成偏差,且有些偏差还难以修复,给后续主机等设备安装带来极大的影响。

带挂舵臂、艉轴毂分段由于施工方式不尽相同,铸钢件结构可在分段钢结构完成装焊后安装,也可先定位后安装其他结构,但是对精度控制内容来说都有以下内容:长度、宽度、高度、甲板(横舱壁)平面度、外板自由端光顺度、轴中心线(舵中心线)与船体中心线偏移量、艉轴毂端面(挂舵臂上下端面)距离、中心线与其他基准的相位角度等均为重点控制项目,如图 4-60 所示。

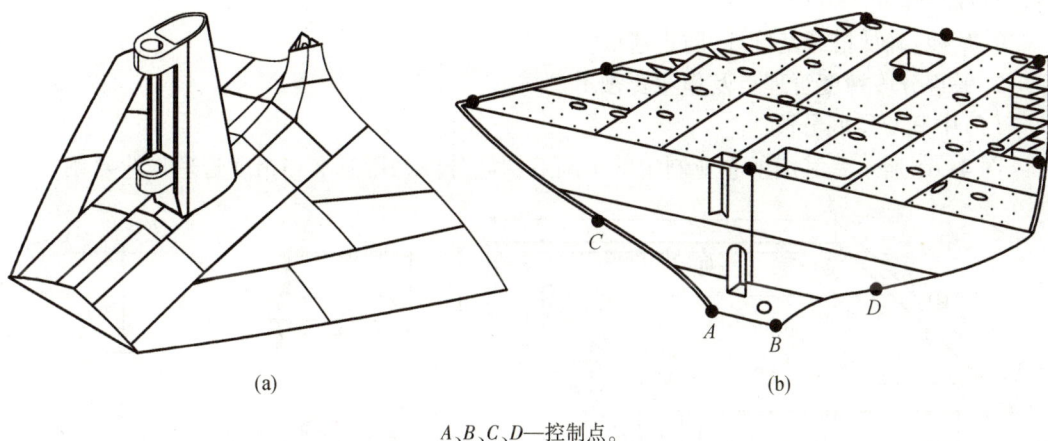

(a)　　　　　　　　　　　　　　　　(b)

A、B、C、D—控制点。

图 4-60　带挂舵臂、带艉轴毂分段主要控制点

二、分段精度作业的内容

船体分段的结构类型很多,一般以图 4-54 所示的平直分段和图 4-55 所示的有一面是平直分段,并作为建造基准面的曲分段最为典型,船体上的绝大多数分段都属这两类。

各类型分段精度检查

通常,在小组和中组的基础上进行船底平直分段和艏部曲面分段的精度作业,主要完成以下内容:

①作业前需要准备分段装配图,了解双层底分段、艏部分段的组成。对前期已完成的零部件和组件,要准备相关装配和测量工具。

②测量双层底分段、艏部分段的主尺度,与设计数据比较,计算误差。

③测量双层底分段、艏部分段的垂直度,检查组件的厚度朝向,装配方向。

④测量各分段的平面度、端差等,检查是否在允许误差内。

⑤中组立如有变形,及时进行修正。

三、平直分段作业精度管理

1. 平直分段精度检查项目

平直分段的精度作业过程中,主要考虑作业顺序、检查水平、主板件端差、垂直度、扭曲度等检查项目,各项目都需要按要求严格实施。

①作业顺序:先检查水平度,然后检查主板错位情况,再检查垂直度,最后完成其他作业。

②检查水平:需要对肋板、横梁、纵桁、隔舱壁等主要构件进行水平检查后方可进行装配作业。

③主板件端差:以有组立基准线的一端为基准,调零、吊线锤后进行作业,不允许为了调整错位,而将基准向前后、左右、上下等方向进行调整。

④垂直度:BOX 类、单独小组等主要内部件需要吊线锤,检查垂直度。

⑤扭曲度:柱长、H 形横梁的水平需要定期确定,而且必须在确认分段水平状态后才允许进行焊接作业。

⑥其他:确认搭载基准线,防止遗漏。

2. 平直分段精度管理点及作业要领示例

（1）中间双层底分段

图 4-61 所示是某船舶企业制定的中间双层底分段许用基准和精度管理作业要领。

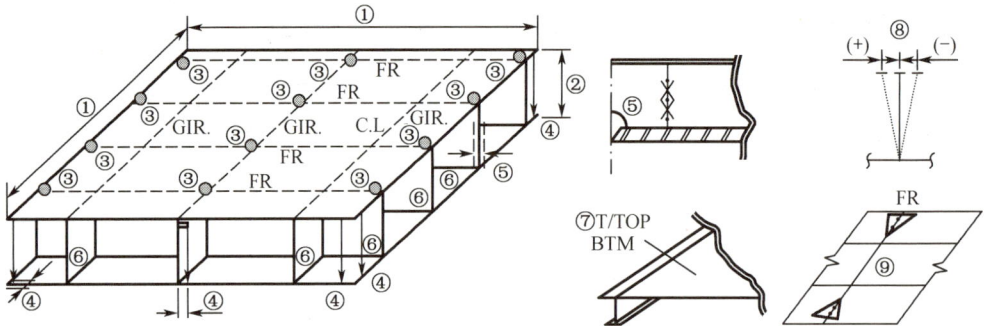

位置	项目	许用基准	作业要领
①	长度(实长)	±4 mm	考虑焊接收缩值后进行画线、确认装配合拢口的间距
②	宽	±2 mm	内底装配翻身后,角焊缝接头部位要求无间隙,紧密装配管理
③	水平度	±5 mm	主要构件部在焊接前后均要检查水平高度
④	垂直度	±3 mm	中组装配翻身后,首尾口吊线锤,对上下主板是否错位进行管理
⑤	端差	±3 mm	内部件装配时,以主板为基准,确保相互一致
⑥	焊接保留	标准	以标准书的焊接保留长度为基准
⑦	端部背烧	0~+2 mm	端口的第一根构件背面做背烧
⑧	纵骨角度	±4°	纵骨装配时要保证直角度
⑨	火气损伤防止标记	标准	分段输送时,在搭载合拢口部位做好防治火气损伤的洋冲标记

图 4-61　中间双层底分段精度管理示例

（2）舷侧双层底分段

图 4-62 是某船舶企业制定的舷侧双层底分段许用基准和精度管理作业要领。

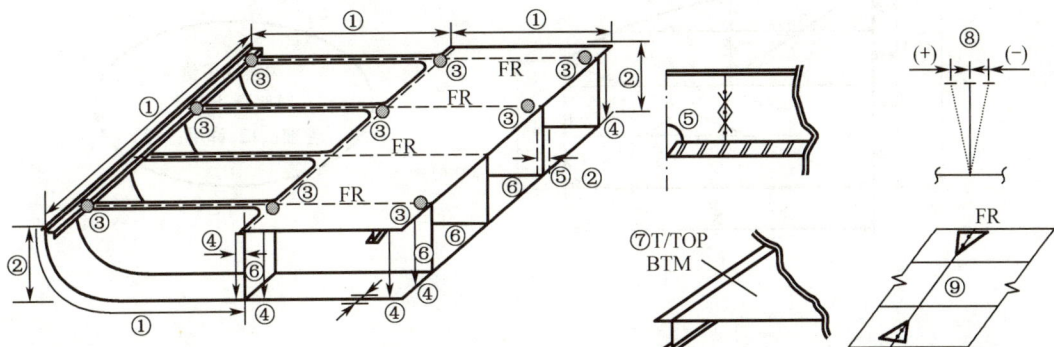

位置	项目	许用基准	作业要领
①	长度(实长)	±4 mm	考虑焊接收缩值后进行画线、确认装配合拢口的间距
②	宽	±2 mm	内底装配翻身后，角焊缝接头部位要求无间隙，紧密装配管理
③	水平度	±5 mm	主要构件部在焊接前后均要检查水平高度
④	垂直度	±3 mm	中组装配翻身后，舭艉口吊线锤，对上下主板是否错位进行管理
⑤	端差	±3 mm	内部件装配时，以主板为基准，确保相互一致
⑥	焊接保留	标准	以标准书的焊接保留长度为基准
⑦	端部背烧	0～+2 mm	端口的第一根构件背面做背烧
⑧	纵骨角度	±4°	纵骨装配时要保证直角度

图 4-62　VLCC 双层底分段精度管理示例

四、一面为平面的曲面分段作业精度管理

曲面分段一般分为平分段（或若干平直中组立）和曲分段（或若干曲中组立）分别建造，相应的精度管理也分为平分段（中组立）精度管理和曲分段（曲组立）精度管理两部分。

1. 平分段（中组立）精度管理

平分段（中组立）的生产过程包括板材的拼接、画线、小组件、中组件的装配，有关其作业精度控制参照本项目任务一至任务三的相关内容，其中主板拼板时，需要遵守相应的精度管理原则。

①一般以没有余量的边为基准开始拼板作业，在两端均有余量的情况下，以尾边为基准进行平板作业。

②长度方向上的偏差超出许用范围的时候，可以进行首尾方向上的调整作业，如图 4-63 所示。但是，当长度方向上的板长度不足时，只能在管理基准许可的偏差范围内进行调整。

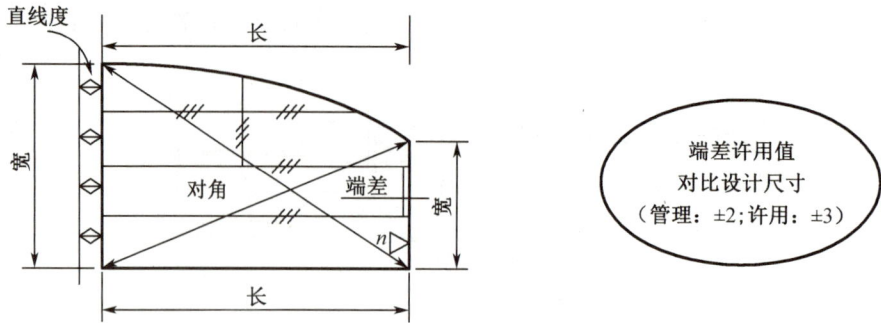

图4-63　精度管理偏差图

③在确认分段的长、宽、直线度、对角尺寸的同时进行拼板作业。

④在一端有余量的情况下（如甲板），需注意首尾方向组立基准线：在离无余量边的端部的 100 mm 位置开始确认对角尺寸，并画线；还要注意左右方向组立基准线：和余量无关，只确认对角后进行画线；以及搭载基准线和内部件画线：以 100M.K 为基准，进行基准线和内部件画线（内部件之间的收缩值以分散来应用）。

⑤对于两边均有余量的情况，组立基准线（100M.K）应从内侧和尾侧的端部 100 mm 的位置确认对角尺寸后画线；画线时应以组立基准线为基准，采用内部件间距收缩值进行画线。

⑥除此以外的情况，优先在尾端、内端、上端做 100M.K，以 100M.K 为基准进行内部件画线。绝对禁止从外侧开始画线。

2. 曲分段（曲组立）精度管理

曲面分段现行精度管理主要包括外板拼板、外板画线、纵骨装配、曲板组立作业四部分精度管理内容，有关其详细作业精度管理也请参照本项目任务一至任务三的相关内容。

3. 曲面分段精度管理点及作业要领

以图4-64所示的双层底分段建造时精度控制管理点及作业要领为例来说明分段作业精度控制。

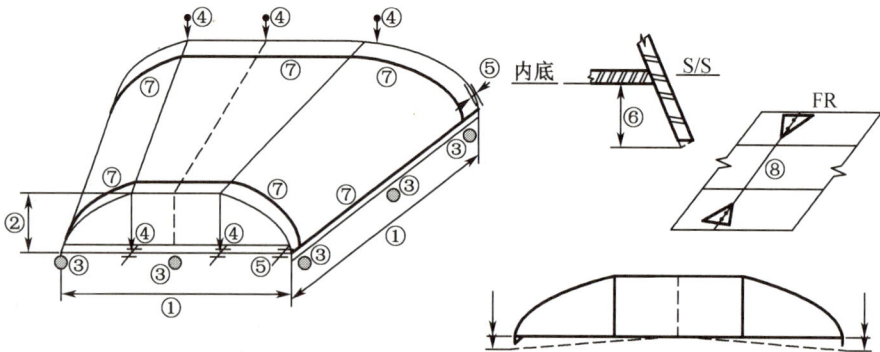

图4-64　曲面分段精度管理点及作业要领

表4-11是某船舶制造企业制定的曲面分段精度管理项目相应的许用基准及作业要领。

表 4-11　曲面分段精度管理作业要领

位置	项目	许用基准	作业要领
①	长度(实长)	±5 mm	画线作业时要考虑焊接收缩量装配对接焊部位的间隙
②	高	±5 mm	焊接部位不能留有间隙,进行紧密贴紧管理
③	水平	±5 mm	主要构件部位的焊接前后均需确认水平情况
④	垂直度	±3 mm	防止外板和主板之间滑动,通过线锤查看
⑤	端差	±3 mm	进行内构件装配时,内底板主板和外板主板的端差要一致
⑥	围长	±3 mm	在甲板线上边缘部确认实长(画两条线)
⑦	B/H端部	0~+2 mm	在合拢端面的第一根构件背部进行火工背烧作业
⑧	防止火工作业破坏标记	标准	分段在搬出之前,搭载合拢部位敲洋冲孔用以标记防止火工作业破坏(舱壁及内底)

五、常见分段精度控制示例

1. VLCC 平面舱壁(图 4-65)

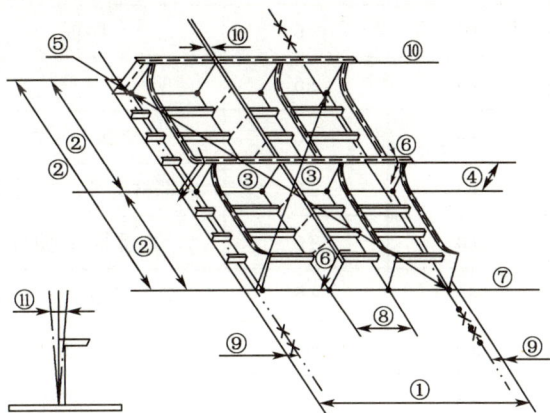

位置	项目	管理基准	允许界限	检验位置	检验基准点
①	长度/mm	±3	±5	主板	主板
②	宽度/mm	±3	±5	主板	主板
③	对角线长度/mm	±3	±5	主板	
④	高度/mm	±2	±3	桁材	
⑤	水平(标注)/mm	±3	±5	内部材交叉点9点以上	
⑥	垂直度/mm	±3	±5	全部肋位位置	
⑦	端差/mm	±1	±3	基准端含主板、桁材	主板
⑧	内部材间隔/mm	±2	±3	全内部材	
⑨	基准线/mm	±1	±2	全部基准线	
⑩	骨材直线度/mm	±2	±4	除主板外全部骨材或组件	
⑪	角度/(°)	±3	±4	除主板外全部骨材或组件	

图 4-65　VLCC 平面舱壁

2.首部分段（图4-66）

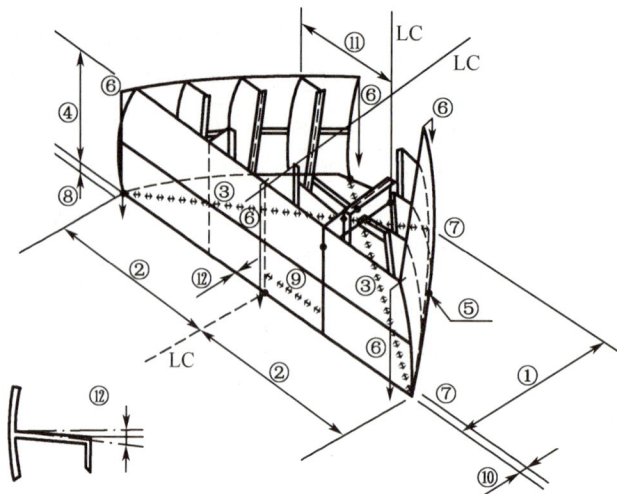

位置	项目	管理基准	允许界限	检验位置	检验基准点
①	长度/mm	±4	±6	主板(平台)	
②	宽度/mm	±4	±6	肋板	
③	对角线长度/mm	±4	±6	主板	首、尾交叉肋位处
④	高度/mm	±4	±6	全部组件高	
⑤	水平(标注)/mm	±4	±6	内部材交叉点9点以上	
⑥	垂直度/mm	±4	±6	内部骨材、肋板	
⑦	端差/mm	±2	±6	分段基准端各构件	主板
⑧	自由端长/mm	±3	±5	中线、水线	图面指示线
⑨	内部材间隔/mm	±3	±4	全内部材	
⑩	基准线/mm	±1	±2	所有基准线	
⑪	肋位宽度/mm	±4	±6	各肋位宽	
⑫	直线度/(mm/m)	±3	±6	各肋位骨材	

图4-66　首部分段

3. 上下壁墩分段(图 4-67)

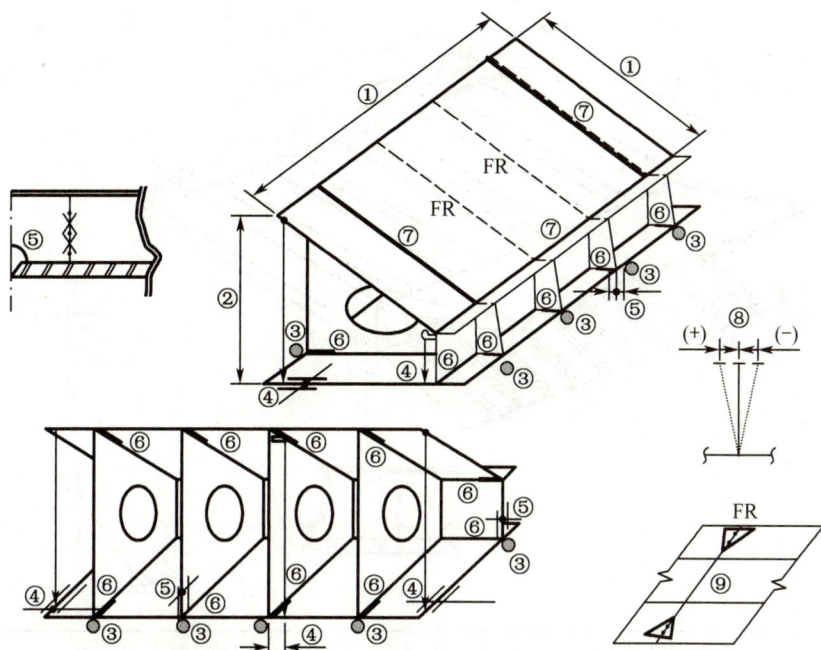

位置	项目	允许范围	作业要领
①	宽(高)	±2 mm	斜坡板装配时,角焊缝不能有间隙
②	长度	±4 mm	量取时应考虑焊接收缩量、端部补偿值及合拢间隙
③	水平度	±5 mm	主要纵、横材焊接前后水平度
④	同面度	±3 mm	壁墩下端、左右端部应吊线垂测量前后横壁板之间的偏移量
⑤	端部偏差	±3 mm	构件安装时,其基准应与板材基准保持一致
⑥	留焊区	标准	根据标准确定留焊区域及长度
⑦	火工	0~+2 mm	前后横壁墩板两端第一道骨材或隔板应做火工矫正
⑧	纵材角度	±4°	骨材安装时应确保安装角度
⑨	铣印标记	标准	合拢基准线应按标准打上铣印标记并粘贴彩色胶带

图 4-67　上下壁墩分段、首部分段

　　注意事项:壁墩分段精度作业应严格遵照焊接顺序进行焊接。焊接时遵守先立焊,后平焊,左右、上下对称的原则,并对重点部位进行精度确认。如发生变形,应注意调整焊接顺序来纠正。

4. 槽型舱壁（图 4-68）

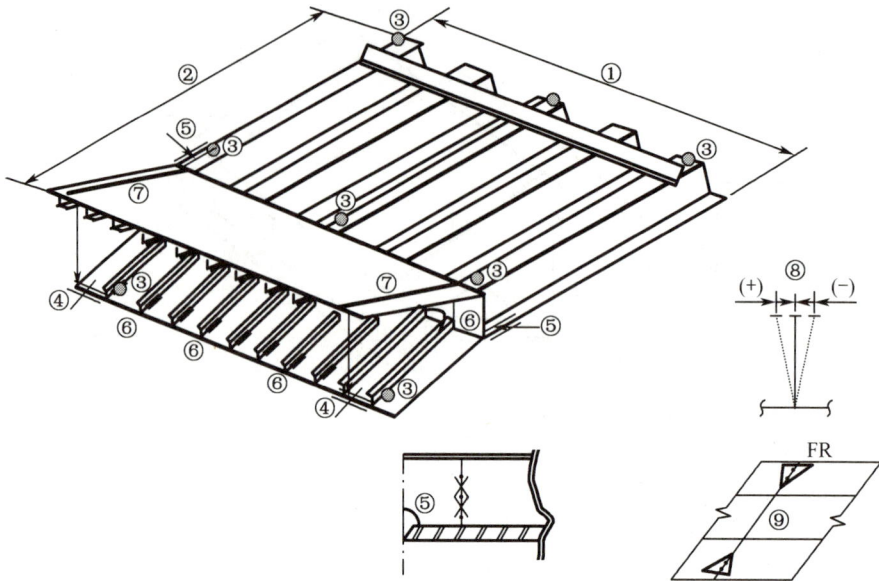

图 4-68　槽型舱壁

位置	项目	允许范围	作业要领
①	宽度	±3 mm	横壁上自由端应使用工装梁加固
②	高度	±4 mm	量取时应考虑焊接收缩量、端部补偿值及合拢间隙
③	水平度	±5 mm	主要纵、横材焊接前后水平度
④	垂直度	±3 mm	横壁板垂直度及前后横壁墩板材同面度
⑤	端部偏差	±3 mm	构件安装时,其基准应与板材基准保持一致
⑥	留焊区	标准	根据标准确定留焊区域及长度
⑦	火工	0~+2 mm	合拢口处第一道骨材或隔板应做火工矫正
⑧	纵材角度	±4°	骨材安装时应确保安装角度
⑨	铣印标记	标准	合拢基准线应按标准打上铣印标记并粘贴彩色胶带

　　注意事项:槽型舱壁分段精度作业应严格遵照焊接顺序进行焊接。焊接时遵守先立焊,后平焊,左右、上下对称的原则,并对重点部位进行精度确认。如发生变形,应注意调整焊接顺序来纠正。

5. 中甲板分段(图 4-69)

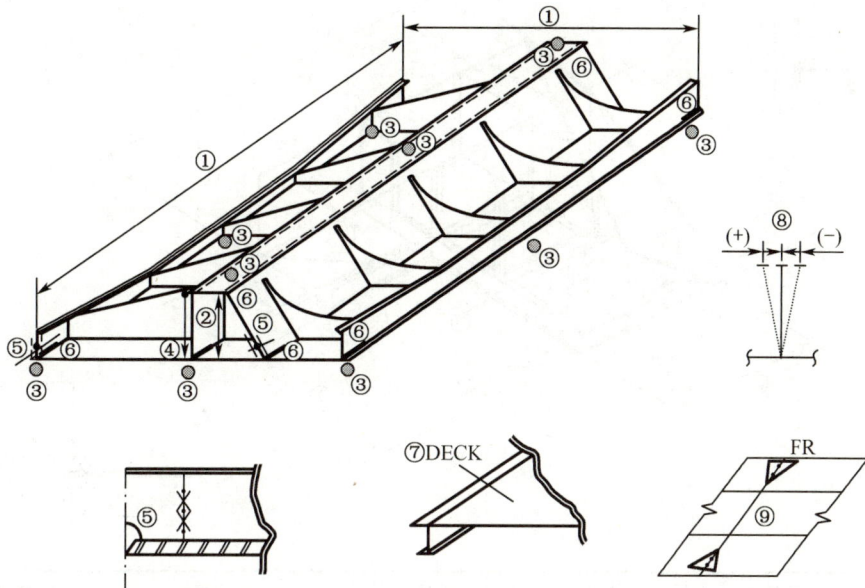

图 4-69　中甲板分段

项目	允许范围	作业要领
长(宽)度	±4 mm	量取时应考虑焊接收缩量、端部补偿值及合拢间隙
高度	±2 mm	装配时应注意纵壁墩与甲板装配间隙
水平度	±5 mm	主要纵、横材焊接前后水平度
垂直度	±3 mm	上壁墩垂直度及纵横材相对甲板同面度
端部偏差	±3 mm	构件安装时,其基准应与板材基准保持一致
留焊区	标准	根据标准确定留焊区域及长度
火工	0~+2 mm	端部第一道纵材应做火工矫正
纵材角度	±4°	骨材安装时应确保安装角度
铣印标记	标准	合拢基准线应按标准打上铣印标记并粘贴彩色胶带

注意事项:甲板分段精度作业应严格遵照焊接顺序进行焊接。焊接时遵守先立焊,后平焊,左右、上下对称的原则,并对重点部位进行精度确认。如发生变形,应注意调整焊接顺序来纠正。

6. VLCC 机舱分段(以机舱某平台为基面反造)(图 4-70)

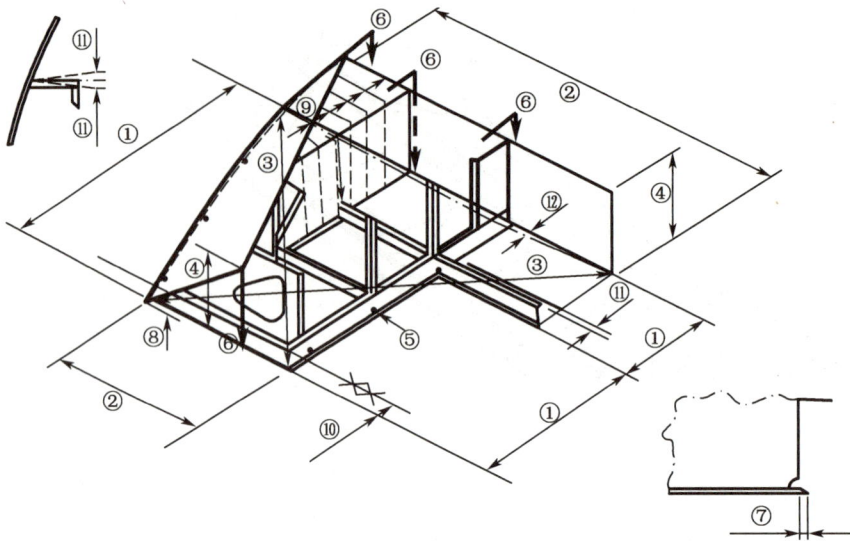

位置	项目	管理基准	允许界限	检验位置	检验基准点
①	长度/mm	±4	±6	平台内、外 2 点	
②	宽度/mm	±4	±6	横向边界两点	
③	对角线长度/mm	±4	±6	平台对角点	
④	高度/mm	±4	±6	横舱壁	
⑤	水平(标注)/mm	±4	±6	内部材交叉点 9 点以上	
⑥	垂直度/mm	±4	±6	各竖向纵横舱壁	
⑦	端差/mm	±2	±6	基准端所有构件	主板
⑧	自由端长/mm	±3	±5	自由端	
⑨	内部材间隔/mm	±3	±4	各纵横构件	
⑩	基准线/mm	±1	±2	肋位线、水线及所画基准线	肋位线,基准线
⑪	角度/(°)	±4	±6	内部纵横构件	
⑫	直线度/(mm/m)	±3	±4	纵横舱壁	

图 4-70　VLCC 机舱分段

【任务实施】

任务内容:分段精度检查;

任务要求:以某船舶分段为目标,完成分段的精度检查,并填写记录表;

场地:船舶建造工艺实训室或具有船舶分段的场所;

工具:经纬仪、全站仪、铅锤、直尺、卷尺等;

精度基准:参照对应分段的精度基准。

分段名称			检查人员		检查时间	
序号	项目	管理基准/mm	允许界限/mm	检验位置	检验数据	超差/mm
①	长度					
②	宽度					
③	对角线长度					
④	水平度					
⑤	垂直度					
⑥	端差					
⑦	内部材间距					
⑧	基准线					
⑨	角度					
精度分析						

思考与练习

一、判断题

1.板材拼接和画线是后续小组生产的基础,板材上的结构线可以在板材切割时由切割机画出,后续装配骨材或板材时不需再次画结构线。　　　　　　　　（　　）

2.因后续加工的分段还需要重新进行精度分析,所以前期一般不需要严格控制画线的精度。　　　　　　　　　　　　　　　　　　　　　　　　　　（　　）

3.船体板架结构可分为纵骨架式、横骨架式和混合骨架式三种类型。　（　　）

4.钢板与钢板、钢板与型材之间的组合要视船舶建造规范及船体本身所要求的强度采用其特定的形式,可以根据其常规的组合方式得到一些基本参数来进行精度管理和采取各种控制手段。　　　　　　　　　　　　　　　　　　　　　　　　（　　）

5.基准线是指在船体作业时先把各零件、组立或分段,在统一的基准边以相同的尺寸先进行画线,用来指导正确的组立以及搭载阶段测量所做的基准。　　　（　　）

6.150M.K是为了在全船施工中将基准线形成统一的标准并且方便施工人员进行分段装配、总组和搭载施工,设定统一的150M.K基准线。　　　　　　　　（　　）

7.切割作业前,一般不需进行主板和内部构件基准线标识。　　　　（　　）

8.画线可对切割偏差的直角不合格、曲线加工引起的变形、板接时发生焊接收缩及组装精度不合格等问题予以补偿和修正,以确保内部材尺寸的准确性并给现场提供组装的准确依据。　　　　　　　　　　　　　　　　　　　　　　　　　　（　　）

9.平面分段画线施工,主板对接以基准边对齐为基准施工。　　　　（　　）

10.平面板材上的结构线等可由切割机画出,后续经复检无偏差或偏差在允许范围内,可直接用于构件装配和板材拼接。　　　　　　　　　　　　　　　　　（　　）

二、选择题

1. 大型船舶船体结构钢材预处理主要是对钢材进行(　　)等作业。

A. 矫平　　　　　　B. 除锈　　　　　　C. 涂防护底漆　　　　　　D. A+B+C

2. 船体货舱区平直部位的肋板与外板结构基本都属于(　　)类型。

A. 平直结构的直角连接　　　　　　B. 平直结构的开(拢)尺连接

C. 曲面结构与单曲度板的直角连接　　　　　　D. 平直结构与曲板的连接

3. 船舶施工基准线主要用途是(　　)。

A. 在部件装配、分段装配、搭载和总段合拢时作为尺寸控制基准

B. 在各阶段装配焊接施工时对焊接收缩值进行测定

C. 在实施精度管理时作为管理控制基准

D. A+B+C

4. 船板焊接作业时要保证主板基准线的(　　)。

A. 一致　　　　　　B. 平行　　　　　　C. 垂直　　　　　　D. 相交

5. 大组前首先要保证小组和中组装配定位准确,在大组过程中保持基准线的(　　)。

A. 一致　　　　　　B. 平行　　　　　　C. 垂直　　　　　　D. 相交

6. P.E(总组)及搭载作业时主要考虑各构件搭载的补偿值是否(　　),以搭载基准线进行搭载。

A. 一致　　　　　　B. 平行　　　　　　C. 垂直　　　　　　D. 相交

7. 主板 M.K 标记需要在绝对基准线上进行标识,在进行纵骨排列时要保证主板上纵骨基准(　　)。

A. 一致　　　　　　B. 平行　　　　　　C. 垂直　　　　　　D. 相交

8. 拼装 T 型材、拼接板材等两个或两个以上零件组成构件的生产过程称为(　　)。

A. 小组立　　　　　　B. 中组立　　　　　　C. 搭载　　　　　　D. 分段装配

9. 船舶建造过程中,应根据(　　)等方面情况,制定相应的精度作业管理标准。

A. 船型　　　　　　B. 工艺水平　　　　　　C. 技术要求　　　　　　D. A+B+C

10. 平直分段的精度作业过程中,主要考虑作业顺序、检查水平以及(　　)等检查项目,各项目都需要按要求严格实施。

A. 主板件端差　　　　　　B. 垂直度　　　　　　C. 扭曲度　　　　　　D. A+B+C

三、问答题

1. 船体结构的基本形式有哪些?

2. 简述板材拼接的工艺过程。

3. 简述板材画线的工艺过程。

4. 简述平面板材、曲面板材拼板的精度控制作业过程。

5. 简述平面板材、曲面板材画线的精度控制作业过程。

6. 什么是船舶施工基准线? 基准线是如何进行分类的?

7. 什么是 150M.K,它在施工中的作用是什么?

8. 如何绘制基准线?

9. 船体曲面有哪些形式? 结合某企业或规范要求说明精度控制的要求。

10. 船体结构中有哪些常见的小组件。

11. 以常见散货船双层底为例,说明哪些构件可划分为小组。

12. 简述小组件的装配工艺流程和精度要求。

13. 简述小组件作业精度控制过程。

14. 船体结构中有哪些常见的中组件？

15. 以常见散货船双层底为例,说明哪些构件可组成中组。

16. 简述中组件的装配工艺流程和精度要求。

17. 简述中组件作业精度控制过程。

18. 常见船舶分段的类型有哪些？

19. 简述双层底分段,甲板分段的装配工艺流程和精度要求。

20. 叙述双层底分段作业精度控制过程。

项目五

船舶搭载精度作业

【项目描述】

船舶搭载是指在船台或船坞上进行的船体合拢装配。船体结构经过预装配形成部件、分段或总段后,需吊运到船台或船坞,再装配焊接成整个船体,在船台或船坞内进行的装配俗称大合拢(或搭载)。随着造船技术的进步,国内外先进船舶制造企业已开始实施将船舶建造成几个超大型环形总段,再在船台或船坞对接成整船的建造方法。本项目结合船台和船坞的船体合拢装配过程介绍搭载阶段的精度作业。

思政导航

【学习目标】

知识目标:

1. 熟悉船舶搭载主要工艺过程及精度要求;
2. 掌握船台船坞搭载精度作业要求与方法;
3. 掌握船舶主尺度的精度要求与测量方法。

能力目标:

1. 能根据分段类型特点选择合适的搭载方法;
2. 能根据不同的搭载类型正确开展精度作业;
3. 能正确使用测量设备完成主尺度精度检查。

素质目标:

1. 形成严格遵守规范和标准的意识;
2. 养成遵循技术施工工艺工作习惯;
3. 培养认真与细心、耐心的工作态度。

【工作任务】

任务一　船台搭载精度作业

任务二　船坞搭载精度作业

任务三　装焊作业与主尺度精度检查

任务一　船台搭载精度作业

【任务描述】

船台搭载是在船台上将两个或多个较大的分段合拢成更大分段的过程,这个阶段对分段结构的精度以及搭载过程的控制要求更高。因为,较大的船体分段的质量巨大,一旦装配时精度不能满足要求,需在船台上进行修整,难度将非常大。要做好搭载工作,需要对船台、要搭载的分段尺寸精度、工具、文件等做好充分的准备。本任务重点介绍不同类型分段在船台搭载的精度基准与操作规范。

【知识准备】

船台搭载是中小型船厂常用的一种船体分段合拢方法。船台有水平船台和倾斜船台之分,搭载精度作业时,倾斜船台与水平船台相比较,沿船舶长度方向的尺寸需要换算,在画线、安装、定位、测量和检验等方面较复杂。船坞和水平船台的建造相对方便,这里以倾斜船台为例来介绍船台搭载精度作业准备工作。

船台装配的准备工作是保证船体组装质量和施工进度的基础,船厂施工时通常分为船台准备工作和船体分段准备工作两部分。

一、船台准备工作

1. 画船台中心线

通常可用激光经纬仪在船台中心线槽钢上画出船台中心线。操作时,将激光经纬仪安装在船台中心线的一端,对中调平后,发射激光点到槽钢上,射点应超过船的另一端,各射点间隔 1~2 m,而后将所有点连成直线,即得船台中心线。在船坞内画线与在船台上画线类似。近几年来,国内外造船技术比较先进的船厂,都在积极研究建立数字化船坞,在船坞内画设了很多线条,在船坞或船台周边竖立标杆,各线条之间距离已知,通过换算,可在船坞或船台周边合适位置进行测量,经过计算可算得船体上任一点的坐标,大大简化了测量工作,提高了施工效率。数字化船坞在知识拓展中介绍。

船台搭载准备工作

2. 画船台肋骨检验线

在倾斜船台上,一般不设置船台肋骨检验线槽钢,只在船台中心槽钢上画出各分段的肋骨检验线及分段大接头接缝线,并用色漆标上肋骨号码和分段号,便于对照和查找。

在水平船台上根据所造船舶规定的肋骨检验线,埋设船台肋骨检验线槽钢。先在船台中心线上画出肋骨检验线位置,然后用激光经纬仪及五棱镜在船台肋骨检验线槽钢上作出肋骨检验线,其做法与分段装配中用激光经纬仪画横骨架安装理论线的方法相同。

3. 绘制高度标杆上的高度线

根据放样工作提供的高度样棒,在船台的高度标杆上画出基线、水线等全部理论高度线,

作为水平软管、激光水准仪或激光经纬仪进行船台铺墩、分段吊装定位和检验高度基准。

在水平船台上应用激光水准仪测量时，根据转站测量的要求，在船台中间的左右两侧各设置一根高度标杆即可。但在倾斜船台上船体基线和水线等都是倾斜的，应根据激光水准仪转站测量的要求，设置若干根高度标杆。必须注意，为了便于测量，高度标杆都是垂直于水平面设置的，所以，倾斜船台高度标杆各高度线距基线的高度值比实船的理论高度值小，如图5-1所示。各高度线距基线的高度值 h 可按下式求得：

$$h = H\cos\alpha$$

式中　H——实船各高度线距基线理论高度值，mm；

　　　α——船体基线与水平面的夹角。

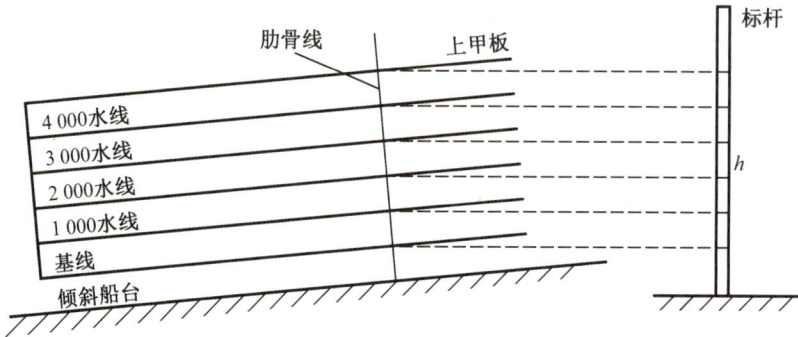

图5-1　高度标杆上的高度线

在水平船台和船坞内相对简单，一般在船舶四角外围及船中两侧竖立垂直标杆。

二、船体分段准备工作

准备进行搭接的船体分段一般在起吊脱离胎架前，要采用全站仪进行船体分段的测量，对有余量的一端要割除余量，并开坡口，对于变形的部位要矫正后才能进行合拢作业。此外，准备搭接的分段上还要做以下准备。

船体分段准备工作

1. 画定分段的船台定位线和对合线

这项工作是属于船体结构预装配工艺的任务，用于确定分段船台上的位置，保证船体尺度的正确。因此，在船台装配前必须检查是否已画出各分段的船台安装定位线，各种类型分段的定位线参见表5-1。

表5-1　各种类型分段的定位线

分段类型	定位线	备注
底部分段	分段中心线	
	分段肋骨检验线	
	分段水平线	
	内底板上舱壁位置线	双层底结构

表 5-1(续)

分段类型	定位线	备注
舷侧分段	水线 1~2 根	
	甲板边线	
	分段肋骨检验线	
	舱壁位置线	双舷侧参照双层底
甲板分段	分段中心线	
	分段肋骨检验线	
	舱壁位置线	
舱壁分段	分段中心线	
	水线 1~2 根	

2. 安装起吊吊环

保证分段的吊运安全十分重要,稍有疏忽,就会造成重大事故。因此,在分段上安装吊环时,应根据吊运质量和起吊方式选择吊环形式、尺寸、数量及安装位置,并且要严格遵守吊运翻身操作工艺规则。

3. 设置船台装配临时支撑

临时支撑的作用在于保证分段在船台装配时的正确位置和型线,并作为分段的支撑。例如,当舷侧分段末靠有舱壁时,则需要安装 1~2 道部分假舱壁,作为吊装舷侧分段的依靠。采用总段建造法时,如果总段端部无舱壁或强框架,便需要设置假舱壁以增强总段吊运时的刚性,保证总段大接缝处的正确型线。当然,临时支撑的安装,有些是在船体结构预装配过程中进行的,有些是在船台装配时进行的。

假舱壁不论部分或整体的,临时支撑不管长的还是短的,都是用余料钢板、钢管、型材制成的。临时支撑的制作、安装和拆除都需要花费大量的材料和工作,应该尽可能少用。

三、船台搭载精度控制

在进行搭载作业前,首先,要准备好要搭载分段的装配图等相关资料、分段主要尺度以及分段允许基准;其次,要准备工装工具,如马板、花篮螺丝等;最后,在搭载过程中及搭载后要进行分段测量,需要准备测量记录单、全站仪等测量工具以及其附件。确保所有电子仪器充满电,以免影响现场作业。

**船台搭载
精度控制**

1. 总组控制

总组方式目前被各船企广泛采用,采用总组可以有效地利用场地、船坞、大型龙门吊的资源,提高船坞的利用率,所以总组的精度控制显得尤为重要。但总组与部件和分段制造有较大的差别,首先,总组可以验证在各前道工序的精度控制效果;其次,总组可以对分段制造过程造成的有些偏差进行补救;最后,也是一个最重要的作用即为搭载提供相对"正确"的总段,使最后形成的船体符合标准规范所限定的内容。

精度控制也可随着总组方式的不同而采取相应的措施。总组一般采用如下几种方式

进行：

①首先在地面上根据所要进行总组的总段画出相关的基准线或者是参考线，一般有中心线、直剖线、肋位线、水线、端线、外框线等；然后设置必要的搁墩、支撑等工装设备；最后将定位分段吊上，以预先画出的基准线进行准确定位，定位后要将其进行固定，以免后续分段施工可能对定位分段造成的偏移等而影响总段的精度。这些工作完成后方可陆续向前后、左右、上部吊装各分段，在后续吊装的分段定位时必须以地面上画出的基准线为依据，否则将会造成较大的累积误差，在后续各分段定位结束后也需要进行适当的加排固定，避免因焊接等原因而影响总段的最终精度状态。这种总组方式适用于机舱总段、首部总段及总组分段量较多的场合，地面上的各类基准线又可为其他机电、舾装等施工项目创造较为有利的条件。

②在总组平台上选定合适的工位将定位分段吊上，首先将分段的状态调整到位并固定，然后把该定位分段的相应基准反驳到平台上，同时根据基准线定位数据进行延伸以满足后续分段精度控制所需。这种施工方式适用于平直总段或分段数量不多的情况，对精度控制来讲也存在着较多的后续工作量，一旦当总段总组完成最后检测时发生尺寸偏差，要核查过程精度控制时会比较困难，因为有些基础数据是以单个分段的实际尺寸为依据的，要进行后续修正难度也较大。

③在定位分段及其他分段吊上之前，在总组设定一个通用基准面，配以一些特定的专用工装入高低不等的稳向架等，预先做好各种"靠山"，形成一个整体的总段外形"托架"，然后将各个分段依次吊到位进行同步定位，此时可以以总段的主要构件作为定位基准，其他定位点通过全站仪或其他测量工具进行检测，在各类数据都满足精度要求的情况下即可实施后续的各种装焊作业。这种施工方式要根据对分段精度数据的全面分析，相对于分段的精度要求较高，如果某个分段有较大的偏差，即会影响到相邻分段的定位数据，在某些时候可能会得不偿失。

④预搭载是将船台（船坞）搭载提前到平台进行安装的一种方式，这种方式能使船坞的资源得到极大的有效利用，大型龙门吊车占用时间大为缩短，并且在预搭载时可将结构偏差的部位进行开刀、修正等，达到了真正意义上的无余量下坞，但这种方式对平台使用面积和龙门吊车下的周转场地会有较高要求。采取预搭载的方式同时对分段数量、舾装完成率、预涂装施工周期、生产管理的有效衔接等提出了较高的要求。

2. 搭载控制

搭载是精度控制工作的终点又是出发点，从精度控制的管理角度来理解，前面各道工序所采取的各种措施，都必须要围绕着最终能否满足搭载需求，如果搭载前的每道工序都留"一点点"可以接受的偏差，那么在搭载阶段必定会反映出来，此时的"累积误差"将是无法收拾的，所以通常会在各前道工序采取相比搭载更严格的精度控制手段。搭载阶段的精度既依赖于前面各道工序对标准的控制成果，又不能完全按照前面的实际结果来操作，这是由搭载阶段施工的特点所致。因此，搭载控制必须注意以下几个方面：

①搭载达到的目标是整个船体的完整建造，而其完整性不仅依赖于船体建造，同时也需要其他各工种作业均要符合质量标准才能得到满意的结果。

②船体搭载作业方式与部件、分段建造完全不同，部件、分段精度控制的过程与方法可以随着施工阶段采取相应的措施，而在搭载阶段对一些精度偏差的处理方式就不那么容易了，许多时候只能以"就事论事"的方式来解决。

③以精度控制本身而言,搭载阶段是全方位的空间精度控制,对人员的技能要求相对较高,对仪器功能的应用能力相比分段测量要求较高,某一个总段或分段的定位精度控制必须考虑对后面分段或其他工种的影响,如分段的正造与反造、相邻分段的偏差值不一致、尾部分段的定位精度对舵轴系拉线照光、顶边舱定位对舱口围的影响等均需要经过现场分析处理才能保证精度偏差范围不致"超差"。

④工艺工法、工装设备等对船坞搭载也会造成相当大的制约,特别是大型龙门吊的使用对总段定位的时间提出了更高的要求。

⑤对标准的理解程度也是搭载阶段难以掌控的重要课题之一,哪些部位以哪个测量基准作为参照,以哪一条质量标准来评定可以满足船体建造规范要求,对每一种船型都应以工艺文件分别加以明确。

鉴于搭载精度控制的特殊性,我们以施工的难易程度及船体建造本身的重点进行分层分级管理,以散货船、油船为例,应将涉及舵轴系、锚系、舱口部位的分段作为搭载精度控制的第一层次。以集装箱船舶为例,更要以能满足装载系统的精度为重要控制内容,对于其他搭载施工内容可列为相对次要的地位,因为这些内容对后续工作的影响程度较小。

图 5-2 是尾部总段精度控制内容示意图,在进行船体搭载时不仅要考虑到船体本身的精度标准,更需要兼顾到轴系长、轴中心线水平、舵中心线垂直度、舵轴线相交度、舵钮高度、轴孔舵孔的对中等,只有在综合分析这些定位数据,并使其能符合精度基准的情况下才能进行下一过程的施工。

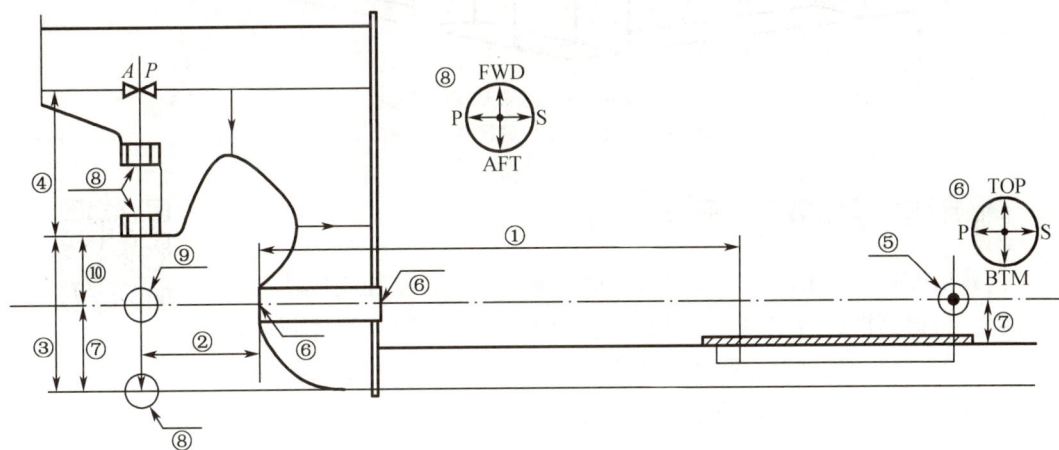

①~⑩—尾部总段精度控制尺寸。

图 5-2 尾部总段精度控制内容

图 5-3 是散货船货舱区总段搭载示意图,在搭载时重点需要考虑的内容为:高度、甲板水平、左右舷同步、舱口开口尺寸等,考虑这些定位数据的前提是所取基准点的统一。

在实际施工中通常采用以内底中心线上的某一点为依据的做法,但该基准必定会有偏差,正确的做法是先修正内底中心线,然后确定以某肋位与中心线的交点,还需核实该点与船体参考基线的高度修正量,通过这些操作才能得到正确的基准点,以这个点为依据后续的各项搭载过程才能保证符合精度标准。

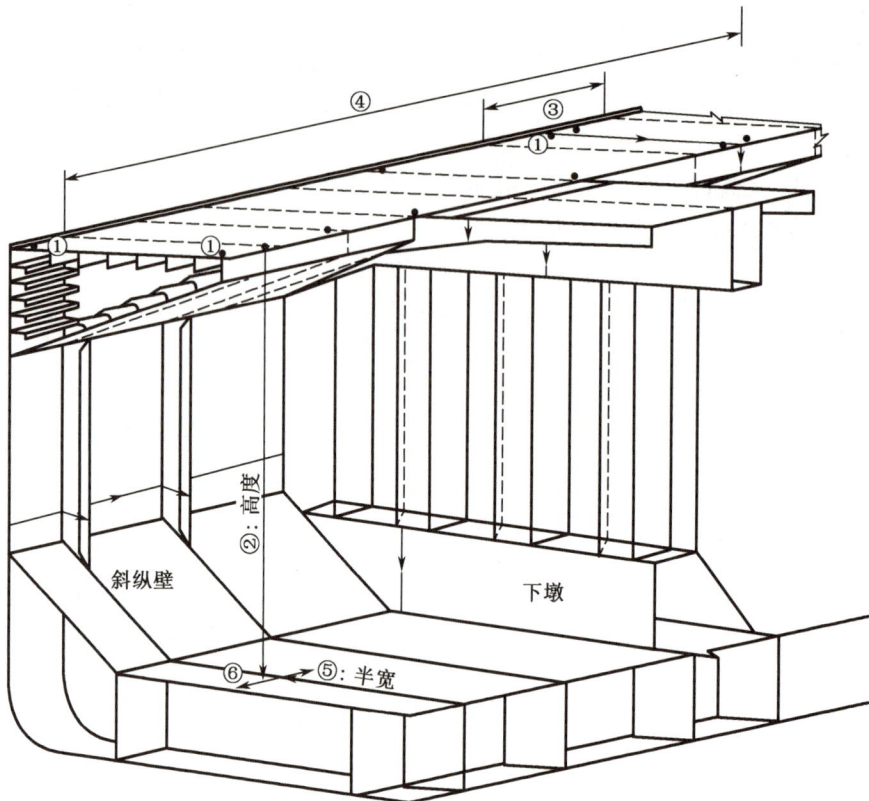

①~⑥—货舱区总段搭载精度控制尺寸。

图 5-3　散货船货舱区总段搭载

四、典型分段搭载分析基准

搭载精度控制的成功与否是考量前面各施工阶段精度控制成功与否的过程。为提高搭载精度，缩短船台建造周期，要求从部件、组件制造直至分段完工，再到船台搭载，做到基准统一。分段的管理点与对应的实物分段的测定点相互间不一致的情况经常发生，为了进行设计点和管理点偏差分析，必须将管理点与测定点连接。根据典型分段的特点，可以规定 3 个重要测定点为分析基准，由 3 点构成坐标系，点 1 为原点，剩余的测量点会根据形成的轴自动变换坐标，与管理点连接，自动进行偏差分析，点 1 为优先保证点，不允许修正。

典型分段搭载
分析基准

1. 双层底分段

双层底分段一般由内外底板、纵向桁材和骨材及横向肋板组成，如图 5-4 所示。建造方法一般以内底板为基面反造、外板反扣，装焊定位后，外场翻身，然后外板内部构架焊接。

分析基准：中龙筋与内底板首尾端部交点 1 为主，任取一靠近大接头纵骨与内底交点 2 为辅助点。

注意事项：

①中龙筋与内底板首尾端部交点 1 为测量原点(0,0,0)，点 2 与点 1 连线作为 Y 轴，点

3 与点 1 连线作为 X 轴,所测定的点将自动按照分析基准生成的坐标系显示坐标。

②建造工艺要求:拼板时肋骨检验线、板端部对合线为准,误差≤1 mm。纵骨、纵桁以对合线为准安装,误差≤1 mm。

③中组立时分段精度要求:主尺度误差≤±4 mm,方正度误差≤4 mm,扭曲度误差≤10 mm。

④大组立时分段搭载精度要求:内外底板垂直度误差≤5 mm,水平度误差≤±4 mm,扭曲度误差≤10 mm。

2.顶边舱分段

顶边舱分段一般由甲板、斜底板、舱口纵桁、部分舷侧外板及纵横骨架组成。顶边舱一般采用纵骨架式结构,横向设有强框架以支持纵骨,如图 5-5 所示。建造方法一般分别制成舷侧、甲板、斜顶板片体组件,然后以甲板片体组件为基面,装焊斜顶板片体组件,最后以舷侧片体组件为基面,装焊由甲板、斜顶板合拢后的组合分段,形成完整的顶边舱分段。

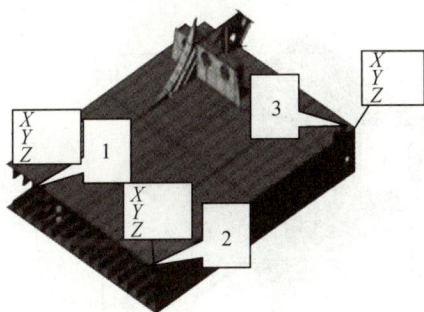

X、Y、Z—测定点三向坐标。

图 5-4　双层底分段及分析基准的选取

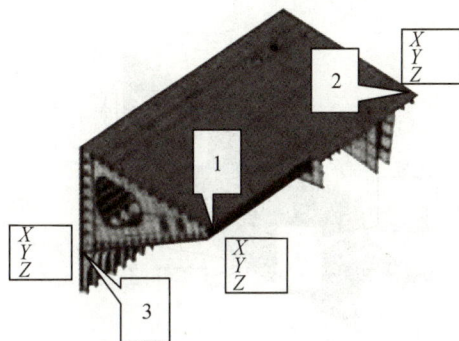

X、Y、Z—测定点三向坐标。

图 5-5　顶边舱分段及分析基准的选取

分析基准:甲板与直剖线首尾端部的交点 1 为主,外板与斜板端部交点 3 为辅助点。

注意事项:

①甲板与直剖线首尾端部的交点 1 为测量原点(0,0,0),点 2 与点 1 的连线所在平面为 X 轴所在平面,Z 轴方向始终以全站仪的垂直方向为准。测定的点将自动按照先前分析基准生成的坐标系显示坐标。

②分段建造工艺要求:拼板时肋骨检验线、板端部对合线为准,误差≤1 mm。纵骨、纵桁以对合线为准安装,误差≤1 mm。

③中组立时分段精度要求:主尺度误差≤±4 mm,方正度误差≤4 mm,扭曲度误差≤10 mm。

④大组立时分段搭载精度要求:内外底板垂直度误差≤5 mm,水平度误差≤±4 mm,扭曲度误差≤10 mm。

3.底边舱分段

底边舱由斜顶板、旁底桁及舷部外板围成。底边舱的底部和舷侧一般也是纵骨架式,其舷部区域多设计成横骨架式,如图 5-6 所示。建造方法一般以斜板为基面反造,采用外板反贴进行装焊定位,然后吊离胎架,翻身后焊接。

分析基准:斜板与外板端部交点 1 为主,FR(水密隔舱优先)与斜板或外板任取一交点

3 为辅助点。

注意事项：

①斜板与外板端部交点 1 和交点 2 所在平面为 Z 轴所在平面，Y 轴方向始终以全站仪的垂直方向为准。所测定的点将自动按照分析基准生成的坐标系显示坐标。

②分段建造工艺要求：拼板时肋骨检验线、板端部对合线为准，误差≤1 mm。纵骨、纵桁以对合线为准安装，误差≤1 mm。

③中组立时分段精度要求：主尺度误差≤±4 mm，方正度误差≤4 mm，扭曲度误差≤10 mm。

④大组立时分段搭载精度要求：内外底板垂直度误差≤5 mm，水平度误差≤±4 mm，扭曲度误差≤10 mm。

4. 甲板分段

甲板分段由甲板板、横梁、强横梁和甲板纵桁组成，如图 5-7 所示。建造方法一般以甲板为基面反造。

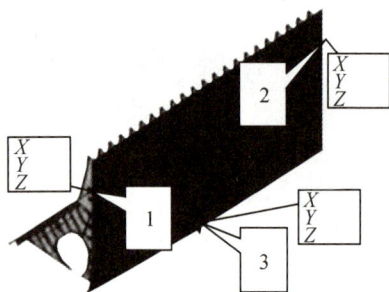

X、Y、Z—测定点三向坐标。

图 5-6　底边舱分段及分析基准的选取　　　图 5-7　甲板分段及分析基准的选取

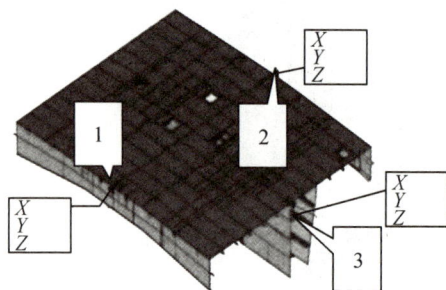

分析基准：首尾中心点 1、点 2 为主，水密隔舱甲板端部交点 3 为辅助点。

注意事项：

①首尾中心点 1、点 2 连线为 X 轴，与点 3 所处平面为 Y 所在平面，Z 轴方向始终以全站仪的垂直方向为准。所测定的点将自动按照先前生成的坐标系显示坐标。

②分段建造工艺要求：拼板时以肋位检验线、板端部对合线为准，误差≤1 mm。横梁、纵桁以对合线为准安装，误差≤1 mm。

③中组立时分段精度要求：主尺度误差≤±4 mm，方正度误差≤4 mm，扭曲度误差≤10 mm。

④大组立时分段搭载精度要求：内外底板垂直度误差≤5 mm，水平度误差≤±4 mm，扭曲度误差≤10 mm。

5. 其他特殊船体分段的搭载基准

一些特殊船体分段的搭载基准见表 5-2。

表 5-2　分段基准分析表

序号	区域	分段类型	分析基准
1	舭部区域		外板与甲板端部交点为主,中心点为辅助点
2	机舱区域		以首、尾中心两点为主,外板与平台端部交点取一点为辅助点
3	机舱区域		甲板面与下口中心两点为主,甲板面与纵舱壁端部交点取一点为辅助点

表 5-2（续 1）

序号	区域	分段类型	分析基准
4	机舱区域		以首、尾舱壁与外板交点为主，舱壁中心点为辅助点
5	机舱区域		以首、尾舱壁与外板交点为主，舱壁中心点为辅助点
6	双层底		中龙筋与内底板首、尾端部交点为主，任取一靠近大接头纵骨与内底交点为辅助点

表 5-2（续 2）

序号	区域	分段类型	分析基准
7	舷侧		建造过程中以斜板两端为基准点，外板上口与下口箱体水平偏差应控制在 10 mm 以内
8	上边水舱		甲板与 10000 直剖首、尾端部的交点为主，FR（水密隔舱优先）与斜板或甲板任取一交点为辅助点
9	上边水舱与舷侧总组		甲板与 10000 直剖首、尾端部的交点为主，外板与斜板端部交点为辅助点
10	下边水舱		斜板与外板端部交点为主，FR（水密隔舱优先）与斜板或外板任取一交点为辅助点

表 5-2（续 3）

序号	区域	分段类型	分析基准
11	货舱区域		斜板与外板端部交点为主，FR（水密隔舱优先）与斜板或外板任取一交点为辅助点
12	槽型		水密舱壁尖角、隔舱上口转角为主，下座墩艉斜板下口为辅助点
13	甲板分段		首、尾中心为主，水密隔舱甲板端部交点为辅助点
14	甲板分段		首、尾肋板与外板，平台板的交点为主，肋板（水密隔舱优先）与斜板下口任取一交点为辅助点

表 5-2(续 4)

序号	区域	分段类型	分析基准
15	槽型隔舱		上下口中心两点为主,平台板与舱壁端部交点取一点为辅助点
16	隔舱分段		FR(水密隔舱优先)与纵舱壁端部交点为主要基准点
17	甲板分段		甲板与纵舱壁首、尾端部交点为主,任取一 FR(水密隔舱优先)与纵舱壁下口交点为辅助点
18	船首区域		以首、尾中心两点为主,外板与平台端部交点取一点为辅助点

表 5-2(续5)

序号	区域	分段类型	分析基准
19	船首区域	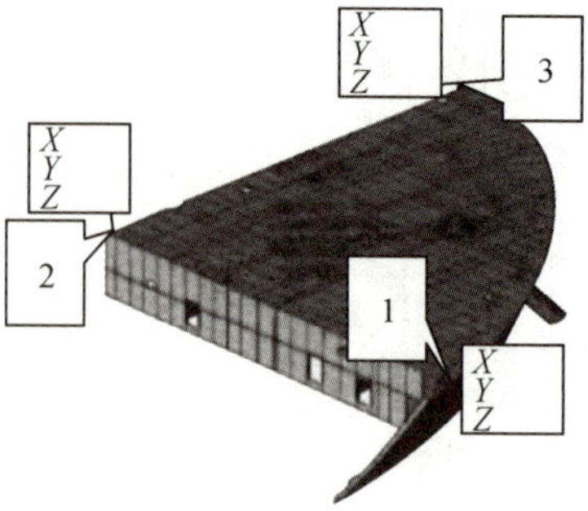	以舯舱壁与外板交点和舯舱壁中心点为主,首中心点为辅助点

【任务实施】

任务实施:船台模拟画线及精度检查;

任务要求:完成船台中心线、肋骨线绘制和标杆竖立;

场地:船舶建造工艺实训室或具有斜坡的地面;

工具:经纬仪、水平仪、标杆、线锤、直尺、卷尺、石笔等;

肋骨线:0.5 m,也可根据船舶尺寸自行定义,但应至少具有 3 根肋骨检验线;

标杆:应标刻 1 m,2 m,或根据场地条件自定义刻度,但至少应有 3 根;

精度要求:中心线平直度≤3 mm,肋骨检验线间距≤4 mm,标杆刻度≤3 mm。

船名			绘制人员		检查人员	
序号	项目	管理基准/mm	允许界限/mm	检验位置	检验数据	超差/mm
①	中心线					
②	肋骨线 1					
③	肋骨线 2					
④	肋骨线 3					
⑤	标杆					
	画线分析					

任务二　船坞搭载精度作业

【任务描述】

大型船舶主船体装配作业基本都是在船坞内进行的。船坞搭载是在船坞里将分段、总段及零部件进行组装形成主船体的装焊过程。搭载过程中受到吊装、焊接等因素影响，对于船舶的尺寸影响较大。为此，每道工序都要严格遵守精度管理规定，严格按照精度标准进行检测，约束合拢产生的较大变形。本任务以典型船舶合拢工艺为例，介绍船坞搭载过程的精度作业。

【知识准备】

一、数字化船坞

船舶在建造过程中，先以分段形式在车间等相关区域进行建造，经检测合格后吊运至船坞进行定位搭载。船坞作为瓶颈资源，其使用周期直接决定了船舶的生产周期。船舶搭载定位是造船过程中的重要阶段，如何提高搭载效率是每个船厂都在探索的问题。

船坞搭载准备

数字化船坞是一种新的船坞搭载定位理念，是对老的定位方式的改革，它是运用计算机系统建立的三维坐标系代替传统的船坞格子线，利用测量软件与全站仪配合使用的一种定位方式。其测量原理与平台总组数字化定位相通，但方式方法有所不同。由于船坞内分段的搭载定位基准点无法从原来已经到位的分段上选取。因此，必须在船坞边上安装固定的测量光靶，当坞较浅，所造船较大时，还需在坞外竖立标杆。在船台上造船，要在船台周边竖立若干标杆。

通过在船坞内画设若干沿坞长的平行线，如图5-8所示，在坞四周埋设可旋转的靶标（也称回转仪），在基准分段上选取若干管理点作为重点控制的位置，在基准分段吊运定位时可通过全站仪测量管理点，协助基准段的调平等，由于坞内画有线，坞壁装有回转仪，在测量部分点坐标的情况下，通过换算可得到其他管理点的坐标，大大地提高了测量效率。

基准分段定位后，通过测量管理基准点，记录下要参与对接的一端各点坐标，再测量将与基准分段对接的分段一端的各点坐标，将两者对接（通过软件完成），查看对接分段的水平度，垂直度等各参数，进而协助调整吊运分段姿态，当参数在允许范围内时，要对接的分段就可定位，进而帮助完成装配。图5-9所示为后续分段的定位。

数字化船坞还有许多应用，如当两船串造或并造，当一船下水，另一条没有完工的船要移位时，由于船坞放水，未完工的船舶将上浮，要将其移动到墩位上，由于墩位在水下，不可见，移位具有很大的风险，借助于数字化船坞，通过建立的船坞模型能够准确掌握墩位的位置、漂浮船舶或分段的坐标，进而能够准确搁墩。建立数字化船坞的好处是，现场测量的高效、便捷，数据处理的准确、及时，能为分段搭载节约宝贵时间。

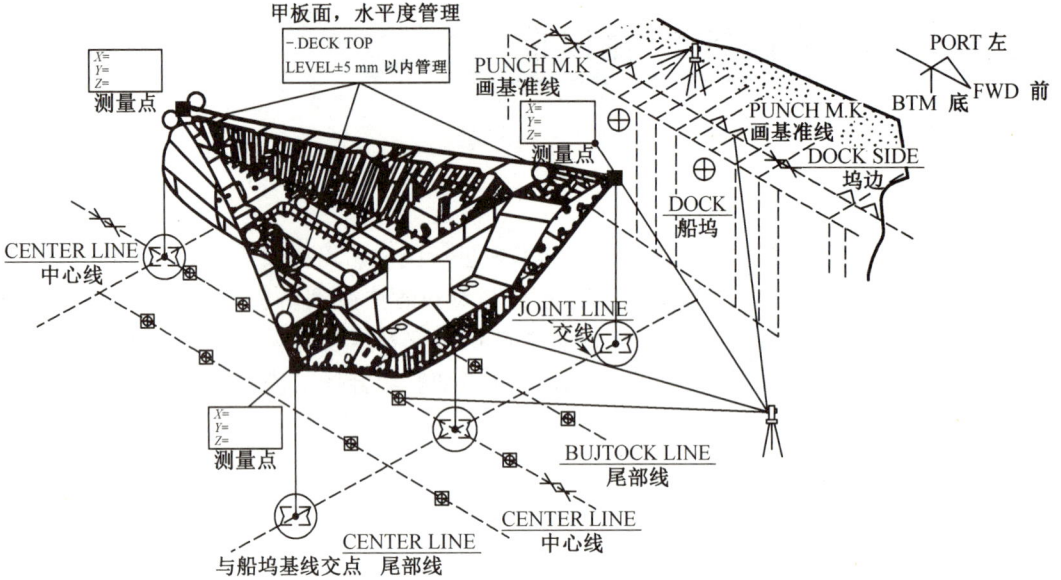

图 5-8　基准分段管理点的建立与测量

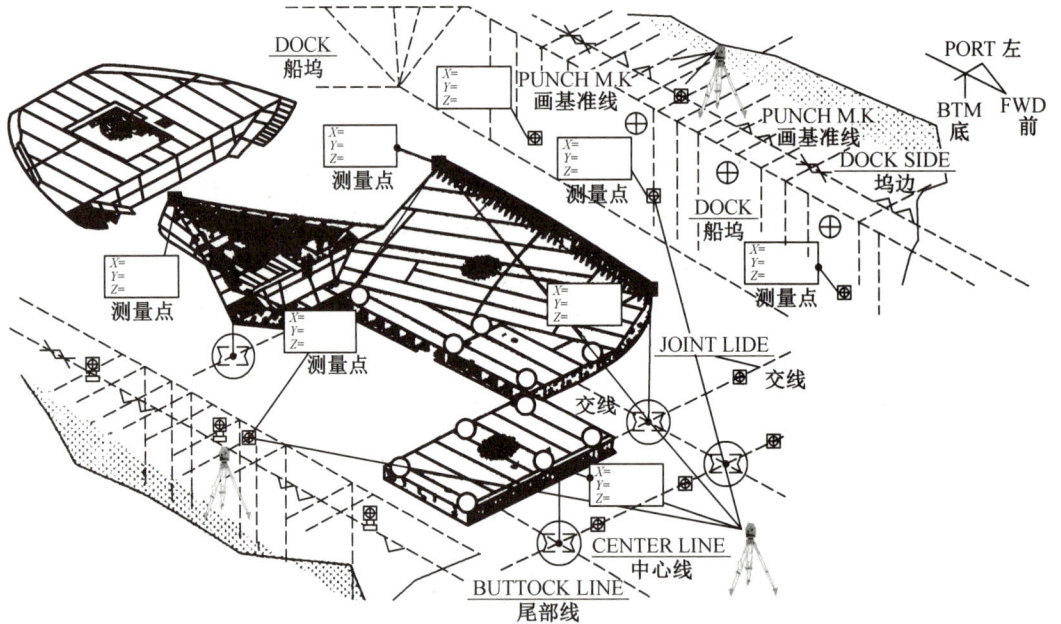

图 5-9　后续分段的搭载定位

二、船坞搭载的工艺流程

在分段搭载过程中，首先要进行船坞画线工作，只有画线工作精确，才能更好保证搭载精度。其次是根据船舶质量和支撑形状进行布墩，按照吊装顺序确定分段位置，按顺序进行吊装,确保吊装精确性。如图 5-10 所示为船坞搭载的工艺流程。

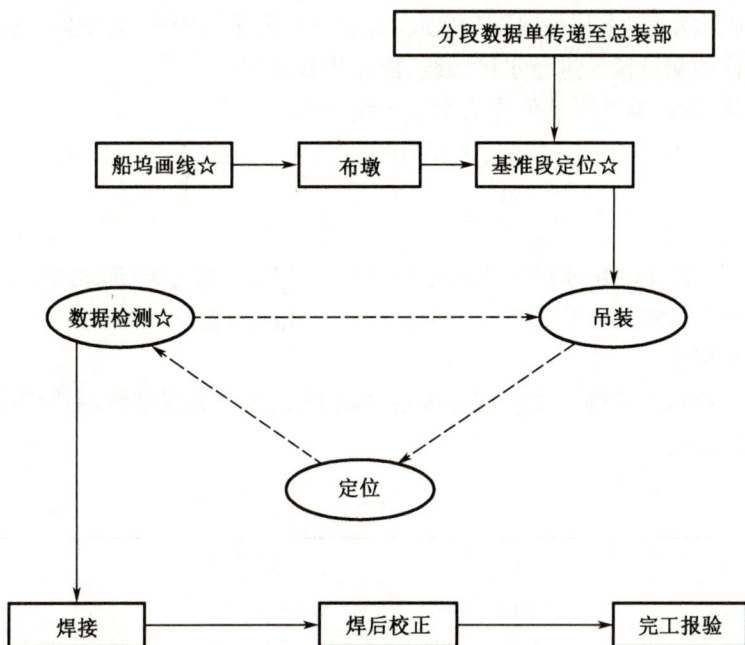

图 5-10 船坞搭载工艺流程图

三、船坞画线精度控制

船坞画线检测包括假定基线、中心线、半宽线、搭载接缝线,以及施工班组自检、互检等工作,合格后还需填写"报验单",提交质管部门进行报验。

1. 船坞画线准备工作

①船坞画线前,坞内必须清理干净,中心槽钢上原来的标杆及马脚应割除铲平。船坞中心槽钢必须平直,必须与船坞牢固连接,不能有松动现象。

②检查洋冲、漆笔、细记号笔、激光经纬仪等工具,两侧坞壁上测量标尺必须准确可靠。

③用激光经纬仪在船坞中心槽钢上画出船体中心线。

④在中心线上分别画出定位肋骨检验线。该肋骨检验线必须用一把经过计量校正后的长卷尺勘画,并按校正数据修正长度误差。

⑤画线时肋距须根据具体施工工艺和实际情况进行确定。如某船建造时采用:(尾~Fr11)750 mm、(Fr11~Fr35)800 mm、(Fr35~Fr251)860 mm、(Fr251~首)750 mm。

⑥在大接头处焊上不锈钢板,并将定位肋骨检验线、船坞中心线过到不锈钢板上,并用洋冲打上标记。在不锈钢板旁垂直于水平面竖立中心测量标杆。

⑦坞底到船底基线高度可暂定为 1 800 mm,用激光经纬仪照出船底中心线处基线高度,该基线向下驳 1 000 mm 为测量基准线,勘画于中心测量标杆上。

⑧在相关肋位处用激光经纬仪画出检验线,并做记号。

⑨根据本船半宽,用激光经纬仪画出半宽线,并做记号。在相关肋位处的两侧坞壁上布置测量标尺。

2. 水线测量画线

根据测量标杆（或两侧坞壁设立的标尺）上的各肋位高度值，推算出相应的肋位数值，用水平软管来画出水线、水尺位置，但必须注意船体有无中纵变形，其变形值应予以修正。

采用全站仪的测量仪器进行水尺画线，操作步骤如下：

①测量船体基线，取其平均值作为水尺水线的绘制基准；

②用"全站测绘仪"分别在艏部、中部和艉部以平均值为零点向上每隔200 mm绘制水尺，直至结束；

③安装水尺字母；

④以艏部、中部和艉部的水尺为依据用全站仪在空当处画制间断"延伸线"，敲上洋冲标记；

⑤用粉线把上述洋冲标记连接起来便完成了水线的绘制。

3. 船坞画线依据

船坞画线可根据船坞施工工艺与操作基准确定，表5-3是某船坞画线精度基准，表5-4是某船船底分段定位点。

表 5-3　船坞画线精度基准

项目	标准范围	允许极限	备注
中心线	±3.0 mm/100 m	±5.0 mm/100 m	
半宽线	±2.0 mm	±3.0 mm	
搭载接缝线	±2.0 mm	±3.0 mm	

表 5-4　船底分段定位点

大接头肋位	FR11+200	FR38+200	FR63-310	FR117+120
总段代号	101	201G	301G	303G
总段定位点	FR7+250	FR19	FR39	FR64
定位参考点	FR7+250 FR12	FR12 FR39	FR39 FR64	FR64 FR118
大接头肋位	FR170+410	FR226+130	FR251-200	
总段代号	307G	311G	315G	
总段定位点	FR118 FR169	FR225	FR250	
定位参考点	FR118 FR169	FR169 FR225	FR225 FR250	

4. 画线作业要求

（1）画线作业

①画线要保证其外观尺寸和对角线在理论数据范围内，同时须有相关的检验线，用以保证其直线度和坡口的尺寸，并确认主板的尺寸。

②必须进行基准线施工（100M.K），对于合拢时的肋检线等须敲上洋冲。

③弹线不宜过粗、过长，对于较粗的画线要及时修改。

④画线结束后必须有精度人员对其尺寸进行复核使其在理论允许的误差范围内。做

好数据记录,以备焊接收缩数据的积累。

⑤当画线完毕检验合格后,施工单位方可继续施工。

⑥在结构安装时,施工单位应按线进行作业,若发现问题应及时反馈,不得隐瞒或自行处理。

(2)控制余量画线精度

①本船货舱区域底部及舷侧分段实施无余量制造,分段的前后两端及纵向接缝不加放余量(仅加放焊接收缩量),施工车间及检验部门应引起足够重视,严格按工艺进行制作,确保分段满足精度要求。

②本船除舱口围和上建总段下口外全部实行无余量合拢。画线工作是分段建造过程中所有装配工作的基础。因此,控制无余量画线精度是保证分段制作精度和分段合拢顺利进行的前提。

③画线之前,画线人员应仔细研究图纸和有关资料,掌握分段的各种关键尺寸和曲形外板的胎架数据,并根据余量处理方案中的有关规定,考虑各个方向上补偿的加放,在画线时严格控制主要尺寸的精度,保证各主要尺寸的误差在标准公差要求的范围之内。

④所有分段的画线工作均需有自检和互检,检验合格后方可装配构件。检验员在验收时除了结构线外,还应控制余量加放值和余量处理方案规定的网格线和检查线,以便及时发现漏做的线。

四、布墩精度控制

船坞布墩检测通常由船厂专门从事精度管理的画线人员负责画线,总装部负责施工,精度管理部门负责监督。

布墩精度控制首先要熟悉船体底部结构图和船台布墩图及有关施工工艺要领,在船台基面勘画出船台中心线和假定中心线、水底段大接头位置线和区域基准分段肋检线、所有布墩位置线,在船体外形轮廓线的外侧首、中、尾两侧适当位置设置永久性标杆(可以借助于坞墙),将所确定的基线高度位置线用激光经纬仪勘画其上,并反复校核无误,并根据船底板厚情况,将主要几种板厚差以基线向下量取勘画,并用洋冲或漆线标记,且附文字说明。

通常,要先检查上道工序施工的水底分段,分段水底平整度误差应≤±4 mm 方可接收。水底定位分段应对准中心线(误差应≤2 mm),四角水平误差应≤±3 mm,并对称加设斜撑与地龙固定。设计时通常根据船体结构形式和分段划分及大于船舶总质量一定系数(船体所有结构、设备、设施和施工中所需的所有辅助性设备、设施在内的质量)的估算吨位为依据,绘制船台布墩图,如图 5-11 所示。其中,图 5-11(a)是某船建造时的墩木布置局部图;图 5-11(b)是平行中体底部墩木布置;图 5-11(c)是艏部线形图墩木布置;图 5-11(d)是艉部线形图墩木布置位置。

船台布墩应考虑结构形式,布墩应避开舱室放泄塞、外板标记等位置,对于机舱区域、龙骨和舷侧区域、货舱近首下水前需压载区域、艏部瘦狭区域均要加密布墩。

按布墩图将所有水底相对平直部位的墩子一次性设置完毕。在中心的龙骨位置每隔5~10 m 和两舷边适当位置设置一些矮标杆,用激光经纬仪上所确定的基线(含板厚线)分别勘画其上并校核。根据原则工艺确定的方案,按型值用激光经纬仪测量并调整船台墩高度的准确性,上口加垫厚度基本一致的硬质木板,墩基要踏实和平稳,上口高度误差≤±3 mm(考虑如加放反变形量和水底板的板厚差数值),在中心的矮标杆或两侧的永久标杆勘画出龙骨检验线,做好记录经自检报专检验收确认。

加厚滑板处布置

滑板上墩木布置

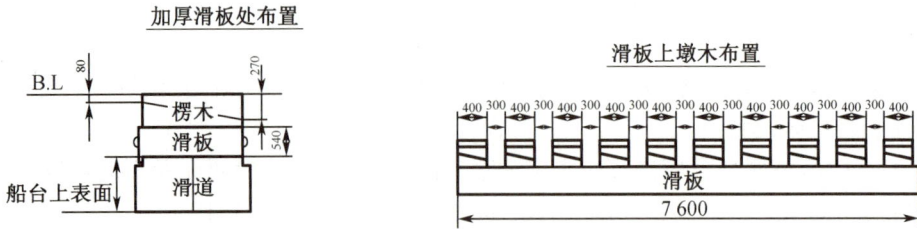

(a) 墩木布置局部图

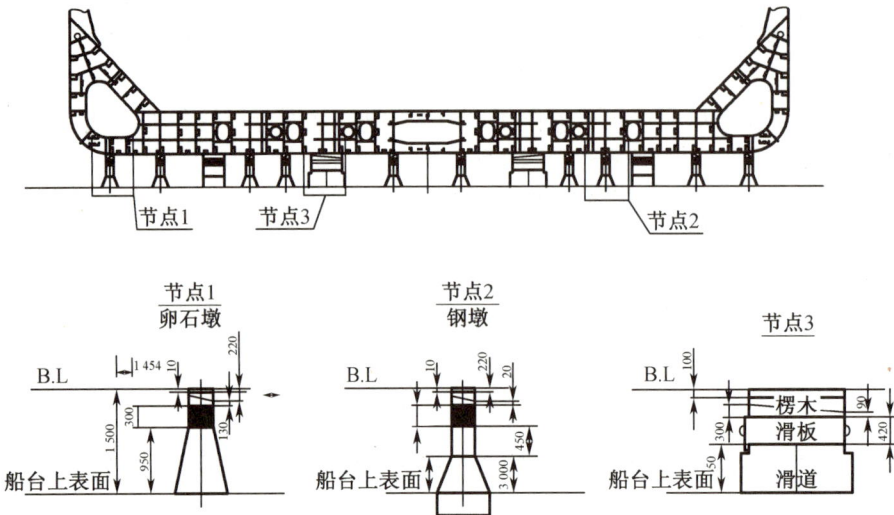

节点1
卵石墩

节点2
钢墩

节点3

(b) 平行中体底部墩木布置

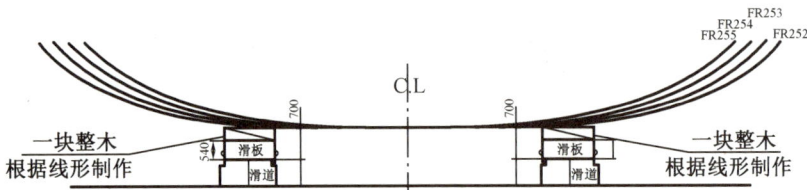

(c) 艏部线形墩木布置

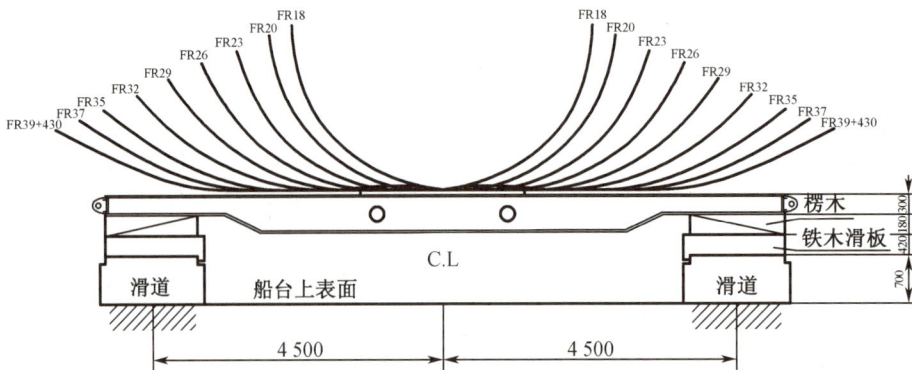

(d) 艉部线形图墩木布置

图 5-11　船台布墩图

五、基准段定位精度控制

基准段定位检测通常由施工人员按搭载定位基准进行施工,自检、互检合格后填写《搭载定位检测记录表》,并由精度管理员进行专检。

1. 底部分段大合拢

(1)底部分段定位

底部分段定位时,应首先确定定位肋骨检验线(基准肋位),保证使横向大接头与船台(船坞)中心角尺线完全平行,然后尽量保证使外底中心线与船台(船坞)中心线重合,分段定位点要与相应的基准肋位一致,保证定位高度并测量船底四角水平,然后将定位分段用拉条交错固定在船台(船坞)预埋件,左右前后拉平,楞木打紧,复验船底四角水平。

其他底部分段定位时,一端与先上船台的相邻分段的中心线和高度保持一致,另一自由端中心线和船台中心线一致。定位时应检测与控制定位点的位置,同时控制相邻横舱壁对应的肋板之间的距离。

每增加一个底部大合拢分段都要按测量表格的要求检测分段定位点和船底基线的实际状态,并做好记录,以确保底部后续分段的顺利吊装。

(2)允许偏差

底部分段大合拢时,底部分段中心与船台(船坞)中心允许偏差为±3 mm;分段四角水平允许偏差为±8 mm;大接头肋距允许偏差为±10 mm。

2. 横舱壁分段大合拢

(1)横舱壁分段大合拢准备工作

横舱壁分段吊装前应以船台(船坞)中心线为基准进行内底中心线修正。在内底板上开出船体中心线,在底部分段接通且分段焊接完毕后才可进行中心线修正工作。修正的中心线应以船台(船坞)中心线为基准,用吊线锤或激光经纬仪将船台(船坞)中心线驳到内底板非构架面。

(2)横舱壁定位要点

①前后位置:横舱壁定位时保证舱壁间距,其误差≤5 mm,舱壁吊装前,在底部分段的横舱壁位置处首尾设置定位马,防止滑移以保证施工安全,同时应保证横舱壁分段的前后舱壁与底部分段相应的肋板位置保持一致。

②左右水平:四角水平。

③中心位置:下口中心对准船体中心线,调整至左右水平,必须用激光经纬仪复验上口中心线。

④高度:依据主甲板(中心线处甲板理论线距基线20 700 mm)高度定位(横舱壁分段吊装前应测量船底基线下沉情况,包括舱壁处)。

⑤垂直度:一道舱壁至少用5点位置(中心、左右6.0 m、左右12.0 m处)。

横舱壁分段应等相邻舷侧分段焊接后焊接,焊接时应注意舱壁中心、左右水平,垂直度若有变化,应及时反馈并修正焊接程序。横舱壁分段焊前焊后应检测相邻横舱壁之间的距离,其偏差不得大于5 mm。

(3)允许偏差

横舱壁分段大合拢时,货舱横舱壁中心线对船体中心线允许偏差为±3 mm;垂直度允许偏差为≤5 mm;高度允许偏差为±3 mm(尽量不做负公差);左右水平允许偏差为±4 mm;两横舱壁间距允许偏差为±5 mm。

3. 舷侧分段大合拢

（1）舷侧分段定位要点

①使分段定位肋骨线对准底部分段相应的定位肋骨线，同时校验舱口尺度及舱壁的前后尺寸，以此作为前后位置定位的基准。

②用水平软管（或激光经纬仪）调整分段上水线的倾斜度使之与基线相一致。

③在分段两端的肋骨线和甲板边线相交处悬吊线锤检验其型宽。

④测量其下口余量情况，固定分段，以待焊接。

⑤对外倾较大的舷侧分段，定位时应设临时支撑。

为保证装配精度，应设置保证纵壁距船体中心线尺度的拉撑大梁。在对应的横舱壁装配完工后再进行舷侧分段的焊接。

（2）允许偏差

舷侧分段大合拢时，肋位允许偏差为±5 mm；高度允许偏差为±5 mm（尽量不做负公差）；纵壁距船体中心线允许偏差为±3 mm（尽量不做负公差）；纵壁垂直度允许偏差为≤5 mm；前后水平允许偏差为±5 mm；左右水平允许偏差为±3 mm。

4. 机舱区域分段大合拢

（1）机舱区域分段定位要求

机舱区域分段定位时，应严格控制主机座纵桁（面板）中心线，保证定位点的正确及左右舷肋位的一致，并保证四角水平。为保证分段定位后的稳定性，不因楞木和其他因素造成分段下沉移位而影响其他分段的定位，应特别注意船底楞木要敲紧，同时加设适当硬支撑以防船底基线下沉。

机舱分段（包括首、尾分段）吊装前应先吊入相应的进舱件，避免开不必要的工艺孔。其他分段定位时，应保证平台板（主甲板）中心线与底分段中心线一致，控制横向位置保证分段外板与相邻分段外板接顺，控制平台（主甲板）高度和四角水平。相邻分段应待主机等主要机舱设备吊装定位后再合拢。

（2）允许偏差

机舱区域分段大合拢时，主机座纵桁面板与船台中心线允许偏差为±3 mm；平台和甲板中心线与船台中心线允许偏差为±3 mm；甲板（平台）高度允许偏差为±5 mm；肋位允许偏差为±5 mm；甲板（平台）四角水平允许偏差为±8 mm；大接头肋距允许偏差为±10 mm；主机座纵桁面板四角水平允许偏差为±5 mm。

5. 艉部分段大合拢

（1）艉部分段大合拢定位要求

艉部分段定位时，须在分段吊装前应预先设置楞木，严格按精度要求控制艉轴中心线的精确位置。分段吊上船台（船坞）前，应在相应舱壁上找出轴中心线投影点，做好轴中心拉线架子，竖立型钢拉线架子，并确定艉轴中心线投影点。

艉部分段按常规基本到位后，进行轴系照光，拉出艉轴中心钢丝，根据此中心钢丝调整后艉轴铸钢件前后两个端面内孔上、下、左、右位置至符合轴系安装要求。分段定位结束后，应在壳板外侧装焊定位马，分段焊接时采用对称焊接，先焊接构架再焊接外板。施焊过程中应随时检测轴孔中心偏差，并及时反馈，以便采取妥善的工艺措施。

（2）允许偏差

艉部分段大合拢时，舵轴孔中心线与船台中心线允许偏差为±3 mm；舵轴孔中心线高度允许偏差为±3 mm；前后舵轴孔中心线允许偏差为±3 mm；平台四角水平允许偏差为±8 mm；平台高度允许偏差为±5 mm。

6. 艏部分段大合拢

（1）艏部分段大合拢定位要求

艏部分段定位时，须在强肋板（强肋骨）处设置必要的临时支撑，严格按精度要求控制肋位精确位置，分段中心线（甲板中心线）和船台（船坞）中心线一致，控制各层甲板（平台）的横向水平和高度。力求外板接顺，确保艏柱线型光顺。

（2）允许偏差

艏部分段大合拢时，甲板中心线（分段中心线）与船台中心允许偏差为±3 mm；甲板间高度允许偏差为±5 mm；甲板（平台）四角水平允许偏差为±6 mm；大接头肋距允许偏差为±10 mm；首端点与船台中心线偏差≤10 mm。

7. 上层建筑大合拢

（1）上层建筑大合拢定位要求

为减少船台（船坞）合拢周期、提高分段完整性，本船上层建筑实行中合拢工艺，根据船台起吊能力，采取相应总组方案。分段吊装前应检查封舱件的到位状态。应将桥楼甲板外档、罗经甲板外档及所有的栏杆和雷达桅预装上。所有分段定位时应控制肋位正确，甲板四角水平及层高符合要求，甲板中心线对齐。甲板层高要求为正公差+5 mm～+8 mm。

（2）允许偏差

上层建筑大合拢时，中心线允许偏差为±3 mm；上下层壁板构件错位 $1/3t$（t 为较薄板厚度）；四角水平允许偏差为±8 mm；层高允许偏差为+8 mm。

8. 其他

总段/分段定位数据检测通常由施工人员按"搭载定位基准"施工，自检、互检合格后填写《搭载定位检测记录表》，通知精度管理员进行专项检查。

六、完工精度数据分析与管理

1. 大合拢测量

分段定位安装后的交货测量，根据常规制定《大合拢测表格》实施。船底基线挠度的测量，按《船底中心线挠度测量记录表》实施，其测量时间和要求如下：

①底部每增一只分段或内底修改中心线前，都应对已上船台的所有底部分段进行复查。

②舱壁或舷侧分段定位时，测定相应的分段基线。

③密试前、密试后以及拉轴线前与画水尺前均应测定相应的分段基线。

④船体外底中心线挠度测量应经常性定期实施，并认真做好测量记录，测量点位于分段大合拢前后肋位。

⑤大合拢完成后需进行完工测量，通常需要测量总长、型宽、型深、船体基线挠度等基准尺寸。为保证测量准确性，测量工作尽可能在早晚或阴天进行。

2. 搭载定位精度基准

搭载定位精度可依据表5-5。

表 5-5　搭载定位精度基准

项目		标准范围/mm	允许极限/mm	备注
中心线	双层底分段与船台	≤3.0	≤3.0	
	甲板、平台、横舱壁与双层底	≤5.0	≤5.0	
	首尾端点与船台	<0.1%h	<0.15%h	h 为首尾端点处高度
	上层建筑与甲板	≤4.0	≤5.0	
	上舵承中心线与船台中心线	≤4.0	≤5.0	
	艉轴孔中心与船台中心线	≤4.0	≤5.0	
水平度	底部、平台、甲板四角水平	±4.0	±5.0	
	舱壁左右(前后)水平	±4.0	±5.0	
	舷侧分段前后水平	±3.0	±5.0	
	上层建筑四角水平	±6.0	±8.0	
定位高度	舱壁	±3.0	±5.0	
	舷侧分段	±3.0	±5.0	
	上层建筑	+6.0	+8.0	
分段接缝处肋距		±5.0	±5.0	
舱壁垂直度		<0.1%h 且<10.0	<0.12%h 且<12.0	h 为舱壁高度

3. 数据反馈和管理

全船搭载完工后,需对单船搭载数据进行统筹和统计,输出以下数据、图表和说明:

①对全船搭载进行区域划分,划分为首部区域、货舱区域、机舱区域、尾部区域、上层建筑区域和舱口围。

②各个技术参数实测数据与理论数据误差"点"型分布图及说明。

③焊接收缩量分布图及平均值。

在以上基础统计的前提下,再对统筹和统计结果进行系统性分析,输出以下数据、图表和说明:

①上述统筹、统计和基本分析的科学性。

②在施工过程中是否有非常规事故发生而影响统计和分析结论。

③设计中是否存在因工艺设计而导致数据非标准偏差。

④工艺改进和工程管理改善的意见等。

以上统筹、统计和分析要形成书面材料,作为优化设计和管理的基础,该材料连同《搭载定位检测记录表》(表 5-6),要求永久保存。

表 5-6　搭载定位检测记录表

船号：　　　　　　　　　　　　总段：　　　　　　　　　　施工单位：

项目	部位	首左	首右	尾左	尾右
甲板/平台水平	自检				
	精管员				
	质管部				

项目	部位	首		尾	
中心线	自检				
	精管员				
	质管部				

项目	项目	宽度				高度			
主尺度	部位	左首	左尾	右首	右尾	左首	左尾	右首	右尾
	自检								
	精管员								
	质管部								

项目	部位	左首上	左首下	右首上	右首下	左尾上	左尾下	右尾上	右尾下
同面度	自检								
	精管员								
	质管部								

自检/日期：	互检/日期：
精度管理办公室：	质管部：

【任务实施】

任务实施：模拟布墩；

任务要求：根据某船舶布墩图,完成船坞中心线、纵桁材、肋骨检验线绘制和墩位布置；

场地：船舶建造工艺实训室或具有平直地面的场所；

工具：经纬仪、水平仪、标杆、线锤、直尺、石笔等；

肋骨线：0.5 m,也可根据船舶尺寸自行定义,但应至少具有 3 根肋骨检验线；

纵桁材线：居中 2 m 各 1 条,也可根据场地自行定义,不少于 2 条；

标杆：应标刻 1 m,2 m,也可根据场地自行定义,但至少应有 3 根；

精度要求：中心线平直度 ≤ 3 mm,肋骨检验线间距 ≤ 4 mm,标杆刻度 ≤ 3 mm,墩位偏差 ≤ 3 mm。

船名				绘制人员			检查人员	
序号	项目	管理基准/mm	允许界限/mm		检验位置		检验数据	超差/mm
①	中心线							
②	肋骨线1							
③	肋骨线2							
④	肋骨线3							
⑤	标杆							
⑥	布墩							
画线与布墩分析								

任务三　装焊作业与主尺度精度检验

【任务描述】

　　船体分段在经过前续装配定位后，下一道工序就是分段对接装焊。分段合拢是船体建造的最后一道工序，也是最重要的工艺阶段之一，装配完成后就形成一条整船。如果船舶分段划分得小，分段就多，对接缝也就多。合理的装焊工艺和焊接顺序能够减小焊接变形，应尽量保证装配的精度，确保船舶的主要尺度，减少合拢的修正量。本任务主要分析分段装焊作业过程以及主尺度精度检查。

【知识准备】

一、装焊作业

　　在船舶建造过程中，分段装配完成后将进行装焊作业，合理的焊接顺序能使焊接时热量均匀分布，减小焊接变形。

装焊作业

　　1. 制定工序公差

　　从分段制造完工到船台合拢前，需经过船台画线、分段测量与画线、余量切割、坡口准备、分段翻身吊运、分段上船台定位等多道工序。由于人员、设备、操作方法、墩木变形计温差、气候等影响，在各工艺阶段都存在工序误差。通过多次测量和记录，分析总结以往装配经验，制定出最佳的作业公差和工艺措施，以减少误差的累计，保证船台合拢具有合适的间隙。如国内某企业制定了船台画线的公差如下：

　　船长：±5 mm。

　　船体中心、半宽基准线与仪器视准轴的左右差：±1.5 mm。

　　十字相交线的角度差：±2°。

　　半宽基准线相对船台中心线的尺寸差：±2 mm。

线条粗细：≤1 mm。

2. 制定温度补偿量

分段的制造与测量可能是在内场进行的，而分段的合拢是在外场进行的，因此画线、测量可能受温度、天气等的影响，分段在胎架上画线时，应按预定的合拢时间投放一定量的温度补偿。

为掌握温差对分段合拢的影响，国内某船厂以夏季晴朗天气底部分段合拢为对象，组织多次测量了一天中不同时间里的变化情况，进而找到了当内底拉倒标准间隙后，大多数外底间隙总是大于内底，有的分段间隙已超过公差范围的规律。分段内底、外底受温度影响的记录见表5-7。

表5-7 内外底不同时间段的测量变化数据

序号	测量时间	内底长度变化/mm	外底长度变化/mm
1	8:50	0	0
2	9:50	+2	0
3	10:50	+5	+2
4	11:50	+8	+4
5	12:50	+8	+5
6	13:50	+8	+5.5
7	14:50	+8	+6
8	15:50	+8	+5.5
9	16:50	+7	+4.5

由表5-7可以看出，内外底受到温度影响而发生长度变化，在白天，内底长度始终长于外底，中午差值较大；内外底在夏季都有延伸的趋势，由于伸长量不同，必然造成底部分段纵向弯曲变形；掌握到这些规律后就可在实践中消除温度变化的影响，为了在一个工作日内完成两个分段的合拢，一般船舶制造企业会把分段的合拢安排在早晨进行，这样在早晨时将两个分段定位，到中午时钉焊外底，而这时正是内外底变化值最大的时候，因此，必须在分段画线时将温度变化对分段伸长的影响考虑在内，给外底做以适当补偿。

3. 反变形补偿

在船台上船体主尺度的变形趋势是尺寸的缩短。船体的变形趋势一般是前后（首尾）上翘，而龙骨底向下挠曲。造成上述船体变形的主要原因是：

①船体结构中和轴偏于船底，焊后的不均匀收缩使得船中有向下凹曲的趋势。

②位于船体中和轴以上的甲板及上层建筑的板材较薄，焊接产生较大的变形后，一般需要进行较大面积的火工矫正工作，这将增加附加收缩而增加船体前后部分上翘。

③船体中间较重，而首尾较轻，这将引起船台基础对应的弹性变形，其趋势也是船底龙骨向下挠曲。

针对船体焊后的变形趋势，在船体结构或分段加放相应的反变形量。采用对龙骨底线进行反变形的措施，一般是由定位分段向船体首、尾逐渐由小到大加放反变形量，逐段确定反变形后以光顺曲线做出。对于船体的焊接收缩变形，一般在每挡肋位加放 1~2 mm 的焊接收缩补偿来抵消。

4. 装配精度检查

分段装焊作业完成后，要测量分段精度，主要测量分段的长度、宽度、垂直度和水平度等，并与允许基准相比，判断是否需修正。如在倾斜船台上进行合拢，测量时要考虑船台坡度的影响。底部分段合拢测量表见表5-8。

表5-8　底部分段合拢测量表

船舶名			测量人员		测量场地	
分段名			测量日期		测量时间	
项目	肋骨位置			参考基准/mm	测量值/mm	
					焊前	焊后
定位点	F			±4		
中心点	F			±1		
基线高	F			±4		
	F					
大接头肋距 F-F	左		上	±25~-20		
			下			
	中		上			
			下			
	右		上			
			下			
长度				±6	分段1：	
					分段2：	
宽度				±6	分段1：	
					分段2：	
水平度						

二、主尺度精度作业

船舶主尺度对船舶排水量、浮性、稳性、舱容等性能都有影响，在船舶建造合同中对船舶主尺度有明确的规定，除在分段建造过程中，要控制好分段的长、宽、高外，在完工过程中，尤其是在最后要搭载的分段或总段中，通过测量，掌握总段尺度，对于控制整船尺度具有很大帮助。

主尺度精度作业

船体建造完工后，在下水前需对船体的主要尺度进行一次测量，测量的内容有长度，包括总

长和垂线间长,型深、型宽、船底纵向挠曲度、艏艉端高度与艏艉柱中心线等,如图5-12所示。

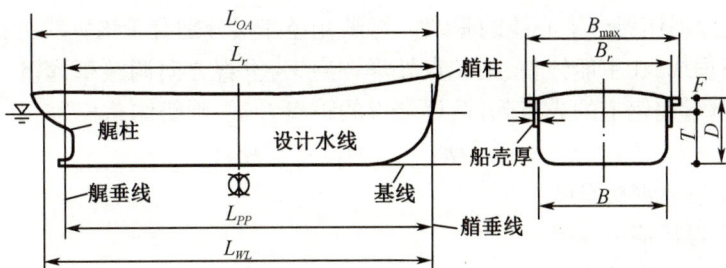

图 5-12　船舶主尺度

1. 船体长度的测量

船体长度主要测量船体总长和垂线间长,以测量总长为例说明。

(1) 在水平船台上用线锤及卷尺测量船体总长

在船尾端吊线锤,在船台中心线上得 A',在船首端吊线锤,在船台中心线上得 B';C、D 为船台船长画线的尾止点和首止点,分别测量 A'、B' 和 C、D 的距离得 $A'C$ 和 $B'D$,如图5-13所示。

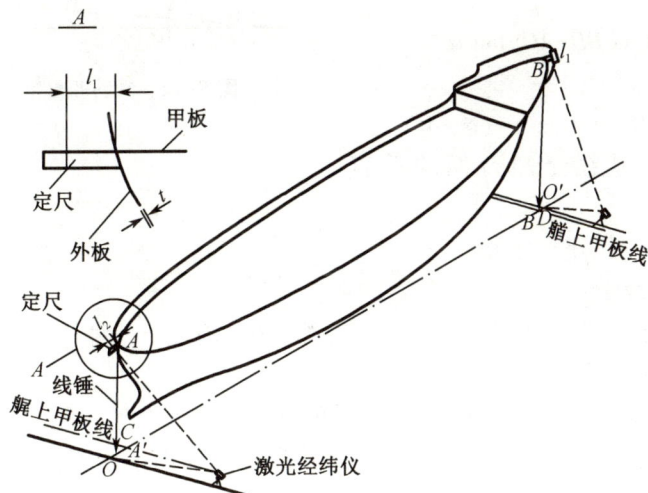

图 5-13　船体长度的测量

若 A'、B' 两点在 CD 之内,则船体总长 L_{OA} 为

$$L_{OA} = CD - (A'C + B'D) - (\delta_1 + \delta_2)$$

式中　CD——理论船体总长;

　　　　δ_1——艏舷墙钢板厚度;

　　　　δ_2——艉封板钢板厚度。

若 A'、B' 两点在 CD 之外,则 L_{OA} 为

$$L_{OA} = CD + (A'C + B'D) - (\delta_1 - \delta_2)$$

若 A'、B' 有一点在 CD 之外,一点在 CD 之内,则 L_{OA} 为

$$L_{OA} = CD \pm (A'C - B'D) - (\delta_1 - \delta_2)$$

式中,A' 点在 CD 内为减,在外为加。

（2）用激光经纬仪测量

在水平船台中心线上，超出主船体尾端和首端点位置线一定距离，分别取点 O 和 O'。通过 O、O' 两点分别作船台中心线的垂线。将激光经纬仪分别置于该垂线上，对中、调平、发射激光、照准该垂线，在主船体首、尾端点处焊一扁钢，垂直方向调整望远镜，使激光照在该扁钢上。分别测量扁钢上的光点到首、尾端点的距离 l_1、l_2，则船体总长为

$$L_{OA} = OO' - (l_1 + l_2) - (\delta_1 + \delta_2)$$

式中　δ_1——艏舷墙钢板厚度；

　　　δ_2——艉封板钢板厚度。

（3）在倾斜船台上测量船体总长

在倾斜船台上，用线锤法测算船体总长，还应考虑首、尾高度差与船台坡度（图5-14）。实际船体总长为

$$L_{OA} = A''B'' - (\delta_1 + \delta_2)$$
$$A''B'' = A'B' + B'B'' - A'A''$$

而

$$A'A'' = (AC + h)\tan\alpha$$
$$B'B'' = (BD + h)\tan\alpha$$

则

$$A''B'' = A'B' + (BD - AC)\tan\alpha$$

所以

$$L_{OA} = A'B' + (BD - AC)\tan\alpha - (\delta_1 + \delta_2)$$

式中　h——船底基线至船台面的垂直距离；

　　　$BD-AC$——首、尾高度差。

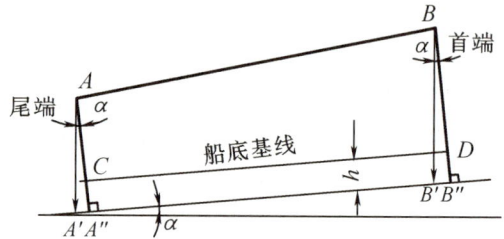

图 5-14　倾斜船台上总长的测量

2. 船体型宽的测量

船体型宽的测量不受船台倾斜度的影响，测量方法有以下三种：

（1）用卷尺直接测量

在船体中横剖面的甲板上，用卷尺由一舷的外板内缘量至另一舷的外板内缘的水平距离数值，即为船的型宽。若甲板上有上层建筑或其他结构而不便测量时，可采用以下其他两种方法。

（2）用线锤及卷尺测量

在船体中横剖面舷顶列板外侧的甲板边板位置线处，焊一扁钢。扁钢上吊线锤至船台面上得 A 点，用卷尺测量 A 点至船台中心线或船底中心线的距离 AO，AO 中减去舷顶列板厚度及扁钢上线锤距外板表面的距离，即为船体半宽。用同样方法可测得另一舷的船体半宽，两半宽相加为船体的型宽。

（3）用激光经纬仪测量

在船台面上作一根平行于船台中心线的平行线（图5-15）。平行线至船台中心线的距离应略大于船体的半宽。将激光经纬仪置于该平行线上对中、调平。使望远镜视准轴与平行线对准，并与船台上中横平面肋位线相交得 A 点。在船体中横剖面舷顶列板外侧的甲板边板位置线处，焊一扁钢，且垂直于外板。发射激光至扁钢上，量得光点至船舷的距离为 b。用卷尺测量船台上中横平面肋位线自 A 点至船台中心线的垂直距离 AO，则船体半宽

为 $AO-b-\delta$。

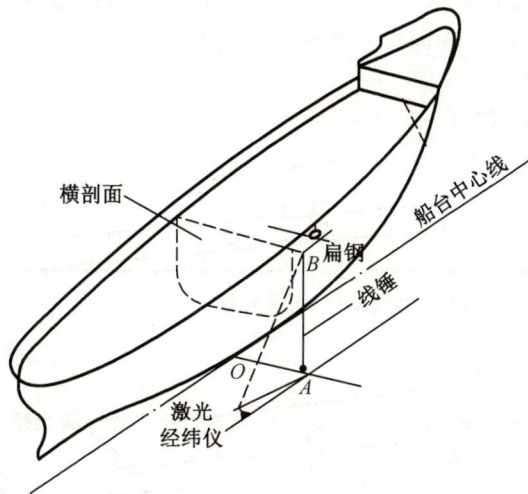

图 5-15　船舶型宽的测量

用同样方法可测量另一舷船体半宽,两半宽相加即为船体的型宽。

3. 船舶型深的测量

在水平船台上测量船舶型深时,可在船体中横平面的舷顶列板外侧的甲板边板位置线处,焊一扁钢且垂直于外板。扁钢上吊线锤,用水平软管将基线标杆上相应肋位的基线平移至线锤上得一点。用卷尺测量从该点至甲板边板位置的距离,即为船体型深。在倾斜船台上测量船舶型深时,应考虑船体倾斜度。小型船舶可直接由样杆测得型深,如图 5-16 所示。

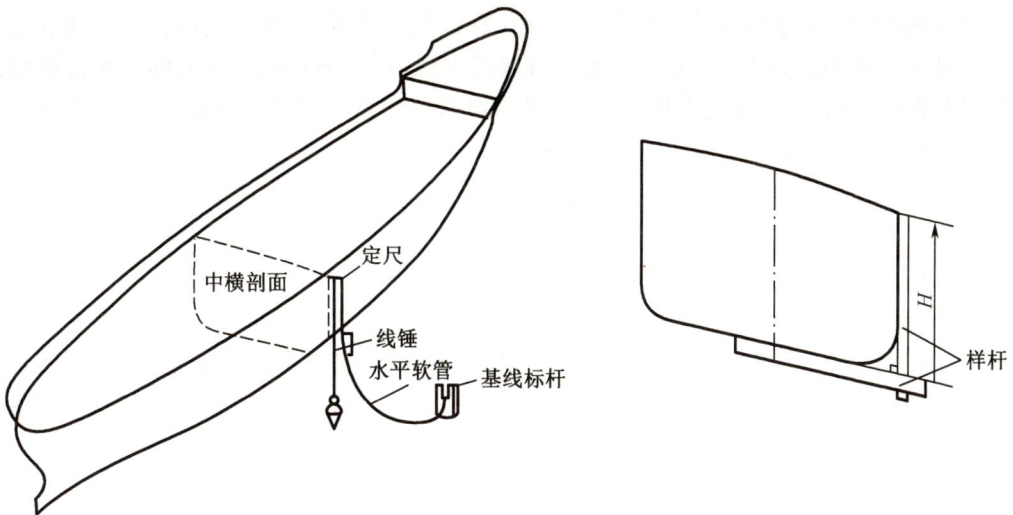

图 5-16　船舶型深的测量

4. 船底纵向挠曲度的测量

船底纵向挠曲度,过去都是用水平软管依次测量船底各相应肋位处距理论基线的差数得到的。在倾斜船台上测量船底纵向挠曲度时,必须考虑累计升高值,因此比较麻烦。

用激光经纬仪测量船底纵向挠曲度比较方便、准确,特别是应用在倾斜船台上(图 5-

17),它是将激光经纬仪放在船尾端,使望远镜的视准轴与船底基线平行,然后用直尺直接测量船底各相应肋位处于激光束之间的垂直距离,将所测得的各点值减去激光束与船体基线距离的值,并将其差值编入表即得船底纵向挠曲度。

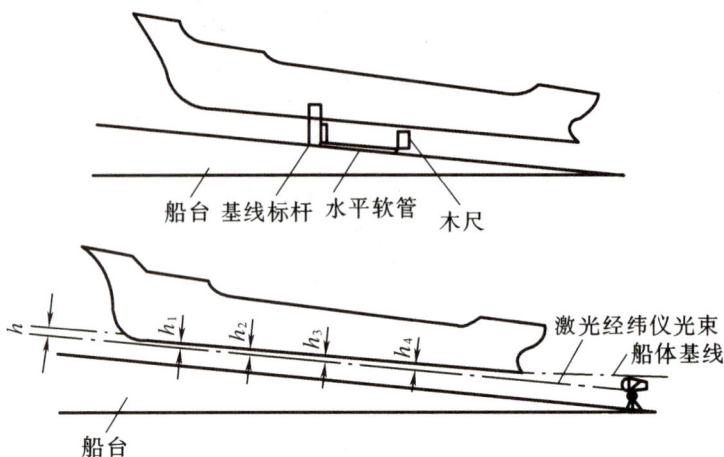

图 5-17　船底纵向挠曲度测量

5. 首、尾端点高度的测量

首、尾端高度的测量与型深测量相同,以首端高度测量为例。

(1)用一般方法测量首端高度

在首端吊线至船台表面。在水平船台上可用水平软管将船体基线高平移至线锤线上,得一点,用卷尺测量该点至首端点的距离,此距离即为首端高度。

在倾斜船台上测量首端高度(图5-18)时,在首端点吊线锤,将最接近首端线锤线的标杆上某号肋位的基线高用水平软管平移至线锤线上得 D 点,然后减去该号肋位至首端线锤线距离的升高值 H,在线锤线上得 B 点,从 B 点量至首端点 A 的距离 AB。考虑船台倾斜角的影响,首端点的高度应为

$$AC = AB\cos\alpha$$

式中　α——船台的倾斜角。

(2)用仪器法测量首端点高度

将经纬仪安在船台中心线或中心线延长线上,将仪器底座调整水平后,将望远镜中纵中丝与横丝的交点对准首端点,记录下经纬仪的垂向角度,即视准轴与横轴的夹角,可从仪器上直接读出,同时测量经纬仪到首端点在船台中心线上的投影点的直线距离,按下式计算出首端点高度:

$$H_s = (a-c)\tan\beta - h + i$$

式中　H_s——首端点高度;

　　　h——船体基线距船台中心线的垂直距离;

　　　i——仪器本身高度;

　　　β——仪器视准轴与横轴夹角;

　　　a——仪器到首端点在船台中心线上投影点的直线距离。

尾端点高度的测量方法与首端点高度测量方法相同。

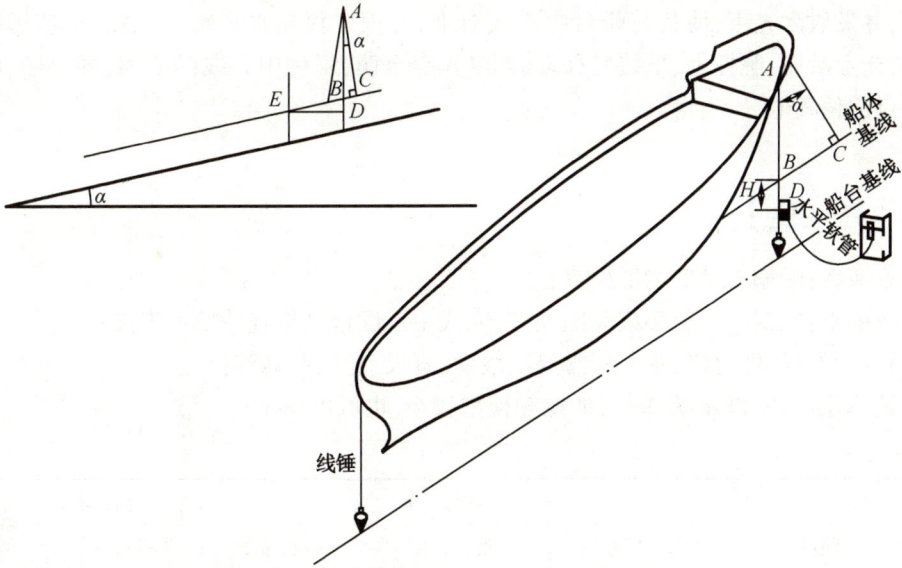

图 5-18　在倾斜船台上测量首尾端点高度

6. 艏、艉柱中心线的测量

第一种是吊线锤法。这种方法操作简单,被广泛采用,但这种方法受风等外界条件影响较大。在艏、艉柱中心线取一些点,吊线锤至船台,测量线锤线与船台中心线的距离,即得艏、艉柱中心线各点的偏离值。

第二种是激光经纬仪测量法,如图 5-19 所示。

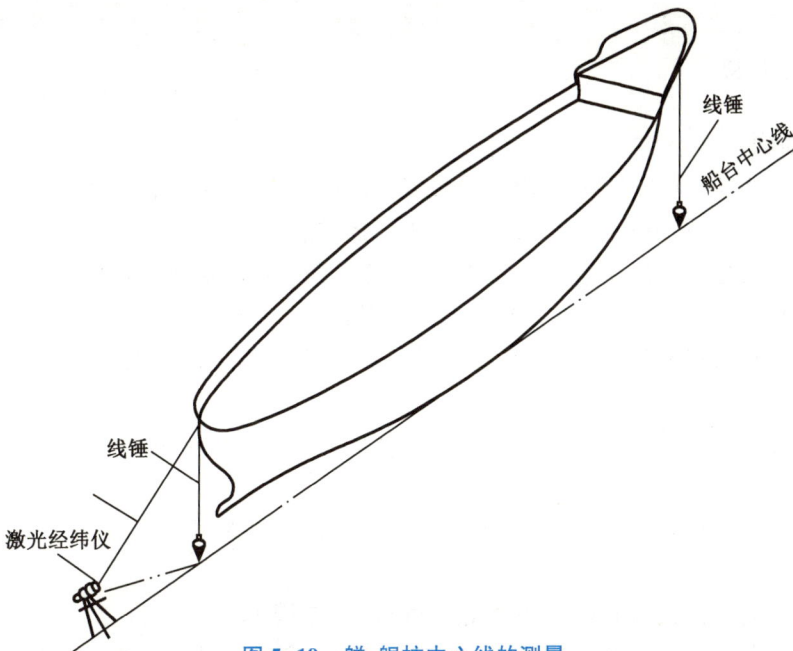

图 5-19　艏、艉柱中心线的测量

用激光经纬仪测量时，将激光经纬仪放在船台中心上，将底座调平，使仪器与船台中心面重合，并发射激光束，使其与船台中心线对准，并固定仪器水平转角，然后将望远镜绕横轴转动，光点沿艏、艉柱上、下缓慢移动，测量光点至艏、艉柱中心线的距离，即得艏、艉柱中心线各点的偏离值。

【任务实施】

任务实施：船舶主尺度精度检查；

任务要求：根据已有船舶或船舶模型，完成主尺度精度检查并填入表格；

工具：全站仪、经纬仪、水平仪、标杆、线锤、直尺、卷尺石笔等；

测量单位：通常以 m 为单位，如船舶模型较小，也可用 mm。

船名			检查人员		检查时间	
序号	项目	管理基准	允许界限	检验位置	检验数据	超差
①	总长					
②	垂线间长					
③	设计水线长					
④	型宽					
⑤	型深					
⑥	干舷					
主尺度精度分析						

思考与练习

一、判断题

1. 船体结构经过预装配形成部件、分段或总段后，需吊运到船台或船坞，再装配焊接成整个船体，在船台或船坞内进行的装配俗称大合拢或搭载。（　　）

2. 船台搭载是在船台上将两个或多个较大的分段合拢成更大分段的过程，这个阶段对分段结构的精度以及搭载过程的控制要求并不高。（　　）

3. 准备进行搭接的船体分段一般在起吊脱离胎架前，要采用全站仪进行船体分段的测量，对有余量的一端不需要割除余量。（　　）

4. 临时支撑的作用在于保证分段在船台装配时的正确位置和型线，并作为分段的支承。（　　）

5. 在进行搭载作业前，要准备好要搭载分段的装配图等相关资料、分段主要尺度以及分段允许基准。（　　）

6. 各船厂总组方式的不同，但采取相应的精度控制措施是统一的。（　　）

7. 从精度控制的管理角度来理解，前面各道工序所采取的各种措施，都必须围绕着最终能否满足搭载需求。（　　）

8.搭载精度控制的成功与否是考量前面各施工阶段精度控制成功与否的过程。

（　　）

9.数字化船坞是一种新的船坞搭载定位理念,是运用计算机系统建立的三维坐标系系代替传统的船坞格子线,利用测量软件与全站仪配合使用的一种定位方式。（　　）

10.合理的焊接顺序能使焊接时热量均匀分布,减小焊接变形。（　　）

二、选择题

1.（　　）是中小型船厂常用的一种船体分段合拢方法。

A.船台搭载　　　　B.船坞搭载　　　　C.板材装配　　　　D.水下装配

2.船台搭载的准备工作主要是（　　）。

A.画船台中心线　　　　　　　　B.画船台肋骨检验线

C.绘制高度标杆上的高度线　　　　D.A+B+C

3.船台搭载时船体分段准备工作主要是（　　）。

A.画定分段的船台定位线和对合线　　　B.安装起吊吊环

C.设置船台装配临时支撑　　　　　　D.A+B+C

4.分段上安装吊环时,应根据吊运质量和起吊方式选择（　　）,并且要严格遵守吊运翻身操作工艺规则。

A.吊环形式　　　B.尺寸、数量　　　C.安装位置　　　D.A+B+C

5.总组方式目前被各船企广泛采用,采用总组可以有效地利用（　　）等资源,提高船坞的利用率。

A.场地　　　　　B.船坞　　　　　C.大型龙门吊　　　D.A+B+C

6.船坞画线检测包括（　　）,以及施工班组自检、互检等工作。

A.假定基线　　　B.中心线、半宽线　　C.搭载接缝线　　　D.A+B+C

7.船舶主尺度是表示船体外形大小的主要尺度,通常包括船长、船宽、船深、吃水和（　　）。

A.干舷　　　　　B.艏垂线　　　　　C.艉垂线　　　　D.基线

8.船舶（　　）是计算船舶各种性能参数、衡量船舶大小、核收各种费用以及检查船舶能否通过船闸、运河等限制航道的依据。

A 长度　　　　　B.宽度　　　　　C.主尺度　　　　D.吃水

9.船舶总长指船体型表面最前端和最后端之间（　　）水平距离。

A 最小　　　　　B.最大　　　　　C.一般　　　　　D.大约

10.型宽 B 指（　　）处船体型表面的最大宽度。

A 登记长度　　　B.设计水线　　　C.垂线间长　　　D.船舶总长

三、问答题

1.船台分段搭载前要做哪些准备工作?

2.搭载前船体分段要做哪些准备工作?

3.船台搭载精度控制主要包括哪些方面?

4.总组控制一般采用哪几种方式进行?

5.搭载控制必须注意哪几方面工作?

6.双层底分段分析基准注意事项包括哪些?

7.顶边舱分段注意事项包括哪些?

8. 底边舱分段注意事项包括哪些？

9. 什么是数字化船坞？试简述数字化船坞的基本原理。

10. 简述船坞搭载的工艺流程。

11. 船坞画线依据包括哪些？

12. 简述搭载装焊作业的过程。

13. 试论述搭载装焊过程中，减少变形的措施。

14. 简述测量船舶总长的方法。

15. 简述测量船舶型深的方法。

16. 搭载完工精度数据分析与管理包括哪些内容？

17. 简述尾部总段精度控制主要尺寸。

18. 简述货舱区总段搭载精度控制尺寸。

19. 简述双层底分段分析基准如何选取？

20. 船舶主尺度有哪些？如何测量船舶主要尺度数据？

21. 为什么要制定温度补偿量？

22. 什么是反变形补偿？

项目六

精度造船数据管理

【项目描述】

精度造船数据管理是现代化造船过程中的一个重要环节。当前,科学技术蓬勃发展,快速推动着船舶行业产业变革,需要通过数字化转型,提升数字化研制能力和水平,加强船型优化、模块化设计等方面的创新赢得市场。近几年,船舶制造企业相继开发了多种船舶建造专用三维管理软件,其中绝大多数船厂都是通过造船三维精度管理软件来实现船体建造过程中的精度管理。造船三维精度管理软件一般包括数据的采集、数据的分析和模拟搭载等几个部分。本项目重点介绍造船三维精度管理系统的基本操作过程。

思政导航

【学习目标】

知识目标:

1.熟悉精度数据采集、分析、应用等工作流程;

2.掌握使用全站仪开展分段数据采集的方法;

3.熟悉船舶分段三维分析软件及其使用方法。

能力目标:

1.能正确使用全站仪采集分段的精度数据;

2.能正确使用分析软件对数据进行分析;

3.能使用模拟搭载软件模拟分段搭载过程;

4.能准确完成分析报告的制作并协助改进。

素质目标:

1.养成严谨细致的工作作风;

2.树立精益求精的职业追求。

【工作任务】

任务一 现场数据的采集
任务二 测量数据的分析
任务三 模拟搭载的应用

任务一　现场数据的采集

【任务描述】

从测量学的角度来说,造船精度的控制属于精密工业测量的范畴,主要是对船体部件进行坐标、长度、垂直度等造船过程中所需要的尺寸数据进行测量和计算,并形成精度控制数据分析库,从而对船体尺寸进行有效的控制,使之符合设计的要求,并对数据进行一定的分析,为提高造船的效率和品质提供必要的数据支持。

随着信息化技术的快速发展,大数据、云计算、物联网、虚拟现实等新一代信息技术在船舶建造中开始广泛应用,造船现场数据的采集已经从经纬仪+手工测量记录发展到现在的全站仪、近景摄影系统、三维激光扫描等三维精密测量仪器+自动记录系统的时代,测量技术手段的发展使船舶建造过程中数据采集的正确率和速率大大提高。本任务以全站仪测量系统为例,结合三维精度数据测量软件 EcoMES 来说明现场数据采集的过程。

【知识准备】

目前,大部分造船企业已建立以二维图文档为技术载体,三维数据模型作为技术补充的数字化设计和管理模式。但常用的施工图纸大多是二维平面图,其图纸数据的测量也是先测量两个坐标方向上的数据,然后再与第三个坐标方向上的数据结合形成三维数据模型。三维数据船舶模型的实现要消耗大量工时进行现场测量和数据整理,其工作量巨大且十分烦琐。对于这种生产节奏快、半成品经常要转换场地的船舶建造方式,在实际生产中采用传统测量方法时,由于线性测量对长度、宽度和高度的局限性,将难以保证船舶建造的精度。由于船体上被测量点可能是成千上万个,为把得到的测量数据与设计值相比较,得到加工精度情况,为生产提供可靠依据,就必须有辅助的数据分析软件系统。

一、精度造船管理系统

船舶设计除了结构设计、强度和刚度的计算以外,还有精度设计。船舶建造的精度直接影响其工作性能、振动、噪声、寿命和可靠性。精准的测量技术是造船精度的重要保障。

**精度管理
系统的组成**

现今的测量技术经过长期的发展已逐步向信息化、自动化模式转变,测量工具、分析软件也日益成熟,如瑞士徕卡测量系统在建筑、桥梁隧道、铁路、工业产品生产等方面都有应用。在船舶建造精度管理方面,韩国叁铭精度造船管理系统 EcoMarine 在国内外大中型船厂已广泛应用,国内青岛海徕天创科技有限公司开发出了船舶尺寸与精度控制系统(DACS),在船舶建造、重工行业等方面也有应用。此外,近几年国内许多部门开展了精度造船系统的研发,如沪东中华造船集团有限公司、上海船舶工艺研究所都已开发出船舶精度控制系统及相应软件。

1. 叁铭精度造船管理系统 EcoMarine

叁铭精度造船管理系统 EcoMarine 由三大软件组成,分别是三维精度数据测量软件 EcoMES、三维分段精度管理软件 EcoBLOCK 和三维分段模拟搭载软件 EcoOTS。

(1)三维精度数据测量软件 EcoMES

EcoMES 是一款基于 PDA 的软件,它可以和现场所使用的仪器(主要是指全站仪)进行连接,将测量所得的现场实物分段的数据与设计数据进行对比;同时软件还提供分段测定、分析、附加计算等功能,以便对实物分段的变形进行分析,提高分段的生产性。图 6-1 为 EcoMES 软件工作原理,图 6-2 为 EcoMES 软件主要功能。

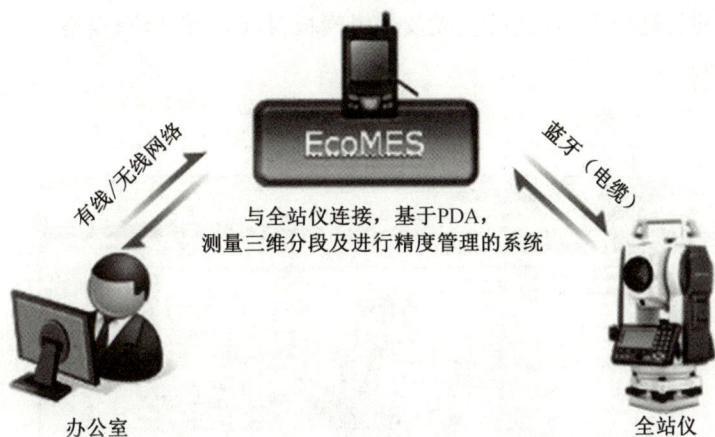

图 6-1　EcoMES 软件工作原理

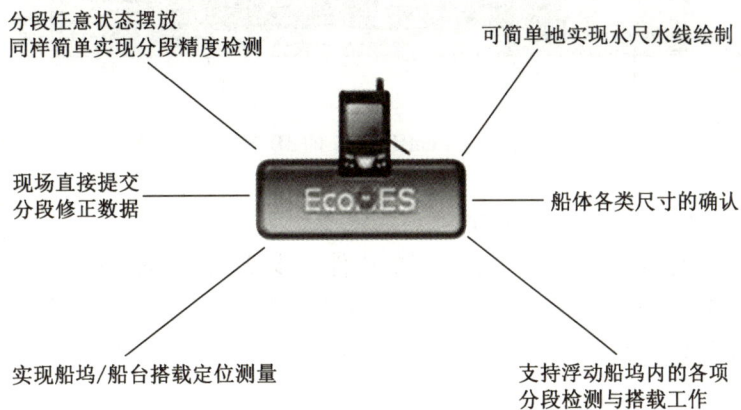

图 6-2　EcoMES 软件主要功能

(2)三维分段精度管理软件 EcoBLOCK

EcoBLOCK 以三维 CAD 为基础,在三维空间内与设计模型对比,进行模型分析、转换、计算等作业,而后进行管理、分析生产分段的精度数据,使用绘图/模板功能制作 2D 检测表格。EcoBLOCK 可与其他 CAD 文件互换,以服务器为中心,可管理和共享数据,用户可根据作业环境,选择使用服务器版本和单机版本。

EcoBLOCK 的主要功能有：

①管理功能。EcoBLOCK 管理功能可生成各种管理点（邻近点、构件面交叉点、圆管中心点、3 点圆中心点、距离基准点）；可生成各管理点间的距离、曲长、角度、垂直度；可进行数据积累及精度现状管理；所有测量数据、检测表格均可在线处理。

②分析功能。EcoBLOCK 分析功能可进行旋转/移动设计模型及转换胎架状态/设计状态；可连接管理点-测定点及自动计算偏差；读取三维设计图纸；多视角查看和精度数据统计分析。

③制作检测表格功能。EcoBLOCK 制作检测表格功能可生成截断面/阶段投影面；插入各种尺寸及符号（点坐标、直线距离、偏移值、标记、理论线、文本等）；使用绘图（直线、多段直线、样条曲线、圆、椭圆等）功能可生成及编辑模板；打印制作检测表格。EcoBLOCK 的 3D 界面如图 6-3 所示。

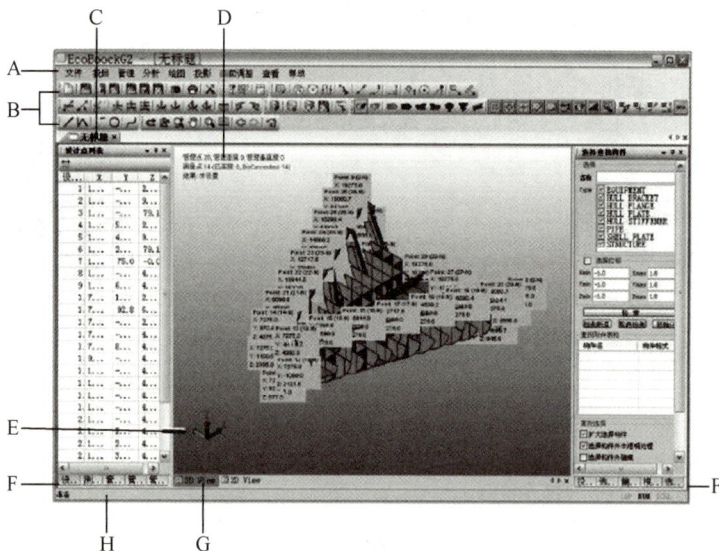

图 6-3　EcoBLOCK 的 3D 界面

（3）三维分段模拟搭载软件 EcoOTS

EcoOTS 可对分段搭载过程中可能出现的构件干涉或段差等问题进行提前预测并处理，以此来实现一次性定位，减少预搭载过程。EcoOTS 可通过服务器来进行数据的管理及共享，用户可根据作业环境，选择服务器版和单机版。

EcoOTS 的主要功能为：

①管理功能。EcoOTS 管理功能可导入三维测定文件；生产测定点、设计点及设置连接，方便分段搭载；设置分段连接；通过 1/2/3 点移动、位移/角度基准轴旋转进行模拟搭载；设置分段间的偏差保证值及解除；对分段搭载工况进行确认。

②分析功能。EcoOTS 分析功能能实现三维设计数据实时访问；能旋转/移动三维设计模型及转换胎架状态/设计状态；读取三维测定文件；支持多角度视图；自动分析构件间碰撞、段差；分段搭载时，自动分析工况。

③制作图纸功能。EcoOTS 制作图纸功能可生成投影面/切割投影面；插入各种尺寸及

符号(点坐标、直线距离、偏移值等);使用绘图(直线、多段直线、样条曲线、圆、椭圆等)功能可制作及编辑模板;打印图纸。

EcoOTS 的工作原理如图 6-4 所示,其 3D 界面如图 6-5 所示。

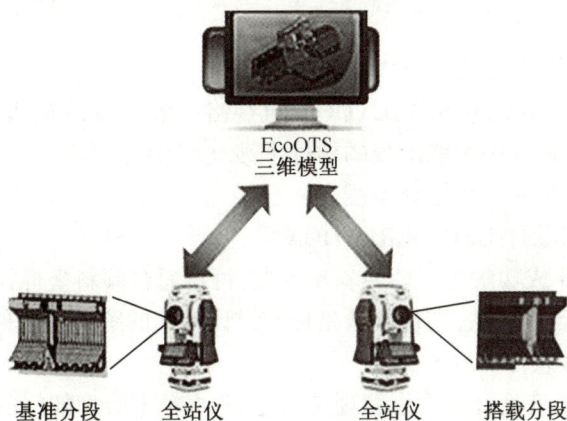

图 6-4　EcoOTS 的工作原理图

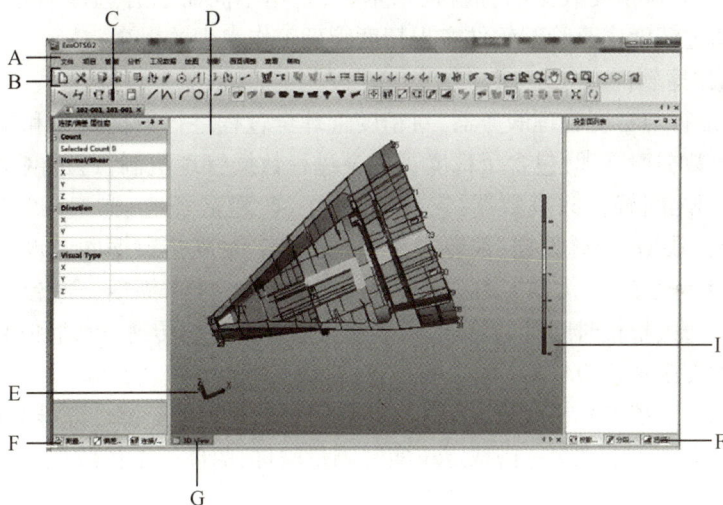

图 6-5　EcoOTS 的 3D 界面

2.徕卡造船精度控制与分析系统 DACS

徕卡造船精度控制与分析系统 DACS 由分段测量及现场分析软件 DACS-PDA(或 IPAD)、三维分段精度管理软件 DACS-OFFICE、三维搭载模拟软件 DACS-SIMULATION、船台实时测量软件 DACS-ERECTION、精度作业管理软件 DACS-MIS 和精度数据库软件 DACS-DB 组成。

(1)分段测量及现场分析软件 DACS-PDA

分段测量及现场分析软件 DACS-PDA 与三维精度数据测量软件 EcoMES 原理和工作过程相似,都具有架设仪器简便、手持 PDA 作业、数据采集方便等特点,并具有现场简便分析功能等。此外徕卡还开发了适用于 IPAD 测量仪器,利用 IPAD 可实现现场携带图纸丰富、现场拍照摄像、实时无线网络传送等功能。

（2）三维分段精度管理软件 DACS-OFFICE

DACS-OFFICE 同叁铭三维分段精度管理软件 EcoBLOCK 相类似，都是应用于室内 PC 机，都能够读取主要设计软件如 Tribon/CADDS5/CATIA/CAD 绘制等设计模型，都能计算合拢口切割量、加强筋错位、对接面错位量，都能生成报表，并以 Excel、PDF 等格式存档和打印。

（3）三维搭载模拟软件 DACS-SIMULATION

三维搭载模拟软件 DACS-SIMULATION 同叁铭三维分段模拟搭载软件 EcoOTS 相类似，都能够对分段搭载过程中可能出现的构件干涉/段差不良等问题进行提前预测并处理，以此来实现一次性定位，减少预搭载流程。

（4）船台实时测量软件 DACS-ERECTION

DACS-ERECTION 成功解决了船台斜率问题，可将船台倾斜坐标拉平成平面坐标，现场统一测量坐标系与船台坐标系，实现测量坐标与设计坐标的统一。软件使用简单，易操作。

（5）精度作业管理软件 DACS-MIS

DACS-MIS 主要是满足日常工作管理需求，如负责精度管理部门的日常工作安排管理、工作量统计、信息发布等办公管理功能；把各种作业数据联系起来，完成船厂精度数据的积累及管理，为基于大量精度数据的分析提供基础；根据不同需求有选择地组织筛选数据进行汇总分析。通过精度作业管理软件实现精度管理工作水平的提高。

（6）精度数据库软件 DACS-DB

DACS-DB 运行与精度管理服务器，对精度管理全过程进行数据积累和统计分析，其特点主要有统一的数据库管理，包含了精度管理全过程数据管理机制，通过网络化数据库，使得异地、不同部门之间轻松共享数据；支持船型、工程、建造场地、施工队等信息的管理统计；支持统计分析数据、变形数据、偏差类型、修整方案等；支持数据库及设计模型、精度管理点的复制备份等功能；不需重复性工作；完成建造单位、建造周期、合格与否、偏差类型、延误原因、修整方案、报检时间等的管理，便于精度管理信息的传递、反馈和追踪。

3. 海徕精度控制系统 DACS

海徕精度控制系统 DACS 由分段测量及现场分析软件（PDA 版）、三维分段精度管理软件（计算机后处理）、船台（船坞）搭载定位实时测量软件、船体三维搭载模拟软件、船体数据库系统组成。

（1）分段测量及现场分析软件（PDA 版）

分段测量及现场分析软件适用于船舶分段测量与分段质量控制。该软件配合全站仪使用时，只需将仪器整平，其他操作都在 PDA 上完成，即使非专业人员也能轻松操作；可根据现场情况自由定义坐标系，设置基准面、基准轴；分段或总段可以任意摆放，不需严格摆放在胎架上；现场即可检测和计算各种造船行业需要的几何量，如长度、直角度、平面度等；现场即可进行分段精度分析，实时确定分段关键点的精度情况；专用的搬站测量和隐蔽点测量可轻松测量分段所有需要测的点；所有数据自动记录，可直接导入后处理软件进行处理。

（2）三维分段精度管理软件（计算机后处理）

三维分段精度管理软件适用于分段测量后处理软件，用以形成报表，管理现场测量。可与造船软件进行数据交换，直接导入 CAD 数据；可在设计图上标注设计点，自动提取设计点坐标，测量的数据可以和设计的数据自动匹配，计算三维误差；自动生成精度报表，并可以打印以及用各种文档格式保存;具有各种几何量的计算功能,并可以输出报表。

(3)船台(船坞)搭载定位实时测量软件

船台(坞)搭载定位实时测量软件适用于船台(船坞)搭载定位时使用。可现场设置测量坐标系统,与船台设计坐标系统进行重合;可将船台倾斜坐标转化为平面坐标;可进行准确的船舰定向,保证测量坐标的统一性;可对任意点的任一方向坐标置零,以确定其他点相对于置零点的增量。

(4)船体三维搭载模拟软件

船体三维搭载模拟软件适用于分段或总段模拟搭载。参考三维设计模型,以实际测量数据为基准进行模拟搭载;通过旋转、移动等功能,可精确分析搭载的状态;自动分析搭载的条件,如高度、垂直度、平面度等;自动计算分段搭载时的余量,快速分析分段间的段差;自动生成模拟搭载预测结果报告书等。

(5)船体数据库系统

船体数据库系统适用于数据库管理。根据用户的需要,可以自由定义所需的精度数据;对测量数据进行分类管理,以便以后调用;对船体数据进行回归分析,提出无余量制造的解决方案等。

二、船用全站仪数据采集

船体分段数据
采集(上)

船体分段数据
采集(下)

1. 测量前的准备

目前,船舶建造过程中的数据采集大多采用船用全站仪设备。现场进行数据采集前,应准备好船舶设计图纸和计算机模型。如无模型,可通过 TRIBON、东欣 SPD 等造船软件进行建模,导出 .dxf 格式文件。现场测量前要收集分段各尺寸数据,包括分段尺度、肋骨间距、船体纵骨间距、舷侧纵骨间距、双层底高、相关板材厚度、相关型材尺寸、相关结构理论线以及要测的点及坐标,见表6-1。

表6-1 测量分段尺寸数据

项目	长/mm	宽/mm	高/mm
分段尺度			
肋骨间距		—	—
船体纵骨间距	—		—
舷侧纵骨间距	—	—	
双层底高	—	—	
所有板材厚度			
所有型材尺寸			
所有结构理论线			
要测的点及坐标			

船用全站仪系统数据采集的流程如图 6-6 所示。

船用全站仪系统和三维数据管理软件通常价格较高，一般船舶制造企业购买的数量较少，而设备在厂里是集中管理的，可能有许多人共用一台设备，在现场测量，工作环境较差，测量附件多，容易造成配件丢失或仪器损坏。因此要特别做好仪器的保管和维护，可通过在仪器箱盖上贴所有附件清单，每次测量开始和结束对照清单逐项检查有无丢失的形式来做好仪器的维护。

拿到全站仪时，要检查仪器电量是否足够测量使用，检查仪器是否能正常启动，对照清单检查所有附件是否缺失，如有缺失，做好登记，此外，到现场测量前要准备好图纸，并确认需要测量的位置。一般到现场测量需要两人配合，一人操纵全站仪和设备，另一人放置靶标。

2. 全站仪的架设

现场测量的第一步就是要选择全站仪架设的位置，要根据现场分段放置的情况综合考虑决定，所选位置要满足以下几个条件：

①在所选位置要能够看到要测一面所有需测的点。

②要考虑到回转仪（一种可全方位旋转的靶标）的放置位置，以供搬站使用。两台回转仪最好在所测分段的外围，当搬站到分段另一面时，架设仪器的位置既要能看到另一面要测的所有点，又要能看到回转仪。

③架设仪器位置的场地尽量选取坚固、平整地面，尽可能避免干扰其他分段的生产作业。

如图 6-7 所示为仪器架设及搬站示意图。

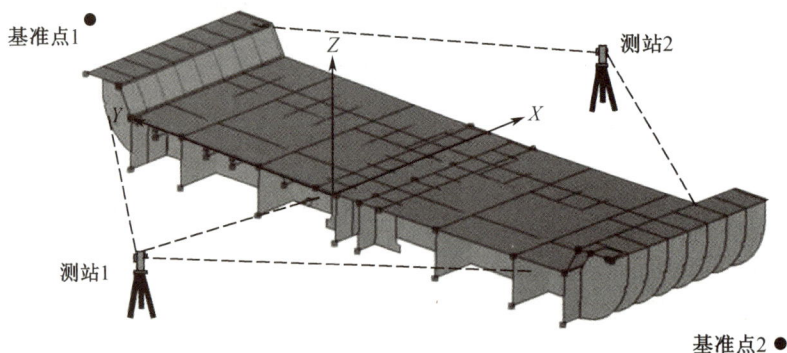

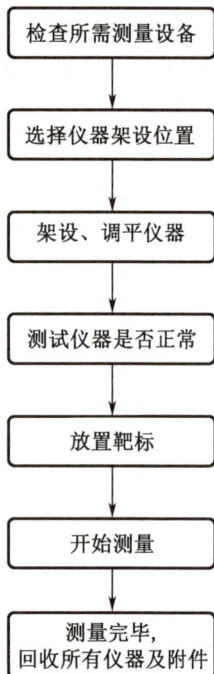

图 6-6　数据采集流程

检查所需测量设备

选择仪器架设位置

架设、调平仪器

测试仪器是否正常

放置靶标

开始测量

测量完毕，回收所有仪器及附件

图 6-7　仪器架设及搬站示意图

在仪器架设时，要先将 PDA 与全站仪相连，后进行调平，数据采集前需测试仪器是否能正常测量。

3. 靶标的放置

（1）靶标放置的要求

数据采集主要是要测量纵横构件相交位置的三维坐标，一般是构件的理论线位置，通过将靶标放置在理论线位置来测取数据。靶标是一种带有磁性的贴片（也称反射片），如图6-8所示。通过磁铁将反射片与船体结构固定，反射片本身很薄，测量数据时忽略其厚度的影响。

一般将反射片的半圆圆心放置在要测构件的理论线位置，通过全站仪激光大致找到圆心，再由目镜照准，获得圆心处的坐标，某些不方便将圆心放置在要测位置的点，也可将磁性贴片的角放置到该位置来代替，某些不好放置反射片的位置可借助于专有设备来完成。放置反射片时要使其正面朝向全站仪，切不可倾斜，以减小测量误差。

（2）船体理论线位置

数据采集主要是测量纵桁交接处，构件理论线的位置，如旁底桁与内外底板相交的

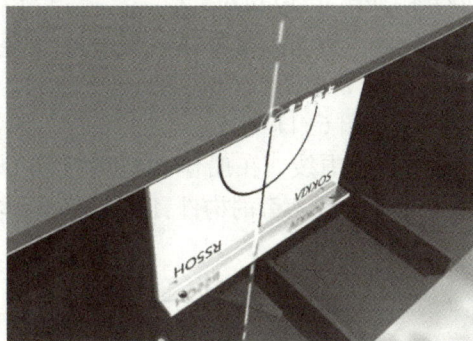

图6-8　反射片放置

位置、纵骨断面、内底与舷内侧壁相交的位置等。舭部曲线位置要增加测量点，以提高测量精度。

船体结构图样常采用小比例绘制，构件又通常采用不同图线表示其投影，因此，图样中构件的定位尺寸可能出现不同理解。如图6-9（a）中的舷侧纵桁距基线的距离为3 100 mm，由于舷侧纵桁腹板的截面为粗实线，该尺寸可能理解为图6-9（b）中所示的多种情况。为了给予明确表示，《金属船体构件理论线》（CB/T 253—1999）规定了船图中定位尺寸的度量原则，即规定了构件理论线的位置。

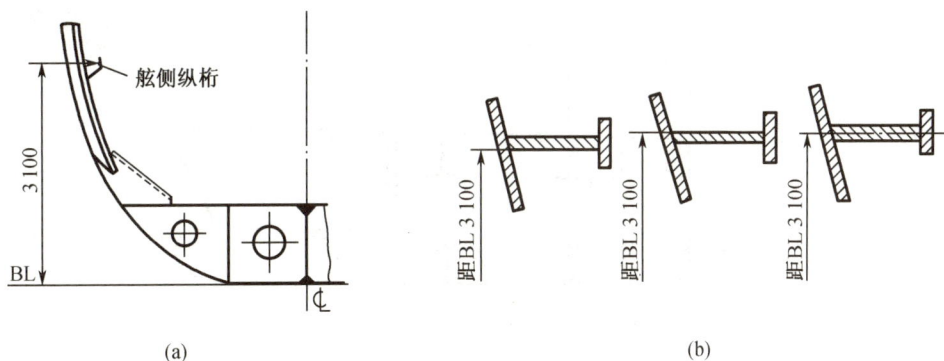

(a)

(b)

图6-9　定位尺寸的度量

船体构件理论线指的是船舶在设计和建造时，确定构件安装位置的基准线，用ML表示。在图中标注钢板与型钢定位尺寸时，同时标注构件理论线。在船舶建造中任何测量点要找到其正确的位置，只有在理论面、理论线、理论点上才可以，否则在其他位置测量所得到的数据无法与模型数据进行对照，或者仅能做参考依据。

①定义理论线的基本原则

确定理论线的基本原则有如下几点：

a.壳板为内缘。在有壳板的结构中，例如外板、甲板、烟囱、轴隧、流线型舵等，壳板的理论线（ML）取在板的内缘，如图6-10所示。

b.上下靠基线。在船体高度方向的构件，以靠近基线（BL）的一边为理论线，如图6-11所示。

c.左右靠中线。在船体的宽度方向，凡位于中线两旁的构件，以其靠近船体中线的一边为理论线，如图6-12所示。

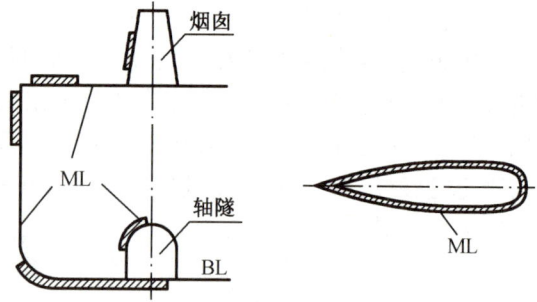

图6-10　壳板理论线位置

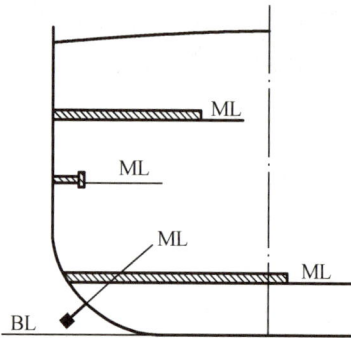

图6-11　基线以上各构件的理论线位置

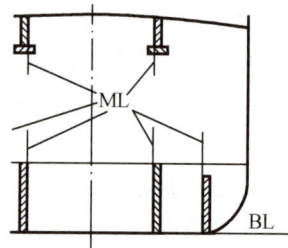

图6-12　中线左右各构件的理论线位置

d.首尾靠船中。在船体长度方向，位于中站前后的构件，以靠近船中的一边为理论线，如图6-13所示。

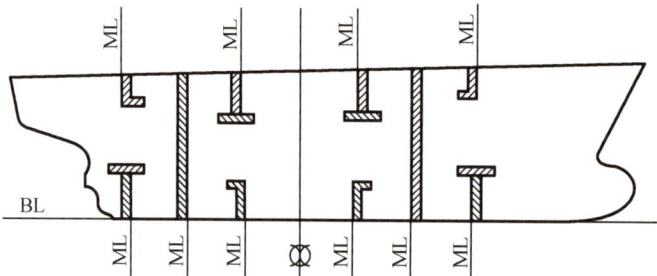

ML—理论线。

图6-13　船中前后各构件的理论线位置

板材理论线一般设于构架面，特殊结构除外（如化学品船甲板结构在甲板上表面，则理论线也位于甲板上表面）。

②确定理论线的其他规定

除了上述原则之外，还有几点例外的规定：

a.不对称型钢取背面。凡由角钢、球扁钢、槽钢和折边钢板等不对称型钢制成的构件，其理论线一律取在型钢的背面，与构件对中线或基线的相对位置无关，如图 6-14 所示。

b.中纵取中线。位于船体中纵剖面上的对称构件，理论线取在板厚的中间，如图 6-15 所示。

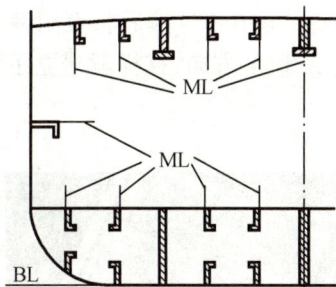

图 6-14　不对称型钢的理论线

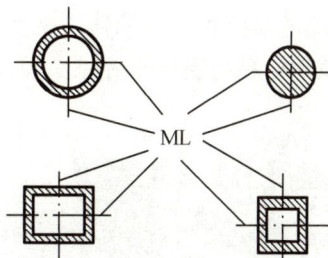

图 6-15　封闭对称型材理论线位置

c.封闭型对称型材取轴线。封闭型对称组合型材与封闭型对称轧制型材，其理论线一律取在对称轴上，如图 6-16 所示。

d.舱口围板、主机座纵桁以靠其本身对称中心线的一边为理论线，如图 6-16 所示。

e.边水舱纵舱壁板的理论线位置取在背离船体中线的一边，如图 6-17 所示。

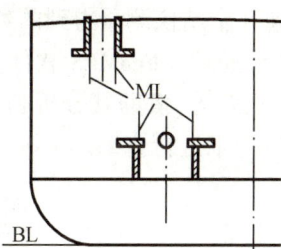

图 6-16　舱口围板、主机座纵桁的理论线位置

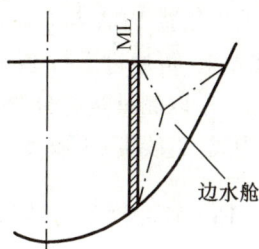

图 6-17　边水舱纵舱壁的理论线位置

4.仪器测试与坐标系建立

仪器架设完成后，需测试仪器是否能正常使用。测试方法：可利用需测量的分段，任意设定坐标系，测取三点，根据设计图纸，比对测量数据间的距离是否非常接近。

坐标系的建立

测量开始前，要设定坐标系，理论上来说坐标系可以任意建立，通过手工或三维精度软件可以变换坐标系以得到需要的状态，如船体分段中有许多是侧造的、反造的，还有不规则放置的，现场测量时，可选择适当的坐标系，利用软件自带功能可把测量数据变换到正造状态下以便修整和分段搭载。采用在 PDA 中安装数据采集软件 EcoMES 的测量设备，通过建立合理的坐标系，能够使所测的所有观测点的坐标都是相对于原点的坐标，省去了数据变化的过程，大大提高了数据采集效率。对于初学者，在可能的情况下，将测量坐标系跟船体坐标系设置的一样，即原点在分段中心，沿船长方向为 X 轴，左舷为 Y 轴，型深方向为 Z 轴，如图 6-18 所示。测量该分段时，把原点设在船中，左

舷为 Y 轴,高度方向为 Z 轴。

坐标系建立的具体过程:先将 PDA 设置到标准测量描述,将反射片放置在船体外板中心(使靶标中心在外板理论线上,如有中内龙骨,可把反射片放在其厚度的一边,所有测量结束后,利用坐标变换将全部坐标偏移其厚度的一半值);全站仪瞄准反射片圆心,打开 PDA,操作菜单→程序→EcoMES→测定→重新测定→标准测定→输入测定文件名称(按船厂编码标准起名),点击"测定"即显示如图 6-19 所示原点坐标"0,0,0";然后将反射片放置在船中靠前的某位置上和船体左舷底部外板上继续测量得 X 和 Y 方向,这样就建立了测量坐标系,该坐标系与船体坐标系一致。

图 6-18 坐标系的建立

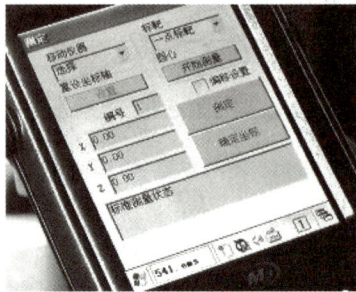

图 6-19 坐标原点测定

5. 数据的采集

数据采集指 PDA 与全站仪通过数据线或蓝牙等相连。全站仪测量得到的数据,直接显示在 PDA 上,可通过运行 EcoMES 软件对采集的数据进行处理。EcoMES 软件提供了多种测定方法,用以测量实物分段在胎架上的生产状态、装配状态等,借助其分析和计算功能可以测得距离、直线度、平整度、角度、圆心、弧长等。下面将详细进行介绍。

三、EcoMES 数据采集软件的功能界面

数据采集是通过三维精度数据测量软件 EcoMES 来实现的,该测量软件安装于 PDA 内,将全站仪测量的数据导入 PDA 中,可使用 EcoMES 软件功能对现场测量数据进行分析,也可将测量数据带回办公室分析。

现场数据采集的
准备工作

在船舶建造现场进行测量作业,具有以下特点:环境恶劣、温差大、灰尘多;测量目标多,测量点复现情况复杂;分段、搭载现场测量空间小,测量角度小;作业强度大;船坞船台资源有限;测量精度要求高等。因此,需要测量仪器具有功能强大、可靠性高、自动化程度高的特征。目前比较流行的是船舶建造专用全站仪,包括索加(Sokkia)全站仪和徕卡全站仪等型号。

1. EcoMES 软件的界面

在 EcoMES 的界面主要是由测定点列表和误差列表组成的,可以通过移动滚动条进行查看,如图 6-20 所示。

测定点列表:在查看勘测所得的测定点坐标以及经过变换的测定坐标时使用。

误差列表:在查看测定点坐标与设计坐标的偏差时使用。

EcoMES 软件的启动,可通过开始→运行 MES 进入初始界面。

图 6-20　EcoMES 的界面组成

2. 通信设置

在程序安装后,自动设置的通信设置如图 6-21 所示。在 PDA 中自动获取的端口号为
1 号,其余的设置参数以全站仪内的通信端口设置值为准进行设置。设置只需进行一次,其
后的连接将自动按此次所设置的参数进行连接。如果需要更改设置参数,可以按照"菜
单→设置→通信环境"的步骤进行修正。

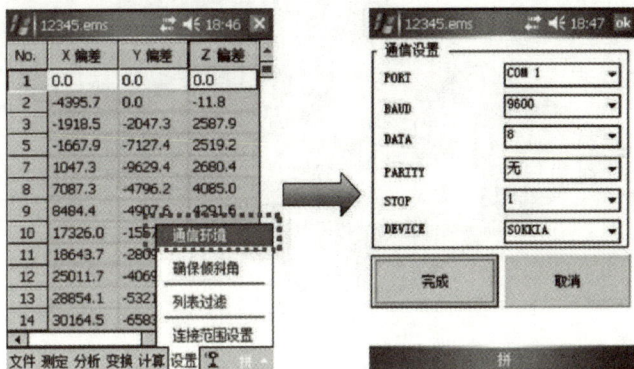

图 6-21　通信设置

3. 文件的管理

①新建文件。在开始一个新的测量任务或中断当前进行的测定任务开始新的测定时,
需要新建一个文件用来存放测量数据。EcoMES 支持重新勘测以及使用基准勘测文件进行
勘测的两种勘测方式。在使用基准勘测文件进行测定的情况下,首先选择基准勘测文件,
然后执行。

②读取文件。如 PAD 中已经存有测量文件或设计文件,可以直接读取这些文件,并进
行分析。

在 EcoMES 中,读取设计文件(*. des 格式)后,测定时将"设计点"与"测定点"以设计
文件为基准进行连接,通过这个功能,就可以对规定值(设计值)与实物值的误差进行实时
分析。

设计文件(* . des)的制作方法有以下两种：

①在 BLOCK 程序中,自动将管理点发送到 MES,生成设计文件。

②查看 Tribon 或其他软件所生成的校对表格,通过 MES 的设计点编辑功能,手动输入。

四、状态测定

对于实物分段的胎架生产状态、装配状态以及其他为了不同目的而进行的多种测定方法,EcoMES 均提供了相应的功能。

1. 标准测定

该方法在没有测定对象分段的设计数据情况下,选取任意一点作为原点,剩余点将用以生成用户指定的轴,然后进行测定。以下所叙述的是在标准测定中所提供的 3 种设置坐标轴的方法。

①原点(第 1 点)+X 轴(第 2 点)。第一测定点为原点(确定好 XY 平面),第二测定点与第一测定点的连线为 X 轴(如果该连线不在 XY 平面上,则该连线在 XY 平面上的投影为 X 轴),Z 轴方向始终以全站仪的水平垂直方向为准。其后所测定的点将自动按照先前生成的坐标系显示坐标,如图 6-22 所示。

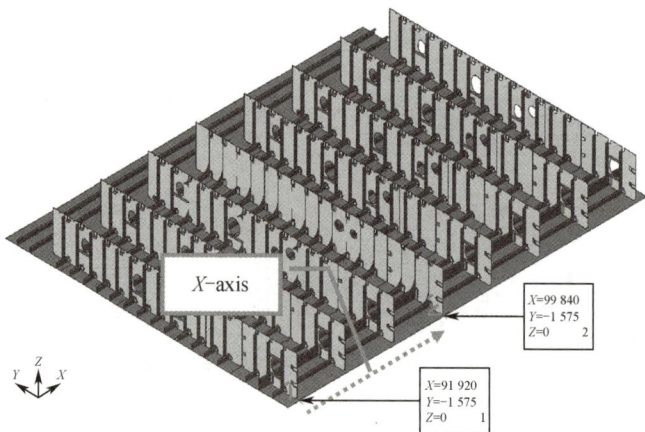

图 6-22　原点(第 1 点)+X 轴(第 2 点)

②X 轴(第 1~2 点)+Y 轴(第 3 点)。第一测定点为原点,第二测定点与第一测定点的连线为 X 轴(YZ 平面确定),第三测定点与第一测定点的连线为 Y 轴(如该连线不在 YZ 平面上,则该连线在 YZ 平面上的投影为 Y 轴)。其后所测定的点将自动按照先前生成的坐标系显示坐标,如图 6-23 所示。

③X 轴(第 1~2 点)+Z 轴(第 3 点)。第一测定点为原点,第二测定点与第一测定点的连线为 X 轴(YZ 平面确定),第三测定点与第一测定点的连线为 Z 轴(如该连线不在 YZ 平面上,则该连线在 YZ 平面上的投影为 Z 轴)。其后所测定的点将自动按照先前生成的坐标系显示坐标,如图 6-24 所示。

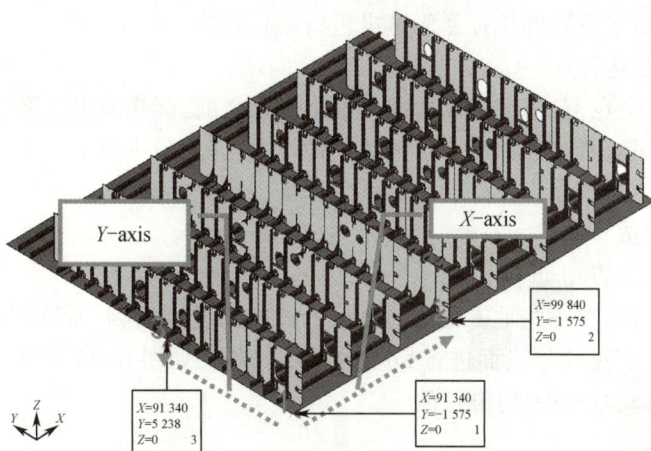

图 6-23　X 轴(第 1~2 点)+Y 轴(第 3 点)

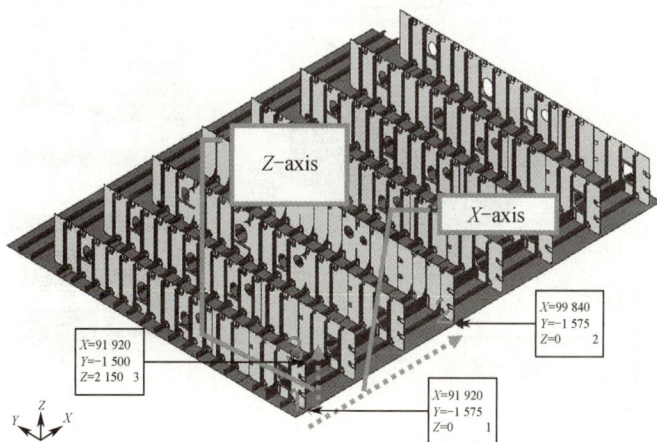

图 6-24　X 轴(第 1~2 点)+Z 轴(第 3 点)

2. 延续测定(2 点/3 点)

该方法是在有测定对象分段的设计数据情况下,将设计数据和测定数据相连接,然后进行测定。将测定数据的原点及轴转换成指定的设计数据的坐标,然后进行测定,因此不需要另外进行轴变换,可直接进行实物分段的误差分析作业。而且,在测定的同时将自动对比设计数据,计算实物分段的误差,并将结果表示出来。以下是在连接测定中所提供的两种(2 点/3 点延续测定)轴设置方法的相关说明。

(1)2 点延续测定

对于最初的两个点,在测定完成后但未确定坐标之前,会弹出当前测定点与需要连接的设计点的选择框,可

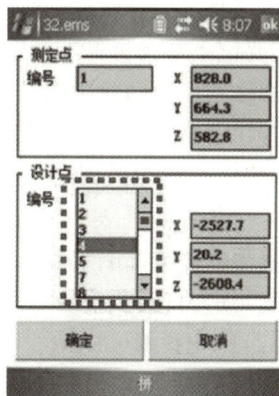

图 6-25　测定点与连接点选取

选择与当前测定点连接的设计点(图6-25),完成后进行下一个点的测定。从第3个点开始,测定点将自动以设置好的坐标系为基准进行坐标转换。

(2)3点延续测定

对于最初的3个点,在测定完成后但未确定坐标之前,会弹出当前测定点与需要连接的设计点的选择框,可选择与当前测定点连接的设计点,完成后进行下一个点的测定。从第4个点开始,测定点将自动以设置好的坐标系为基准进行坐标转换。

3. 测定界面组成

(1)仪器移动(2点/3点)

分段勘测作业时,在一些地方无法对所有分段的面进行勘测,所以需移动仪器,并将剩余分段面与先前测定过的分段面进行衔接后,继续测定,如图6-26所示。以下是EcoMES中所提供的仪器移动功能的使用顺序。

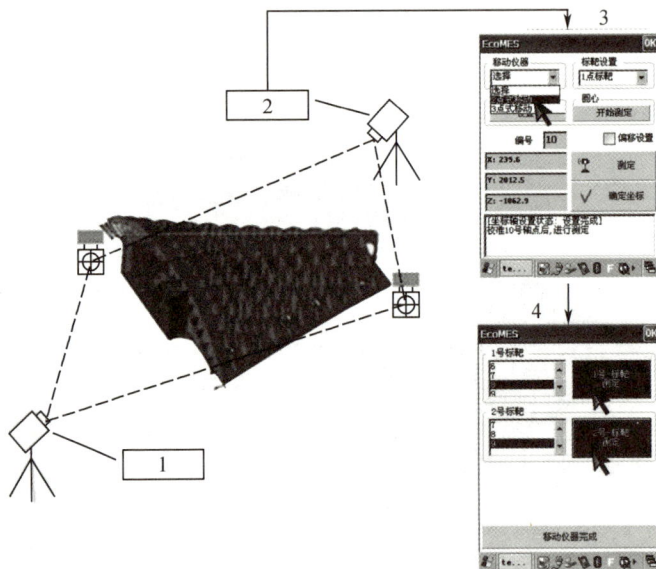

图6-26 测量仪器移动

①在测定完分段的一面后,移动仪器之前,需测定移动标靶(需要记下移动标靶的测定顺序)。

②移动仪器到分段的另一面。

③在EcoMES测定画面中,按移动标靶数选择菜单并运行。

④在测定点列表中选择对应的移动标靶编号后,分别测定。移动标靶全部测定完毕后将跳出仪器移动误差消息。可以反复测定,直到误差最小化,测定后完成仪器移动。

(2)标靶设置

一般来说,测定只需1点标靶即可。但被测位置可能因外部原因被遮掩而无法看见,在此情况下,可以使用2点标靶进行测定。以下是使用2点标靶进行测定的方法。2点标靶

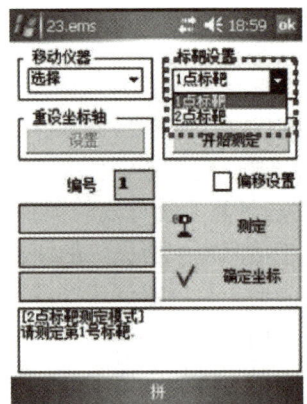

图6-27 2点标靶模式界面

模式界面如图 6-27 所示。

①在测定画面的标靶设置菜单中选择 2 点标靶并执行。

②选择 2 点标靶的间隔距离以及移动距离。大部分 2 点标靶的间隔距离和移动距离固定为 150 mm。如果所使用 2 点标靶的距离进行过更改,则可以在 EcoMES 中对其进行手动修正设置后再进行测定。

③第 1 点标靶测定(上方的标靶)。

④第 2 点标靶测定(下方的标靶)。

⑤在确定标靶测定误差后,根据用户的判断,如在误差范围内,则可以确定坐标,否则可以重复由①开始,重新测定 2 点标靶。

2 点标靶测定方法如图 6-28 所示。2 点标靶勘测完成后,自动恢复成 1 点标靶测定模式。

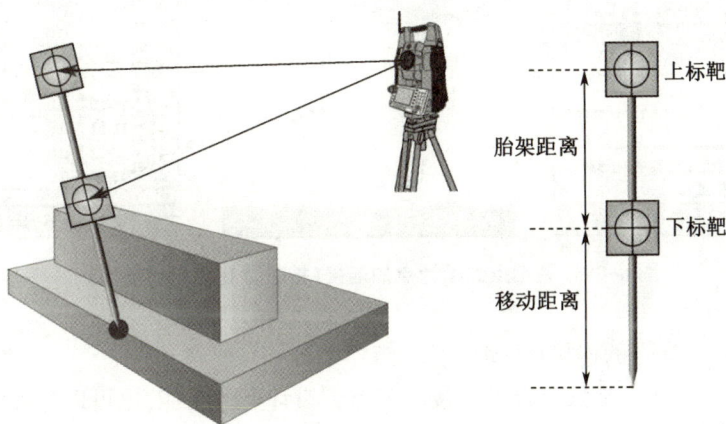

图 6-28　2 点标靶测定方法

(3)坐标轴重设

如因初始轴设置错误,而造成随后测定坐标全部错误的情况发生时,在 EcoMES 中可直接重新设置新坐标轴,先前所测定的点以及将要测定的点均自动以新坐标轴为准进行重新整理。使用该功能,即可无视那些因基准轴设置不正确而造成的测定数据错误,只需重设坐标轴即可,无须重新测定。

五、数据分析

EcoMES 提供多种功能,以对实物分段(测定参数)和设计分段(设计参数)之间的偏差值进行自动分析。本节中的内容将对测定点、设计点的连接方法,测定点、设计点的管理方法,以及数据修改、坐标转换等进行说明。

现场数据分析

1. 测定点到设计点的连接(自动)

在测定完成后,需要将测定点和设计点进行连接以分析误差,该指令提供自动以位置为基准,将测定点和设计点进行连接的功能。EcoMES 中,在自动连接之前可以设置"设计点"到"测定点"的连接范围。因为设置了连接范围,对于任意测定点到设计点间的距离,只

有在连接范围内的数据才可以进行自动连接。以下是在 EcoMES 中该功能的详细使用说明。

①菜单→分析→测定点到设计点连接(按位置基准自动连接)。

②连接范围设置:测定点到设计点连接范围设置为 100 mm。可以将该值进行任意变换。因此只将设置的连接范围(距离)内的测定点到设计点进行连接。

③向右移动 MES 的横向滚动条,分析偏差值。

自动连接如图 6-29 所示。

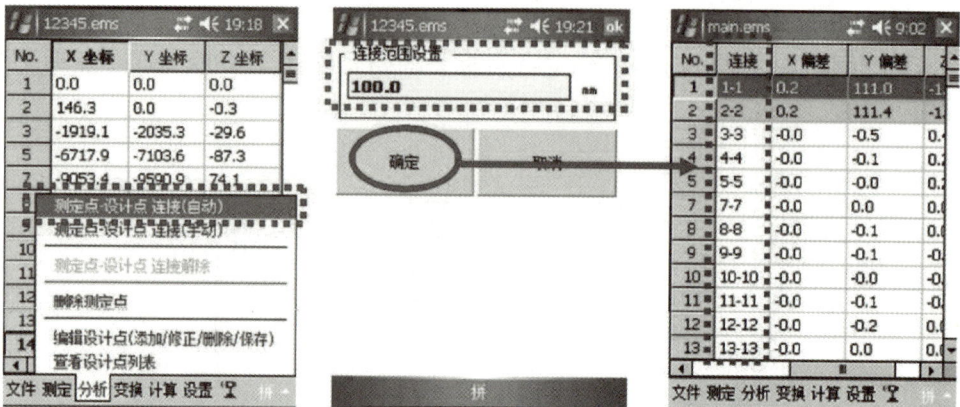

图 6-29　测定点到设计点的连接(按位置基准自动连接)

2. 测定点到设计点的连接(手动)

在 EcoMES 中,并不是只有自动连接测定点到设计点的功能,也可以选择需要连接的设计点进行手动连接。在自动连接未能将测定点和正确的设计点连接,从而无法分析误差值时,或用户从一开始就一点一点地进行手动连接时,均可使用该功能。如果手动将已经连接好的测定点与其他设计点进行连接,那么系统将自动擦除该点先前的连接信息,并将其与新的设计点进行连接。以下是该功能的详细使用方法。

①菜单→分析→测定点到设计点连接(手动)。

②双击列表中想要进行手动连接的行。

③在连接设置窗中,对比校对表格与测定点选择对应的设计点进行连接(在选择设计点时,将实时更新对应的设计和测定参数的误差值)。

④分析更新后的列表。

手动连接如图 6-30 所示。

3. 测定点到设计点解除连接

如果测定点与设计点未能正确连接,或者在不进行设计对比误差分析,只单纯是为了查看坐标值而进行测定的作业中,误将测定点与设计点连接,此时,通过此功能可将连接解除。以下所记述的是 MES 中该功能的详细使用办法。操作过程如图 6-31 所示。

①菜单→分析→测定点-设计点连接解除。

②双击列表中需要解除连接的行。

③在解除连接信息框中点击"是"。

④在更新后的列表中对连接解除结果进行确定。

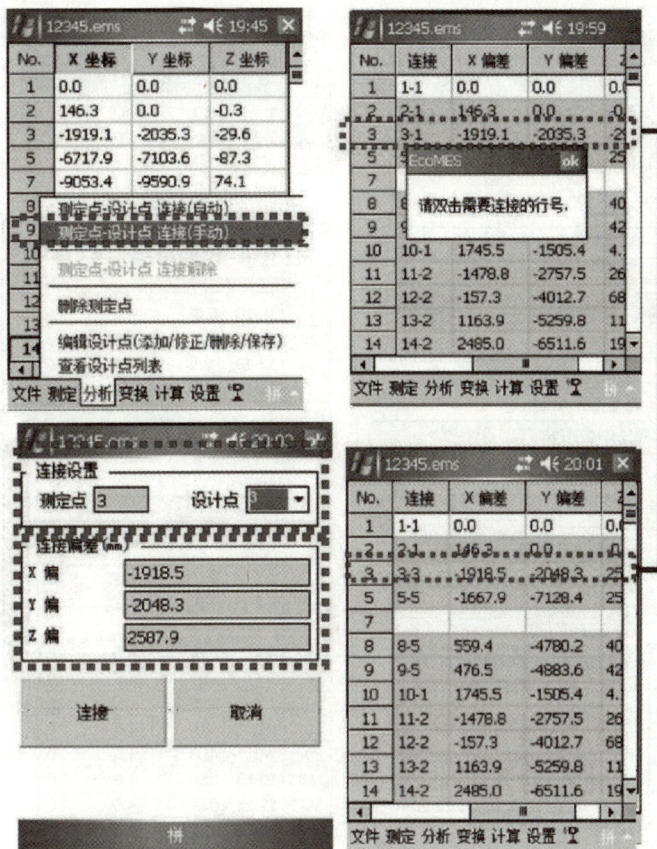

图 6-30　测定点到设计点连接（按位置基准手动连接）

4. 编辑设计点（添加/修正/删除/保存）

在 EcoMES 中，除了可以对测定点进行编辑，用户也可对设计点进行任意添加/修正/删除/保存。下面所记述的是 EcoMES 中，该功能的详细使用方法。设计点编辑界面如图 6-32 所示。

（1）添加。在校对表格上的设计点有缺失或没有生成设计文件（*.des）的情况下，用户利用该功能即可手动输入设计点。以下是 EcoMES 中该功能的详细使用方法，如图 6-33 所示。

①点击设计点编辑画面中的添加按钮。

②输入相关设计点后，点击"添加"按钮。

③在完成设计点添加之前，反复进行第②步操作。

④确定添加的设计点。

（2）修正。如果输错了设计点的设计值，EcoMES 还提供修正功能。以下是 EcoMES 中该功能的详细使用方法，如图 6-34 所示。

①点击列表中需要修正的设计点。

②点击"修正"按钮。

③在设计点修正画面中修正设计值。

④确定修正后的结果。

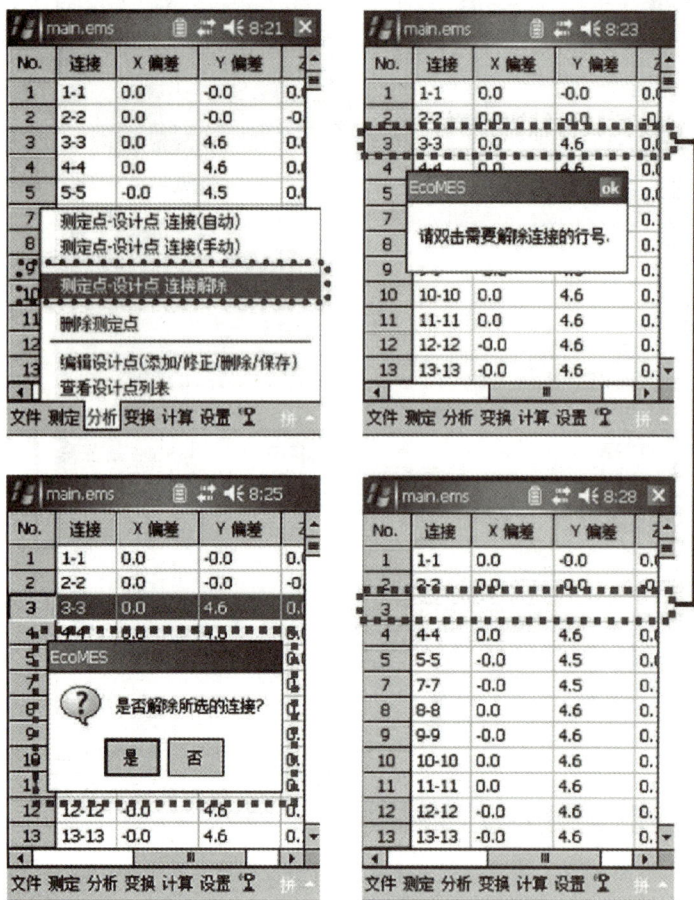

图 6-31　测定点到设计点解除连接

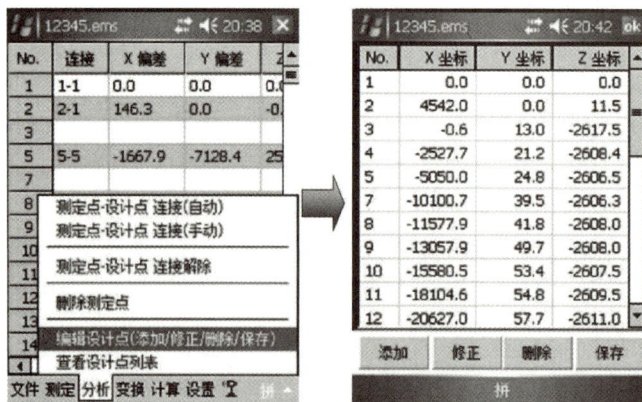

图 6-32　设计点编辑界面

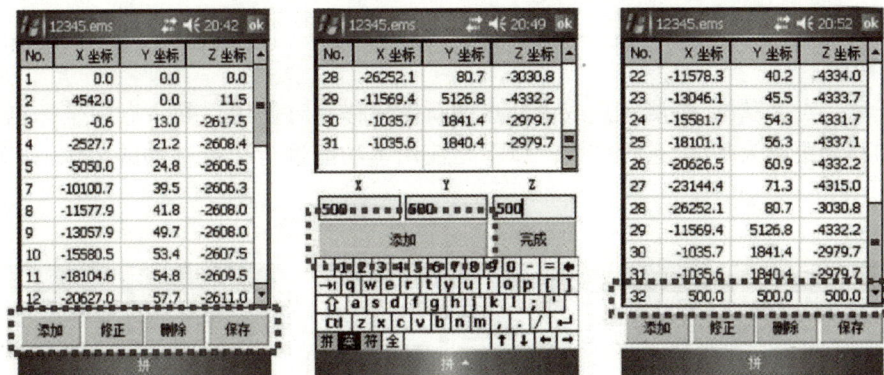

图 6-33 添加设计点

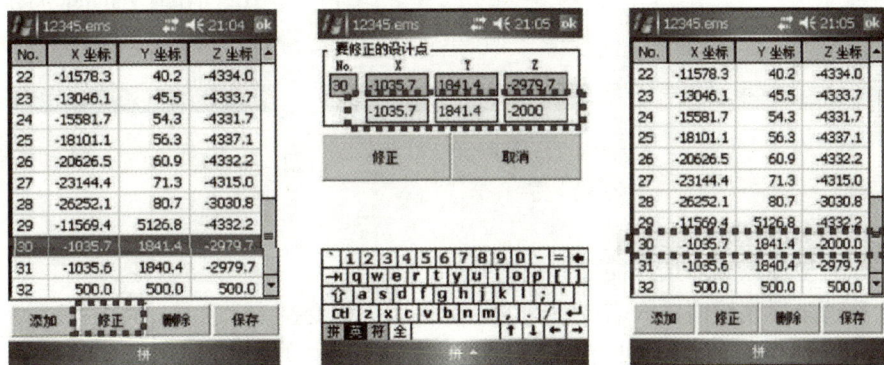

图 6-34 修正设计点

（3）删除。在 EcoMES 中可以删除测定错误的测定点。与［测定点-设计点连接解除］功能类似，双击对应的测定点即可删除该点，但删除的测定点将不可恢复。如果在教学编辑时输错了设计点的数值，可以把错误的数值删除，操作方法同修正类似。该软件的各阶段都支持回退和前进功能。

（4）保存。使用 EcoMES 进行添加/修正/删除后的设计参数可以保存为设计文件（*.des）格式。对于那些经常生产系列船或者相同分段的部门来说，生成一次设计文件后，日后的生产只需读取相关的设计管理文件，即可直接进行测定和分析。

（5）查看设计点列表。通过列表可轻易查看所读取的设计文件或用户手动输入的设计参数。该功能对那些按要求进行过变换的设计参数提供了"回退（un-do）"和"前进（re-do）"功能。在设计值和测定值的对比中，其偏差值将以执行"回退/前进"后的最终坐标为准，自动进行计算。

5. 坐标变换

为了对比设计值进行误差分析，需要进行精密的坐标变换。EcoMES 中不仅可以对测定坐标进行变换，对于设计坐标也可以按实际胎架状态或分段生产时实物分段放置的各种状态，将设计坐标转换成实物生产状态下的设计坐标。即校对表格上的设计标准值，不是实物分段放置生产时的状态，使用该功能可以将设计数据变换成实物状态下的坐标，其后以变换后的设计坐标为准,进行设计连接测定。以下是关于 EcoMES 所提供的各种坐标变换功能的说明。

(1)移动

以任意一点为基准,将测定点或设计点朝新坐标移动时使用。剩余点的坐标也自动以所选点的移动距离为基准,进行变换。以下是使用本功能进行 1 点移动的范例,如图 6-35 所示。

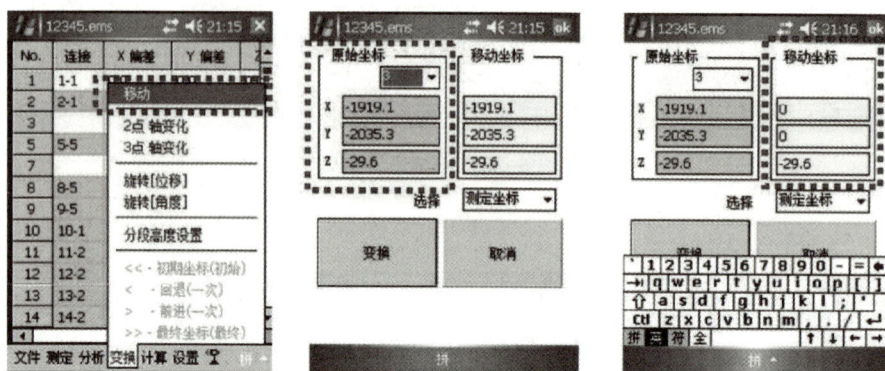

图 6-35 移动

①运行移动菜单。

②在原先坐标区域内选择需要移动的坐标。

③在移动坐标区域内输入需要移动的坐标值后进行变换。

(2)2 点/3 点轴变换到设计/测定参数

校对表格或设计标准坐标与实物放置状态不匹配时,使用该功能可进行轴变换,将设计坐标变换成实物状态下的坐标。同样,在执行测定坐标(在标准测定模式下测定所得)与设计参数的整合时,需要以任意 2 点/3 点设计点为准进行轴变换,使用该功能即可进行。以下范例介绍了如何通过 3 点轴变换将需要进行变换的标准设计坐标转换成实物状态下的设计坐标。2 点轴变换的应用与其类似。

①确定设计标准坐标(设计的分段状态)和实物分段状态(测定对象)的差异,或在测定坐标(标准测定模式下测定所得)与设计参数进行整合的时候,确定是否需要使用任意 3 个设计点进行轴变化。

以下是设计标准坐标与分段放置在胎架上的实物生产状态,如图 6-36 所示。

②为了将设计坐标变换成与实物状态一致,先选择 3 点进行变换,第 1 点将变换为原点,第 2 点将变换为坐标轴($X/Y/Z$)中 X 轴上的点,第 3 点则变换为 Y 轴上的点,如图 6-37、图 6-38 所示。

(3)旋转(位移)/旋转(角度)

EcoMES 中可以以位移或角度为准,进行各式各样的旋转操作。旋转(位移)功能的使用方法如下,需输入对应的旋转距离与旋转角度。

使用该功能,在选择任意 2 点作为旋转轴后,可使第 3 点绕该轴沿 $X/Y/Z$ 方向进行移动。此时,被选择作为旋转轴的 2 点如果各自经过变换而具有新坐标,那么同样经过变换的第 3 点将以新的旋转轴为基准沿 $X/Y/Z$ 方向进行移动。如图 6-39 所示,任意 2 点(旋转轴)各自移动,其后生成新的旋转轴,同样变换后的第 3 点绕新旋转轴沿 Z 方向上升了 5 mm 的高度。

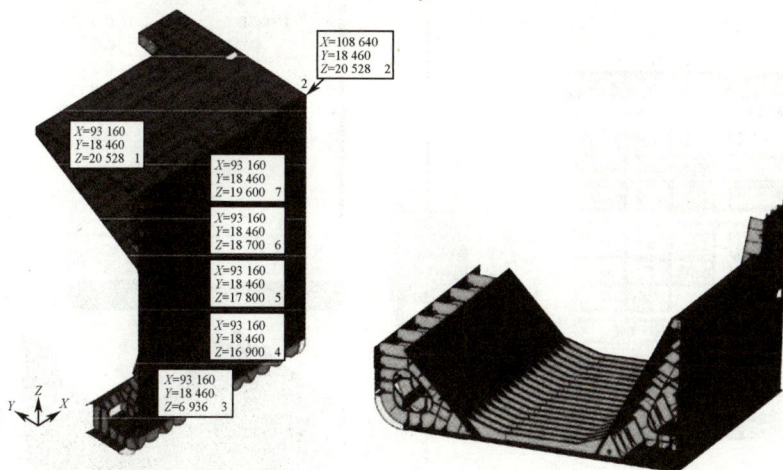

图 6-36　设计标准分段与生产中的实际分段状态的差异

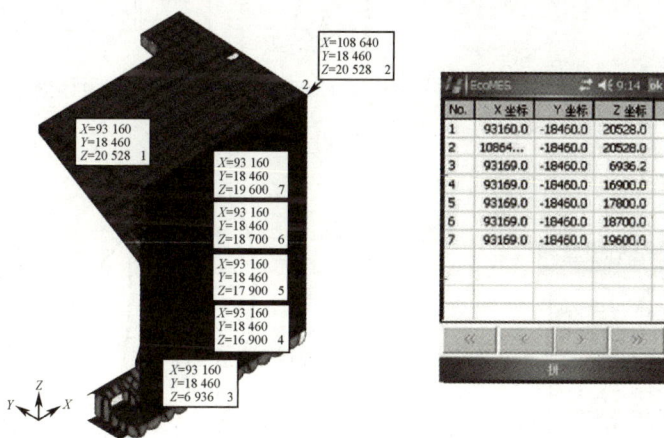

图 6-37　变换前设计标准分段

①选择旋转原点、旋转轴点以及旋转点。

②输入新的旋转原点与旋转轴点坐标,并在输入旋转距离后进行变换。

在 EcoMES 中,旋转距离不是指旋转半径(圆周)上的移动距离,而是实物分段绕轴在 $X/Y/Z$ 方向上的移动距离。例如,值为 X:0.0,Y:0.0,Z:0.0 的点沿圆周移动 5 mm 的时候(Z 方向),移动后的坐标并不是 X:0.0,Y:0.0,Z:5.0,准确值应为 X:0.0,Y:0.0,Z:4.895 4。其移动距离越大,精度就越低。因此,在 EcoMES 中,为了进行更准确的计算,采用了 $X/Y/Z$ 方向上的位移计算法。

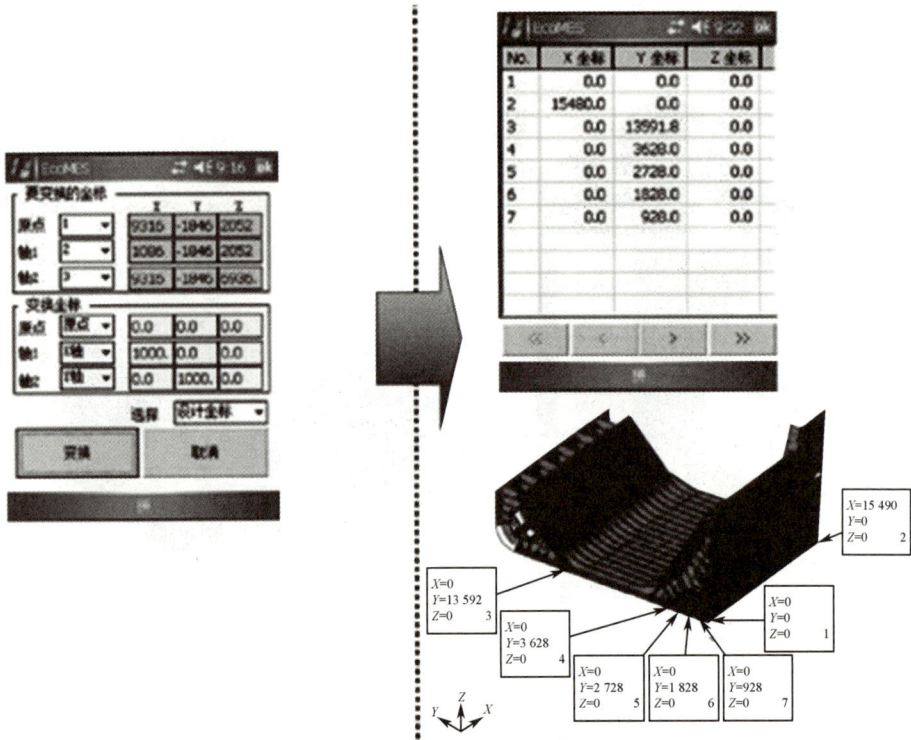

图 6-38　3 点轴变换后分段以及 EcoMES 上的变换后的设计坐标

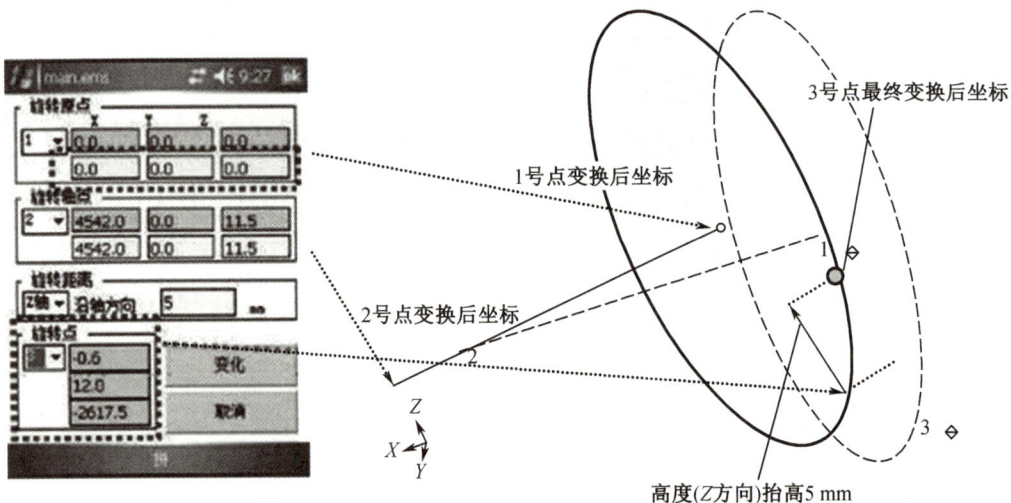

图 6-39　使用旋转（位移）功能的 3 点旋转移动方法

六、位置计算

1. 两点间距离

计算测定点和设计点的实际空间距离以及 $X/Y/Z$ 距离，并可便于查看。因此，可轻易获知设计与实物之间的实长距离及 $X/Y/Z$ 距离差异。同时，在 EcoMES 中，该功能也具备实时测量的分析能力，因此对于测定时遗漏的测定坐标，在现场即可直接进行补测并执行快速分析。如图 6-40 所示，测量①、②两点间距离。

采用 EcoMES 软件可轻松计算两点间的距离，按步骤①~⑤进行，计算结果如图 6-41 所示。

①点击计算两点间的距离。

②在测定点上选择起始点和结束点。

③选择坐标（测定坐标和设计坐标）。

④点击"计算"。

⑤查看结果（X 长、Y 偏差、Z 偏差、空间实长等）。

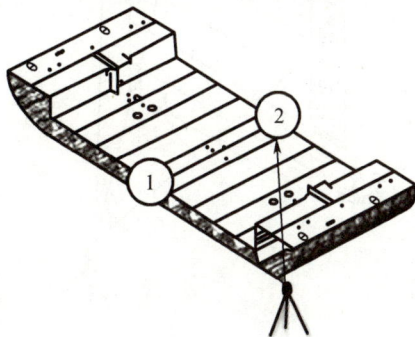

图 6-40　测量两点间的距离

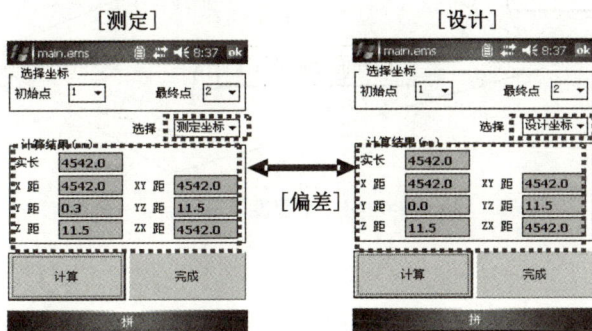

图 6-41　距离计算

2. 直线度

采用 EcoMES 软件计算测定点和设计点的直线度，结果便于查看，可轻易进行实物直线度的实长偏差及 $X/Y/Z$ 偏差分析。如图 6-42 所示，计算 1 点、2 点、3 点间的直线度。

计算步骤如下：

①首先选择任意 2 点作为基准直线。

②以①中选择的 2 点所组成的基准直线为准，选择要求直线度的点后，点击计算按钮，进行结果分析，如图 6-43 所示。

3. 平整度

在 EcoMES 中，为分析实物分段的平整度提供了相应的计算功能。该功能支持实时测量分析，在现场即可对测定点/设计点进行快速分析。图 6-44 是计算分段上四点的平整度。

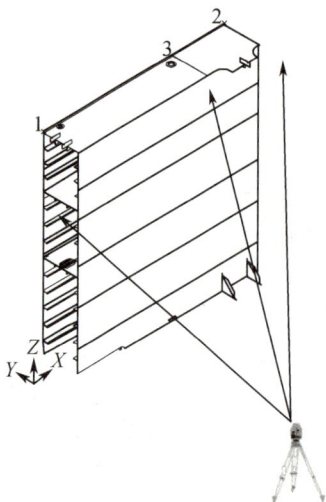

图 6-42　直线度

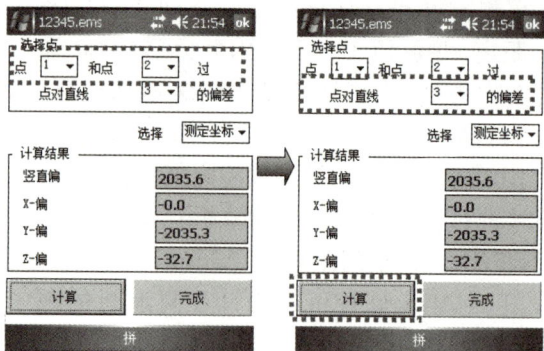

图 6-43　直线度计算

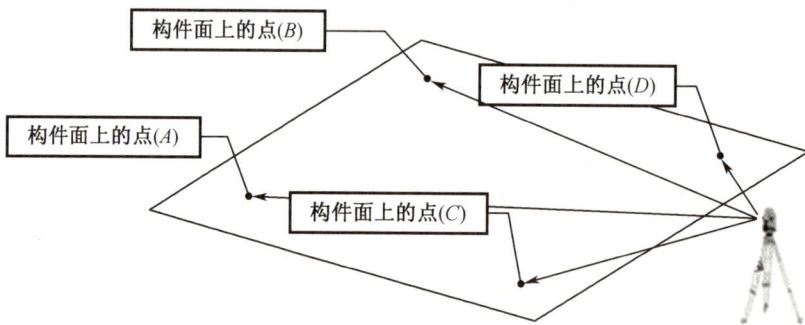

图 6-44　平整度示意图

计算步骤如下：

①在构件上选择或测定任意 3 点构成平面。

②对应①中所形成的平面选择需要确认平面度的点，然后点击计算按钮。

③分析平面度。

计算界面如图 6-45 所示。

4. 角度

在 EcoMES 中，具备计算测定坐标和设计坐标的角度，结果便于查看。同时，该功能也具备实时测量的分析能力，因此对于测定时遗漏的测定坐标，在现场即可直接进行补测并执行快速分析。对比设计及实物，轻易进行角度分析。

（1）三点间的角度。测量 1、2、3 三点间的角度，如图 6-46 所示。

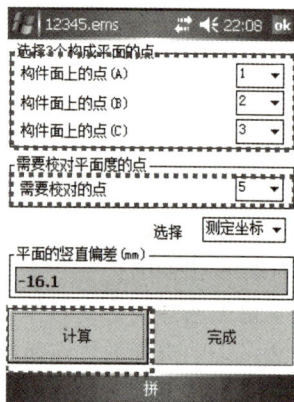

图 6-45　平整度计算

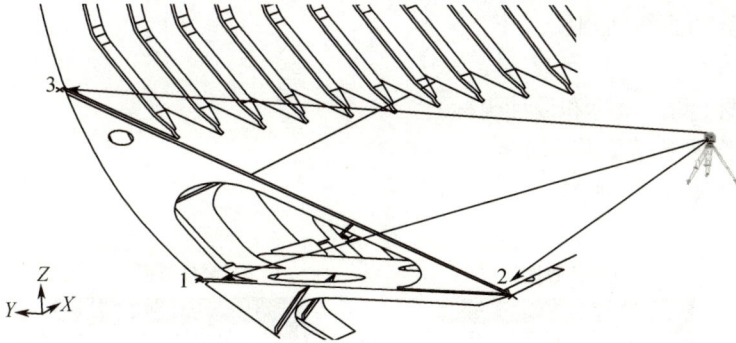

图 6-46　测量三点间的角度

计算步骤如下：

①实施计算三点间角度。

②选择 3 点。

③确认计算结果以及误差分析。

计算界面如图 6-47 所示。

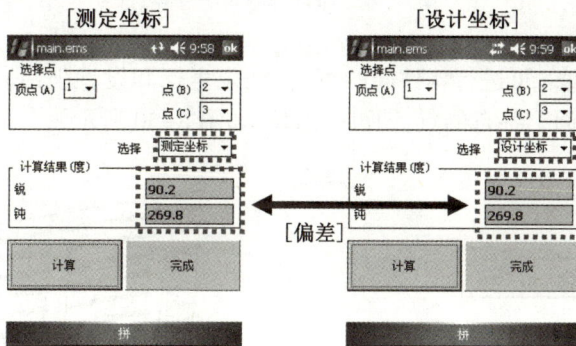

图 6-47　三点间角度计算

（2）两直线间角度。可以计算测定点或设计点所构成的直线夹角，如图 6-48 中，2~4 与 5~6 的夹角。

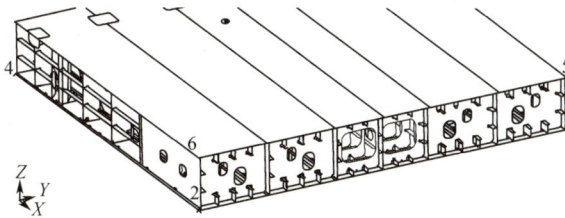

图 6-48　测量两直线间的夹角

计算步骤如下：

①实施计算两直线间角度。

②选择两直线。

③选择坐标(测定坐标和设计坐标)。

④确认计算结果以及误差分析。

计算界面如图6-49所示。

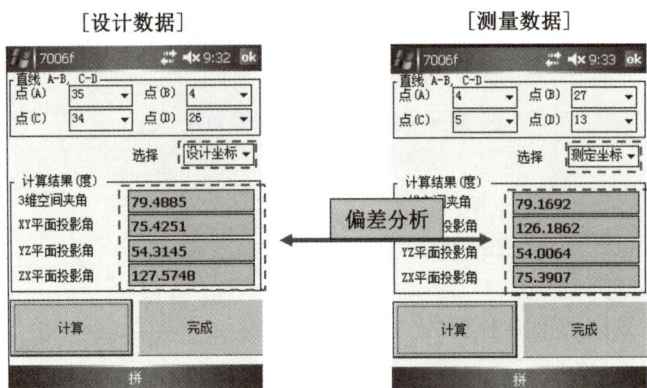

图6-49 两直线间角度计算

（3）构件间的角度。可进行构件间的角度(测定坐标和设计坐标)计算，现场直接测量两构件交叉线以及构面上各自的点，即可得出角，如图6-50所示。

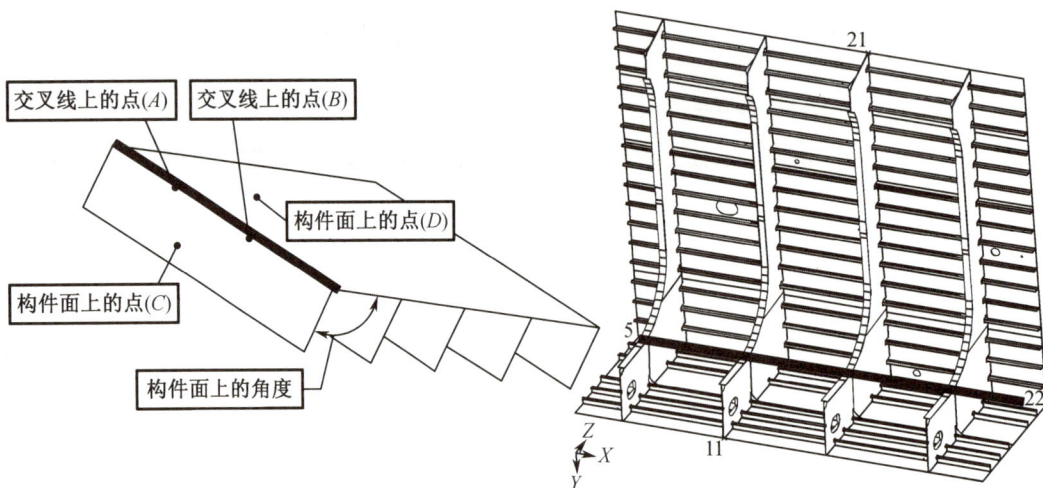

图6-50 构件间的角度计算示意图

计算步骤如下：

①实施计算构件间的角度。

②选择构件间交叉线上的两点进行测定。

③选择构件面上的任意点进行测定。

④确认计算结果以及误差分析。

计算界面如图 6-51 所示。

5.圆心

在 EcoMES 中,测量圆周上的任意 3 点后,可求圆心坐标,并可对管道或球形物体的设计及实物进行对比分析偏差。操作界面如图 6-52 所示。

6.弧长

在 EcoMES 中,测量任意组成弧线上的 3 点后,即可求出弧线长度。操作界面如图 6-53 所示。

7.余量划线/检测

以船的对焊面上的检查线或临近对焊面的最近一道肋检线为基准,设立基准面(局部坐标系中的第二或第三种方法)。随后在对焊面上任意打点并比对设计数据后,即可知道该点的余量值(X、Y、Z 三个方向坐标均已考虑)。

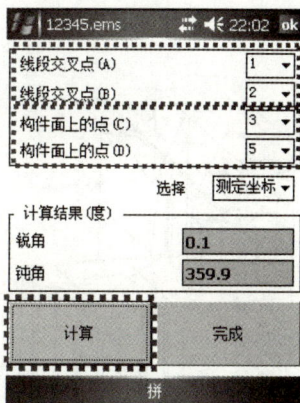

图 6-51　构件间角度计算

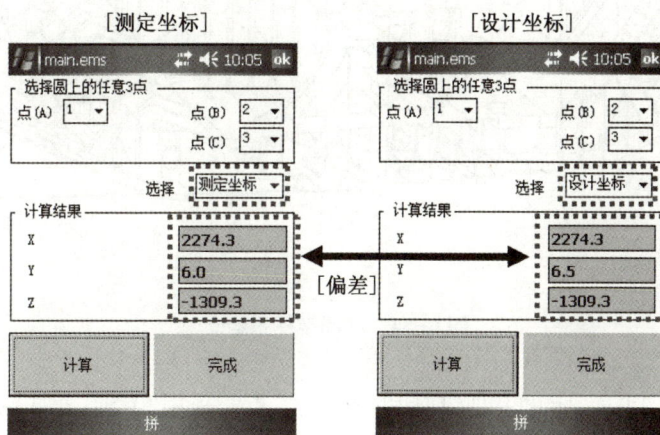

图 6-52　圆心计算

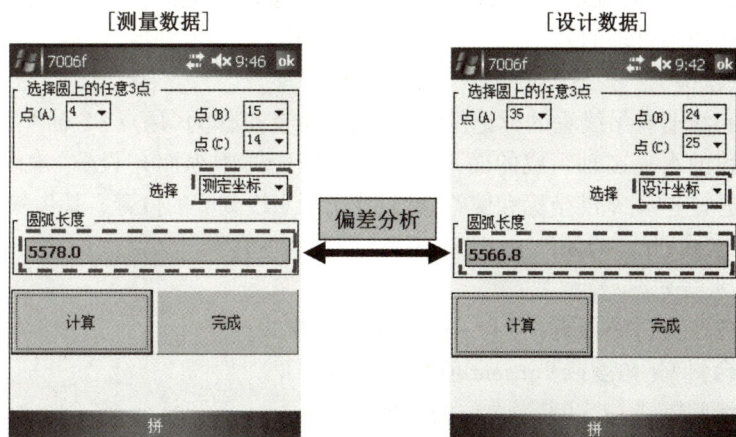

图 6-53　弧长计算

使用"X 轴（第 1~2 点）+Y 轴（第 3 点）"或"X 轴（第 1~2 点）+Z 轴（第 3 点）"设置局部坐标系，如图 6-54 所示。

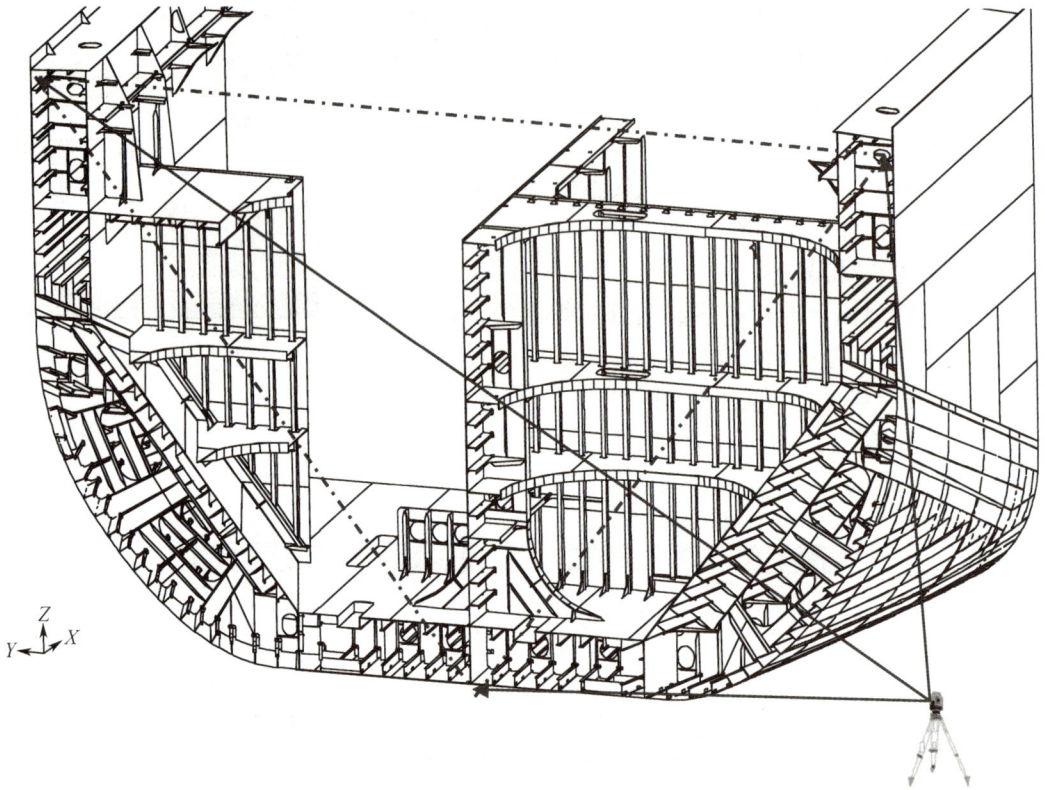

图 6-54　局部坐标系建立

测量端面（BUTT 面）上的其他纵骨和外板交叉点。采用"X 轴（第 1~2 点）+Y 轴（第 3 点）"时，根据 Z 值数据划余量线；采用"X 轴（第 1~2 点）+Z 轴（第 3 点）"时，根据 Y 值数据划余量线。应当注意的是，分段的变形是必然的，查看端面数据时一定要同时注意 X、Y、Z 数据，根据三维空间数据偏差才能得出真正准确的余量值和变形值。单纯取信其中一个数值的方法是片面和不合理的。

8. 水线划线/检测

在船的中心线上有吊线垂的标记位置，设置两个支点作为"原点-X 轴"后（即 2 点所成的直线与全站仪的水平 Z 轴组成的面平行或重合于船体中纵面），设置"水线划线/检测"。然后看现在测定的坐标、基准坐标和偏差，可以找出画水线刻度的位置。其步骤如下：

（1）运行"水线划线/检测"。

（2）设置"水线划线/检测"。

①轴设置方法：选择"原点（1PT）-X 轴（2PT）"模式。

②输入船台斜率（角度或 Tangent 值，二选一）。

③设置水线间隔：输入以米为单位的刻度间隔。

（3）出现测定信息框后根据提示测定（按设置原点-X 轴、水线基准点的顺序测定）。

①开始设置"原点-X 轴"，首先出现"完成原点测定"对话框。

②点击"确定"。

③根据提示进行"原点–X轴"设置的原点测定。

④进行"原点–X轴"轴点的测定,然后完成"原点–X轴"的设置。

⑤程序自动根据输入的斜率调整坐标轴。

水线划线/检测界面如图 6-55 所示。

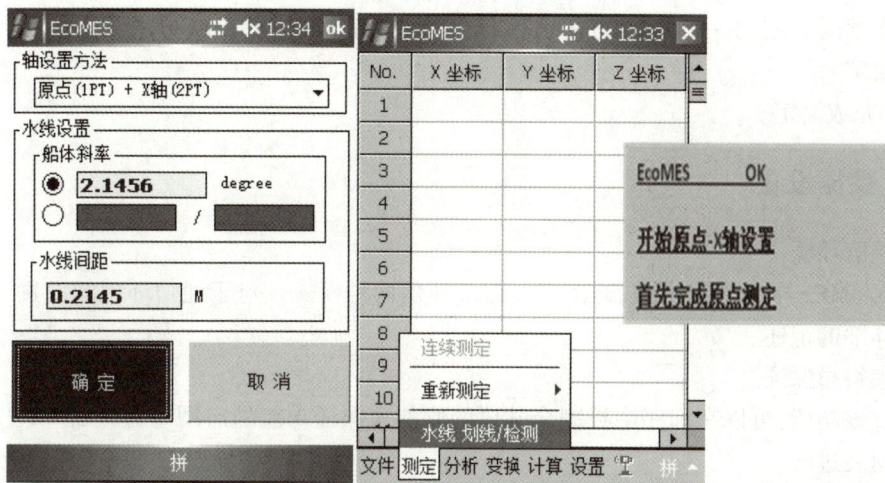

图 6-55　水线划线/检测界面

(4)测定水线的基准点。测定好基准点后,就会出现基准坐标、测定坐标、偏差值,如图
6-56 所示。

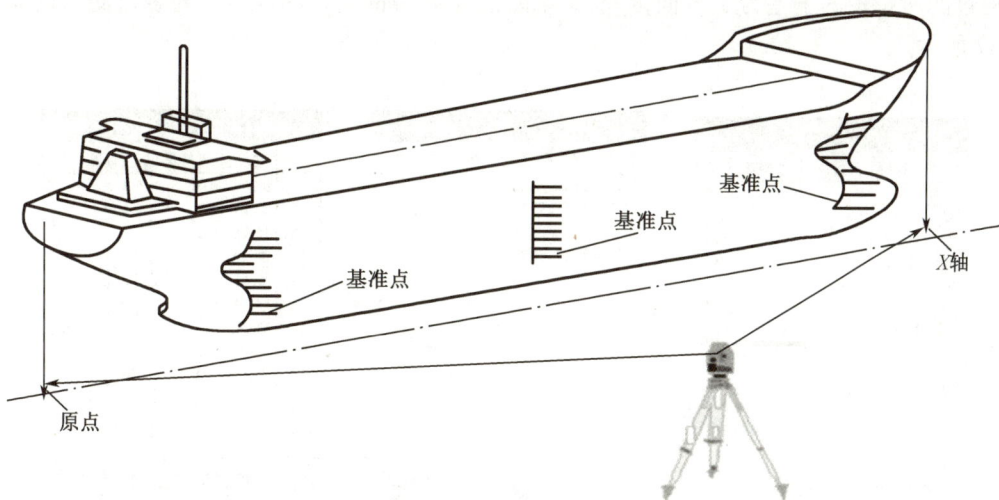

图 6-56　测定水线基准

其中测定坐标 X、Z 是当前测定的坐标值,基准坐标 X 是从"原点–X轴"中所设定的原
点到水线基准点的 X 轴向坐标值,由于船体存在倾角,如果测量的水线垂直于船台线且经
过水线基准点,其 X 值将始终和基准坐标 X 值相同。

基准坐标 Z 是水线刻度的水平理论高度位置,如假设水线的基准点水平为"100",水线间隔为"200",现在测定的水平为"130",基准坐标 Z 为"100",偏差值就为"30"。假设现在测定的水平为"280",基准坐标 Z 输入"300",那么偏差值就为"−20"。偏差值是测定坐标减去基准坐标的值。

(5)设置测定方法。

①单一测定:仅一次的测定。

②连续测定:点击一次测量按钮,仪器就会自行连续测定(终止:再次点击按钮,就会终止连续测定)。

(6)完成测定。

七、数据设置

1. 通信环境

在 EcoMES 中,支持数据线通信以及蓝牙通信两种模式。对于通信环境的设置,前文已经做了详细的记述。

2. 倾斜角保证

通过该功能,可以在程序中控制全站仪的倾斜角保证功能的启用与否(ON/OFF)。

3. 列表过滤

在 EcoMES 中,测定点到设计点误差分析时,为了便于查看结果,提供了列表过滤功能。可以选择 4 种过滤(实长误差/X 偏差/Y 偏差/Z 偏差)中的一种,对其相应的许用误差进行设置(默认基本误差设置值为实长误差(10.0)/X 偏差(10.0)/Y 偏差(10.0)/Z 偏差(10.0))。其后,列表根据用户制定的过滤值,将超出范围的测定坐标用红色进行标示。便于用户对分段变形状态进行把握掌控,并执行有效的精度管理作业。在以下该功能的使用范例中,列标过滤所指定的偏差为 Y 方向偏差,其偏差值为 15 mm 以上的数据。列表过滤示例如图 6-57 所示。

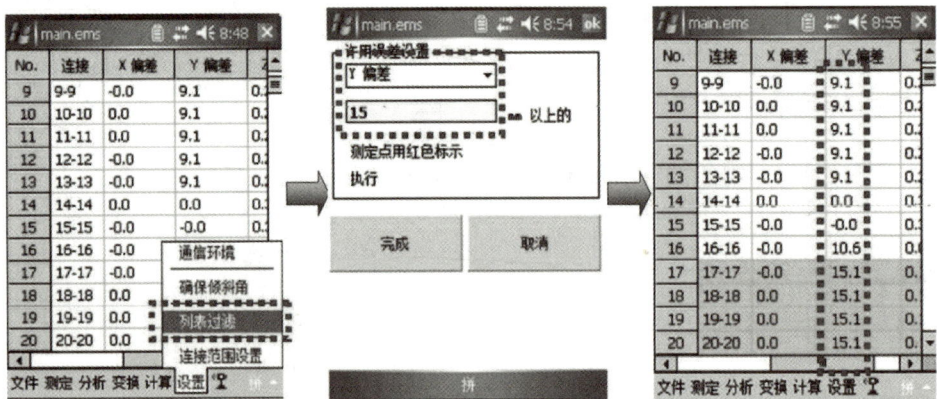

图 6-57　列表过滤示例

【任务实施】

任务内容:分段数据的采集和初步分析;

任务要求:在项目二任务1的基础上,进一步使用全站仪完成分段数据的采集,并使用MES软件对测量数据进行初步分析,采集数据应至少包含分段两个端面上的关键点;

场地:船舶建造工艺实训室或具有船舶分段场所;

工具:全站仪、钢直尺、卷尺等;

操作要求:测量完成后,将调整后的测量数据填入表格或截取MES软件界面上能显示测量坐标的照片粘贴在此处。

分段名称			测量人员		测量时间	
序号	测量点	X	Y	Z		
①	1					
②	2					
③	3					
④	4					
⑤	5					
⑥	6					
⑦	7					
⑧	8					
⋮	⋮					
分段状态分析						

任务二　测量数据的分析

【任务描述】

船舶装配过程中,船体分段测量的数据较大,一次测量的数据都在上百甚至几百个,数据的分析一般是通过软件来实现的。船舶三维精度管理系统的数据采集软件 EcoMes 和数据分析软件 EcoBlock 都能进行数据分析,前者是安装在 PDA 上的,能在现场进行数据的简单处理,后者是安装在计算机上的,可通过操作图形来进行数据分析,功能更为强大。但要自动生成精度检测报告,则只能在后者上进行。本任务重点介绍 EcoBLOCK 软件的操作过程以及现场采集的数据分析。

【知识准备】

一、基于 EcoBLOCK 软件的数据分析流程

EcoBLOCK 软件介绍

叁铭造船精度管理系统以三维分段精度管理软件 EcoBLOCK 进行分段数据分析。EcoBLOCK 是以三维 CAD 为基础,在三维空间与设计进行对比,进行分析、转换、计算等作业,而后进行管理、分析生产分段的精度数据,使用绘图/模板功能制作 2D 检测表格。其功能在任务一已经阐述。本任务主要介绍 EcoBLOCK 软件的界面,数据的读取、保存,管理要素和分析功能。软件主要应用流程如图 6-58 所示。

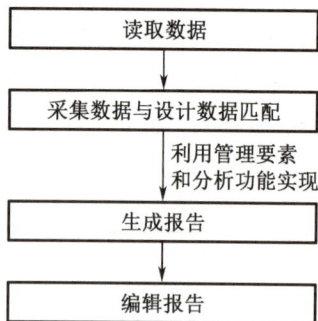

图 6-58　EcoBLOCK 的应用流程

二、EcoBLOCK 软件的工作界面

EcoBLOCK 软件存在 3D 和 2D 两种作业视图。3D 视图主要在分析时使用,2D 视图则是在制作检测表格时使用。

1. EcoBLOCK 软件 3D 视图界面

EcoBLOCK 软件的 3D 视图界面如图 6-59 所示。

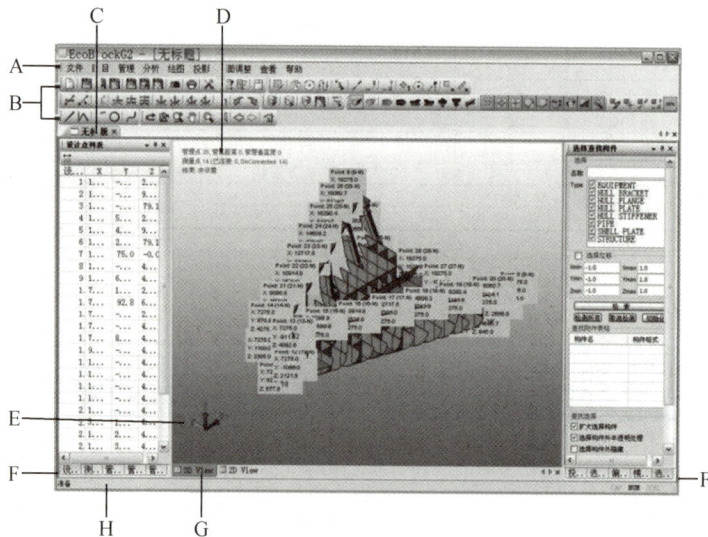

图 6-59　EcoBLOCK 软件的 3D 视图界面

图 6-59 中,A 在 3D 作业菜单栏中罗列出了快捷工具栏,快捷工具栏中没有的作业选项可以在菜单中选择。

B 是快捷工具栏:快捷按钮按不同类别分布,用户可根据喜好自由将其进行合理摆放。

C 是项目作业栏:显示当前作业的项目。

D 是分析信息:可以在作业窗中直接确认项目分析信息,可通过快捷按钮选择显示或隐藏。

E 是坐标轴:确认全局坐标轴方向。

F 是 Pane 模块:可以检查/设置菜单功能以外的属性。

G 是当前作业窗:可切换 3D/2D 作业窗口进行作业。

H 是当前坐标:显示鼠标当前所处位置的坐标值,以及显示所对应的构件名称。

3D 界面的工具栏含义如图 6-60 所示。

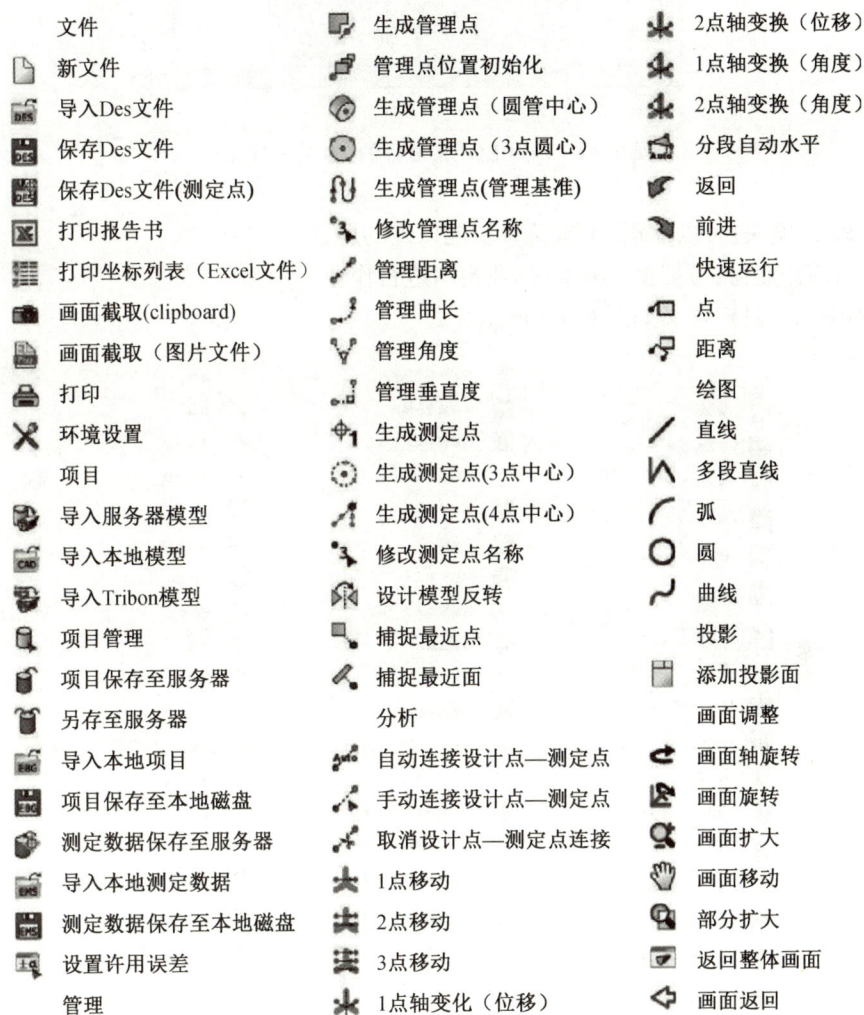

文件		生成管理点		2点轴变换(位移)
新文件		管理点位置初始化		1点轴变换(角度)
导入Des文件		生成管理点(圆管中心)		2点轴变换(角度)
保存Des文件		生成管理点(3点圆心)		分段自动水平
保存Des文件(测定点)		生成管理点(管理基准)		返回
打印报告书		修改管理点名称		前进
打印坐标列表(Excel文件)		管理距离		快速运行
画面截取(clipboard)		管理曲长		点
画面截取(图片文件)		管理角度		距离
打印		管理垂直度		绘图
环境设置		生成测定点		直线
项目		生成测定点(3点中心)		多段直线
导入服务器模型		生成测定点(4点中心)		弧
导入本地模型		修改测定点名称		圆
导入Tribon模型		设计模型反转		曲线
项目管理		捕捉最近点		投影
项目保存至服务器		捕捉最近面		添加投影面
另存至服务器		分析		画面调整
导入本地项目		自动连接设计点—测定点		画面轴旋转
项目保存至本地磁盘		手动连接设计点—测定点		画面旋转
测定数据保存至服务器		取消设计点—测定点连接		画面扩大
导入本地测定数据		1点移动		画面移动
测定数据保存至本地磁盘		2点移动		部分扩大
设置许用误差		3点移动		返回整体画面
管理		1点轴变化(位移)		画面返回

图 6-60　3D 界面的工具栏含义

2. EcoBLOCK 软件 2D 视图界面

EcoBLOCK 软件的 2D 视图界面如图 6-61 所示。

图 6-61 中,A 罗列出了 2D 菜单功能,工具栏中没有的功能可在菜单中查找。

B 是工具栏:快捷按钮按不同类别分布,用户可根据喜好自由将其进行合理摆放。

D 是 2D 视图作业窗:制作图纸作业窗。

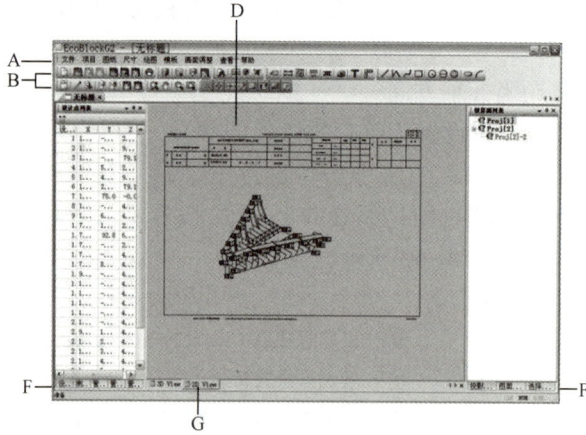

图 6-61　EcoBLOCK 软件的 2D 视图界面

F 是 Pane 模块：可以检索/设置菜单功能以外的属性。

G 是当前作业窗：可切换 3D/2D 作业窗口进行作业。

2D 界面的工具栏含义如图 6-62 所示。

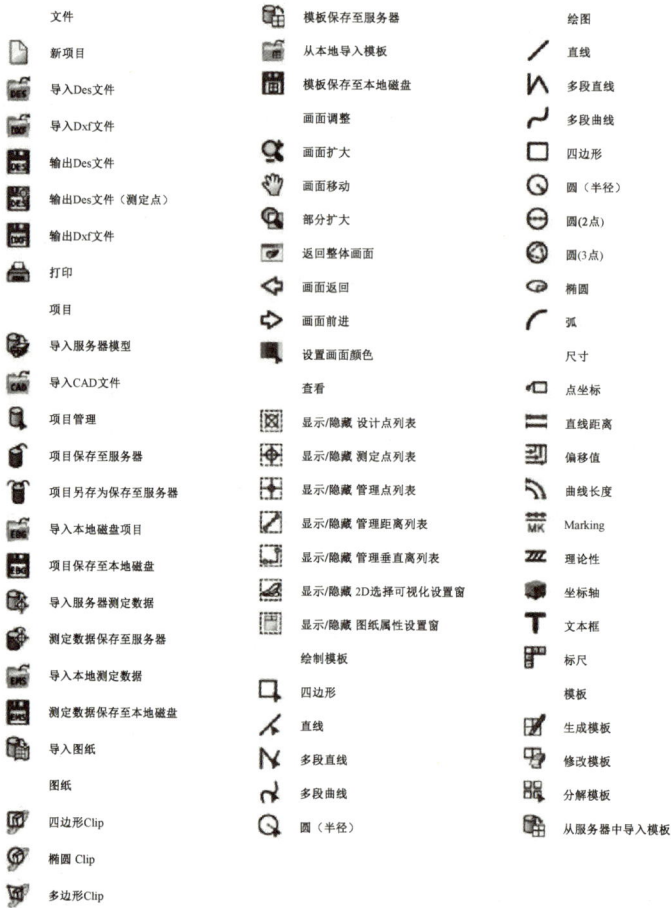

文件
新项目
导入Des文件
导入Dxf文件
输出Des文件
输出Des文件（测定点）
输出Dxf文件
打印

项目
导入服务器模型
导入CAD文件
项目管理
项目保存至服务器
项目另存为保存至服务器
导入本地磁盘项目
项目保存至本地磁盘
导入服务器测定数据
测定数据保存至服务器
导入本地测定数据
测定数据保存至本地磁盘
导入图纸

图纸
四边形Clip
椭圆 Clip
多边形Clip

模板保存至服务器
从本地导入模板
模板保存至本地磁盘

画面调整
画面扩大
画面移动
部分扩大
返回整体画面
画面返回
画面前进
设置画面颜色

查看
显示/隐藏 设计点列表
显示/隐藏 测定点列表
显示/隐藏 管理点列表
显示/隐藏 管理距离列表
显示/隐藏 管理垂直距离列表
显示/隐藏 2D选择可视化设置窗
显示/隐藏 图纸属性设置窗

绘制模板
四边形
直线
多段直线
多段曲线
圆（半径）

绘图
直线
多段直线
多段曲线
四边形
圆（半径）
圆(2点)
圆(3点)
椭圆
弧

尺寸
点坐标
直线距离
偏移值
曲线长度
Marking
理论性
坐标轴
文本框
标尺

模板
生成模板
修改模板
分解模板
从服务器中导入模板

图 6-62　2D 界面的工具栏含义

三、文件管理

1. 建立新文件

当需要新建文件时,运行[文件]→[新文件]或是点击快捷键,生成新文件时,会出现只有坐标轴的空白作业窗口,如图 6-63 所示,此时可以开始新的工作。

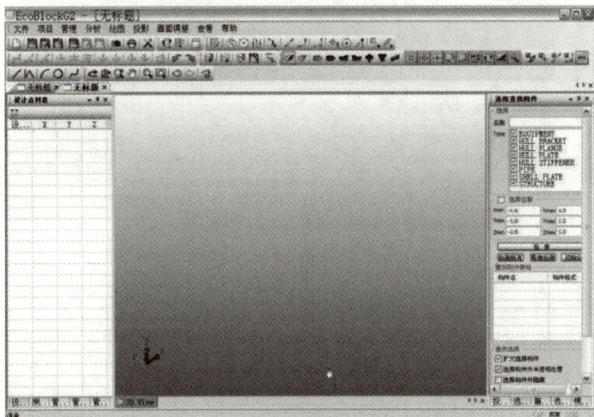

图 6-63　建立新文件

2. 导入已有文件

当本地磁盘已有测定文件,可直接打开。步骤如下:

①运行[项目]→[从本地磁盘中导入测定文件]或点击快捷键。

②选择导入的测定文件。

③点击[打开],导入测定文件完毕。

3. 导入设计模型

当进行数据分析时,可导入设计模型。

①运行[项目]→[导入本地模型]或点击快捷键。

②选择要导入的设计模型文件形式。

③选择要导入的设计模型,模型文件可选择多个。

④点击[打开],导入模型完毕。

EcoBLOCK 软件支持的可导入的设计模型文件格式包括(. DXF/. SAT/. EMB/. VOL/. CAT/. CAT Part/. CATProduct file/. CGR)。图 6-64 是导入的设计模型。

此外,该软件还可以从服务器中将模型和数据导入本地磁盘,可删除本地磁盘上的模型和数据。

四、数据分析的管理要素

管理点是指实行精度管理的点。管理作业是从导入设计文件生成管理点开始,管理参数是指分析管理点、管理距离、管理角度等的所有参数,也包括计算出各参数的坐标值、距离值、角度值等。

Block 的使用

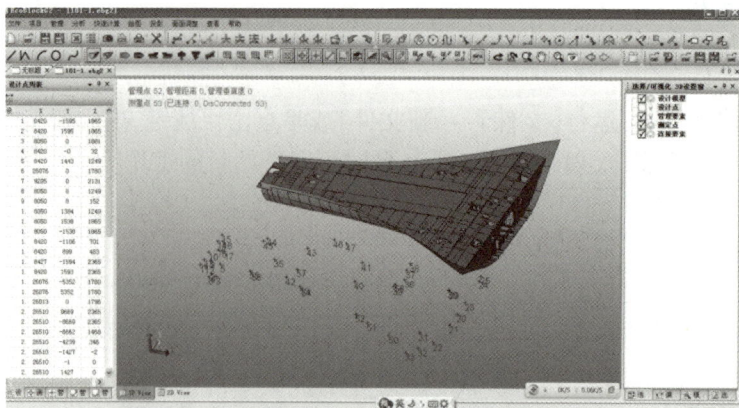

图 6-64　导入设计模型

1. 捕捉管理点（点/面）

点的捕捉：在运行［管理］→［生成管理点］的状态下，执行［管理］→［捕捉最近点］或点击快捷键。再次选择［捕捉最近点］模式时，会取消所选模式；鼠标移动到设计模型上时，会出现四角形辅助标记。鼠标移动到棱角或顶点时，会自动出现辅助标记，点击想要的支点，生成管理点，如图 6-65 所示。

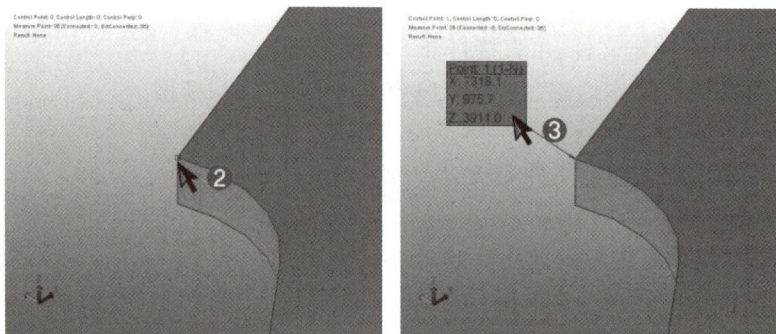

图 6-65　捕捉管理点

面上的点捕捉：在运行［管理］→［生成管理点］的状态下，执行［管理］→［捕捉最近点］或点击快捷键，再次选择［捕捉最近点］模式时，会取消所选模式；鼠标移动到设计模型上时，会出现四角形辅助标记；鼠标移动到棱角或顶点时，会自动出现辅助标记；点击想要的支点，生成管理点，如图 6-66 所示。

2. 生成管理点（面到线交叉）

捕捉外板和内部件的交叉点、构件过焊孔位置的外板和内部件交叉点（图 6-67）。步骤如下：

①运行［管理］→［生成管理点］或点击快捷键。

②按住 Ctrl 键，点击鼠标点击选择构件的边线。

③按住 Shift 键，点击鼠标点击选择与线段交叉的面。

④自动生成线-面交叉点。

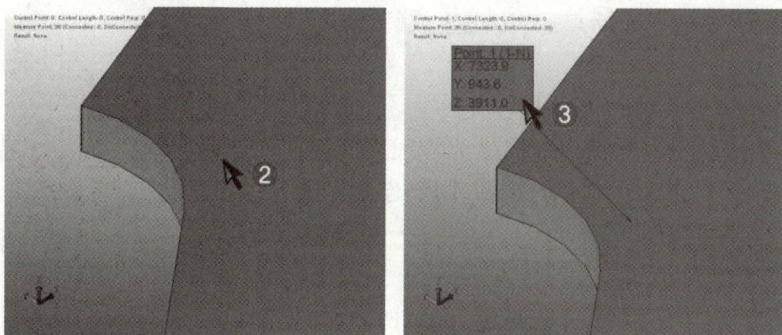

图 6-66　捕捉面上的点

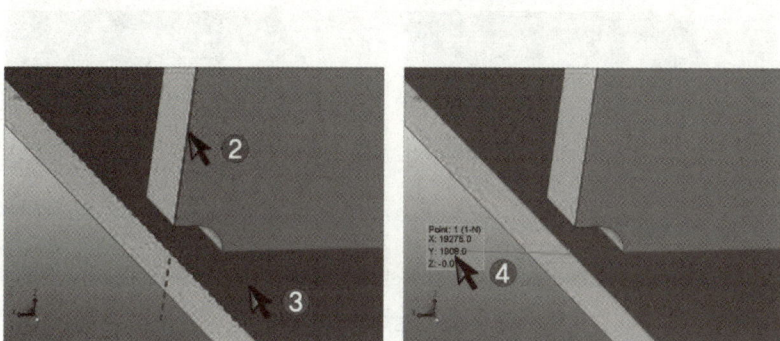

图 6-67　生成面线-面交叉点

重复进行第①~③步,选择不同面,即可连续生成与该线段相交的点。

3. 生成管理点(距离基准)

生成管理点时,在没有内部构件的情况下,可利用外板的直线、曲线长度生成管理点,如图 6-68 所示。步骤如下:

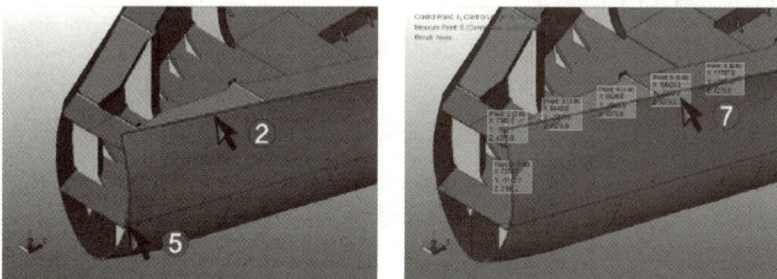

图 6-68　生成管理点(距离基准)1

①运行[管理]→[生成管理点(距离基准)]或点击快捷键。

②在生成管理点(距离基准)对话框里选择直线或曲线,可连续重复选择,也可选择连接的直线或曲线,选择错误时,可点击[初始化],还原到初始状态。

③选择完毕后,点击[完毕],如图 6-69 所示。

④在"请选择起始点"对话框里点击[确认]。

⑤选择起始点，选择起始点后，出现生成管理点方向的轴。

⑥输入生成管理点的长度、间隔。

⑦点击[生成]，沿着起始点方向生成管理点，点击[生成]连续选择时，会保持原有的长度、间隔连续生成管理点。

4. 生成管理距离

EcoBLOCK中，可生成任意两点间在各个方向上的距离，如图6-70所示。步骤如下：

图6-69　生成管理点（距离基准）2

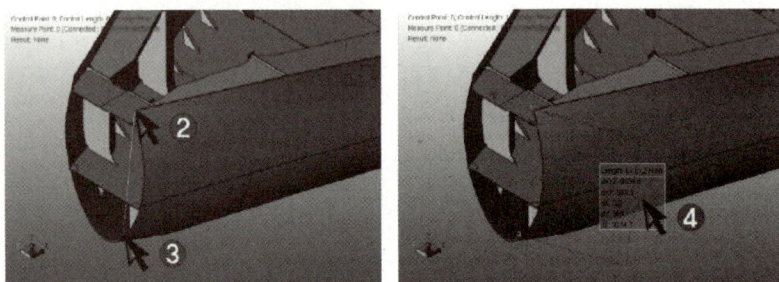

图6-70　生成管理距离

①运行[管理]→[生成管理距离]或点击快捷键。

②使用鼠标选择第一点。

③使用鼠标选择第二点。

④生成管理距离。

生成的管理距离框可随意进行摆放，其中的含义是：

a. dxyz：两点间最短距离（实长）。

b. dXY：XY两个方向上的距离。

c. dX、dY、dZ：两点间X、Y、Z方向上的距离。

5. 生成管理曲长

EcoBLOCK中，生成管理曲长命令可完成肋骨线等曲线长度的测量，如图6-71所示，步骤如下：

①运行[管理]→[生成管理曲长]或点击快捷键。

②在生产管理曲长对话框里选择曲线，可连续重复选择，如图6-72所示。

③选择后点击[完毕]。

④"请选择起始点"中点击[确认]。

⑤选择计算距离的起始点。

⑥选择末尾点之后即可生产管理曲长。

在管理参数框里可标记管理曲长名称和距离值，可随意摆放管理曲长框。

6. 生成管理角度

软件中可生成任意两直线间的夹角，如图6-73所示，步骤如下：

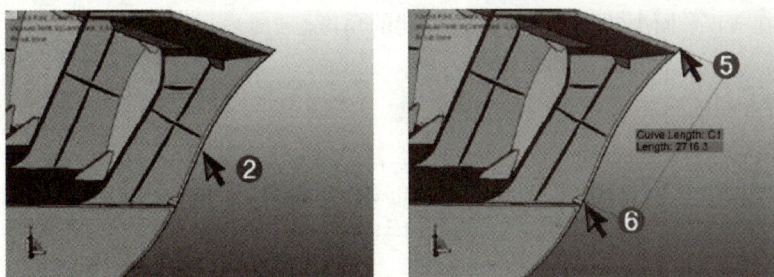

图 6-71　生成管理曲长 1

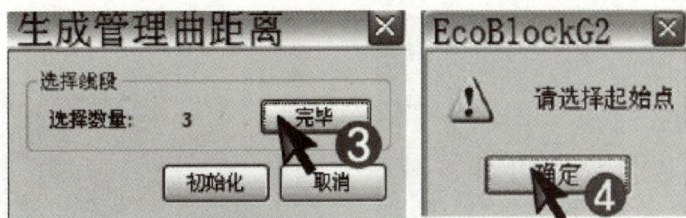

图 6-72　生成管理曲长 2

①运行[管理]→[生成管理角度]或点击快捷键。

②选择角的中心点。

③选择一根直线上的任意点 1。

④选择另一根直线上的任意点 2,即可生成角度。

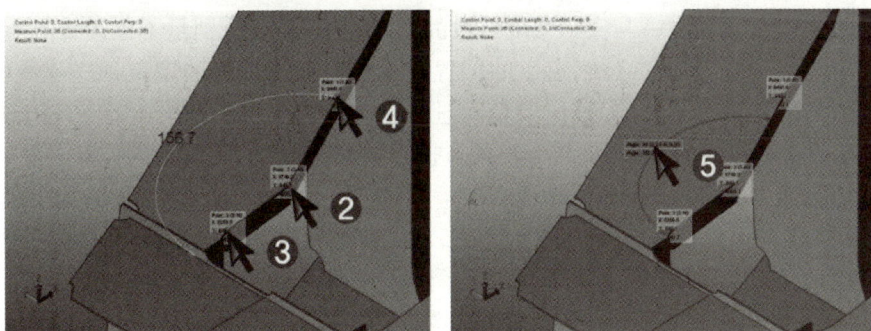

图 6-73　生成管理角度

生成的角度要素可任意摆放。

7. 生成管理垂直度

EcoBLOCK 软件中,生成管理垂直度命令可用来检测型材或板材断面的垂直度情况,如图 6-74 所示,步骤如下:

①运行[管理]→[生成管理垂直度]或点击快捷键。

②选择垂直度起始点。

③选择末尾点,结束后生成管理垂直度。

生成的管理垂直度管理框可任意摆放,框中数据含义是:

①dXY:在XY平面上投影两点时,两点间的角度。

②dX:两点间的X方向上的角度。

③dY:两点间的Y方向上的角度。

8. 生成测定点

EcoBLOCK 软件中可查看和生成任意点的数据,如图6-75所示,步骤如下:

①运行[管理]→[生成测定点]或点击快捷键。

②在生成测定点的地方点击。

③在生成测定点的对话框里输入测定点的名称及确认坐标,即生成测定点。可同时生成多个测定点,生成的测定点也可以修改和删除。

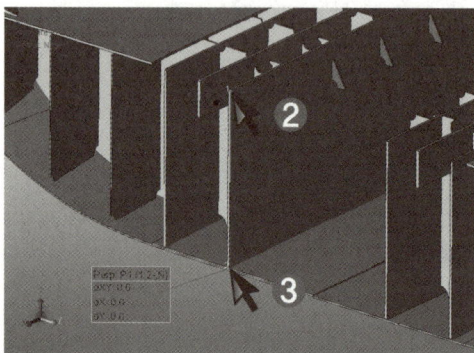

图 6-74　生成管理垂直度

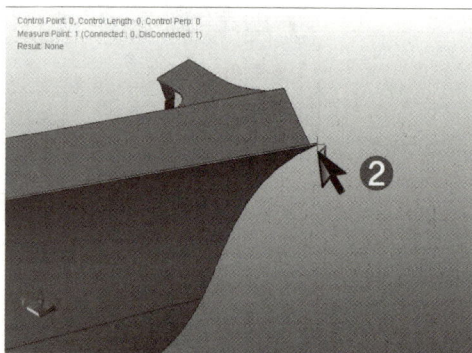

图 6-75　生成测定点

9. 点移动

分段的管理点(设计点)与实际生成分段的测定点不一致,特别是不以设计点为基准进行分段测量时,会出现管理点与测定点的位置或旋转方向不一样的现象。这种情况下,分析管理点和测量点间的偏差前,首先要使管理点与测量点与基准吻合。在 EcoBLOCK 里,可以利用基准点进行点移动、轴旋转等功能,进行排列管理点和测量点的偏差分析,以下分别介绍。

(1)点移动

点的移动分为1点移动、2点移动和3点移动。1点移动的步骤如下:

①运行[分析]→[1点移动]或点击快捷键。

②在1点移动对话框里选择移动类型。

③基准点可在对话框里或作业窗口里进行选择,选择移动的目标坐标或输入坐标值,在坐标轴中可使用数学公式,输入移动值,如20 179.0+10.0。

④点击[移动],即完成1点的移动,如图6-76所示。

如点击[初始化],基准坐标、移动坐标将恢复到初始化状态。

2点移动和3点移动与1点移动相似。

(2)点的旋转

①1点轴旋转(位移)。步骤如下:

a. 运行[分析]→[1点轴旋转(位移)]或点击快捷键。

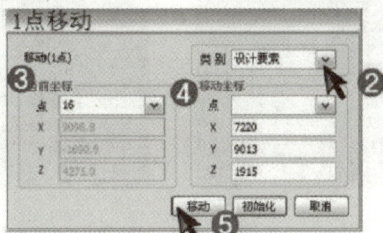

图 6-76　1 点的移动

b. 在 1 点轴旋转(位移)对话框里选择旋转类型。

c. 选择旋转基准原点。

d. 选择旋转点。

e. 选择旋转轴。

f. 输入旋转方向及位移值,在变位值中可使用数学公式,输入移动值,如 12+8。

g. 点击[旋转]即完成旋转,如图 6-77 所示。

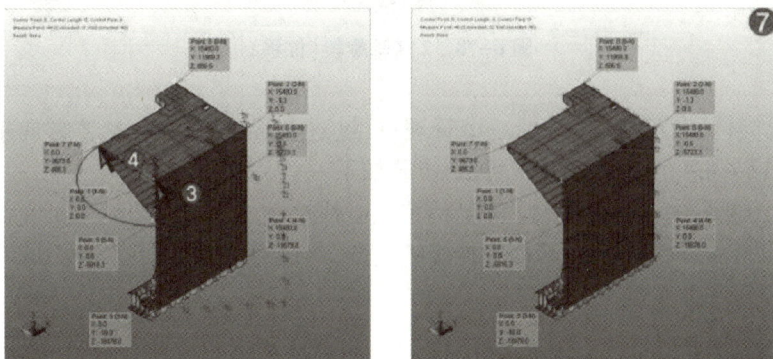

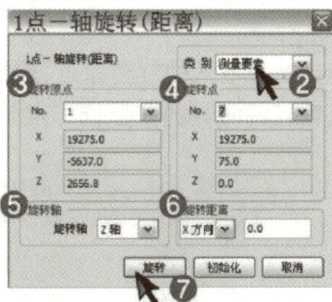

图 6-77　1 点轴旋转(位移)

如点击[初始化],则将初始化选择的旋转原点、旋转点、旋转轴、位移值等。

②2点轴旋转(位移)。2点轴旋转(位移)步骤同1点轴旋转(位移),参见图6-78。

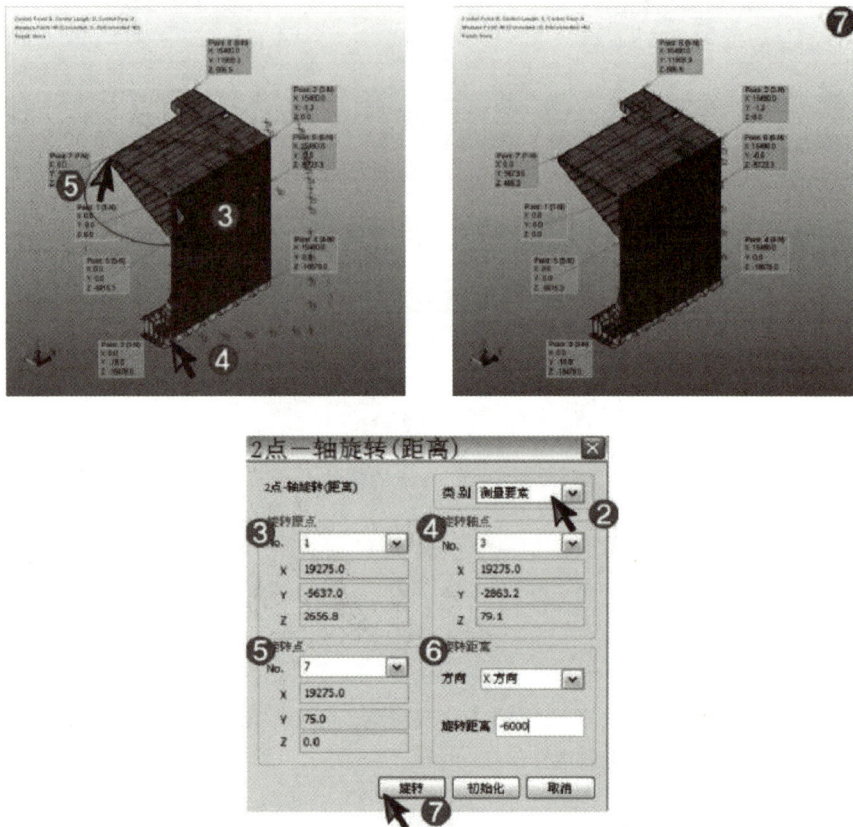

图 6-78　2 点轴旋转(位移)

③1点轴旋转(角度)。可选择一个管理点,过这个管理点的 X、Y、Z 方向轴进行旋转。可指定任意旋转角度值,如图6-79所示,步骤如下:

a.运行[分析]→[1点轴旋转(角度)]或点击快捷键。

b.在1点轴旋转(角度)对话框选择旋转类型。

c.选择旋转基准原点。

d.选择旋转轴。

e.输入旋转角度,在角度值中可使用数学公式,输入移动值,如40+5。

f.点击[旋转],即完成1点的旋转。

如点击[初始化],则将初始化选择输入的旋转原点、旋转轴、角度等。

④2点轴旋转(角度)。2点轴旋转(角度)步骤同1点轴旋转(角度),参见图6-80。

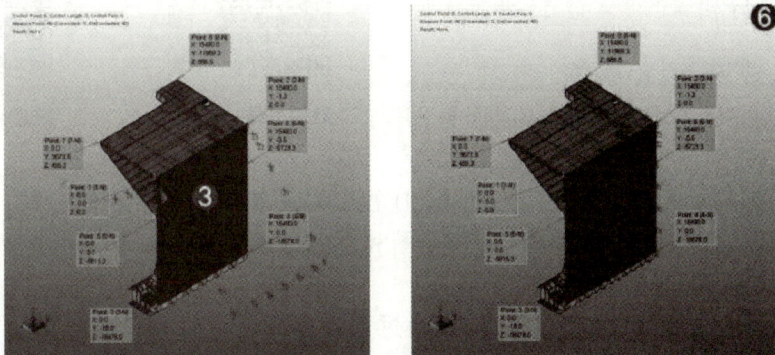

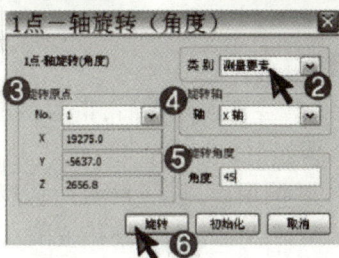

图6-79　1点轴旋转(角度)

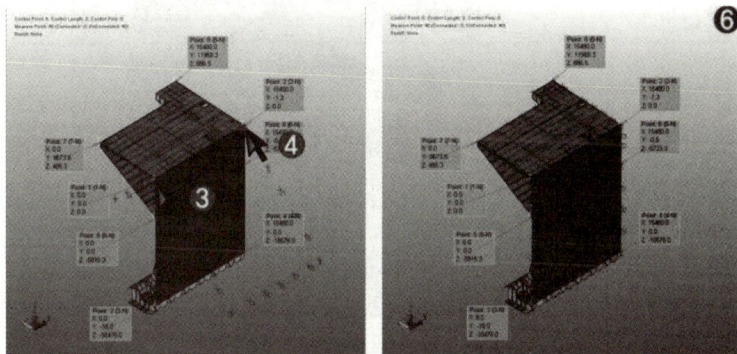

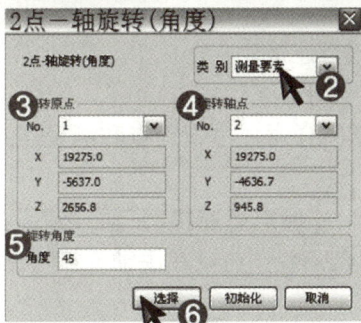

图6-80　2点轴旋转(角度)

五、测量分析

数据处理一　　　　数据处理二

取得了现场测量数据,将其导入EcoBLOCK 软件中,再从本地文件或服务器导入设计模型,应用管理要素内的各项命令,即可进行偏差分析,并生成报告,利用 2D 视图界面的工具栏可绘制直线、弧、曲线、圆等,还可利用图面剪切、渲染、隐藏,剖切视图和设置视图等功能来丰富和美观报告。这里仅介绍分析和生成报告的过程。

进行设计点与测定点的偏差分析,可通过设计点到测定点自动连接或手动连接来实现,如发生错误,可取消设计点到测定点的连接。

1. 设计点到测定点的连接

（1）设计点到测定点的连接（自动）

将采集数据（测定点）和设计模型导入软件后,指定范围,最邻近的测定点与设计点自动进行连接,如图 6-81 所示,步骤如下：

①运行［分析］→［设计点］→［测定点连接（自动）］或点击快捷键。

②在自动连接设计点-测定点对话框中输入连接范围。

③点击［连接］,得到偏差值。

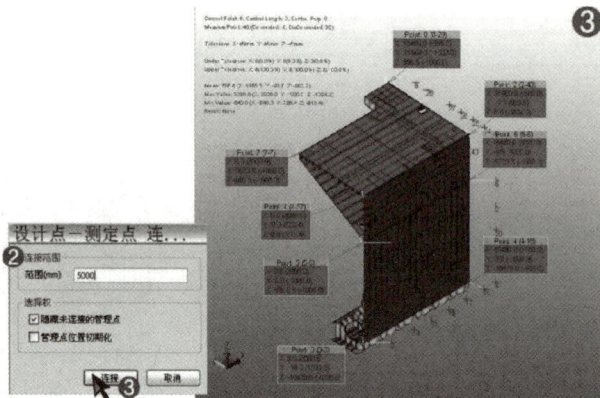

图 6-81　设计点到测定点连接（自动）

若超出连接范围时,无法进行连接。

（2）设计点到测定点的连接（手动）

也可以通过手动连接,直接将任意一个管理点和测量点进行连接,并得出偏差值,如图 6-82 所示,步骤如下：

①运行［分析］→［设计点］→［测定点连接（手动）］或点击快捷键。

②使用鼠标直接点击设计点-测定点;或在手动连接对话框中指定连接的设计点/测定点编号。

③点击［连接］,连接完成。

（3）取消设计点到测定点的连接

在管理点列表中,点击要删除连接的管理点,点击鼠标右键,会出现下滑菜单,点击［解除连接］即可取消连接。

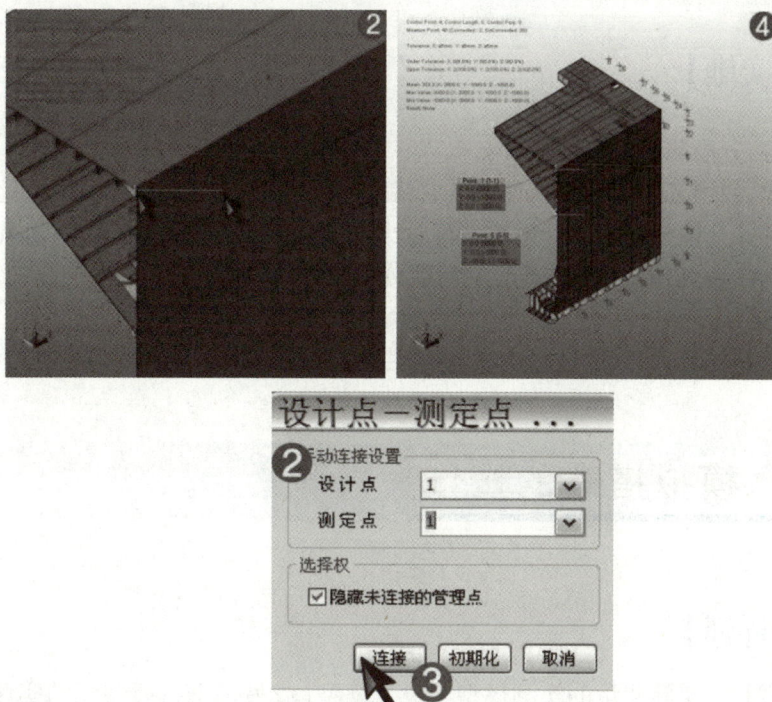

图 6-82　设计点到测定点连接(手动)

2.生成报告

连接完成后,即可进行偏差分析,通过[文件]→[输出检测表格]及剪切、剖切视图等功能编辑表格。图 6-83 是输出的检测表格,将各项检测内容整理,撰写形成报告。

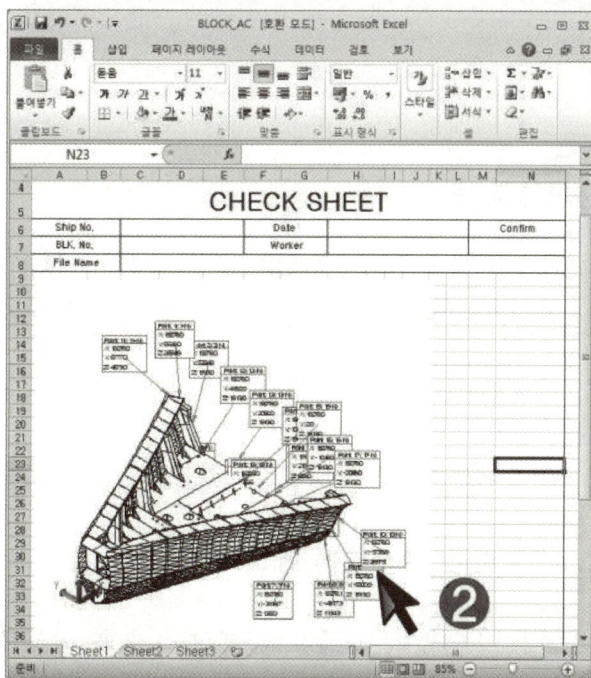

报告输出

图 6-83　生成检测表格

【任务实施】

任务内容：分段测量数据的分析；

任务要求：使用 EcoBLOCK 软件或其它精度分析软件，将项目六任务 1 测量的分段数据导入分析软件并与该分段的设计模型进行对比分析，找到最佳修改方案，并出具修改报告；

场 地：装有 EcoBLOCK 软件或其它精度分析软件的机房；

工具：电脑、专用软件；

操作要求：对测量的分段进行精度分析，生成分析报告，打印粘贴在此处。

任务三　模拟搭载的操作

【任务描述】

模拟搭载是将实际测量的实测模型与设计模型（或另一个将要装配的实测模型）在软件系统中进行模拟装配。船舶在建造过程中，从零部件加工到分段装焊再到船坞搭载的每个阶段都不可避免地会产生误差，而误差只有在船坞搭载时显现最为明显。模拟搭载就是预先了解要上船台搭载的分段精度偏差值及船坞（船台）内基准分段的精度偏差值，在计算机上进行模拟演示并分析得出有效的修整方案，在平台上进行修整，实现吊装过程在确保精度的情况下定位，以省去预搭载工序。本任务通过 EcoOTS 软件的数据模拟，介绍模拟搭载操作过程。

【知识准备】

一、模拟搭载的总体流程

OTS 软件的基本命令

模拟搭载的总体流程如图 6-84 所示，完成模拟搭载需要完成以下几个工作步骤：

①数据测量采集。通过掌上电脑（PDA）与全站仪连接，进行搭载分段测量和基准分段测量。

②设计搭载模型。因为模拟搭载要依靠设计模型为基础，要先从设计软件如 TRIBON 中调出相应的设计数据。在设计模型中添加管理点。

③分析单位分段。测量采集的数据与模型设计数据连接生成偏差值，掌握搭载、基准分段的精度状况。

④模拟搭载方案。将搭载模拟生产的偏差值与基准分段生成的偏差值连接，分析偏差原因，提出解决方案。

⑤修正精度偏差。在模型生成中将重叠和偏差值打印出来，根据精度校对表格现场施工作业。

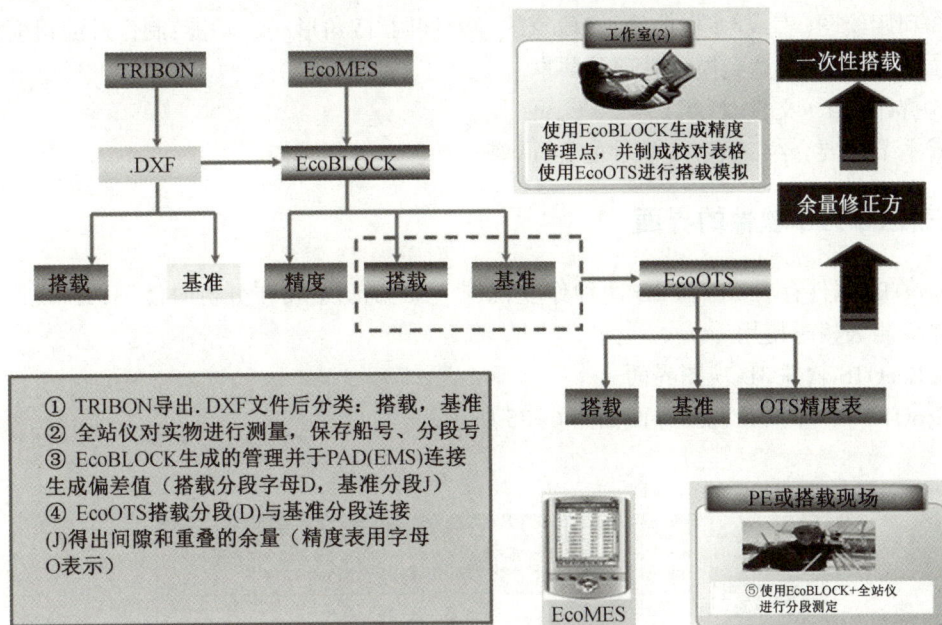

图 6-84　模拟搭载示意图

二、三维模拟搭载软件主要功能

叁铭 EcoOTS 是一款三维模拟搭载软件,它可对分段搭载过程中可能出现的构件干涉/段差不良等问题进行提前预测并处理,以此来实现一次性定位。EcoOTS 软件可通过服务器来进行数据的管理及共享,用户可根据作业环境,选择服务器版或单机版。它的主要功能包括管理功能、分析功能、制作图纸功能等。

1. 管理功能

①能导入三维测定文件(. ems,. mes 文件)。

②能生成测定点、设计点及设置连接,方便分段搭载。

③可自动/手动设置分段连接。

④通过 1/2/3 点移动、位移/角度基准轴旋转进行模拟搭载。

⑤设置分段间的偏差保证值及解除。

⑥确认设计值来确认分段搭载工况。

2. 分析功能

①三维设计数据实时访问功能(OTS 服务器与 3D 设计程序服务器连接)。

②能旋转/移动三维设计模型及转换胎架状态/设计状态。

③读取三维测定文件(从 OTS 服务器/本地磁盘)。

④支持多角度视图(渲染, XYZ 切割面)。

⑤能自动分析构件间碰撞、段差。

3. 制作图纸功能

①可生成投影面/切割投影面。

②插入各种尺寸及符号(点坐标/直线距离/偏移值/画线/理论线/坐标轴/文本/标尺)。

③利用绘图(直线/多样曲线/多段直线/圆/椭圆/四角形/弧)功能,制作及编辑模板。

④通过服务器,达到模板管理及共享。

⑤打印图纸(文件/打印)。

⑥本节主要介绍 EcoOTS 软件的界面,管理功能和分析功能。

三、EcoOTS 软件的界面

EcoOTS 软件存在 3D 和 2D 两种作业视图。3D 视图主要在分析时使用,2D 视图则是在制作检测表格时使用。

1. EcoOTS 软件 3D 视图界面

EcoOTS 软件的 3D 视图界面如图 6-85 所示。

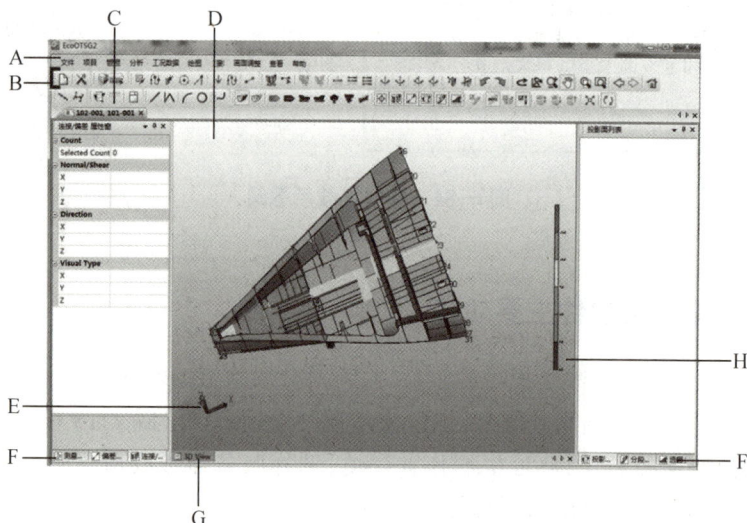

图 6-85　EcoOTS 软件的 3D 视图界面

图中各字母的含义是:

A 是 3D 菜单:在 3D 作业菜单中罗列出了快捷工具栏,快捷工具栏中没有的作业选项可在菜单项中查找。

B 是快捷工具栏:快捷按钮按不同类别分布,用户可根据作业习惯将其进行随意摆放。

C 是项目作业窗:显示当前作业的项目。

D 是分析信息:显示当前项目的作业统计/结果,可通过快捷按钮选择显示或隐藏。

E 是坐标轴:可确认整体坐标轴的方向。

F 是 Pane:可检查/设置菜单功能以外的属性。

G 是当前作业窗:可切换 3D/2D 作业窗口。

H 是范围云图:根据偏差值,指定偏差向量的颜色,可进行确认。

3D 界面各工具栏的含义如图 6-86 所示。

2. EcoOTS 软件 2D 视图界面

EcoOTS 软件的 2D 视图界面如图 6-87 所示。

文件		连接设置(自动)		添加投影面
新项目		连接设置(手动)		画面调整
打印报告书		取消连接		画面轴旋转
打印坐标列表(Excel文件)		取消所有连接		画面旋转
画面剪切(clipboard)		1点移动		画面扩大
画面剪切(图片文件)		2点移动		画面移动
打印		3点移动		部分扩大
环境设置		1点轴变换(位移)		返回整体画面
项目		2点轴变换(位移)		画面返回
导入服务器分段		1点轴变换(角度)		画面前进
导入本地磁盘分段		2点轴变换(角度)		返回初始画面
项目管理		设置保证值		查看
导入本地项目		解除所有保证值设置		消磁方法(面处理可视化)
项目保存至本地磁盘		返回		渲染方法(金属构架)
项目另存为至本地磁盘		前进		视图模式(XT Plane)
管理		工况		视图模式(rt Plane)
生成管理点		点		视图模式(XZ Plane)
生成测定点(长度基准)		距离		视图模式(ZX Plane)
生成测定点(面基准)		绘图		视图模式(YZ Plane)
生成测定点(3点中心)		直线		视图模式(ZY Plane)
生成测定点(1点中心)		多段直线		视图模式(Tseectric)
生成设计点		弧		X切割图
生成设计点(长度基准)		圆		Y切割图
连接设置(设计点-测定点)		曲线		Z切割图
分析		投影		显示/隐藏切割图

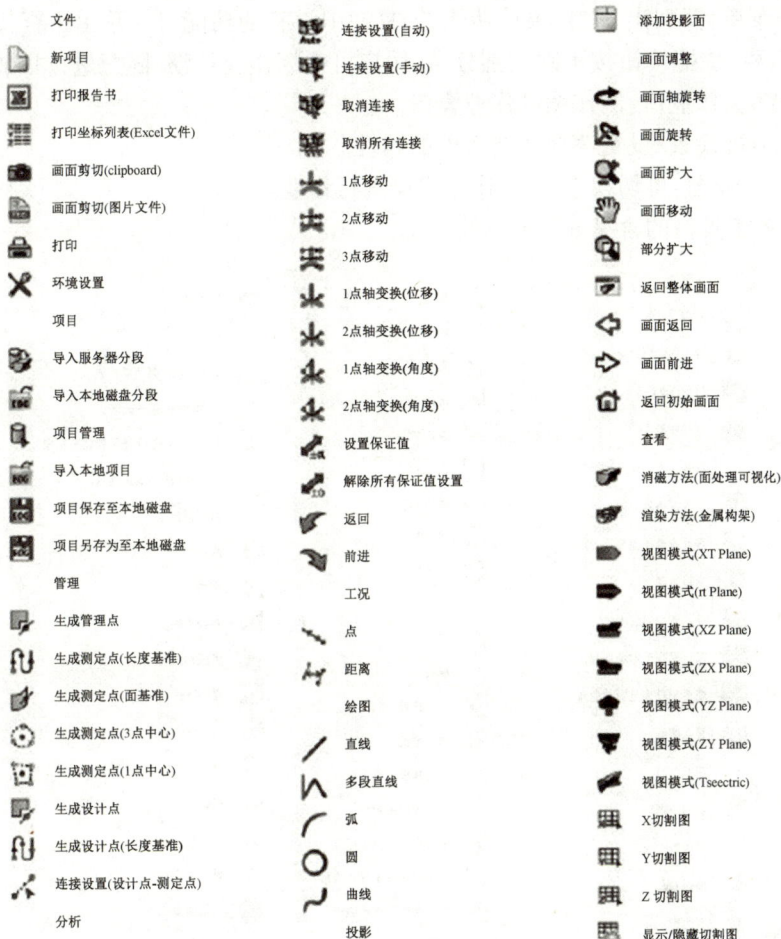

图 6-86　3D 界面各工具栏含义

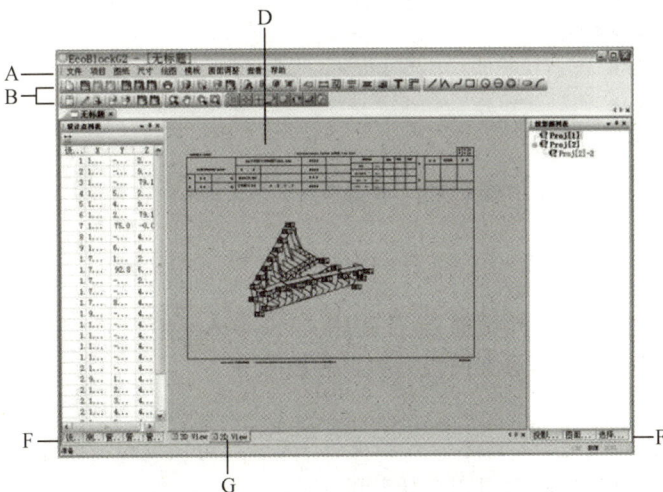

图 6-87　EcoOTS 软件的 2D 视图界面

图中各字母的含义是：

A 是 2D 菜单：罗列出了 2D 菜单功能，工具栏中没有的功能可在菜单中查找。

B 是工具栏：快捷按钮按不同类别分布，用户可根据作业习惯，随意进行摆放。

D 是 2DView 作业窗：制作图纸作业窗口。

F 是 Pane：可检查/设置菜单功能以外的属性。

G 是当前作业窗：可切换 3D/2D 作业窗口进行作业。

2D 界面各工具栏的含义如图 6-88 所示。

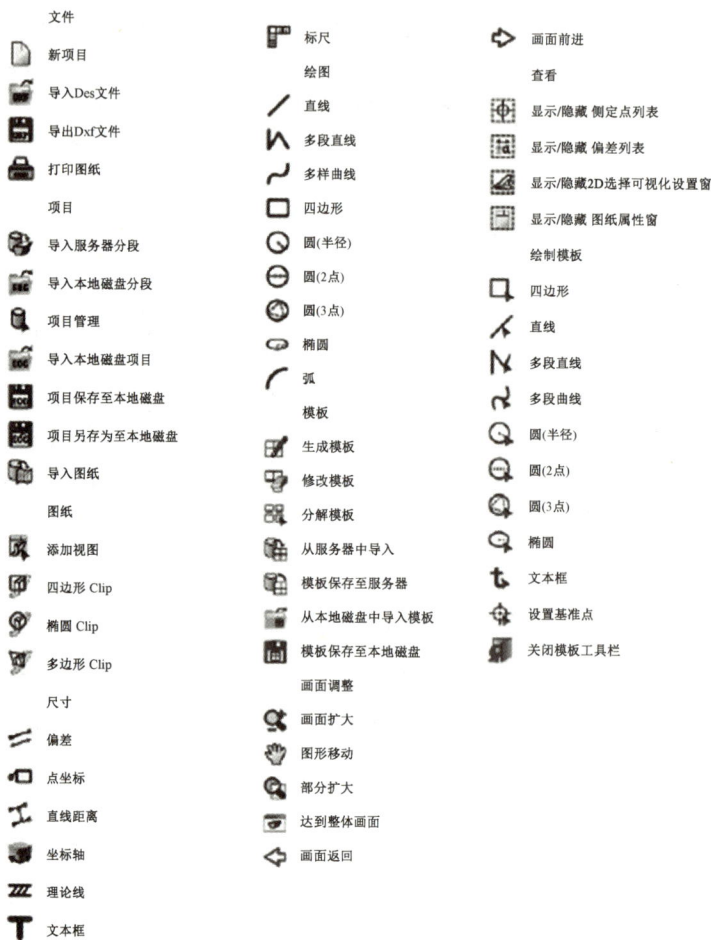

文件		标尺		画面前进
新项目		绘图		查看
导入Des文件		直线		显示/隐藏 侧定点列表
导出Dxf文件		多段直线		显示/隐藏 偏差列表
打印图纸		多样曲线		显示/隐藏2D选择可视化设置窗
项目		四边形		显示/隐藏 图纸属性窗
导入服务器分段		圆(半径)		绘制模板
导入本地磁盘分段		圆(2点)		四边形
项目管理		圆(3点)		直线
导入本地磁盘项目		椭圆		多段直线
项目保存至本地磁盘		弧		多段曲线
项目另存为至本地磁盘		模板		圆(半径)
导入图纸		生成模板		圆(2点)
图纸		修改模板		圆(3点)
添加视图		分解模板		椭圆
四边形 Clip		从服务器中导入		文本框
椭圆 Clip		模板保存至服务器		设置基准点
多边形 Clip		从本地磁盘中导入模板		关闭模板工具栏
尺寸		模板保存至本地磁盘		
偏差		画面调整		
点坐标		画面扩大		
直线距离		图形移动		
坐标轴		部分扩大		
理论线		达到整体画面		
文本框		画面返回		

图 6-88　2D 界面各工具栏含义

四、文件管理

EcoOTS 软件支持多种文件管理，包括新建文件、导入已有文件、导入设计模型、读取本地文件和服务器文件，可对本地文件进行编辑和删除等。

1. 新建文件

当需要新建文件时，运行[文件]→[新文件]或是点击快捷键，生成新文件时，会出现只有坐标轴的空白作业窗口，此时可以开始新的工作。

2. 导入已有文件

当本地磁盘已有测定文件，可直接打开。步骤如下：

①运行[项目]→[从本地磁盘中导入测定文件]或点击快捷键。

②选择导入的测定文件。

③点击[打开],导入测定文件完毕。

3.导入设计模型

当进行数据分析时,可导入设计模型。

①运行[项目]→[导入本地模型]或点击快捷键。

②选择要导入的设计模型文件形式。

③选择要导入的设计模型,模型文件可选择多个。

④点击[打开],导入模型完毕。

EcoOTS 软件支持的可导入的设计模型文件格式包括. DXF/. SAT/. EMB/. VOL/ . CAT/. CAT Part/. CATProduct file/. CGR 等。图 6-89 是导入的设计模型。

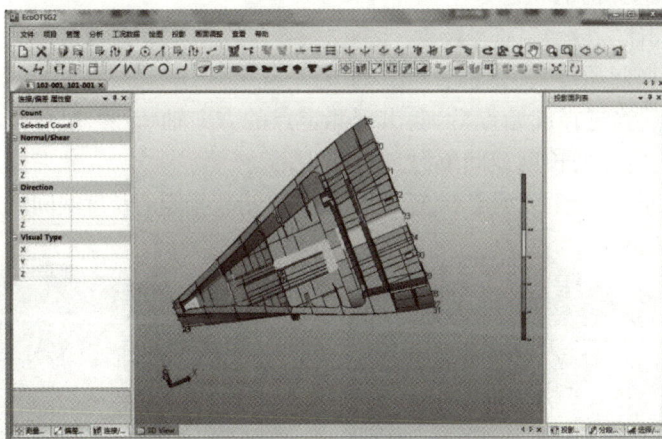

图 6-89　导入的设计模型

五、模拟搭载的管理要素

EcoOTS 软件的管理工具十分丰富,可以生成各种测定点到设计点,其大部分命令与 EcoBLOCK 的管理要素相同。

模拟搭载应用一　　　模拟搭载应用二

1.生成测定点

当模型中有难测量的部分或漏测量时,可根据测定点的个数或分段的特性,生成测定点,如图 6-90 所示,步骤如下:

①运行[管理]→[生成测定点]或点击快捷键。

②在要生成测定点的位置,点击临近的测定点。

③在测定点对话框内,选择要生成测定点的分段。

④输入要生成的测定点坐标,点击[生成]。

2.生成测定点(长度基准)

在生成没有基准的内部构件的管理点时,可利用外板的直线、曲线长度生成管理点,如图 6-91 所示,步骤如下:

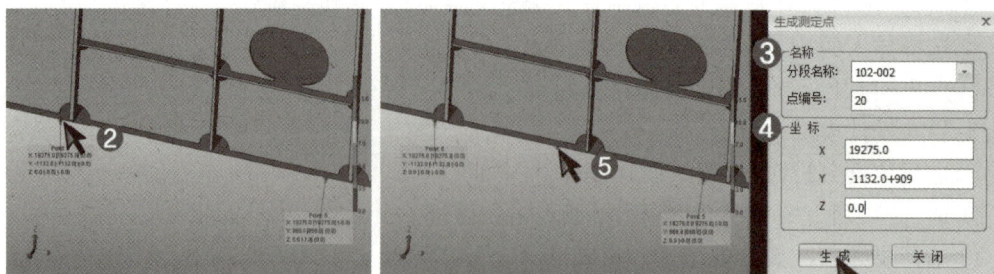

图 6-90   生成测定点

①运行[管理]→[生成测定点(长度基准)]或点击快捷键。

②生成测定点(长度基准)对话框,点击选择直线或曲线,可重复选择,误选时,可点击[初始化],返回到选择前的状态。

③选择后,点击[完成]。

④出现"请选择起始点"对话框,点击[确定]。

⑤选择起始点,当选择起始点后,会出现测定点的方向轴。

⑥输入生成测定点的长度或间隔,点击[生成]。

⑦沿着起始点的方向,生成测定点,连续点击时,会沿着指定的长度或间隔连续生成管理点。

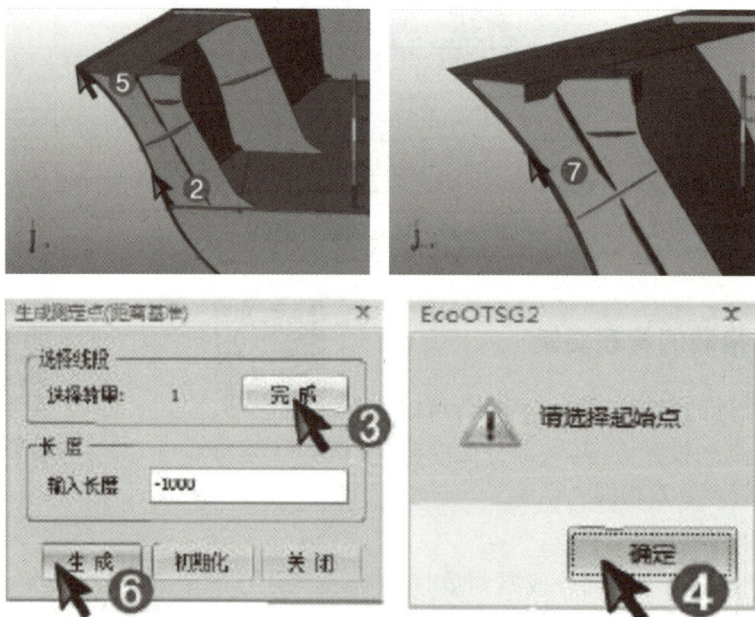

图 6-91   生成测定点(长度基准)

3. 生成测定点(面基准)

依据面基准生成测定点,如图 6-92 所示,步骤如下:

①运行[管理]→[生成测定点(面基准)]或点击快捷键。

②选择要生成测定点的辅助线,如选择外板的直线/曲线或连接测定点的辅助线,即可生成测定点。

③选择生成测定点的基准面,输入长度,点击[生成],即生成测定点。

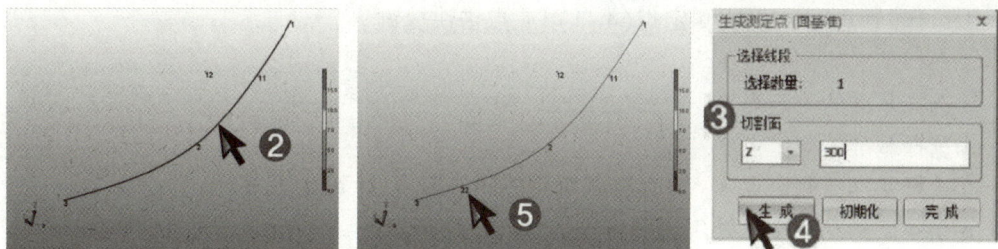

图 6-92 生成测定点(面基准)

4.生成测定点(3 点)

生成 3 个测定点,如图 6-93 所示,步骤如下:

①运行[管理]→[生成测定点(3 点)]或点击快捷键。

②选择成为基准点的测定点 1。

③选择成为基准点的测定点 2。

④选择成为基准点的测定点 3。需存在已生成的 3 点测定点,才能生成以此为基准的测定点。

⑤在生成 3 点测定点的圆中心处生成测定点。

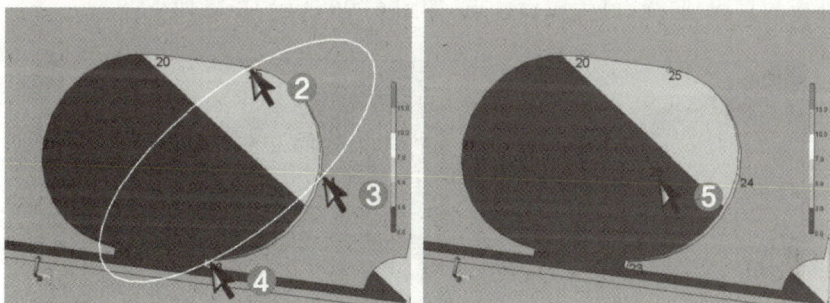

图 6-93 生成测定点(3 点)

5.生成测定点(4 点)

生成两点形成的线与另外两点生成的线交叉测定点,如图 6-94 所示,步骤如下:

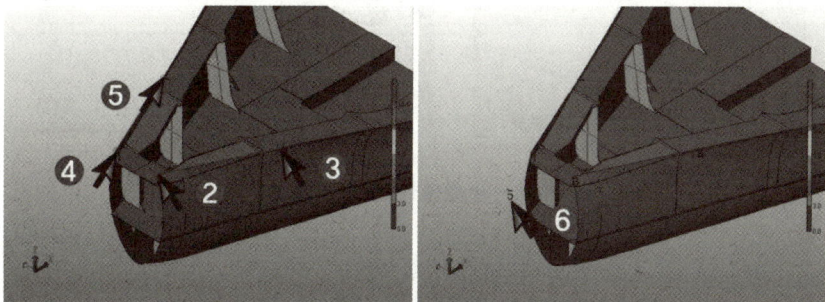

图 6-94 生成测定点(4 点)

①运行[管理]→[生成测定点(4点)]或点击快捷键。

②选择基准的测定点1。

③选择基准的测定点2。

④选择基准的测定点3。

⑤选择基准点测定点4。需存在四个生成的基准点,才可生成基准。

⑥在4点测定点交叉处生成测定点。

6.生成设计点(自动捕捉)

可在构件的两端、中间、构件面和交叉点等位置生成设计点,如图6-95所示,步骤如下:

①运行[管理]→[生成设计点]或点击快捷键。

②在要生成设计点处,使用鼠标点击,即可生成设计点。

设计点或与设计点的相关功能,只有在运行的时候显示,其余情况都自动隐藏。

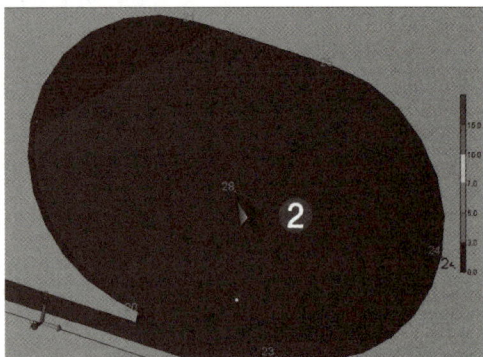

图6-95　生成设计点(自动捕捉)

7.生成设计点(长度基准)

使用外板的直线、曲线,可生成设计点,如图6-96所示,步骤如下:

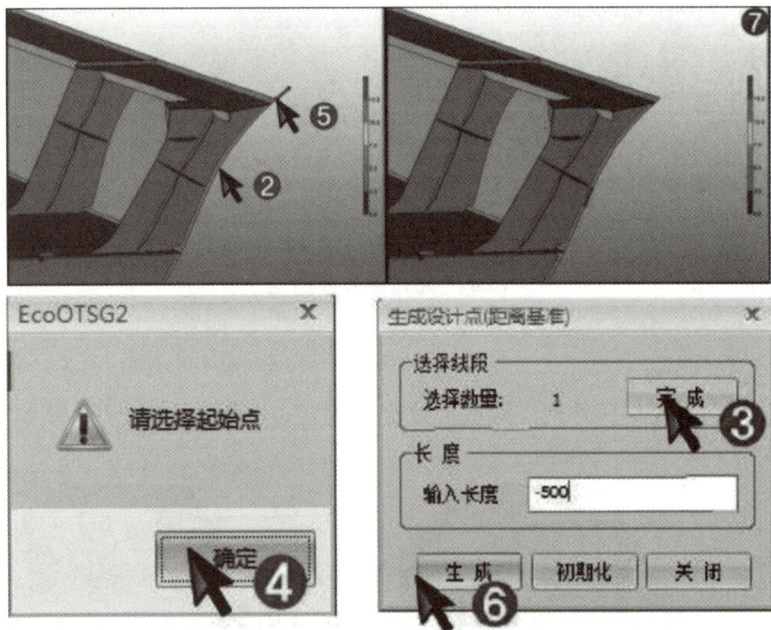

图6-96　生成设计点(长度基准)

①运行[管理]→[生成设计点(长度基准)]或运行快捷键。

②在生成设计点(长度基准)对话框中,使用鼠标选择直线或曲线,如连续选择时,可重复生成,若误选择时,可点击初始化,即可回到选择前的状态;需连接直线或曲线,才可进行连续选择。

③选择后,关闭对话框。

④在"请选择起始点"对话框中点击[确认]。

⑤选择起始点后,即会出现生成设计点方向的轴。

⑥输入生成设计点的长度或间隔,点击[生成]。

⑦沿着起始点方向生成设计点。

点击[生成],如连续点击时,会根据制定的长度值或间隔值连续生成设计点。

六、测量分析

取得现场测量数据,将其导入 EcoOTS 软件中,选择基准分段和搭载分段,应用管理模块的移动、旋转命令,即可精确分析搭载状态,并生成各种表格,利用 2D 视图界面的工具栏可绘制直线、弧、曲线、圆等,还可利用图面剪切、渲染、隐藏、剖切视图和设置视图等功能来丰富报告。这里仅介绍分析和生成报告的过程,这些辅助功能不予介绍。

进行搭载分析,可通过设计点到测定点自动连接或手动连接实现,如发生错误,可取消设计点到测定点的连接,利用移动、旋转命令实现精确分析。

1. 分析过程

(1)连接设置(自动)

选择基准分段和搭载分段,设置搭载类型及连接范围,最接近的测定点即会自动连接,如图 6-97 所示,步骤如下:

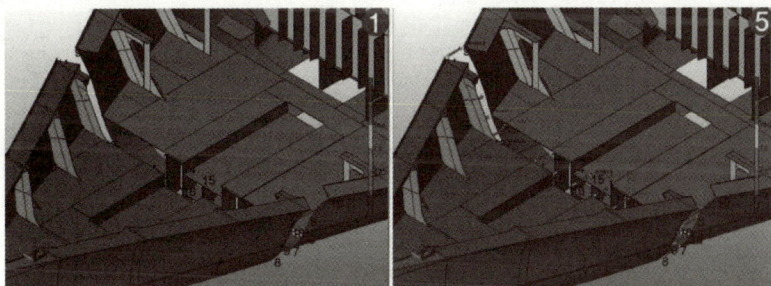

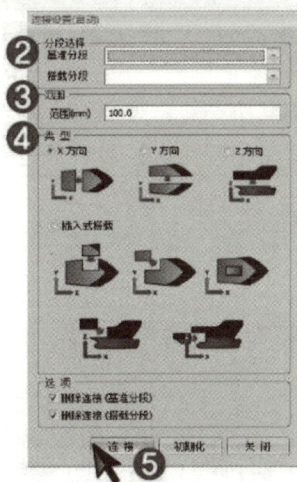

图 6-97 连接设置(自动)

①运行［分析］→［连接设置（自动）］或点击快捷键。

②在连接设置对话框中选择基准分段。

③输入连接范围。

④选择搭载方法。

⑤点击［连接］，连接完毕，连接完成后，即会出现两分段偏差值及方向信息。

（2）连接设置（手动）

可手动连接两分段间的测定点，如图6-98所示，步骤如下：

①运行［分析］→［连接设置（手动）］或点击快捷键。

②在连接设置对话框中选择基准分段及测定点。

③选择要连接的搭载分段及测定点。

④选择搭载类型（基准分段的测定点与搭载分段的测定点的方向一致）。

⑤点击［设置］，连接完毕。

⑥连接完毕后，在作业窗口中会出现分段的偏差值和方向信息。

重叠时偏差标记为［-］，有间隙时标记为［+］。

X 方向搭载（间隙），如图6-99所示。

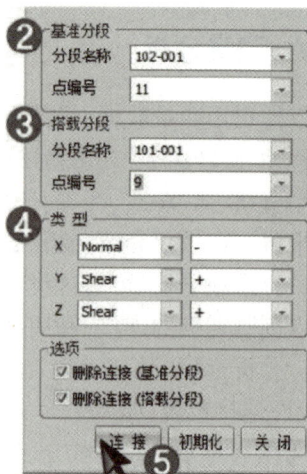

图 6-98　连接设置（手动）

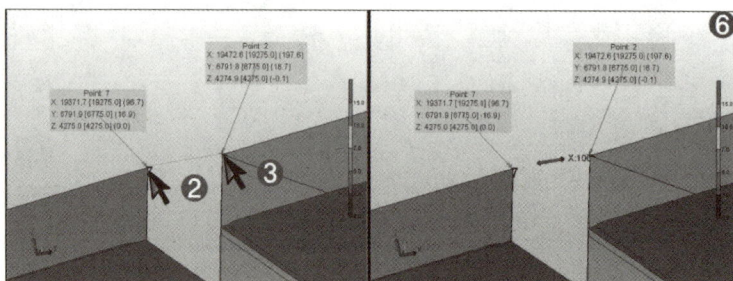

图 6-99　X 方向搭载（间隙）

X 方向搭载（重叠），如图6-100所示。

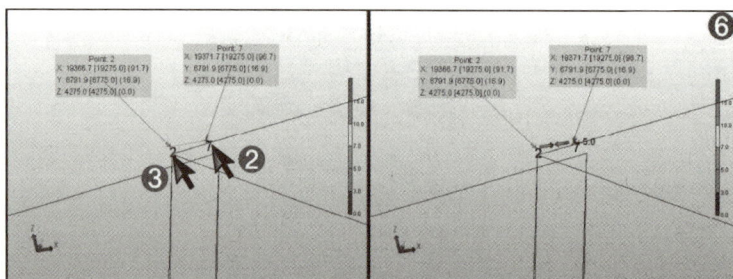

图 6-100　X 方向搭载（重叠）

搭载类型主要有以下几种：

X方向搭载，如图6-101所示。

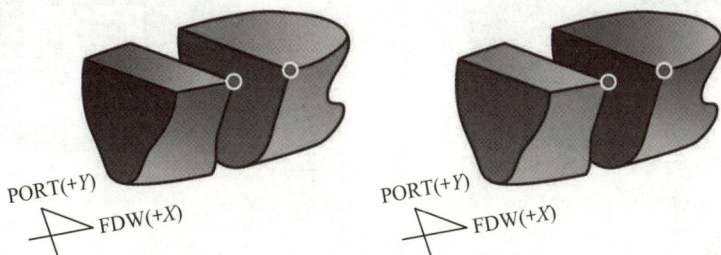

图6-101 X方向搭载

Y方向搭载，如图6-102所示。

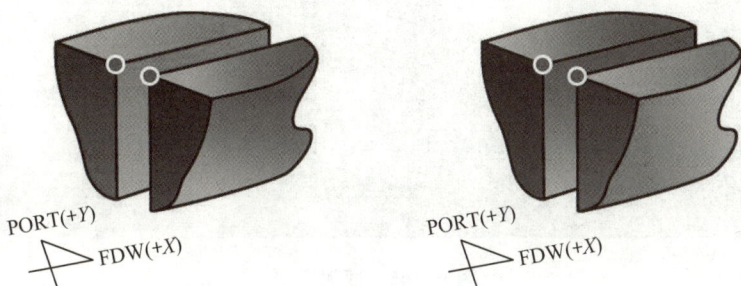

图6-102 Y方向搭载

Z方向搭载，如图6-103所示。

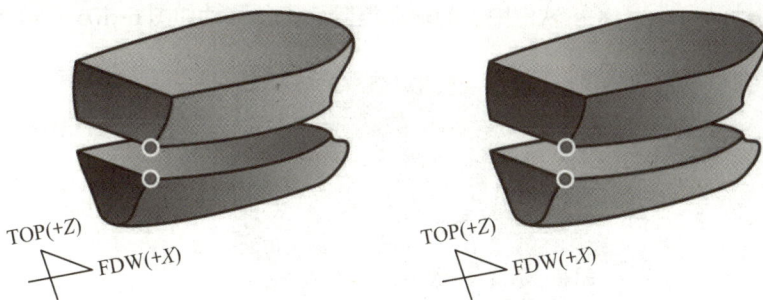

图6-103 Z方向搭载

选择嵌入式搭载方向1~2：X方向搭载；3~4：Y方向搭载，如图6-104所示。

（3）取消连接

如发生错误，可取消连接，如图6-105所示，步骤如下：

①运行[分析]→[取消连接]或点击快捷键。

②在解除连接对话框中，选择要取消连接的基准分段及搭载分段，在选择框中不选择"解除逆方向连接"的情况下，只解除基准分段与搭载分段的方向连接，若选择，则解除所有连接。

③点击[确认]，解除连接完毕。解除连接完毕后，在作业窗中可进行确认。

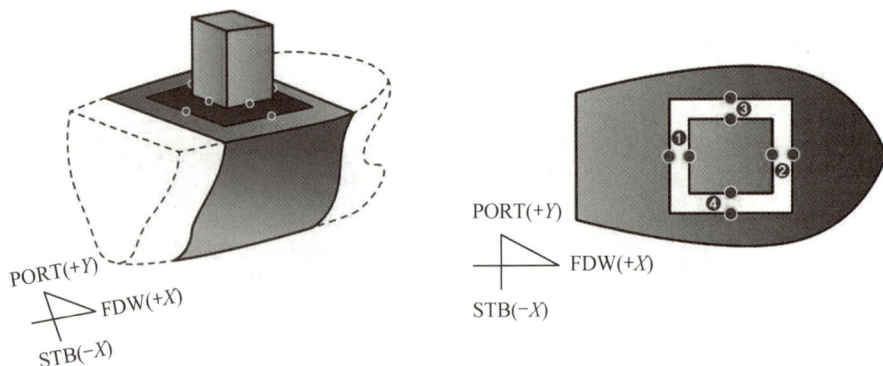

图 6-104　Z 嵌入式搭载

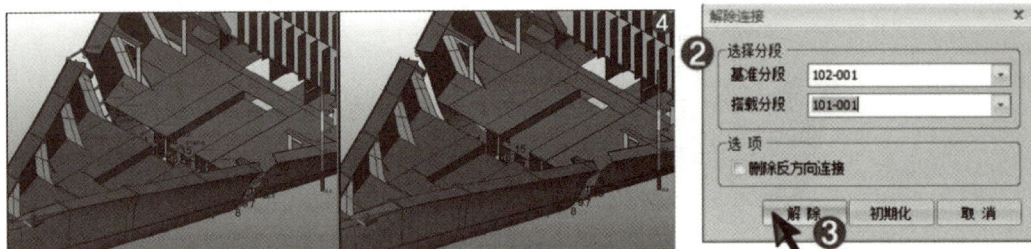

图 6-105　取消连接

（4）1 点移动

可利用点的移动来完成分段搭载分析，EcoOTS 软件中点的移动分为 1 点的移动、2 点的移动、3 点的移动，与 EcoBLOCK 软件中点的移动类似，1 点的移动如图 6-106 所示，步骤如下：

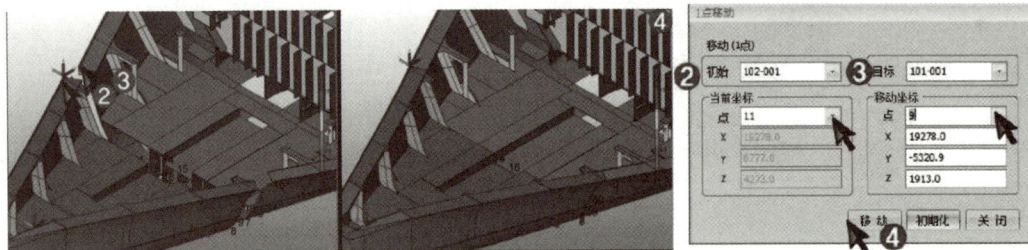

图 6-106　1 点移动

①运行［分析］→［1 点移动］或点击快捷键。

②在 1 点移动对话框中选择基准分段和基准点。

③选择对象分段和要移动的坐标或输入坐标值；在坐标值中可利用数学公式，如 20 179.0+10.0。

④点击［移动］。

如点击初始化，则选择的基准分段、坐标、移动分段、坐标等都会进行初始化。

（5）2 点移动

2 点移动如图 6-107 所示,步骤如下:

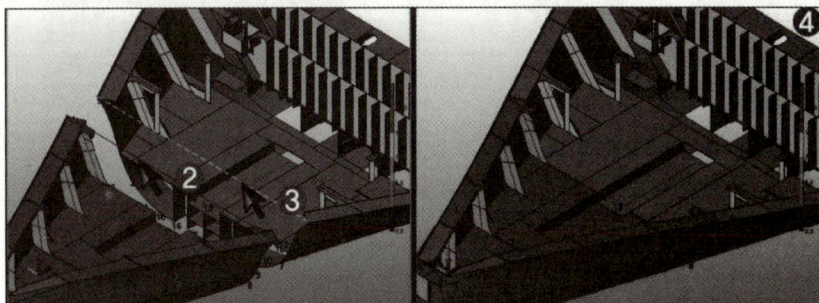

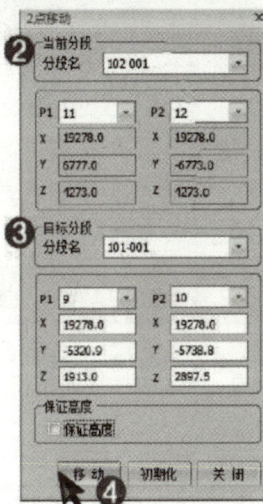

图 6-107　2 点移动

①运行[分析]→[2 点移动]或点击快捷键。

②在 2 点移动对话框中选择基准分段和基准点。

③选择对象分段和要移动的坐标或输入坐标值;坐标值可使用数学公式,如 20 179.0+10.0。

④点击[移动]。

如点击[初始化],选择的基准分段、坐标、移动分段、输入的坐标值都会初始化。

（6）3 点移动

3 点移动如图 6-108 所示,步骤如下:

①运行[分析]→[3 点移动]或点击快捷键。

②在 1 点移动对话框中选择基准分段和基准点。

③选择对象分段和要移动的坐标或输入坐标值;坐标值输入可使用数学公式,如 20 179.0+10.0。

④点击[移动]。

如点击[初始化],基准分段、坐标、移动分段、输入的坐标值都会初始化。

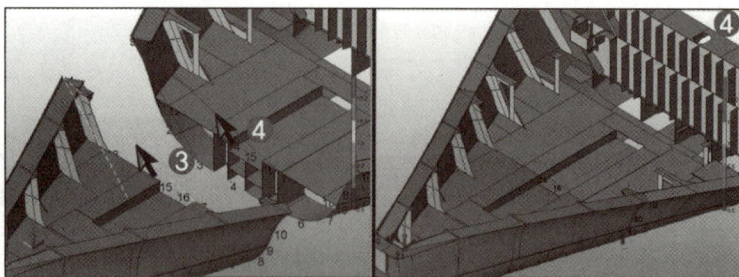

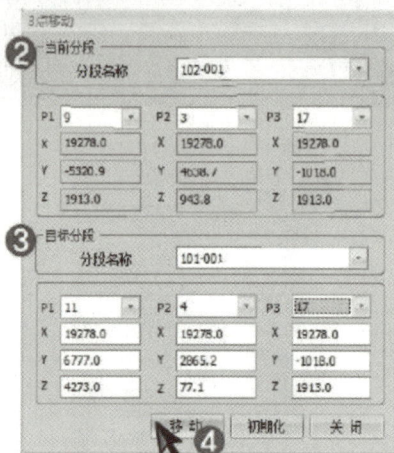

图 6-108　3 点移动

(7) 1 点轴旋转(位移)

也可利用点的旋转来完成分段搭载分析,EcoOTS 软件中点的旋转分为 1 点轴旋转(位移)、2 点轴旋转(位移)、1 点轴旋转(角度)和 2 点轴旋转(角度),与 EcoBLOCK 软件中点的旋转类似,1 点轴旋转(位移)如图 6-109 所示,步骤如下:

①运行[分析]→[1 点轴旋转(位移)]或点击快捷键。

②在 1 点轴旋转(位移)对话框中,选择要旋转的分段。

③选择旋转基准的原点。

④选择要旋转的点。

⑤输入旋转轴及位移方向和值。

⑥点击[旋转]。

如点击[初始化],输入的旋转原点、旋转点、旋转轴、位移值等都进行初始化。

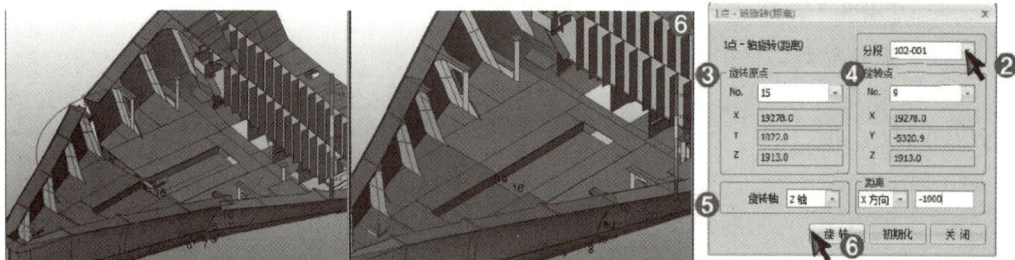

图 6-109　1 点轴旋转(位移)

（8）2 点轴旋转（位移）

2 点轴旋转（位移）如图 6-110 所示，步骤如下：

①运行［分析］→［2 点轴旋转（位移）］或点击快捷键。

②在 2 点轴旋转（位移）对话框中选择要旋转的分段。

③选择旋转基准的原点。

④选择要旋转的点。

⑤输入旋转方向和位移值。

⑥点击［旋转］。

如点击［初始化］，选择的旋转原点、旋转点、旋转轴、位移值等初始化。

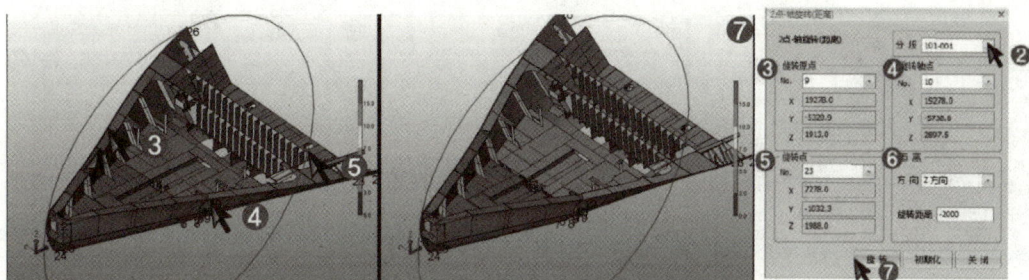

图 6-110　2 点轴旋转（位移）

（9）1 点轴旋转（角度）

1 点轴旋转（角度）如图 6-111 所示，步骤如下：

①运行［分析］→［1 点轴旋转（角度）］或点击快捷键。

②在 1 点轴旋转（角度）对话框中选择要旋转的分段。

③选择成为旋转基准的原点。

④选择旋转轴。

⑤输入旋转角度。

⑥点击［旋转］。

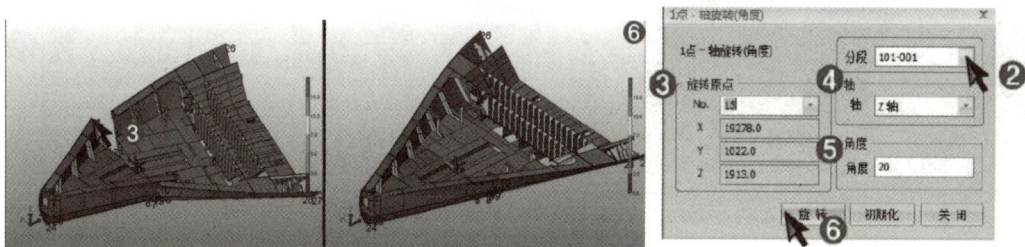

图 6-111　1 点轴旋转（角度）

如点击［初始化］，选择的旋转原点、旋转轴、输入的角度等进行初始化。

（10）2 点轴旋转（角度）

2 点轴旋转（角度）如图 6-112 所示，步骤如下：

①运行[分析]→[2 点轴旋转（角度）]或点击快捷键。

②在 2 点轴旋转（角度）对话框中选择要旋转的分段。

③选择成为旋转基准的原点。

④选择旋转轴。

⑤输入旋转角度。

⑥点击[旋转]。

如点击[初始化]，选择的旋转原点、旋转轴、输入的角度等都进行初始化。

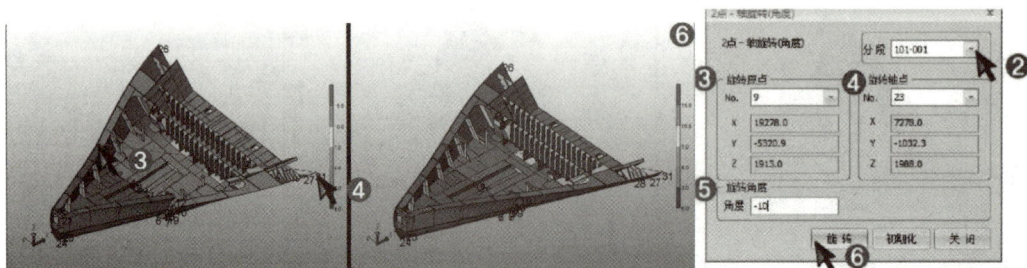

图 6-112　2 点轴旋转（角度）

（11）设置保证值

分段搭载分析时，当两个分段结合时，偏差向量有可能隐藏在分段中，无法查看，这时可设置保证值，使分段下沉，便于查看而不影响分析，也可以解除保证值设置。设置保证值如图 6-113 所示，步骤如下：

①运行[分析]→[设置保证值]或点击快捷键。

②在设置保证值对话框中选择要设置的对象。

③输入保证值，坐标值可使用数学公式，如 20 179.0+10.0。

④点击[设置]。

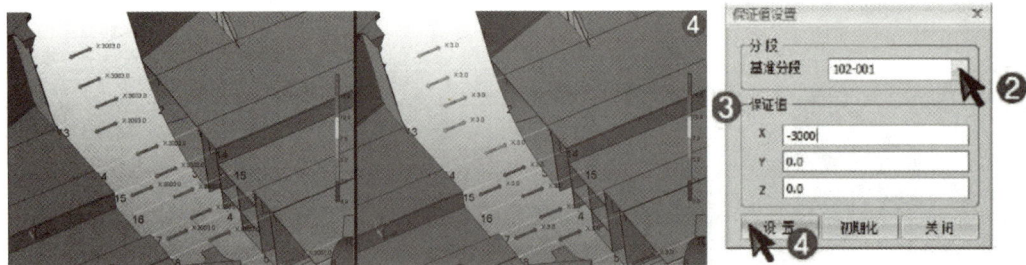

图 6-113　设置保证值

可进行各分段的偏差保证值设置。

2.生成报告

连接完成后，即可进行偏差分析，应用移动、旋转、设置保证值等命令进行分析，通过[文件]→[输出检测表格]及剪切、剖切视图、绘图等功能编辑表格。图 6-114 是输出的检测表格,将各项检测内容整理,撰写形成报告。

××船舶制造有限公司						合格	修正	特例
船号	施工单位		审查			班长	主管	部长
	精度管理部门		生产	审定				
BLK. NO	校对人							
	校对日期		—					

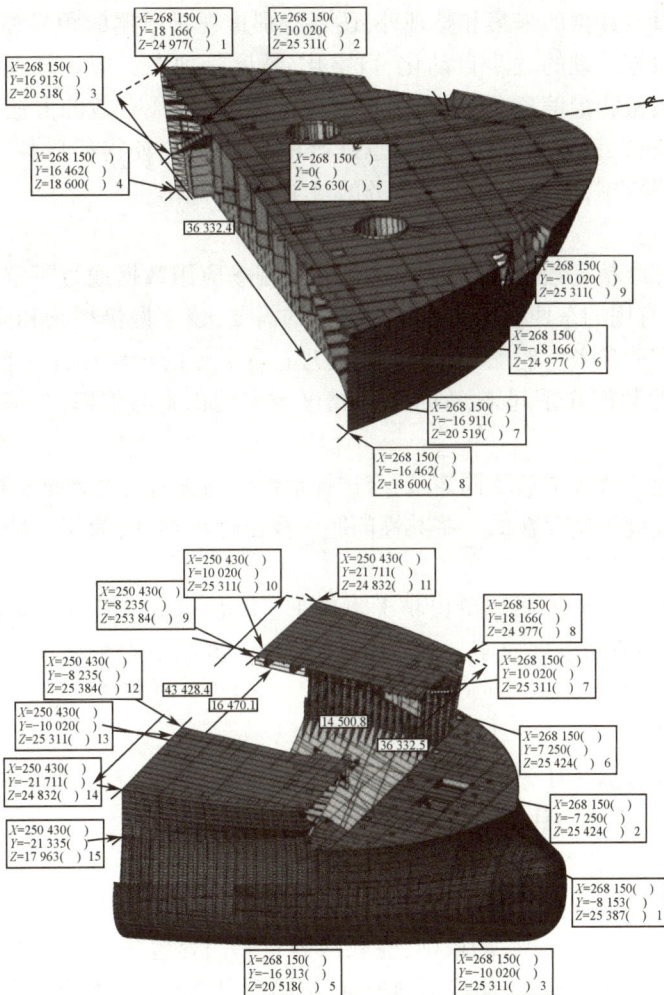

图 6-114　检测表格

确定	精度管理基准		不良数	不良率	问题、原因、对策
校对表格数据	长度	±3 mm			
	宽度	±2 mm			
	平整度	±2 mm			
	垂直度	±2 mm			

图 6-114(续)

七、数据的积累与统计分析

除了要做好日常数据的采集和整理外,还要特别重视对数据的积累和统计分析。随着测量数据采集和数据处理的逐步自动化、数字化,精度管理人员应该合理使用和管理好长期积累和收集的大量测量信息,更好地为企业生产服务,其最有效的方法是利用数控库技术和网络化系统,将大量的测量数据或信息进行科学的存储,使得船厂各部门、各工作场地都能轻松获取共享数据,以实现管理和服务的科学化、现代化。

1. 数据积累

在实施船舶三维精度数据管理过程中,需要将现场应用数据通过一定方式进行整理和收集,逐渐聚集起有用的东西。为将来发展改进的需要,使之慢慢增长和完善,以便为后续船舶建造提供一定的参考。船舶尺寸与精度管理过程数据的积累具有以下特点:

①把各种作业数据联系起来,完成船厂精度数据的积累与管理,为基于大量精度数据的分析提供基础。

②根据船舶建造过程中的不同需求,有选择地组织筛选有价值数据进行汇总分析。

③具体分析精度控制存在的一些共性问题。找出这种共性,为船厂精度管理措施改进提供必要的依据。

通过船舶三维精度数据积累可以扩大船厂再生产的资源。数据积累的规模及其增长速度,取决于船舶企业的发展水平。生产力水平越高,可用于积累的规模及其增长幅度也就越大。

2. 数据统计分析

船舶三维精度数据统计分析工作是指对船厂精度测量数据及管理资料进行搜集,整理和分析工作的总称,它是一种现代船舶企业社会调查研究活动。

(1)数据统计分析系统

船舶建造数据统计分析目前主要依靠软件系统进行完成,系统通常具有以下特点:

①具有统一的数据库管理(局域网、互联网等),其内容包含了精度管理过程数据管理机制。能够通过网络化数据库,使得不同地点、不同部门之间共享数据信息。

②系统能支持船舶类型、船舶建造工程、建造场地、施工队伍等信息的管理统计。

③能够支持船舶建造过程的分析数据、变形数据、偏差数据以及修整方案等。

④系统具有对数据库及设计模型、精度管理点的复制备份功能,对相应工作不需要重复工作。

⑤可以对船舶建造单位、建造周期、合格状态、偏差类型、修正方案、报验时间等信息进

行管理,并可用于以后的统计分析。

（2）三维精度数据统计任务

三维精度数据统计作为提供精度造船技术运行情况信息的重要工具,受到了国内与国外船舶企业越来越广泛的关注。三维精度数据统计工作包括以下几个方面任务：

①统计设计。根据所要研究精度控制问题的性质,在有关学科理论的指导下,制定统计指标、指标体系和统计分类,给出统一的定义、标准。同时提出三维精度数据收集、整理和分析数据的方案和工作进度等。

②收集数据。船舶企业开展三维精度数据统计的收集有两种基本方法,即实验法和调查法。

③整理与分析。描述三维精度数据统计是指对采集的船舶生产现场数据进行登记、审核、整理、归类,在此基础上进一步计算出各种能反映船舶建造总体数量特征的综合指标,并用图表的形式表示经过归纳分析而得到的各种有用的统计信息。

推断统计是在对样本数据进行描述的基础上,利用一定的方法根据样本数据去估计或检验总体的数量特征。

④统计资料的积累、开发与应用。对于已经公布的三维精度数据统计资料需要加以积累,同时还可以进行进一步的加工,结合相关的实质性学科的理论知识去进行分析和利用。

船舶企业要建立一个完整的船舶建造精度控制认识过程,其统计工作的方法一般可分为统计调查、统计整理和统计分析三个阶段。

三维精度数据统计工作的各个阶段都有一些专门的方法。在统计调查阶段主要有统计报表制度、重点调查、典型调查、抽样调查、普查等方法；在统计整理阶段,包括统计分布、统计分组、分配数列、统计表、统计图的制作技术等；在统计分析阶段,方法更是多种多样,主要有综合指标法、动态数列法、指数法、抽样法、相关分析法等。

3. 数据的积累与统计系统

目前,用于船舶建造数据分析与决策支持的大型集成式模块化软件包已开始使用。该系统由多个功能模块组合而成,系统提供多个统计过程,每个过程均含有极丰富的任选项。用户还可以通过对数据集的一连串加工,实现更为复杂的统计分析。此外,系统还提供了各类概率分析函数、分位数函数、样本统计函数和随机数生成函数,使用户能方便地实现特殊统计要求。在数据处理和统计分析领域,大型集成式模块化软件系统拥有重要地位。

该系统是一个用于船舶企业范围内信息传递的集成软件包。系统的功能适用于数据传送、数据管理、数据分析和数据显示。系统的应用包括处理信息系统；数据接收、数据重获取和管理、文字报告和图形、统计和数学分析、生产计划、生产预报等。系统经过标准设计,从而给船舶建造过程以极大的灵活性。

通过对测量数据的积累和统计分析,可以找到船舶生产过程中精度的共性问题,为指导生产提供借鉴,进一步减少重复性工作、降低生产成本；如通过对同一系列几条船型测量数据的统计分析,能够找到零部件加工变形的原因、形式以及变形量,分段搭载的段差量等问题,并追踪对各种问题处理的效果,判断处理方法的有效性,为后续船舶生产提供借鉴,以优化船舶生产工艺,降低生产成本,提高管理水平,最终提高船舶生产效益。

随着现代船舶建造三维精度数据管理技术的不断开发,包括船坞定位测量软件、船台定位测量软件、船舶建造任务作业管理软件等更多的系统软件也不断得到市场认可。这些借助于现代科学平台新技术的加入,对提高船舶建造精度,缩短船舶建造周期具有显著作用。

【任务实施】

任务内容:总段模拟搭载操作;

任务要求:使用 EcoOTS 软件或其他模拟搭载软件,将项目六任务 1 测量的分段数据导入模拟搭载软件,并将其与该分段相邻的另一个分段设计模型进行模拟搭载分析,找到最佳修改方案,并出具修改报告;

场地:装有 EcoOTS 软件或其他模拟搭载软件的机房;

工具:电脑、专用软件;

操作要求:进行模拟搭载分析,生成分析报告,打印粘贴在此处。

思考与练习

一、判断题

1. 精度造船管理系统 EcoMarine 由三维精度数据测量软件 EcoMES、三维分段精度管理软件 EcoBLOCK 和三维分段模拟搭载软件 EcoOTS 三大软件组成。　　　　　（　　）

2. EcoBLOCK 以三维 CAD 为基础,在三维空间内与设计模型对比,进行模型分析、转换、计算等作业。　　　　　（　　）

3. 三维分段精度管理软件 EcoBLOCK 不可与其他 CAD 文件互换。　　（　　）

4. EcoBLOCK 是三维分段模拟搭载软件。　　　　　（　　）

5. 船舶建造过程中的数据采集大多是采用船用经纬仪设备。　　（　　）

6. 全站仪设备到现场测量时一般只需一人作业。　　（　　）

7. 数据采集是通过安装 EcoMes 软件的 PDA 与全站仪及附件组成。　　（　　）

8. 模拟搭载是将实际测量的实测模型与设计模型在软件系统中进行模拟装配。

　　　　　（　　）

9. 船舶三维精度数据统计分析工作是指对船厂精度测量数据及管理资料进行搜集,整理和分析工作的总称,它是一种现代船舶企业社会调查研究活动。　　（　　）

10. EcoBLOCK 软件存在 3D 和 2D 两种作业视图,3D 视图主要在分析时使用。（　　）

二、选择题

1. 精度造船管理系统 EcoMarine 由三大软件组成,分别是三维精度数据测量软件 EcoMES、三维分段精度管理软件(　　)和三维分段模拟搭载软件 EcoOTS。

　　A. PDA.　　　　　　B. DACS　　　　　　C. EcoBLOCK　　　　D. RMS

2. EcoMES 是一款基于(　　)的软件,它可以和现场所使用的仪器(主要是指全站仪)进行连接,将测量所得的现场实物分段的数据与设计数据进行对比。

　　A. 全站仪　　　　　B. PDA.　　　　　　C. 手持测距仪　　　　D. 手机

3. (　　)以三维 CAD 为基础,在三维空间内与设计模型对比,进行模型分析、转换、计算等作业,而后进行管理、分析生产分段的精度数据。

　　A. EcoBLOCK　　　B. EcoMES　　　　　C. EcoOTS　　　　　　D. EcoMarine

4. (　　)可对分段搭载过程中可能出现的构件干涉/段差不良等问题进行提前预测并处理,以此来实现一次性定位,减少预搭载过程。

　　A. EcoBLOCK　　　B. EcoMES　　　　　C. EcoOTS　　　　　　D. EcoMarine

5. 数据采集是通过携带(　　)软件的 PDA 与全站仪及附件组成,PDA 与全站仪通过数据线或蓝牙等相连,全站仪测量得到的数据,直接显示在 PDA 上,通过运行 EcoMES 软件对采集的数据进行处理。

A. EcoBLOCK　　　　B. EcoMES　　　　C. EcoOTS　　　　D. EcoMarine

6. (　　)方法在没有测定对象分段的设计数据情况下,选取任意一点作为原点,剩余点将用以生成用户指定的轴,然后进行测定。

A. 状态测定　　　　B. 连续测定　　　　C. 间断测定　　　　D. 标准测定

7. 一般来说,测定只需 1 点标靶即可。但被测位置可能因外部原因被遮掩而无法看见,在此情况下,可以使用(　　)点标靶进行测定。

A. 5　　　　　　　　B. 4　　　　　　　　C. 2　　　　　　　　D. 3

8. 在 EcoMES 中,支持数据线通信以及(　　)两种模式。

A. 蓝牙通信　　　　B. 信息通信　　　　C. 手机通信　　　　D. 数据通信

9. 船舶在建造过程中,从加工到船坞每个阶段不可避免地会产生误差,而误差只有在(　　)时显现最为明显。

A. 钢板切割　　　　B. 船坞搭载　　　　C. 部件制造　　　　D. 分段制造

10. (　　)就是预先了解要搭载上的总段精度偏差值及船坞(船台)内基准分段的精度偏差值,在计算机上进行模拟演示并分析得出有效的修整方案,在平台上进行切割修整,实现吊装过程在确保精度的情况下定位。

A. 船台搭载　　　　B. 分段合拢　　　　C. 分段精度控制　　　　D. 模拟搭载

三、问答题

1. 常见的造船三维精度管理系统有哪些?

2. 现场数据采集前需要做哪些准备工作?

3. 说明造船三维精度管理系统的组成。

4. 阐述用造船三维精度管理软件进行船舶建造精度管理的步骤。

5. 造船三维精度管理系统由哪几个软件组成?

6. 造船三维精度数据测量软件 EcoMES 有哪些基本功能?

7. 造船三维分段精度管理软件 EcoBLOCK 有哪些基本功能?

8. 造船三维模拟搭载软件 EcoOTS 有哪些基本功能?

9. 徕卡造船精度控制与分析系统 DACS 由哪些基本功能软件组成?

10. 试说明三维精度管理软件各子系统的主要功能。

11. 造船三维精度管理软件中点的类型有几种? 如何进行点的旋转操作?

12. 造船三维精度管理软件中点的生成有哪些方法? 分别如何操作?

13. 如何使用造船三维精度数据测量软件来进行数据的采集和分析?

14. 如何使用三维分段精度管理软件进行数据分析?

15. 造船三维模拟搭载软件中的管理要素有哪些?

16. 如何使用三维模拟搭载软件进行模拟搭载操作?

17. 造船三维模拟搭载软件中分段搭载有哪几种类型?

18. 如何应用分析结果生成报告?

19. 试阐述数据积累和分析的意义。

20. 如何做好数据的积累和分析?

项目七

精度造船管理的实施

【项目描述】

精度造船管理就是在船舶建造过程中,采用适合企业发展现状的精益管理模式,通过科学的管理方法与先进的工艺技术手段,保证产品质量、提高生产进度与降低作业成本,以使企业获得最大利润。目前先进的造船企业都会根据自己的生产能力、技术水平和生产规模,形成具有精度造船特色的生产管理模式。本项目主要介绍船舶建造精度管理模式分析以及精度管理体系的建立。

【学习目标】

知识目标:

1. 熟悉造船精度管理的方法;

2. 了解精度管理体系的组成;

3. 熟悉常见的精度管理模式。

能力目标:

1. 能编制精度管理计划;

2. 能协助实施精度管理。

素质目标:

1. 学会采集、分析、应用、反馈、改进的闭环管理方法;

2. 学会在多因素目标分析中抓主要矛盾的工作方法。

【工作任务】

任务一　精度造船管理模式分析

任务二　船舶建造精度管理体系的建立

任务三　船舶建造精度管理的执行

任务一　精度造船管理模式分析

【任务描述】

在船舶制造过程中,精度造船管理模式不仅直接影响着船舶制造的质量以及制造工作效率,同时对于整个船舶制造行业的转型升级都具有重大影响。本任务将在精度管理基础理论和基本方法分析的基础上,结合造船精度管理的具体内容以及管理实施步骤,分析船舶生产技术管理模式和生产管理模式。

【任务实施】

一、精度造船管理的基础理论

船舶建造精度
管理模式分析

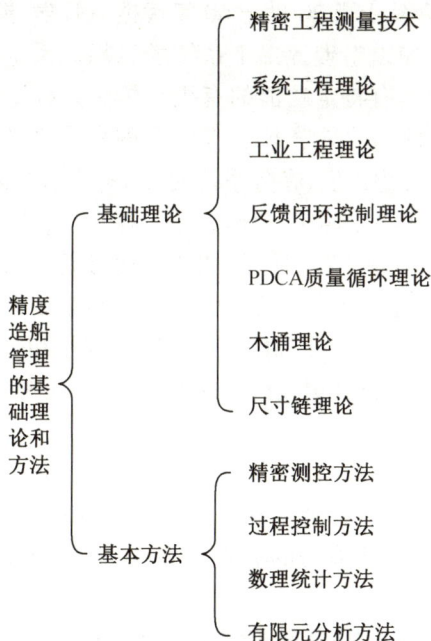

精度造船管理属于系统工程范畴,所涉及的基础理论包括精密工程测量技术、系统工程理论、工业工程理论、反馈闭环控制理论、PDCA 质量循环理论、尺寸链理论、木桶理论等。基本方法包括精密测控方法、过程控制方法、数理统计方法和有限元分析方法等,如图 7-1 所示。

图 7-1　精度造船管理的基础理论和方法

1. 精密工程测量技术

精密工程测量是采用非常规的测量仪器和方法，进行毫米级或更高精度的工程测量，使其测量的绝对精度满足毫米级以上要求的测量工作。精密工程测量从测量方案设计、实地施测、成果处理的各个阶段中都要利用误差理论进行分析。

以毫米级或更高精度进行的精密工程测量技术主要用于重要的科学试验和复杂的大型工程，例如高精度海洋工程结构物安装、高能加速器设备部件的安装、卫星和导弹发射轨道及精密机件传送带的铺设等。除常规的测量仪器和方法外，常需设计和制造一些专用的仪器和工具。目前，计量、激光、电子计算机、摄影测量、电子测量技术以及自动化技术等也已应用于精密工程测量。

2. 系统工程理论

系统工程是一个用于实现产品的跨学科方法。通过系统工程能够把每个产品作为一个整体来理解，便于更好地构建产品规划、开发、制造和维护过程。船舶建造企业利用系统工程来对船舶产品的需求、子系统、约束和部件之间的交互作用进行建模/分析，并进行优化和权衡，在整个产品生命周期做出重要决策。在整个产品生命周期，系统工程师利用各种模型和工具来捕捉、组织、优先分级、交付并管理系统信息。系统工程能够在前端就捕捉并对客户要求进行优先分级，然后用功能建模、面向对象方法、状态图表等进行上至替代评估，下至功能和物理划分。

系统思想古已有之，但系统工程的诞生却是近四十年来的事。随着科学技术的迅速发展和生产规模的不断扩大，迫切地需要发展一种能有效地组织和管理复杂系统的规划、研究、设计、制造、试验和使用的技术，即系统工程。

系统科学起源于 20 世纪 40 年代美籍奥地利生物学家贝塔朗菲，早期应用于电机工程方面，我国著名科学家钱学森院士于 20 世纪 60 年代把运筹学、控制论和信息论同耗散结构理论、协同论思想融会贯通，加以整理提出了系统学思想。系统就是由相互作用和相互依赖的若干组成部分结合成的具有特定功能的有机整体。系统工程就是组织管理系统的规划、研究、设计、制造、试验和使用的科学方法，是一种对所有系统都具有普遍意义的科学方法。具体说是从系统优化的思想出发，在分系统的经济、技术约束条件下，对其特性进行计划、控制，从而达到总体最优目标的组织管理方法。在工厂，通常要考虑人、物资、设备、资金、任务和信息六个要素，统筹使工期、质量、成本和服务符合要求。系统工程理论用于船舶建造精度过程控制的系统、全面的体系建设，即对影响船舶精度控制体系各个方面的内容，包括外部环境、组织人员、设备工具、精度设计、生产过程和管理制度进行全面系统的管理控制，才能保证船舶建造精度符合相关精度标准。

3. 工业工程理论

工业工程是对人员、物料、设备、能源和信息等所组成的集成系统，进行设计、改善和实施的一门学科。它综合运用数学、物理学和社会科学方面的专门知识和技术，以及工程分析和设计的原理与方法，对系统所取得的成果进行确定、预测和评价。它追求的是系统整体的优化和提高。

工业工程（Industrial Engineering，IE）起源于 20 世纪初的美国，它以现代工业化生产为背景，在发达国家得到了广泛应用。现代工业工程是以大规模工业生产及社会经济系统为研究对象，在制造工程学、管理科学和系统工程学等学科基础上逐步形成和发展起来的一门交叉的工程学科。它是将人、设备、物料、信息和环境等生产系统要素进行优化配置，对工业等生产过程进行系统规划与设计、评价与创新,从而提高工业生产率和社会经济效益专门化的综合技术,且内容日益广泛。

工业工程理论用于船舶建造精度管理中的工作分析和改进。可以对船舶建造精度管理过程进行工作分析,确定工作内容和组织人员。对产生船舶精度问题的人员、物料、设备、能源和信息等因素进行工程分析,确定主要因素,以采取必要的船舶精度控制措施。

4.反馈闭环控制理论

闭环控制是控制论的一个基本概念,指作为被控的输出以一定方式返回到作为控制的输入端,并对输入端施加控制影响的一种控制关系。使控制作用持久地取决于被控变量测量结果的控制。在控制论中,闭环通常指输出端通过"旁链"方式回馈到输入,所谓闭环控制。输出端回馈到输入端并参与对输出端再控制,这才是闭环控制的目的,这种目的是通过反馈来实现的。

控制论是美国科学家维纳于1948年创立的。它的基本含义是:现代的自动机器和人都是由感觉装置(器官)、动作装置(器官)、传递信息的系统(神经系统)所组成的一种系统。自动机器和人都是在接收、处理、传递和存储信息,并利用信息去完成动作,实现与外界的联系。在系统工作中,反馈控制给定控制信号使动作装置(器官)动作。动作结果由感觉装置(器官)检测出来,并反馈回去与给定信号相比较。如果比较有偏差,偏差信号会继续控制动作装置(器官)动作,直到偏差信号消失为止。反馈闭环控制用于船舶建造过程精度管理的过程控制和精度补偿量的确定。船舶建造过程中根据过程精度控制标准对切割、加工、组立和总组搭载等各工序进行过程控制,发现精度超过控制标准,及时采取预防改进措施,保证船舶建造精度。

5.PDCA质量循环理论

PLAN代表计划,DO代表执行,CHECK代表检测,ACTION代表改进,PDCA表示质量管理持续改进的一个循环。PDCA质量循环理论用于造船精度管理的持续改进的工作方法。制定精度方针、目标和计划,由此确立精度标准。据此进行船体建造过程控制,并检测船体建造中的中间产品,包括船体分段、总段精度等,根据检测结果进行统计分析,找出主要精度问题,分析产生精度问题的主要原因,根据原因采取必要预防、改进措施,修正、完善精度补偿量值,并在设计阶段加放,以持续改进船体建造精度。

6.木桶理论

一个由许多块长短不同的木板箍成的木桶,决定其容水量大小的并非其中最长的那块木板或全部木板长度的平均值,而是取决于其中最短的那块木板。要想提高木桶整体容水量,不是增加最长的,而是增加最短的。木桶理论用于确定影响船舶建造精度的关键因素,进行重点控制以保证船舶建造精度。

7.尺寸链理论

船舶工件的尺寸及其在装配完工的船舶结构中的位置是相互联系的,改变其中一个零件尺寸,会使该结构的另一个零件或好几个零件的位置都发生变化。例如,船底、舷侧和甲板等分段的肋骨框架位置如果没有对准,会使船体上的各肋骨中心线偏差过大。为了保证船体零件的位置精度,必须计算其相连零件的实际尺寸(组成环)和理论尺寸(组成环)的差值,并依此来调整装配间隙尺寸(封闭环)。由组成环和封闭环所形成的封闭尺寸回路,成为尺寸链。这个理论通常用于重要结构拼板和分段总段定位。简单来说可用下面的公式表达:

$$装配间隙尺寸(封闭环)=理论尺寸(组成环)-实际尺寸(组成环)+$$
$$焊接补偿值(组成环)$$

二、精度造船管理的基本方法

1. 精密测控方法

精密测控方法包括精密地直线定线、测量角度(或方向)、测量距离、测量高差以及设置稳定的精密测量标志。从测量方案设计、实地施测到成果处理和利用的各个阶段中都要利用误差理论进行分析。

精度管理的基本方法

定线通常用精密经纬仪进行,以其望远镜的视准面为基础,从而测定目标点的横向偏离值。要求高精确度时可用专用的准直望远镜。张紧的弦线也可用作基准线,并用读数显微镜测量设备部件距离基准线的垂距。激光束也可作为基准线,配合光电接收靶进行准直测量。如果激光束在真空管道中传输,精度可以达准直长度的 10^{-7} 数量级。

测角(角度或方向)用经纬仪测量。观测时要用适当的方法减少或避免望远镜调焦误差及其他仪器误差的影响,要选择或创造良好的观测条件以削弱外界因素的不良影响,要尽量减少仪器和目标偏心差的影响,必要时可在观测成果上加入仪器竖轴倾斜改正数及测微器读数的行差改正数。

测距是较短距离的精密测量,主要用因瓦合金制成的线尺或带尺,配备特制的对中设备和读数显微镜进行。应用读数显微镜或专门的精密机械测微装置可提高读数的精度,使读数误差减少至微米级。用激光干涉的方法测量距离,可以测量长至 50 m 左右的距离。采用光电测距仪测量时,测距可达 2.5 km,测距的相对精度可达 10^{-8}。

测量高差通常用精密水准仪进行。当视线短至 5~10 m 时,测量高差的精度可以达到 0.05 mm 左右。用带有机械测微装置的精密水准器安装设备时,测量相距不到 1.5 m 的两点高差精度,可以达到 0.01 mm 左右。用精密的液体静力水准仪测量高差的误差可减少至几个微米。应用电子技术判断水准器气泡居中的精度为 0.5″。

精密工程测量要在相应的标志上进行。平面标志应能使测量仪器在标志上面精确就位。在精密工程测量工作中,要求标志与设备或设备基础精确地、牢固地连接。一项工程要有若干个绝对位置非常稳定的平面和高程基准点,最好用基岩标志作为基准点。在较大的船舶施工场地上,通常先设置一系列精密控制点作为放样的依据,以使繁多的部件精确安装在设计位置上。

2. 过程控制方法

根据 ISO 9000 族标准,将活动和相关资源作为过程进行管理,可以更高效地得到期望的结果。任何使用资源将输入转化为输出的活动或一组活动可视为一个过程,为使组织有效运行,必须识别和管理许多相互关联和相互作用的过程。通常,一个过程的输出将直接成为下一个过程的输入。系统的识别和管理组织所应用的过程,特别是这些过程之间的相互作用,称为"过程方法"。过程方法是造船工艺流程精度过程控制的分析方法。

3. 数理统计方法

数理统计法是数学的一门分支学科。它以概率论为基础并运用统计学的方法对数据进行分析、研究导出其概念规律性(即统计规律)。它主要研究随机现象中局部与整体之间,以及各有关因素之间相互联系的规律性。它主要是利用样本的平均数、标准差、标准误、变异系数率、均方、检验推断、相关、回归、聚类分析、判别分析、主成分分析、正交试验、模糊数学和灰色系统理论等有关统计量的计算,来对实验所取得的数据和测量、调查所获得的数据进行有关研究得到所需结果的一种科学方法。它要求具有随机性,而且数据必须真实可靠,这是进行定量分析的基础。数理统计方法用于精度造船中精度测量数据的收集、整理和统计处理,以不断改进、完善船体建造精度补偿量系统。

4.有限元方法

有限元方法是一种离散化的数值计算方法,以电子计算机为手段,可以分析计算复杂的工程结构。有限元方法采取离散、单元分析、总体组集和代数求解等步骤。有限元方法用于船体分段、总段吊运时结构加强的确定,避免吊运变形影响造船精度。如果没有有限元计算软件,进行船体分段总段加强工艺多凭经验进行,有时容易发生加强材料规格太大浪费材料的情况,有时发生加强材料规格不够,造成船体分段总段吊运、搁置或冲砂变形的情况,影响船体建造精度。

总之,通过上述船体精度管理的基础理论和方法,结合现场精度数据的测量、统计处理,可以逐步改进、完善精度补偿值,并应用系统方法对船体建造过程进行全过程的精度控制,对影响船体建造的关键因素进行重点控制。

三、精度造船技术管理模式

船舶建造精度管理就是在目前船舶建造技术水平上追求精益求精,这也是船舶企业保持持续改进、持续发展、持续提升的不竭源泉。船舶建造精度管理模式通常可分为技术管理模式和生产管理模式两大类。

技术管理模式主要通过技术措施的改善,达到提高造船质量和降低造船成本目的。技术模式通常包括:产品价值链、单件流水作业、拉动计划体系、4S管理方式等。

1.产品价值链方式

每一个企业都是在设计、生产、销售、发送和辅助其产品的过程中进行种种活动的集合体。所有这些活动可以用一个价值链来表明。"价值链"理论的基本观点是,在一个企业众多的"价值活动"中,并不是每一个环节都创造价值。价值链的各环节之间相互关联和相互影响。

船舶精益生产把船舶产品生产全过程按流程时间分成两大部分。一部分叫作有效时间,另一部分叫作无效时间。从满足市场和客户需求的角度考虑,有效时间是市场和客户需要的(有价值的,增值的),而无效时间是市场和客户不需要的(无价值的,不增值的)。因此,任何在船舶生产过程中产生无效时间的现象就是浪费。在传统造船模式当中,无效时间远远大于有效时间。

通过分析船舶建造的工序,可以发现如图7-2所示的作业过程。

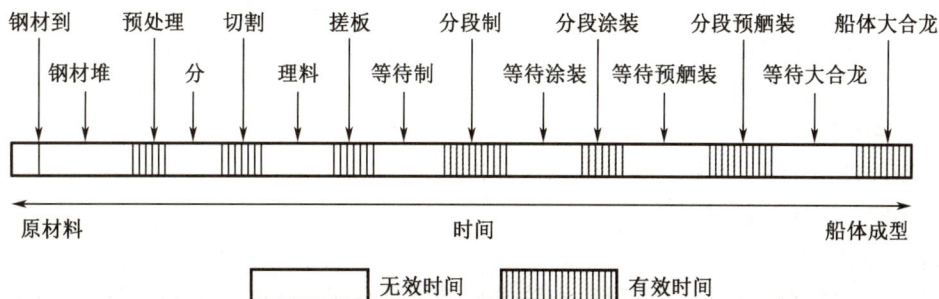

图7-2　船舶制造过程有效和无效时间分析

从图7-2中可以清楚地看到,任何无效时间都会造成船舶生产的停顿,就会产生浪费。传统造船模式往往注重于提高作业加工的生产效率,通过设备的更新改造、工艺技术的进步和工人的熟练技能,想方设法缩短有效作业时间来提高产量。精益造船模式更注重于缩短无效时间来缩短生产周期,从而大大减少中间环节的浪费。我们称这种主要通过缩短无效时间来缩短造船周期、提高造船质量和降低造船成本的思考为精益造船思想。

目前,国外的船舶企业把无效时间内产生的浪费描述为以下7种。

(1)过量生产浪费

过量生产浪费就是船舶生产过程中在下道工序需要之前提前生产了大量的中间产品(零部件、舾装件或分段等)。其实真正造成浪费的是过量生产。企业为了把自己的各个资源充分利用上,从而生产了很多必要数以外的产品,虽然企业充分利用了人力和物力资源,但是必要数以外生产出来的产品就是一种浪费的产生。首先,这些产品成了库存;其次,在生产这些产品中投入了大量的人力、物力;这些产品的保管和维护将增加管理开支。这种生产产生了大量的在制品库存,占用了大量堆放场地,造成了生产过剩和产品积压,使资源不能顺畅流动,是生产中最基本的浪费。

对于这样的浪费,要做到的就是严格按照生产要求进行生产,只生产必要数,不能生产必要数以外的产品,过量生产浪费基本描述是

实际生产数量−必要数量=浪费数

因此船舶建造过程中要做到的就是尽量杜绝浪费数的产生。

(2)不良品生产浪费

船舶建造过程中一旦出现不良品,如果可以经过修理变成良品,这里的维修就是浪费。而如果不良品无法修复,那损失的人力、物力、原材料将是巨大的损失。所以很多船舶企业都把"零"不良率作为目标来要求自己的品质。所以要建立一套严格的QC体系来控制自己的生产。质量缺陷和次品妨碍了流畅的生产,导致了许多次品需要处置或返工的浪费。

(3)库存浪费

现代船舶生产要建立库存等同于浪费的观念。库存包括原材料、在制品和成品的库存,库存的物品占用了大量的资金,放在那里的时间的浪费就是资金的浪费;库存需要人来管理,造成人力的浪费;库存需要仓库、堆放场地和空间,造成资源的浪费。库存就是人力、物力、财力的浪费集合体,而且容易造成库存损坏,隐含了许多管理问题。

(4)操作浪费

产生任何不增加市场和客户价值的人和物的移动及多余动作都是浪费。

(5)加工浪费

船舶建造过程中通常是按照船级社或相关管理部门规范要求组织生产,如果生产产品的品质远远高于所规定的要求,其任何超过市场和客户需求的额外加工都是浪费,俗称质量过剩。

(6)运输浪费

船舶部件生产中,如果产品出现来回多次搬运,产生任何不符合产品增值要求的原材料、在制品和成品的搬运都是浪费。

(7)时间浪费

船舶生产流水作业要运行流畅,解决其中的瓶颈流程,通过设计和改善,减少滞留现象。物的等待造成生产不能连续作业;人的等待造成企业最重要资源的浪费。

例如,作业过程中需要看图,造成了人和料的等工,就是一种浪费。日本船厂利用数控切割机画线,在钢板上标明了所有的安装尺寸线,使工人在施工中不用看图就可以对号入座,直接安装,大大减少了浪费,提高了工时利用率。

2. 单件流水作业方式

船舶建造过程中最大的浪费就是生产过剩。在传统造船模式中,为了扩大生产总量,常常追求设备的最大利用率,就需要组织批量生产。组织批量生产,生产准备时间长和在制品库存多是不可避免的,因此生产过剩也就成为必然。理想的精益造船是让每一个部件和中间产品都能做到连续不断地生产,按客户(内部和外部的)要求按时完成生产,不提前,也不拖后。相同类型的中间产品,一件一件地、组织连续不断地传送带式的流水作业,或称为单件流水作业。组织单件流水作业,要做到连续不断生产,追求零库存管理,就可以减少生产过剩。

库存会掩盖许多管理问题。如质量和进度等问题,不等到库存缺货,不会暴露问题,就不能把问题解决在萌芽状态,也不会引起管理层足够重视。时间一长往往很难判断问题的根本原因。

单件流水作业中,只要一出现问题,就需要立即解决,否则就会直接影响后续生产。因此,合理规划和制定单件流水作业工序对船舶生产企业提高生产效率也是十分重要的。

例如,传统造船的板材和型材加工都是批量制作的。大量板材和型材在车间加工完后,存放在堆场里,然后按照生产进度需要进行理料,再分类分批地提供给小装配、平面和曲面分段加工(图7-3)。在精益造船模式中,板材和型材都是在内场按部件装配、平面和曲面分段分道加工的,然后再连续不断地提供给部件装配、平面分段流水线和曲面分段流水线,这样不但节约了大量的堆放场地和理料时间,减少了在制品库存和资金占用,同时还大大缩短了生产周期,改善了生产质量(图7-4)。由于连续不断的作业要求,刚切割加工好的材料,就直接用于部件装配或分段合拢。这样,一旦有质量问题,马上就能反馈解决。而批量加工情况下,往往要较长周期以后才会用到这批材料,当发现质量问题时,可能同样的质量问题已经在其他许多地方发生,因此后患无穷。实现单件流水作业后,质量问题能够迅速反馈,要求作业者马上解决,否则就会影响下道工序生产。这样,作业者就学会了思考,提高了发现问题和解决问题的能力,许多好的预防措施、好的生产组织形式,以及好的工作标准也就应运而生,生产效率也会随之大大提高。

如果在船舶建造过程中无法组织单件生产,必须组织批量作业的话,应该把每个批次的生产数量控制到最小的程度,保持一个最低的库存,下道工序取走多少,就生产补充多少。例如,一些小的常用标准件和舾装件就可以组织批量生产,如法兰、人孔盖、各种标准附件等。

3. 拉动计划体系方式

传统造船模式通常由管理部门制定全公司的生产计划,然后按照公司的组织机构,层层下达计划,由下级机构按照公司总的计划要求,去制定具体的实施计划。这样的计划往往要求纵向到底、横向到边,从上到下、从前向后地推动,是一个推动计划体系(Push System)。对公司计划人员的业务素质要求非常高,计划策划必须对全公司的情况和资源非常熟悉,否则计划就难以落实。一般情况下,计划工作很难做得非常具体、非常详细。这样,计划执行的随意性就比较大,计划执行过程的控制就比较难。

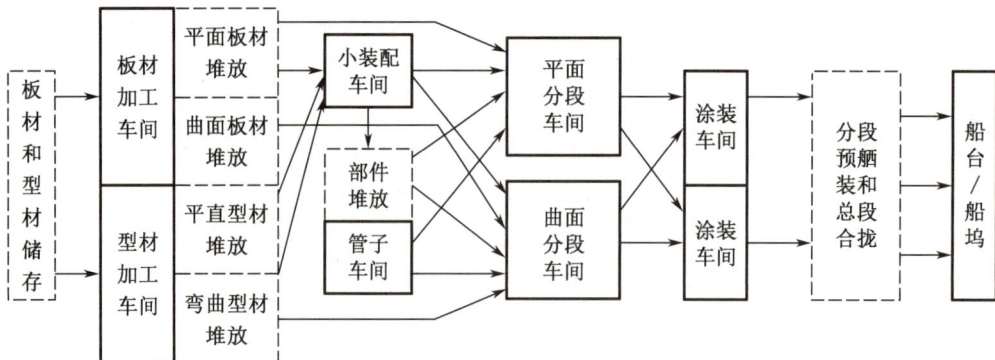

图7-3　传统造船船体加工流程

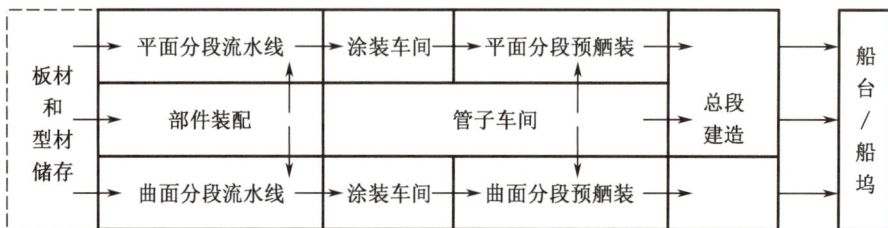

图7-4　精益造船船体加工流程

　　要进行单件流水作业,就需要按照生产需求来制定生产计划,建立一个从后向前、由下而上的拉动计划体系(Pull System)。由后道工序向前道工序提出订货计划,然后由前道工序严格按照后道工序的交货要求,不提前,也不拖后地安排生产。在一条单件流水作业的生产线上,每一道工序既是生产者,又是客户。既需要满足下一道工序的交货要求,同时又需要向上一道工序提出订货要求。

　　精益造船的单船生产计划就是按照交船期和船厂总体生产安排的要求,先制定出具有生产节拍的船体大合拢计划和分段制造计划。然后从船体大合拢计划和分段制造计划出发,根据平面分段和曲面分段流水线的生产节奏,包括涂装和预舾装,以及板材、型材和管子加工等,按照拉动原理从后向前一级一级地由作业者(或者工段)制定各自的作业计划、物料计划和劳动力计划。由生产主管部门进行综合平衡,将作业计划与物料计划和劳动力计划进行平衡,做到作业计划和物料计划的统一,作业计划与劳动力计划的统一,最后汇总成全公司的年度和月度生产计划。

　　作业计划、物料计划和劳动力计划是造船生产的三大主体计划,造船的其他一切计划都是围绕这三大计划展开的。如资金需求计划、设计出图计划、人力资源计划、技术改造计划、设备维修计划,以及公司各部门的工作计划等。在日本造船企业中,每个工人每天都必须填写工时记录表,如实记录当天每小时的实际工作情况,然后由专职录入员每天将实动工时按作业区分、作业工种和作业内容录入工时数据库。如果出现工时能力放空的现象,必须写明造成工时浪费的原因,而这些浪费的工时也就成为下艘船舶改进生产计划、提高生产效率的起点。每艘船实际建造工时的详细记录是作业者制定作业计划和劳动力计划的依据,也是生产主管部门平衡生产作业和劳动力的依据。工时在造船生产计划中代表的既不是物量,也不是分配,应该是实际的生产能力。准确的实动工时记录,对于组织精益造船生产计划至关重要。之前我国船厂的工时大多数沿用以前计划经济时代的制度,通过改革开放以来的逐步演变,目前的工时制度实际上是一种承包式的工时制度,通常需要层层讨价还价后达成的工时标准,还不能反映造船生产的实际情况。这种工时制度实际上代表的是分配,而不是生产能力。事实上,现行的这种工时制度已经成为我国船厂管理进步的一个主要障碍。较为合理的方式是把计件工资改为计时工资。

4.4S 管理方式

一个管理完善的工作场所,应该是一个清洁、整齐、稳定而有次序的工作场所,应该有一系列浅显易见的(可视的)工作标准,保证所有的工作都处于有一定标准的可控状态。只要整个系统出现一点偏离工作标准的现象,这种偏离就会在这个系统中迅速暴露,显得格外不正常。同时,要求系统迅速排除这种不正常,使系统恢复稳定的工作次序。在精益造船模式中,要实现上述工作要求的管理叫作 4S 管理。我国的很多船舶企业在此基础上增加了素养、安全等内容,将它发展成 5S 管理或者 6S 管理,但是其基本管理内容是一致的。即

①整理(日语罗马拼音 Seiri,英语 Sort)。

②整顿(日语罗马拼音 Seiton,英语 Stabilize)。

③清扫(日语罗马拼音 Seiso,英语 Shine)。

④清洁(日语罗马拼音 Seiketsu,英语 Sustain)。

"整理"就是彻底从作业场所清理不必要物品。按照有利于生产的要求,定期(按天、周或月)把每天生产所必需使用的物品和很少用或不用的物品分开。用标签标明很少用或不用的物品,然后将这些很少用或不用的物品放到远离现场的合适地方,或者处理掉。

"整顿"就是要做到定置摆放、做好标识、拿取方便、安全可靠。只要那些不需要的物品从现场清除出去了,场地空间就大大增加了。那些有用的物品就可以按照安全、方便、有利于提高生产效率的要求,定置摆放、做好标识。这样,不仅方便拿取使用,而且还有利于及时发现物品的丢失或缺损。只要及时解决丢失或缺损的物品,就不会发生由于缺少物品而影响生产的问题。

"清扫"就是天天打扫工作场所,要求日产日清、随产随清、谁产谁清。保持一种良好的可视化管理状态,便于检查和发现任何不正常现象,及时消除隐患,同时寻求新的改善工作环境的方法和措施。

"清洁"就是保持工作环境干净整洁,把当前最好的工作状态记录在案,制定出书面的工作标准,作为普遍遵循的工作准则。在维护前 3 个 S 的工作成果前提下,持续地改进。

4S 是一个不断持续改进的作业流程、消灭浪费的 PDCA 循环过程,经常用于制造企业的流程再造(Process Re-engineering)。PDCA 循环是由美国统计学家戴明博士提出来的,它反映了质量管理活动的规律。PDCA 循环是提高产品质量,改善企业经营管理的重要方法,是质量保证体系运转的基本方式。

我们可以把改进项目作业流程的 4S 活动定义为五个工作阶段。

①定义产品(中间产品)价值链(明确有价值的生产环节)。

②取消无效工作环节(制定改进措施)。

③制定新的价值流(重组价值链)。

④由客户来拉动价值链(组织 JIT 准时生产)。

⑤保证持续不断地改进(PDCA 循环)。

当一个生产现场堆满了物品的时候,许多问题容易被掩盖,管理者很难在混乱的现场中发现问题。而且,往往没有工作标准来告诉人们应该怎么办,产品质量也往往需要通过专职检验才能提供给下道工序使用。4S 管理给现场生产提供了一个可视化管理的环境,使所有问题表面化,问题可以得到充分暴露。一个物品摆放整齐的工作场所,管理人员可以一目了然地掌握生产现场的工作进展情况。缺损的物品或库存可以及时得到补充,产品质量问题可以得到及时解决,不符合标准的工作状态可以及时得到纠正。

作业标准化是 4S 管理的重要内容,作业标准涉及船厂的每一项工作,但是随着环境条件的改变和人们作业水平的不断提高,作业标准也需要不断地改进和提高。当然,还需要通过不懈努力去推进和执行作业标准。船舶生产作业标准包括标准的工艺流程、标准的作业方法、标准的工作内容,以及设备的维护标准、作业的质量标准和作业的安全标准等。

4S 管理是一种生产活动,也是当今的一种船舶企业文化。在船厂不断推进 4S 管理,可以持续改进作业标准和改善作业环境。4S 管理的目的就是给作业者创造良好的作业环境,把所有操作设备和工具放在作业最方便的地方,让工人能够全神贯注地作业。船厂可以通过 4S 管理,给工人创造良好的现场作业环境。电焊机、工具、废料、原材料、各种零部件以及其他相关设备的摆放,都完全符合精益造船要求。工人可以用最高的效率、最多的时间来完成安全、高质量的生产作业。

四、精度造船生产管理模式

船舶建造精度管理生产模式主要通过生产方式改善,达到提高造船质量和降低造船成本的目的。生产管理模式通常包括:准时生产、零缺陷施工、均衡生产和生产节拍等方式。

精度管理的模式

1. 准时生产和零缺陷施工方式

准时生产(Just in Time)和零缺陷施工(Built in Quality)是精益造船模式的两个最重要的理念。"准时生产"就是在需要的时候,按照需要的数量,生产需要的产品。不允许出现任何人员和物料的等工现象。组织准时生产的最大好处,就是可以大大减少人工和物资的浪费,没有库存,没有闲置劳动力。准时生产就是要组织单件流水作业生产线,运用成组技术和族制造原理,按照造船作业的系统/区域/类型/阶段,组织柔性的、相似的中间产品分道和流水的作业生产线,真正形成一件接着一件、按照生产节拍交付产品的传送带式生产。造船的板材加工、型材加工、管材加工、单元舾装、小组立、平面分段和曲面分段的生产都可以组织单件流水作业,其中间产品可以按零部件和构件来划分,也可以按分段和舾装单元来划分。组织单件流水作业的真正目的是消除生产过程中所有无效时间的浪费。在造船过程中,只要有无效时间存在,就有不断改进完善的可能。比如,许多船厂在造船周期紧张的时候,经常通过扩大分段储备量,用外场促内场的生产方式来加快造船进度,就是一种浪费的生产方式。精益造船要求按照生产需求组织有节拍的分段制作,把分段储备减少到最低的限度。

"零缺陷施工"就是要把所有的施工质量问题都消除在源头、消除在萌芽状态。这就需要在船舶建造过程中组织全员的质量自主管理,贯彻"质量是做出来的"的思想,谁做谁检查,谁做谁负责修复缺陷。要求作业者严格按作业基准一次作业合格,保证自检互检后的产品质量 100%合格,决不允许有次品流入下道工序。零缺陷施工的最大好处,就是可以把

质量问题消除在源头,节约了大量人工检验和缺陷返修的成本,同时还大大缩短了生产周期。船舶企业组织造船精度管理和全员质量管理,加强质量自主管理体系建设,既可以有效开展"零缺陷施工",同时还可以适当减少质量专职检验人员数量。

2. 均衡生产和生产节拍方式

为了保证船舶生产过程能够连续不断,同时又能满足产品需求节奏,就需要组织均衡生产(Level Production),让生产处于一种有节奏的状态当中。这样,就需要运用成组技术原理,合理设计单件流水生产每一个工位的作业量,计算出生产节拍(Takt Time,是德语,节拍的意思)。生产节拍也可称为客户需求周期(Customer Demand Rate),可以描述为总生产时间除以客户需求数量,表示客户需要一个产品的平均必要时间。

生产节拍(Takt Time)= 总生产时间/客户需求数量

生产节拍对于造船来说,可以是每半天需要生产一个批次的管子,或者每天搭载两个分段等。组织有生产节拍的造船生产,船体可以以分段为单位,舾装可以以托盘和单元为单位,管子和零部件可以以批次为单位。设计生产节拍是精益造船的一个目标,通过建立有节拍的生产来组织均衡连续的准时造船,让生产更加流畅。

生产节拍不一定等于生产周期。比如,生产一个托盘需要 1.5 h,而下道工序每 2 h 需要一个托盘。这样,生产周期就小于生产节拍。如果满足生产节拍要求,生产能力就会放空,就会造成人员或设备能力闲置;如果要保证生产连续不断,由于生产能力大于生产需求,就会生产过剩,造成库存积压。这两种情况都会造成浪费。反之,如果生产周期大于生产节拍。就需要安排加班,或提前安排生产,储备一定库存,以满足生产节拍的需要。无论是加班和增加库存都需要增加成本。因此,在组织均衡生产过程中,一定要追求生产周期与生产节拍的基本一致,否则就会产生浪费。理想状态下,生产周期应该等于生产节拍。

组织单件流水作业,按照生产节拍也会经常出现不经济的现象。比如,有两种类型的分段需要装配,即 A 分段和 B 分段。A 分段要安装大量管子,B 分段要安装大量结构件。按照船体大合拢进度,搭载次序分别为 A—A—A,B,A,B—B,A—A。这种不规则的生产节奏可以满足船体大合拢要求,却给提供管子和结构件的前道工序带来忙闲不均。忙时需要加班或提前生产,闲时就会造成人力和设备资源浪费。为减少浪费,使前道工序能够实现连续不断的均衡生产,我们可以在不影响船体大合拢进度的情况下,对分段搭载次序做适当调整。如 A—A—B,A—A—B,A—A—B。这样,管子、结构件,以及 A、B 两种分段都可以组织起均衡连续有节拍的生产了。所谓两岛式或三岛式的船体大合拢搭载方式就可以兼顾考虑分段制造的节拍生产。

按照精益造船理论,分段制造也完全可以组织节拍生产。传统的分段制造处于不均衡的生产状态中(图 7-5),1~4 分段中各个作业阶段(钢料加工、拼板组装、分段制造和船体合拢)的生产时间是不相等的,很明显,按这样的计划不能按工位组织单件产品流水作业,每个作业阶段需要安排两个作业小组分别在不同场地才能完成生产,一个小组做 1、3 分段,另一个小组做 2、4 分段。这样就会造成生产环节中的许多浪费。如果,通过劳动力或作业量的适当调整,让各个作业阶段的生产时间基本相等,这样就可以按照生产节拍组织连续不断的单件流水作业(图 7-6),一个小组在固定工位就可以完成全部 1~4 个分段同一个作业阶段的作业。

同样,在一些固定的分段合拢胎架上,也可以组织有生产节拍的流水作业。往往是作业人员移动,而加工分段和工具设备不动。当装配工完成装配作业从胎架 B 移动到胎架 C

的时候,电焊工正好完成电焊作业从胎架 A 移动到胎架 B,以此类推。

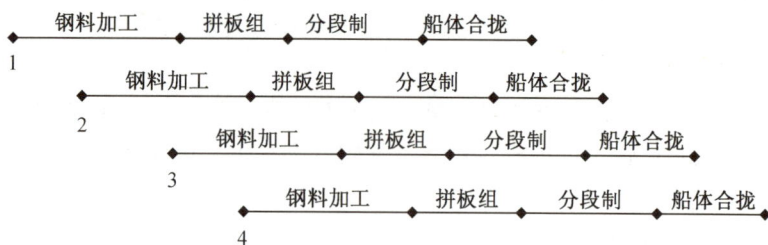

图 7-5　不均衡分段制造

　　由于组织均衡有节拍的生产能够大幅度地减少浪费,大大提高劳动生产效率,在可能条件下,要尽可能组织有生产节拍的流水作业。为了适应精益造船中间产品的单件流水作业,劳动组织形式也要按照系统/区域/类型/阶段来划分,如内业、外业、小组立、大组立、管子、机装、船装、电装、内装、涂装等。在用工制度上,实行一工多能的岗位技能制度,便于劳动力合理使用,在组织节拍生产的过程中合理调整作业量,不浪费劳动力。在产品品种变化较大、工种不能平衡的时候,还可以通过使用外包协力工来调节劳动力安排。

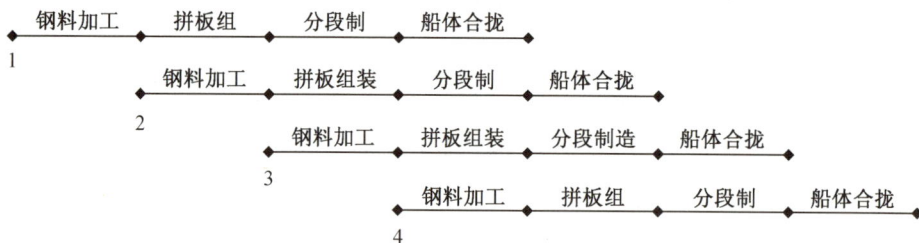

图 7-6　均衡有节拍分段制造

任务二　船舶建造精度管理体系的建立

【任务描述】

　　船舶建造精度管理体系是造船企业为充分发挥自身整体效能,满足相关的生产规范、精度标准和相关方以及其他要求,组织所有资源和活动按照过程方法重新整合,以实现企业精度目标的一种管理体系模式。本任务主要介绍船舶建造精度管理体系的构架以及造船精度管理计划的实施。

【知识准备】

　　船舶建造精度管理的对象为船舶在建造过程中产生的收缩变形、扭曲变形和角变形等。其内涵包括健全精度管理体系、建立精度管理制度、完善精度检测手段与方法、提出精度控制目标、确定精度计划、制定精度标准、制定预防尺寸偏差的工艺技术措施和精度超差后的处理措施等。

一、建立精度管理体系的意义

建立船舶建造精度管理体系目的是指导造船企业以合理的组织架构、操作程序和运行机制促进精度管理技术开展,以确保公司精度管理工作系统有序推进。对船舶建造企业而言,是以企业为整体,将组织所有资源和活动按照过程方法重新整合成一体的一种管理体系模式。精度管理是一项系统工程,其关键是全面、全过程推行精度控制,核心是实施造船精度设计。

精度管理的体系

船舶建造精度管理是精益造船的重要特征。在船舶建造过程中推行精度管理是生产的客观需要,也是确保船舶建造质量,促使科学管理,提高造船生产能力,缩短船体建造周期的重要手段,是造船生产技术的重要组成部分。国内外的生产实践表明,开展船舶建造精度管理,通过对造船生产过程中的加工误差和焊接热变形的精度控制,用补偿量代替余量的办法,减少造船加工、装配和焊接过程中的无效劳动,对造船企业、船东、员工、社会与环境都有重要意义。就其作用主要体现在以下几个方面:

1. 减少无效劳动

造船企业实行船舶建造精度管理,可以减少无效劳动,对提高造船质量、降低成本和缩短周期将起到积极作用。同时可以提高船舶建造技术水平,实施科学管理,拓宽市场开发。

2. 提高产品质量

实现船舶建造精度管理后,船舶的装配精度能够得到明显改善,各种间隙、余量和错位大大减少,船体结构内的应力分布趋于均匀,船体强度得到了保证,可以大大提高船舶营运的经济性和安全性。

3. 降低作业难度

实施造船精度管理,能够减少船舶建造过程中的结构修割,将船坞(船台)作业和高空作业改成平台上作业,降低作业难度和劳动强度,改善工作环境,保证造船生产工人的安全和健康。实施精度造船后,各种部件、结构件和分段的尺寸精度提高了,船体装配成为简单要素作业,大大降低了工人的熟练化程度要求,从而减少了作业时间,缩短了生产周期。

4. 有利于高效焊接

实施精度管理后,由于船体的焊缝精度得到了控制与提高,使得高效焊接设备的使用成为可能。同时,高效焊接设备的使用使生产效率得到了明显提高,焊接精度和质量也得到了进一步的稳定和提高。由于减少了修割和返修,因此节约了资源、能源消耗,减少了排放和环境污染,同时这也是建设资源节约型、环境友好型企业的要求。

5. 提升船舶制造水平

全面建立现代造船模式是促进我国船舶工业发展的一项战略举措,大力推行"精益造船"和"绿色造船",能够进一步提升造船总装化、管理精细化、信息集成化水平,提高企业生产效率和效益,加快产业转型升级,促进船舶工业实现由大变强。对提升船舶制造技术水平,增强产业国际竞争能力,推动我国船舶工业持续、协调、健康发展具有重要意义。

总之,船舶建造精度管理对造船企业、船舶营运、造船员工、社会和国防建设都有很大的益处,实施造船精度管理也是现代造船发展的必然趋势。

二、船舶建造精度管理体系的构架

船舶建造精度管理体系在船舶企业通常作为造船质量管理体系的一个子系统,体系主要包括组织体系、精度标准、资源管理、精度控制、测量改进和信息技术等几个方面。图7-7是某船舶企业造船精度管理体系结构图。

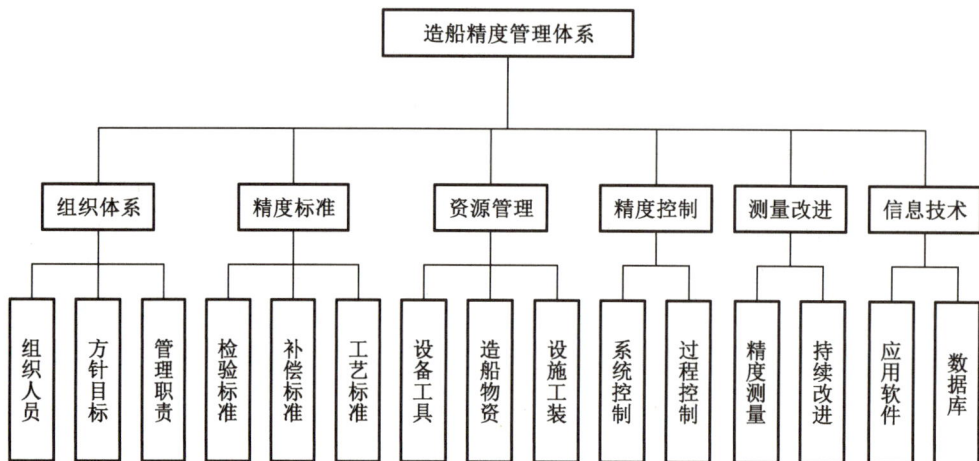

图7-7　造船精度管理体系结构图

1. 组织体系

为了实施造船精度管理,必须成立精度管理的组织体系。这需要配备必要的组织和人员,制定造船精度方针、目标和计划,明确管理职责制度。

精度方针是确定造船精度管理的方向和原则。精度方针确定为"精度设计、过程控制、检测改进",精度设计是精度管理的源头,过程控制是精度管理的核心,以不断改进提高精度水平。精度目标是依据本船厂精度管理水平,分阶段提出精度的合格率,包括拼板、冷热加工、分段的焊前焊后、总组和搭载等。

2. 精度标准

精度标准包括精度补偿量标准、精度检验标准、精度工艺标准、精度控制基准、精度测量表和基准线设计基准等。精度补偿量包括切割补偿量、加工补偿量、装配补偿量和焊接补偿量等方面,一般通过现场多次测量或理论计算得出补偿量数值,再通过生产设计反映在船体零件上,然后在主船体完工后测量主尺度来检验补偿量的正确性,通过测量值修正补偿量数值。精度检验标准是根据精度目标细化到船体建造各工序阶段的精度要求。精度工艺标准是对于一些精度容易出现问题的工序阶段制定专门的装焊工艺。

3. 资源管理

要进行造船精度管理必须对影响造船精度的各种资源进行管理,这里的资源主要包括人力资源、物质资源、信息资源等。

(1)人力资源

在精度控制技术方面,涉及船舶生产的人员包括:船舶企业经理、精度管理人员、船舶精度技术人员、船舶企业员工、保证船舶企业生产和其他相关设备正常工作的其他人员。

人力资源是指以上人员的技能、能力、知识以及他们的潜力和协作力,它是船舶企业开展精度控制技术最为重要的资源。

（2）物质资源

所谓物质资源,是指涉及确保船舶精度控制技术所需要的实际存在的生产物资形式,如设备工具、造船物资和设施工装等。在传统的产业经济中,物质资本占据主导地位,但随着经济的发展,知识经济的到来,人力资源不论是在数量上还是收益上都远远超过了物质资源,从而取代了在经济发展中物质资源所一度占据的主导地位。

在精度控制技术中,物质资源是指船舶生产中所需要的物质性条件,它是确保精度控制过程正常进行的基本资源。

（3）信息资源

信息资源涉及确保船舶精度控制开展所需要的信息与资料,包括船舶生产订单、生产计划、设备订单、操作手册、使用指导书、指导手册、专业出版物、企业信息、市场信息等。它是确保船舶生产正常进行的必要资源。

（4）其他资源

其他资源涉及确保精度管理所需要的时间、空间、技能、经验和与有关部门（如主管当局与机关、公司、团体、人员等方面）的合作及支持的程度与广度。这类资源将有助于组织目标的实现。

为了合理应用和配置以上不同类型的资源,在从事船舶建造精度管理工作中,船舶生产人员应能掌握现代精度管理的基本知识与技能,做到事先周密计划、现场组织和实施有效的控制,加以正确的操作与指挥,并合理协调相关各方之间的关系及工作,从而精准地完成船舶建造任务。

4. 精度控制

精度控制是实施造船精度管理的核心,主要包括精度系统控制和过程控制。精度系统控制指对影响造船精度的人员、精度设计、设备工具和物资进行系统的控制,以保证船舶建造精度。过程控制是对船体建造过程各阶段进行过程控制。对于各阶段易出现的精度问题采用"人、机、料、法、环和计量"六因素质量分析法进行分析,确定主要因素,采取必要措施,在验证有效后,把这些措施固化为标准。这样逐步提高船体精度,最终以最低的成本控制船体精度在标准范围内。

5. 测量改进

测量改进就是对船体建造过程中的分段、总段等中间产品进行测量验收,对于精度超差的中间产品必须采取修整措施,分析原因并采取预防改进措施,对相关责任人进行处理。这里的预防改进措施在验证有效后固化为标准,这样就改进了船体建造精度。精度改进还包括低成本控制船体精度的措施。

6. 信息技术

信息技术包括应用软件和数据库技术。如 TRIBON 船舶设计软件、EcoOTS 三维模拟搭载软件、EcoMES 精度数据处理软件、M3 船舶后道精度管理软件等。精度信息技术近几年发展非常迅速,韩国大型船厂已广泛应用精度管理软件系统,国内多家船舶技术研究所也在积极开发,部分产品已进入实际应用。精度系统软件的应用大大提高了分析速度和数据分析水平,精度数据完全可以在系统中实施封闭,大大减少了人为因素的干涉。

三、船舶建造精度动态控制

船体建造过程中,从钢材开始下料到船体建造结束,全过程都是在造船厂完成的。船体建造工作量约占造船总工时的50%,其建造进度直接影响船舶建造的总周期。前道工序建造质量(即精度)将直接影响后道工序的质量,影响船舶完工后的航行性能。因此,船体建造精度管理的研究,对提高船舶建造质量具有决定性的作用。

1. 船舶建造精度管理方式

船舶建造精度控制就是造船过程中的船体尺寸精度控制,它通过分析船舶建造过程中实物产品与设计模型之间的偏差来控制船舶产品在各个阶段中所产生的精度问题。船舶建造过程中的精度控制是用数理统计的方法,对造船生产过程中的加工误差和焊接热变形的精度进行监督、控制和改进,用补偿量代替加工余量,减少造船加工、装配和焊接中的无效劳动,从而改善造船生产设计、造船计划和造船工艺的水平,提高造船的生产效率。

从广义上来说,船舶建造精度管理可以分为主动管理和被动管理两种。

(1)主动管理

主动管理是指通过在切割、加工、焊接等分段组立的全部过程中,事先进行一系列预防分段变形的措施,从而使加工后的产品或部件达到建造精度的要求。如改良设计、分段切割、反变形、焊接顺序、改善施工方法等工艺方法。

(2)被动管理

被动管理则指通过利用后期测量所得到的数据来对产品进行修正达到精度要求。船舶生产中对已经发生变形的分段,在组立/搭载过程中进行控制。利用全站仪进行数据采集,再通过软件分析,寻求对策,最后对已经发生变形的分段进行修改。如热变形、修正垂直度、火工校正、画线、确定基准点、添加扶强材、确认焊接顺序等。

2. 船舶建造动态过程控制

船舶建造过程中动态精度控制一般分为主动控制和被动控制两类。所谓主动控制就是研究造船过程中各种影响精度的因素,在精度损失之前就采取合理措施来保证造船精度的控制行为;而被动控制是指在建造过程中出现某些突发因素造成预料之外的精度损失时,能够及时采取一些应急措施来保证造船精度的控制行为。

实际上,造船精度管理是一个需要不断完善改进的过程。各个船舶企业之间或不同时期,由于人员或技术力量的不均衡以及对船舶精度管理逐步认识,开展该项目工作的程度和规模也是有较大变化的。因此,有必要将柔性生产模式中的动态公差控制理论引入到造船过程控制中来,如图7-8所示。

图7-8所示为某一船舶企业造船精度动态控制过程。在此过程中,每一造船工序结束后,即对该工序产品尺寸进行测量,并与本工序的参考精度进行比较,比较结果用于指导预修整量及完善精度控制系统。当某一工序的测量尺寸结果满足精度要求时,则进行下一工序的补偿量计算,并将本工序的补偿量结果输入到精度控制系统数据库中。当某一工序的测量尺寸结果不满足精度要求时,就需要对偏差尺寸部分进行预修整,并对此工序的补偿量进行重新计算,直到测量尺寸结果满足精度要求的尺寸时才进行下一工序的工作。

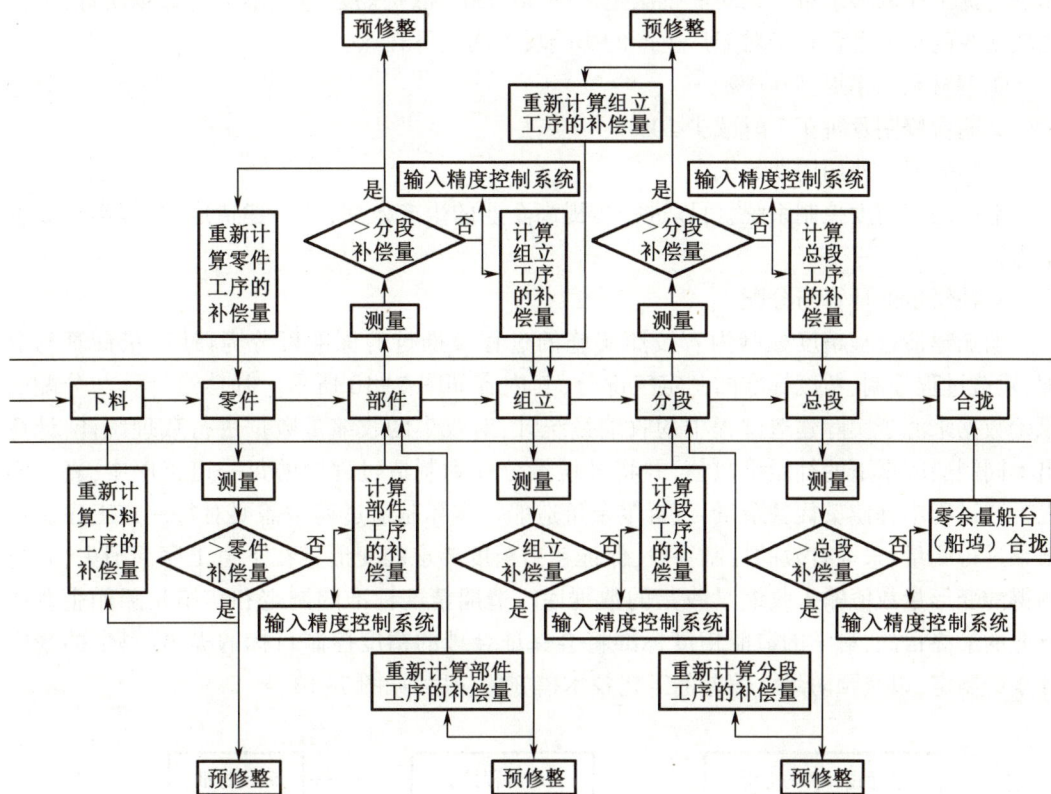

图 7-8　造船精度动态控制过程

当船舶企业精度控制技术不成熟时,采用分段预修整工艺使各造船工序中的精度满足允许值的要求,实际上是采取减少尺寸链组成环数目的方法来解决封闭环精度问题,尺寸链组成环如图 7-9 所示,A_1、A_2、A_3 分别为反映不同工序的尺寸链组成环,ΔA_1、ΔA_2 分别为反映不同工序需要预处理的尺寸链组成环,A_0 为基本尺寸。在每道工序结束后进行预修整措施即可减少尺寸链中的 ΔA_1、ΔA_2 两项组成环,解决制造过程中的精度问题。

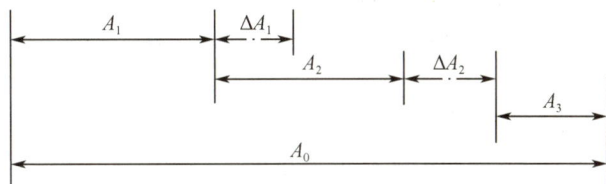

图 7-9　尺寸链组成环

这种方法在各造船工序的精度不高和余量补偿不能确定的条件下,是一种行之有效的工艺方法。例如,某船舶企业精度管理技术水平处于起步阶段时,分段或总段制作前所有工序仍允许建造余量的存在,分段或总段制作工序结束后采取预修整措施。具体做法为:利用全站仪等先进的测量工具对完工分段或总段的总尺寸、水平度和垂直度等项进行测量,测量值与模型值进行比较,偏差大于精度标准±5 mm 的尺寸需要进行预修整,进而保证船台合拢工序的零余量。在对一批次生产的 30 000 t 散货船建造成本进行数据统计,上述比较初级的精度管理技术对船厂生产的影响反映为以下几点:

①钢材利用率提高 0.3%。

②船台修割及矫正工时减少 20%。

③缩短船台使用周期 5 天。

造船动态精度控制系统,可以进一步提高企业的生产效率,节约建造成本,提高市场竞争力。

3. 补偿量的计算与分配

船舶建造过程精度控制内容按照实施的过程及推行的深度可分为:补偿量计算与分配、建造过程控制、精度标准的制定三部分,其内容如图 7-10 所示。补偿量计算与分配的原始数据来源于实际建造过程中的收缩量统计,对收集的收缩量数据进行数理统计,计算出不同制造因素下的补偿量数值,并将补偿量分配到制造过程中的每一道工序中,真正实现生产过程中补偿量代替余量,进行零余量造船。实际制造过程中需要对每一道工序制造结果进行测量,采取有效的控制手段,保证超出精度要求的变形量在下道工序前消失,并将测得的变形量数值输入收缩量收集的数据库。造船精度标准的制定和实施是船舶企业或行业的最终目的,科学的造船精度标准将会保证合理的精度控制目标的提出、科学的精度计划的制定,以及预防尺寸偏差的工艺技术措施的应用,见图 7-10。

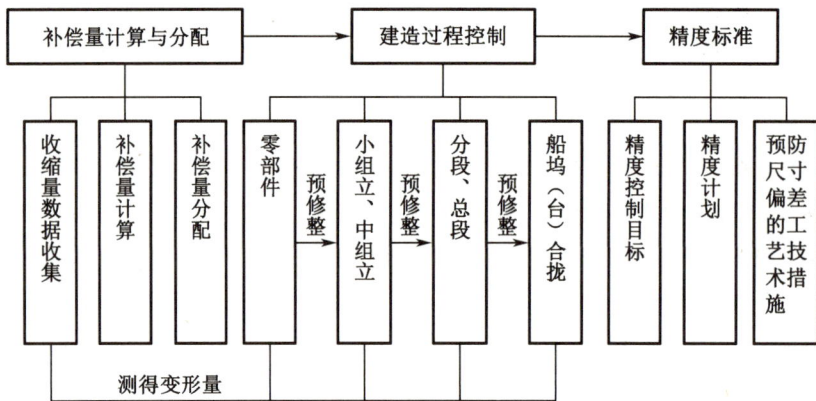

图 7-10 建造过程精度控制内容

(1)补偿量计算与分配的理论基础

补偿量是对船体零件、工件和中间产品通过加工、装焊、火工矫正等多道工序,而产生的变形及收缩进行定量分析后,加放相当实际变形和收缩的工艺量值。加放该工艺量值后,船舶产品通常一般不需再进行第二次切割。

补偿量的计算与分配分别以数理统计及尺寸链理论为基础进行。

设系统误差补偿量为 X,随机误差的补偿量为 Y,则一维补偿量 Δ 可用下式表示:

$$\Delta = \sum_{i=1}^{p} \Delta_i = \sum_{i=1}^{p} \left(\sum_{j=1}^{n} X_{ij} + \sum_{k=1}^{m} Y_{ik} \right) \tag{7-1}$$

式中 Δ_i——第 i 道工序补偿量;

p——最后一道工序;

n、m——第 i 道工序内系统误差和随机误差的项数。

（2）补偿量计算与分配的方法

余量是对船舶零件、工件和中间产品加放补偿量后，仍不能满足实际施工需要时，加放的较大工艺量值。造船精度管理的核心是如何运用补偿量逐步取代余量。补偿量的计算一般分为如下两方面内容。

①在大量调查研究、掌握足够的实际生产数据的基础上，利用数理统计手段，统计回归原始数据，计算出补偿量数值。这方面内容实施的难点在于原始数据的收集掌握。由于我国船舶精度控制技术开展较晚，一些船舶数据积累不连续，数据分析不深入，这些都是研究中亟待解决的问题，利用数据库技术可以对所收集的数据进行有效整理。

获得原始数据后需要建立科学的数学模型。建立数学模型的方法很多，如采用 BP 神经网络对船体零部件变形补偿量进行预测、利用统计质量管理图进行补偿量计算等，从而对船舶建造质量进行分析和监控。从目前的研究现状来看，船舶制造企业制造技术的不稳定性，造成了补偿量计算方面考虑因素的不完整。因此，在统计补偿量之前，船舶制造企业应制定相对稳定、可靠的制造技术规则。

②计算出整个制造过程的补偿量后，需要将补偿量分配到各个加工工序中。

机械加工中的尺寸链理论是目前制造过程中补偿量分配时经常采用的方法。利用二维尺寸链中概率法及极值法计算误差传递及公差分配的过程，推广了尺寸链原理在船舶建造质量控制中的应用。基于尺寸链理论对造船过程中补偿量进行分配是采用反推法进行的，补偿量分配的反推过程如图 7-11 所示。具体的做法是由后一道工序提出具体的精度要求，最后落实到零件规定的具体要求。

| 船坞（台）合拢补偿量 | → | 总段、分段装配补偿量 | → | 组立制作补偿量 | → | 零部件加工补偿量 |

图 7-11　补偿量分配的反推过程

（3）建造工艺的热应力变形机理研究

目前船舶制造过程中的变形机理研究主要集中在焊接热变形方面。随着计算机技术及数值模拟技术的发展，变形研究理论成为应用最广的理论。目前已能实现将焊接变形与焊接能量输入关系公式化，并与实验结果进行比较，效果比较理想。另外，采用基于固有应力的等效载荷方法对船体分段的焊接变形量进行有限元分析，分析结果与实验结果得到很好的吻合，为船体分段制作过程中焊接变形量预测提供了有效而精确的方法。我国研究人员应用人工神经网络方法，研究了焊接变形的建模方法，并开展了焊接前施加反变形焊接过程的数值分析和实验验证，也得到了比较理想的结果。

国内外船舶建造过程中的焊接热应力变形技术研究开展得比较广泛，但由于受到复杂边界条件及耦合因素影响，研究水平不高，其中多是以简单的平面板架作为研究对象。目前，大多数研究组织都采用有限元模拟与实验结果相结合的方法及人工神经网络方法对其进行有效的研究。

四、精度管理计划

船舶建造精度管理的活动分为三个阶段，即计划、实施和评价（图7-12）。精度管理也是一项全员的管理活动，涉及船厂管理的多个部门

精度管理计划

和人员。船厂需要一个负责精度管理的机构来制定精度管理计划，组织实施，收集反馈信息，并进行分析评价。船厂的设计、计划、生产和物资采购等单位都是精度管理的部门，精度管理不仅是生产部门的事，而是涉及船厂所有与精度造船有关的部门和人员。精度管理的思想和要求要贯彻到具体工作中，保证船舶建造工作的标准化和一致性。

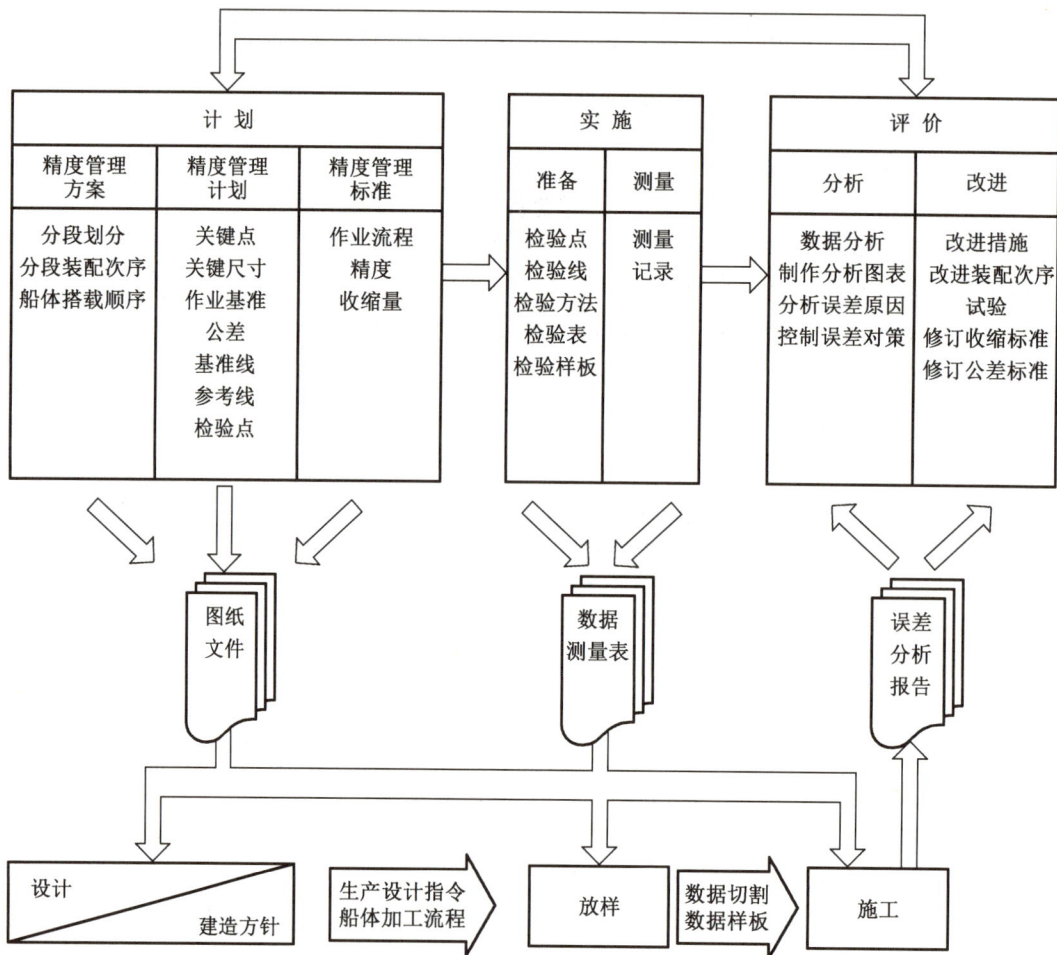

图7-12 精度管理流程图

精度管理计划与设计、生产和工艺联系非常密切，加工制造的误差会出现在船体建造的各个阶段，因此精度管理的关键是决定在什么时候、什么地方采取精度控制措施，以便防止船体大合拢时的返工修补。图7-13表示船体建造过程中会产生误差的阶段和地方，以及误差累积的过程。而图7-14显示了船体制造各个作业阶段的精度控制内容和方法。

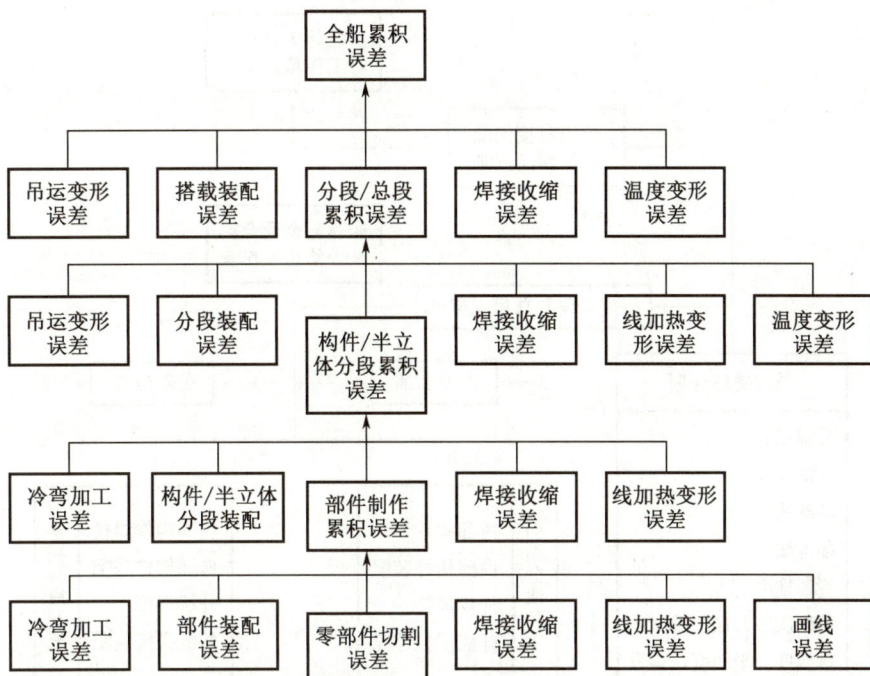

图 7-13　船舶制造过程累积误差

精度管理计划需要明确船体制造过程中精度控制的关键点、关键尺寸和几何形状;明确需要进行尺寸检查的地方和方法;确定关键尺寸的公差标准;确定需要进行抽样检验的数量;确定加放补偿量的大小。

精度管理计划通常和船厂的生产计划一起制定,是船厂生产计划中的重要组成部分。精度管理的各项要求也作为工作指令落实到相关部门和作业者。

精度管理计划可以分成三个部分,即初步计划、详细计划和工艺计划。

1. 初步计划

初步计划包括分段划分、外板展开、建造方针。计划制定者需要研究船体设计图纸来完成初步计划。初步计划需要根据船厂的生产实践和经验,以及根据各种统计资料制定精度分配方案,要求设计部门把精度管理的各项要求反映到生产设计中去,比如船体制造的装配和焊接的次序,明确各个关键尺寸的公差要求和加放补偿量的大小等。分段划分、外板展开和建造方针中都需要明确精度管理的要求。

2. 详细计划

详细计划就是明确布置在船体制造过程中精度控制的点和方法。要保证船体大合拢的对接精度,满足规范和合同要求,船体各个作业阶段的精度控制是非常重要的。因为各个工艺阶段累积的加工误差就是大合拢对接的误差。在船体制造过程中,要对关键的控制点进行抽样检验,然后进行误差的趋势分析,如果出现异常情况,应该及时分析原因,采取措施,保证船体制造的各个作业阶段的累积误差最终能够满足大合拢的精度要求。

```
                              ┌──────────────┐
                              │  船体大合拢   │
                              │  工作量最小   │
                              └──────┬───────┘
                    ┌──────────────┐  ↑
          ┌─────────│ 分段对接间隙  │  │
          │         │ 调整精度控制  │  │
          │         └──────────────┘  │
          │              ┌──────────────┐
          │              │ 船体无余量合拢 │
          │              │ 最少修正工作量 │
          │              └──────┬───────┘
          │   ┌──────────────┐   │
          ├──→│ 提高分段和总段完整性 │──┘
          │   └──────────────┘
```

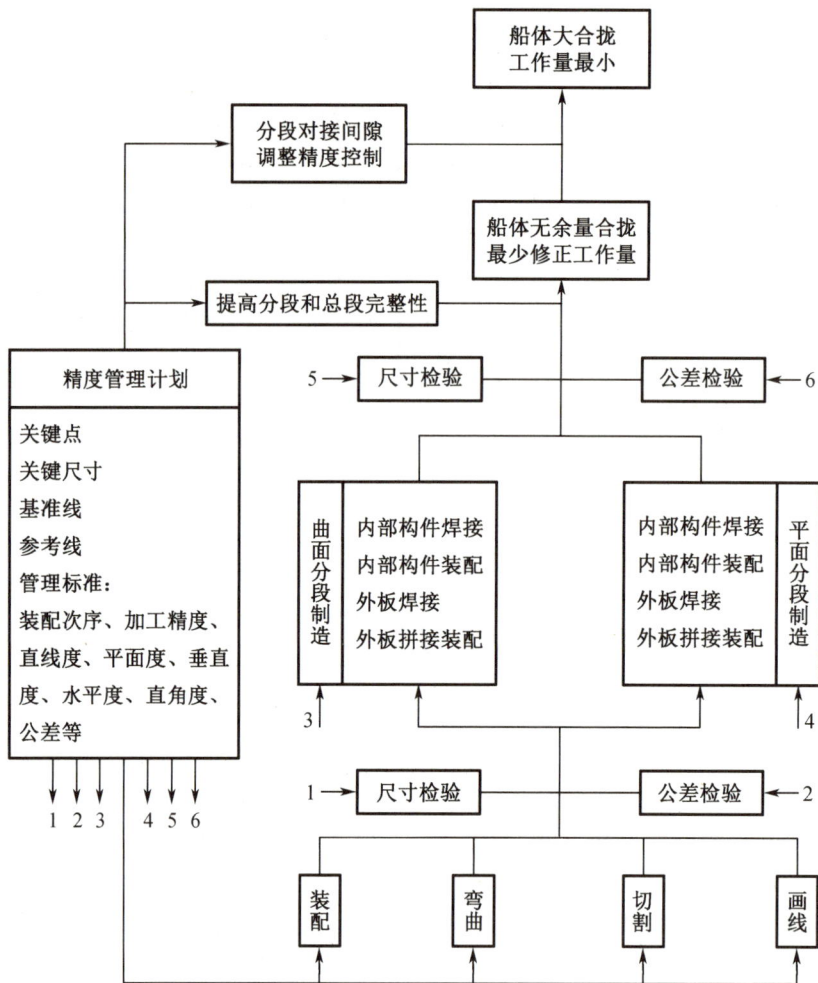

图 7-14 作业阶段精度控制

　　船舶最终主尺度的精度要求,是由规范和合同规定的。要满足主尺度的精度要求,船厂必须提出船体制造各个作业阶段的精度管理计划,制定各个作业阶段的公差标准,通过加放补偿量达到精度管理的目的,最终使所有关键控制点的尺寸误差累加不超过船体大合拢的公差要求。

　　各个作业阶段的精度分配标准完全是根据船厂自身的施工条件和工艺水平确定的。船厂应该对所有关键控制点的尺寸进行正态分布的计算和检验,通过实践,不断摸索和总结,建立完整的精度管理数据库,最终形成船厂自有的精度管理标准。

　　每一个作业阶段的加工误差都服从正态分布,因此可以通过迭加原理计算出最终的累积误差,所以每一个作业阶段的加工误差对船体大合拢的精度影响是可以预测的。如果一个船厂有成熟的工艺标准和稳定的质量体系,就可以通过抽样检验,对关键尺寸进行测量,计算出每一个作业阶段尺寸误差的均值和标准方差,最终计算出船体大合拢的累积误差。因此,只要有好的精度管理工作基础,一个船厂就可以在船体制造过程中通过实时的抽样检验来预测最终大合拢的精度水平。抽样检验需要确定基准线、参考线、检验点、样板和样箱、控制图、检查表等。基准线就是指船体的基线、中线、水线、肋骨线和纵剖面线等,作为船体高度、宽度和长度方向的基准线;参考线就是指那些从基准线派生出来的定位线、对合线、检查线等。

每一个作业阶段的产品尺寸可以根据最终的大合拢累积精度来进行精度分配,给出公差、作业标准尺寸、补偿量等精度管理指标。为了减少大合拢时的累积误差,必须缩小每一个作业阶段的精度误差,控制每一个作业阶段误差的波动。船厂要用精度管理的办法来控制中间产品的累积误差,如零部件加工、部件制作、构件装配、分段合拢等。

3. 工艺计划

工艺计划就是在施工作业中,采取什么样的工艺措施和方法,使加工尺寸的误差能够满足精度管理的公差要求。如加放补偿量、推广适合于船舶建造的高效焊接、合理设计装配和焊接次序、应用线加热技术、采取反变形措施、实施火工矫正和吊装加强等。

五、船舶建造阶段尺寸精度控制的措施

根据船舶施工的特点,各工序的累积误差的消除有其复杂性,以往最常用的方法是在零件下料的第一道工序对跨分段的零件加放一定余量,然后在最后一道工序即船台合拢时对分段进行定位测量画线,最后切除余量。这种现场修整方法作业量大,耗工时多,严重影响船体建造进度。有数据表明,船体分段现场修整工作量要占船体分段制造工作量的20%~22%,而船台的现场修整工作量要占船台整个船体建造工作量的40%左右。由于分段制造或船台装配一般都在高空作业,施工条件极为恶劣,工作效率很低,因此现场修整工作应尽量提前到前道工序,即分段预修整、部件预修整,使高空作业平地做、外场作业内场做,这就是通常所称的预修整。

根据船舶制造的特点和生产流程,我们通常将精度控制分为5个阶段,即放样阶段、加工阶段、部装阶段、分段装配阶段和船台搭载阶段,每个阶段的控制内容各有不同,要求也不一样。

1. 放样阶段

放样阶段是精度控制的始点,也是精度控制至关重要的阶段。如果放样发生差错,这些差错只有在装配或船台合拢时才发现,到那时,由此造成的返工量相当大。这样不仅造成材料和工时的浪费,而且也影响施工进度和施工人员的情绪,给生产周期和产品质量带来不良因素。因此,放样阶段必须使进度控制达到控制范围之内,保证每一个零件放样正确。为了达到目的,必须采取下列几个措施:

①控制放样余量加放量,使放样值符合生产要求(放样余量加放量=加工余量补偿量+部装余量补偿值+分段余量补偿值+船台余量补偿值+放样系统误差)。

②建立自检、互检和复检的制度,防止人为因素而发生差错。

③针对船舶特点和难点,对放样工作施工人员进行预先培训,使其适应放样工作,保证放样方法的正确性。

④在放样前,一定要制定明晰的放样作业要领和设绘施工图的指导文件,保证放样的步骤清楚,使放样时思路清晰,不发生任何偏差。

⑤建立反馈信息系统,分析放样差错原因,总结放样经验,力争在下一次中改正,促进放样水平的提高。

2. 加工阶段

加工阶段的精密控制直接关系到部件装配、分段装配和船台搭载的生产效率和质量，但是加工阶段的精密控制因补偿难以确定而最难实施。因此，必须建立科学的方法和制度来完成该项任务，为放样提供准确的补偿量、同时保证零件加工精度控制在范围之内。具体措施如下：

①精确地控制气割、加热和设备偏差等加工过程中产生的材料收缩量以及油压机、滚弯机的加工余量，确定合理的加工补偿余量。

②制定零件号料、切割、刨边和弯曲成型（包括热弯和冷弯）精度标准和允许公差范围，作为加工精度控制的标准（理论值+部装余量补偿值+分段余量补偿值+船台余量补偿值）。

③有针对性地对加工人员进行培训。主要包括对加工图纸识别、认识精度控制的重要性以及按照图纸的要求检验零件的加工精度是否达标。

④纵骨、纵桁在下料时应画出装配基准线，对有线型的拼接型的肋板及强肋骨等零件下料时必须画出装配基准线，以确保装配的正确性提高装配效率。

⑤针对不同的材料采取不同的周转方式，防止零件在搬运过程中因产生塑性变形而改变加工质量。

⑥建立反馈信息系统，分析加工差错原因，制定改进措施，提高加工水平，同时增强施工人员的责任心，保证每一零件的准确性。

3. 部装阶段

部装阶段的精度控制内容一方面是对放样和加工质量的检验，另一方面是对部装件进行精度控制。因为部装件的质量对分段装配和船台搭载的生产效率和质量影响很大，如果部装件不符合要求，必须迅速采取相应措施进行弥补，一定不能让不合格的部装件流下道工序。在部装阶段，我们要采取如下措施：

①精确地统计焊接收缩余量，确定部装件的补偿余量。

②制定部件焊缝加放余量的部分反变形量，确定部装件装焊工艺和质量标准以及允许公差范围，作为部装精度控制的标准（理论值+分段余量补偿值+船台余量补偿值）。

③部装件要有专门的部装件施工图、托盘管理表，使部装件更加中间产品化。

④设立专用的部装平台，使部装件纳入托盘管理、量化管理和标准管理体系，实现文明生产，提高部装件的制造质量。

⑤对某些关键部位、质量要求特别高的部装件，统一由精度管理小组做好最后把关工作。

⑥建立反馈信息系统，分析部装差错原因，制定改进措施，提高部装水平和增强施工人员的责任心，保证每一只部装件的准确性。

4. 分段装配阶段

分段装配阶段包括分段制造和分段总装两个步骤，但其精度控制的内容是一样的，保证分段制造尺寸正确，进行完工测量和检验，通过部分预修整使其全部达到无余量上船台状态。具体内容如下：

①准确统计分段焊接收缩余量，确定分段焊接加放余量。

②制定部件焊缝加放余量和部分反变形量，确定分段装焊和程序、质量控制要点和质量标准（理论值+船台余量补偿值）以及允许公差范围，形成相关工艺文件。

③建立自检互检制度，明确责任人，严格工艺纪律，增强施工人员的质量意识和责

任心。

④胎架是分段制造的基础,胎架的正确与否直接影响到分段的质量。胎架制作结束要由检验部门验收,内容主要包括:尺寸是否正确;是否有足够的刚度,保证分段在上面制作不产生变形。

⑤制定完工尺寸标准的允许公差范围,对每一只分段进行完工测量。对不合格的分段要进行修整,对余量要进行切割。最后的完工尺寸要保留,作为船台搭载依据。

⑥建立反馈信息系统,分析分段完工不达标的原因,制定改进措施,提高分段水平。确定每一只分段能够实现无余量上船台。

⑦开展预舾装准确定位和无余量的研究,提高预舾装率和预舾装的质量,为分段实现设计、制造、管理一体化打下坚实的基础。

5. 船台搭载阶段

船台搭载阶段是精度控制的最后阶段,为了使精度控制形成一个系统,保证船台搭载正确,保证整体完工尺寸符合设计要求,在船台搭载阶段必须采取相应的措施,使精度控制更加科学,更加规范,更加严密,精益求精。具体措施如下:

①科学分析与总结船台大接缝的收缩余量和反变形部位及数值,制定船台搭载余量加放量和船台搭载工艺。

②针对船舶特点,确定合理的控制面,采取适当的措施使这些控制面达到精度要求,以使定位准确,减少返工。

③针对分段所处的部位,确定准确到位的检测方法,控制分段搭载精度。

④建立反馈信息系统,分析分段合拢不上的原因,确定改进措施,提高精度控制水平,从而使船体建造质量得到进一步提高。

随着科学技术的发展,借助数理统计的理论和计算机的应用,国内外先进的造船企业已经开始实施在零件下料时加放尺寸补偿量以代替余量,这是消除修整作业的一项新技术,是船舶建造精度管理的一个新方向。

任务三　船舶建造精度管理的执行

【任务描述】

精度管理是一项系统工程,对船舶制造企业而言,关键是全面、全过程推行精度控制,其核心是实施造船精度设计。本任务以典型船舶企业精度控制项目为背景,依据船舶建造精度管理计划,实施船舶建造精度管理。

【知识准备】

精度管理的实施主要包括进行测量、数据收集和分析。在实施精度管理前,必须保证船厂的实际作业水平一定要规范化,服从数理统计的规律,也就是作业水平必须保持相对的稳定性和一致性。这样采集的数据才会有效,才能指导船厂的精度管理工作,也有利于通过不断的过程分析,完善船厂的精度管理,提高船厂精度管理的水平。

一、精度管理计划执行

精度管理的执行

由于精度计划本身欠周密或管理工作发生失误等多种干扰因素的作用与影响,船舶建造精度计划往往出现实际进度偏差,通常会表现为精度计划工作不同程度的拖延。为此,精度管理计划执行时应重点开展以下几个方面工作:

1. 现场工作人员培训

为使精度管理人员和施工人员了解与掌握精度控制工作的要求和方法,应组织有关精度控制方面的培训,使管理人员和施工人员对精度控制的要求和报检流程有一定了解,能初步看懂精度检测表,能够进行分段制作过程中的自主检查。

2. 精度检测基准及指导性文件的编制

为有效地指导精度测量工作的开展,应根据船舶企业具体情况编制《精度检测基准》和《工作指导书》等指导性文件,在全厂有关部门下发,并实际用于现场的培训与现场工作的指导。

3. 内场加工的精度控制

内场加工精度管理的内容包括数切精度管理、数切平台管理、主板下料管理、主板拼板、坡口等;数切下料操作工每天要进行试样切割,以检查切割机的工作状态,决定割缝补偿的加放量。对于无余量主板下料切割,现场工人要对每一块主板都要按照图示进行自主检查,将检查结果记录在钢板上,精度测量人员进行抽查。对于无余量的拼板现场,施工人员要根据精控处下发的拼板精度检查表,进行焊前、焊后检查,并向精控处进行报检,对检测结果要进行实名制记录。

分段建造阶段的过程控制,在施工过程中按照检测单指示进行自主检查,保证过程中的精度,并将结果记录在分段上及检测单上。每一个精度管理人员都有明确的责任区域,负责本区域的胎架检查、放线检查、尺寸检查、段差检查、垂直度检查等过程控制,并且负责对数据进行收集与整理,问题分析与反馈等。

4. 三维报检

通过三维检测数据的分析能够准确地找到分段问题,通过问题的分析,找到问题产生的原因,对后续工作进行改善。

对于分段要求进行焊前、焊后的三维精度检测,图 7-15 是国内某船舶企业报检流程。

二、精度管理现场数据收集

精度管理控制很重要的一项工作就是对现场测量数据的收集整理,其配套系统的开发可以使现场控制更加流畅,如编制便于两地使用的检测图上传及查询、信息公告、数据统计等功能的精度管理系统,编写 OA 网上的精控处报检系统等,可实现两地信息的共享与交流,方便各阶段测量数据的整理和统计,能够生成管理报表,对精度管理工作的开展有很大的促进工作。

实施精度管理需要作业者运用控制图来监督精度管理的执行过程,同时作业者能够在出现异常情况时及时修正作业,使作业始终处于一种稳定、一致、可控的状态。

```
┌────────┐      ┌────────┐      ┌────────┐
│ 实施生产 │─────▶│ 自主检查 │═════▶│ 检查申请 │◀────────────┐
└────────┘      └────────┘      └────────┘             │
                     ▲               │                  │
                ┌────────┐           ▼                  │
                │ 过程控制 │      ┌────────┐              │
                └────────┘      │ 精度检查 │              │
        ┌────────┐  ◀══════════└────────┘══════════▶┌────────┐
        │  合格   │                                  │ 不合格  │
        └────────┘                                  └────────┘
             │                                    ┌────┴────┐
             │                                    ▼         ▼
             │                               ┌───────┐ ┌───────┐
             │                               │ 不可修正│ │ 可修正 │
             │                               └───────┘ └───────┘
             │           通知合拢车间              │
             ▼           合拢修正                  ▼
        ┌──────────┐◀──────────────────── ┌──────────┐
        │ 下一道工序 │                        │ 带意见接受 │
        └──────────┘                        └──────────┘
```

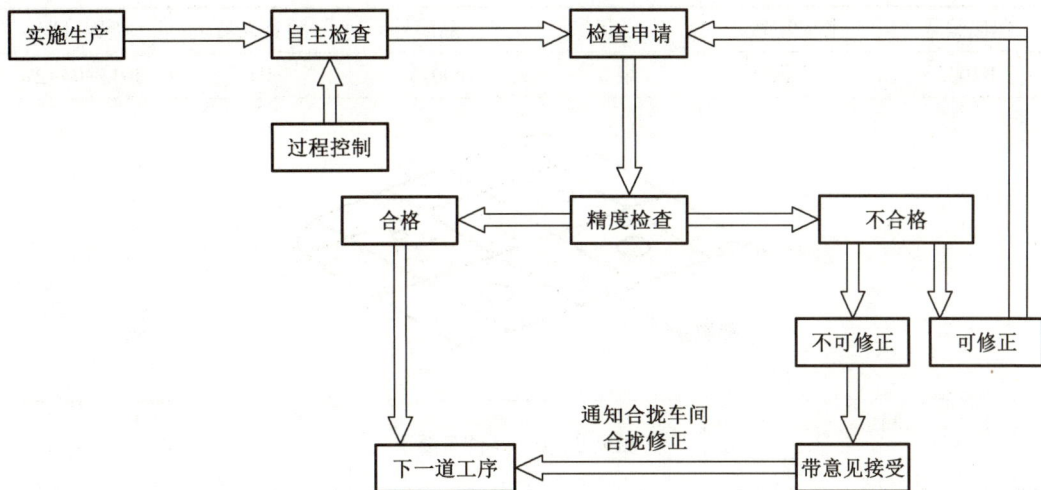

图 7-15　三维精度检测报检流程

1. 自检

自检就是对执行精度管理计划的自主管理,就是在一个作业任务包完成后,作业者本人对精度管理的关键点和关键尺寸用控制图进行检验。因此,尺寸精度自检应该是作业任务不可分割的一部分。同时,班组长还应该进行互检,对最终的尺寸精度进行确认,并将相关数据填入检查表。对于分段合拢和船体大合拢阶段特别重要的关键点和关键尺寸,还需要更高一层的人员进行复验后才能最终完成这项作业任务。数据采集的准确性非常重要,否则整个精度管理体系都是无效的。

2. 检查要求

装配和焊接作业前后的尺寸检验是精度管理必须要做的,要落实到船体制造每一个作业阶段,从零部件加工到船体大合拢。要明确检查什么、什么时候检查。精度管理的检查表可以和作业负荷进度表一起管理,每天填写相关的工作进展情况,并进行跟踪。每天采集的精度管理数据需要在每一个作业阶段结束时进行分析,检验其能否满足船体大合拢累积误差的精度要求。

在切割下料时,需要检查板材加工的总尺度、加放补偿量的尺寸、坡口准备以及后道工序装配和检验需要的画线尺寸。在部件加工时,需要检查部件的尺寸、冷热加工成型的曲率和形状、坡口准备等。

在部件制作、构件装配和分段合拢时,需要检查部件、构件、半立体分段、分段和总段的装配位置和尺寸、装配和焊接间隙、结构变形状况,以及分段的总尺度和直角度。

在船体大合拢时,需要检查装配和焊接的间隙,以及全船龙骨线和主尺度的一致性。

3. 检查表内容

一般由船体制造部门的精度管理人员根据船厂的生产设计和精度管理的要求来制定检查表。一张典型的检查表应该包括:检查点、检查线、检查测量方法、检查责任人、检查次数等。表 7-1 是一张典型的检查表。

表 7-1 精度控制检查表

船舶编号	作业阶段	作业区域	产品编号	检查人员	检查日期
H1005	拼板	组立	1000432	HJ	2013-04-21

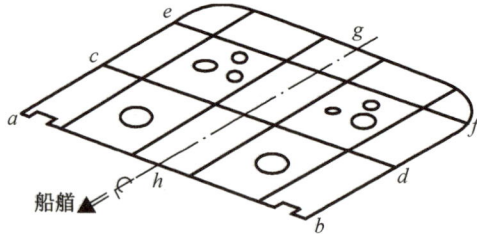

测量		实测尺寸	测量要求	备注
从	到			
b	中线	20.16	测量半宽	
d	中线	20.45	测量半宽	
f	中线	19.11	测量半宽	主甲板拼板切割焊
a	中线	20.12	测量半宽	接后尺寸精度测量
c	中线	20.04	测量半宽	
e	中线	19.12	测量半宽	
b	g	38.75	测量直角度	
a	g	38.76	测量直角度	
a	c	15.11	测量长度	
b	d	15.13	测量长度	
a	e	27.11	测量长度	
b	f	27.12	测量长度	
h	g	33.72	测量长度	

　　曲面成型的板材和分段的形状检验一般是比较困难的。因此,通常都是通过样板和对角线尺寸的测量来检验其形状的精确程度。生产设计人员应该在放样阶段设计一套专供精度管理用的检查方法,提供检查用的样板、样箱和尺寸依据。

　　实际上,检查表只能记录一些精度管理必需的关键尺寸数据,不可能记录所有的船体尺寸。因此,一般大量的船体尺寸,还需要作业者在实际工作中加以控制。作业者在日常工作中对于尺寸精度的敏感和自主管理,可以更好地保证精度管理的实施和成功。

三、精度管理评价

　　系统地分析和总结精度管理工作,可以使精度管理过程中的经验和教训转化成生产效率。在生产过程中填写的检查表、实时记录的数据、问题原因分析,以及建议采取改进的措施意见,通过精度管理部门的评价,作为现场解决问题和今后改进工作的依据。精度管理评价体系如图 7-16 所示。

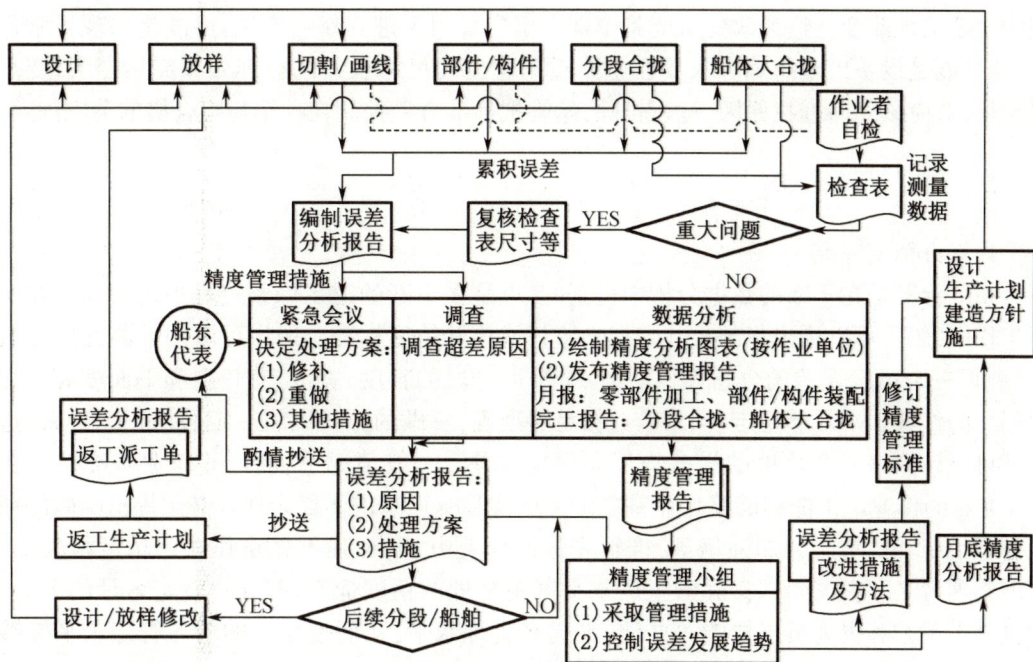

图 7-16 精度管理评价体系

1. 正常精度分析

如果正常的精度分析报告显示，需要在某一方面进行精度管理改善，精度管理人员必须要评价改善的必要性。首先必须核实精度管理的数据来源是否真实可靠，调查测量工具是否有效、矫正设备的精度是否合格、分段制作的平台或胎架尺寸是否准确、施工工艺是否适当等。如果所有调查都证明这些资料是真实可靠的，包括员工自检、班组长互检的报表都显示误差有明显增加的趋势，这样就完全有必要进行精度管理改善。

精度管理改善是一项非常严肃的工作，因为它涉及补偿量、精度控制点和精度管理尺寸的修改，涉及分段划分和外板展开的修改，涉及工艺标准的修改，涉及作业计划和要求的修改。

2. 均值分析

对于大多数精度管理尺寸来说，其尺寸误差的目标均值应该是零。如果实际生产过程中测量的均值偏离零点，就需要采取措施或调整生产工艺，使最终的误差均值回到零。

如果在船体外板拼板过程中，已经考虑了一定的焊接收缩补偿量。但在实际拼板焊接以后测量的误差均值是负的，这就表明了原来设定的补偿量数值太小，需要再增加与测量的误差均值负数相等的补偿量，以使今后实际拼板焊接后测量的误差均值归零。

如果一个曲面分段在装配焊接完成后，发现其中间部分变形，实际测量尺寸偏出中心线。就应该先检查胎架尺寸是否有错。如果胎架尺寸是正确的，就需要改进施工工艺，如采取预变形或改变焊接次序等，最终消除相应的装配和焊接变形误差。

3. 标准方差分析

标准方差是精度管理中非常重要的数据，通过误差累积的理论，它可以连接并表述前后工序之间的精度关系。没有这种上下之间的精度联系，精度管理分析就没有可能。精度管理分析需要观测每一工艺阶段标准方差的变化或漂移，这种变化或漂移可以反映施工过程中是否出现改变。这种改变可能是个别人率先采用先进的作业方法；可能是出现异常作业；也可能是设备出现故障。只要在生产过程中出现尺寸误差的标准方差突然变大、变小或漂移，就应该立即查找原因，进行排除，始终把标准方差控制在一个稳定合格的范围内。

四、精度管理改进

1. 修订精度标准

精度标准是在不断的数据分析中得到的，也是在不断的返工修整过程中得到的。在实际工作中，船厂可以用采集的尺寸数据来修订或检验精度标准。船厂可以用采集的尺寸数据，做每一个尺度误差的分析图，比如一个平面分段的长度、宽度、直角度和平面度等。如果船厂的作业水平足够稳定，采集的数据足够准确，所做的分析图就一定服从正态分布，这样就可以计算每一个尺度的误差均值和标准方差。一般情况下，船厂的作业基准控制在95%左右的作业水平能够满足作业基准的要求，因此对5%的不稳定作业必须提出明确的精度管理措施和要求。如加强培训，推行先进的作业方法，加强不稳定作业的精度检验等。精度管理者必须根据船厂实际的生产水平制定合理的精度标准，并通过设定合理的公差、改进施工工艺和提高员工技能等办法，来提高管理水平，从而使船厂的精度管理水平能够符合精益造船的要求，最大限度地减少返工修整的工作量。

2. 日常精度控制

为了使实际的建造精度能够符合精度标准，每天建造过程中的精度控制是非常重要的。正常生产过程中的日常精度控制包括检验频率、取样数量和计算标准方差等。日常管理中的这些图表和控制图一起用来进行精度管理，使每一个相关的人员（包括工人）都知道如何运用这些图表，并学会用这些图表管理精度。

3. 应急精度管理

在船舶建造过程中，不可能完全消除返工修整。因为，总是可能会出现一些异常情况。比如，操作失误、设备故障、意外事件，或者恶劣天气都可能造成差错，这种差错就可能产生制造误差，而这种异常情况下发生的误差是不服从正态分布的。因此，一旦发生这种异常现象，精度管理部门必须立即组织有关专家，分析原因和可能产生的后果，迅速提出解决办法，在最适当的时候进行返工修整，把这种异常的误差控制消除在萌芽状态，避免对正常生产造成更大的负面影响。同时，制定预防措施，确保类似事件不再发生。

精度管理也可以在一些特殊的地方设立一些特殊的尺寸控制点，当船体大合拢完成后，可以分析这些特殊点的精度变化趋势，从而进一步改进精度管理，提高生产效率。

思考与练习

一、判断题

1. 精度造船管理属于系统工程范畴，所涉及的基础理论包括精密工程测量技术、系统工程理论、工业工程理论、控制论、PDCA质量循环理论、尺寸链理论、木桶理论等。（　　）

2. 精度造船管理基本理论方法包括精密测控方法、过程控制方法、数理统计方法和有限元分析方法等。（　　）

3. 精密工程测量是采用非常规的测量仪器和方法,进行米级或更高精度的工程测量,使其测量的绝对精度达到毫米级以上要求的测量工作。　　　　　　　　　　　（　　）

4. 精密测控方法包括精密地直线定线、测量角度（或方向）、测量距离、测量高差以及设置稳定的精密测量标志。　　　　　　　　　　　　　　　　　　　　　　　（　　）

5. 精度造船技术管理模式通常包括:产品价值链、单件流水作业、拉动计划体系、4S 管理方式等。　　　　　　　　　　　　　　　　　　　　　　　　　　　　　　（　　）

6. 船舶建造过程中最大的浪费就是生产过剩。　　　　　　　　　　　　　（　　）

7. 精度造船生产管理模式通常包括:准时生产、零缺陷施工、均衡生产和生产节拍等方式。　　　　　　　　　　　　　　　　　　　　　　　　　　　　　　　　　　（　　）

8. 建立船舶建造精度管理体系目的是指导造船企业以合理的组织架构、操作程序和运行机制促进精度管理技术开展,以确保公司精度管理工作系统有序推进。　　　　（　　）

9. 精度控制是实施造船精度管理的核心,主要包括精度系统控制和过程控制。（　　）

10. 精度标准是在不断的数据分析中得到的,也是在不断的返工修整过程中得到的。
　　　　　　　　　　　　　　　　　　　　　　　　　　　　　　　　　　（　　）

二、选择题

1. 精度造船简单地说就是在船舶建造过程中用（　　　）代替余量,逐步增加补偿量的使用范围,并控制船体结构位置精度。

A. 多余量　　　　　　　B. 偏差量　　　　　　　C. 公差　　　　　　D. 补偿量

2. 造船企业的竞争力主要取决于船舶建造（　　　）,而生产成本取决于生产效率和劳动成本。

A. 船舶产品开发　　　B. 造船周期　　　　　　C. 生产成本　　　　D. 售后服务

3. （　　　）就是在满足市场和客户要求的同时,获取更高利润的方法和途径。

A. 精益生产模式　　　B. 批量生产模式　　　C. 流水生产模式　　D 单个生产模式

4. 船舶建造过程中最大的浪费就是（　　　）。

A 运输浪费　　　　　　B. 时间浪费　　　　　　C. 加工浪费　　　　D 生产过剩

5. 作业计划、物料计划和（　　　）是造船生产的三大主体计划,造船的其他一切计划都是围绕这三大计划展开。

A. 资金需求计划　　　B. 劳动力计划　　　　C. 设计出图计划　　D 人力资源计划

6. 准时生产和（　　　）是精益造船模式的两个最重要的理念。

A. 零缺陷施工　　　　B. 均衡生产　　　　　　C. 生产节拍　　　　D.4S 管理

7. （　　　）就是在需要的时候,按照需要的数量,生产需要的产品。不允许出现任何人员和物料的等工现象。

A. 精益造船　　　　　　B. 均衡生产　　　　　　C. 生产节拍　　　　D. 准时生产

8. （　　　）是提高产品质量,改善企业经营管理的重要方法,是质量保证体系运转的基本方式。

A 价值链　　　　　　　B. 尺寸链　　　　　　　C. 木桶理论　　　　D.4S 管理

9. 精度控制是实施造船精度管理的核心,主要包括精度系统控制和（　　　）。

A. 主动控制　　　　　　B. 被动控制　　　　　C. 物质控制源　　　D. 过程控制

10. 船舶建造精度主要是指（　　　）精度,因为它是船舶建造的基础。

A. 切割下料　　　　　　B. 总段建造　　　　　C. 船体建造　　　　D. 分段建造

三、问答题

1. 船舶建造精度管理的基础理论和方法有哪些?

2. 简述精密工程测量技术。

3. 什么是反馈闭环控制理论?

4. 简述 PDCA 质量循环理论。

5. 船舶建造精度管理技术模式通常包括哪些?

6. 船舶建造精度管理生产模式通常包括哪些?

7. 船舶企业把无效时间内产生的浪费描述为哪几种?

8. 船舶建造过程中的浪费主要包括哪几种?

9. 什么是单件流水作业方式?

10. 什么是拉动计划体系方式?

11. 什么是船舶建造 4S 管理? 4S 的基本含义是什么?

12. 什么是准时生产和零缺陷施工方式?

13. 什么是均衡生产和生产节拍方式?

14. 绘制船舶建造精度管理体系的基本构架是什么?

15. 船舶建造精度管理体系主要包括哪些方面?

16. 什么是船舶建造精度管理主动管理方式?

17. 什么是船舶建造精度管理被动管理方式?

18. 船舶建造精度管理的活动分为哪三个阶段?

19. 精度计划执行时应重点开展哪些方面工作?

20. 精度管理评价主要开展哪些方面工作?

21. 放样阶段精度控制的基本措施有哪些?

22. 加工阶段精度控制的基本措施有哪些?

23. 部装阶段精度控制的基本措施有哪些?

24. 分段装配阶段精度控制的基本措施有哪些?

25. 船台搭载阶段精度控制的基本措施有哪些?

参 考 文 献

[1] 谢荣,胡杰,梁艳,等.三维精密测量技术在船舶脱硫系统改造中的应用[J].船舶工程,
　　2020(12):1-3.

[2] 闫旭明,范振红,徐强.三维激光扫描技术在超大模块合龙中的应用[J].中国海洋平
　　台,2020,35(3):4.

[3] 袁少辉,刘应乾.三维激光扫描技术在立式金属罐容量计量中的应用研究[J].中国化
　　工贸易,2020(12):142-144.

[4] 翟涌光.地面三维激光扫描仪在施工测量中的应用研究[J].科技创新导报,2018,15
　　(35):46-47.

[5] 梁艳,盛业华,谢荣.近景图像序列线特征约束的建筑物立面重建[J].测绘科学,2018,
　　43(6):93-98,111.

[6] 应长春.船舶工艺技术[M].上海:上海交通大学出版社,2013.

[7] 施克非.船体装配工[M].北京:国防工业出版社,2008.

[8] 岳建平,魏叶青,张永超.船舶建造工业测量系统[M].北京:科学出版社,2011.

[9] 张明华.精益造船模式研究[M].北京:中国经济出版社,2005.

[10] 唐整生.船舶压载水处理系统测量解决方案:应用三维激光扫描技术[J].化学工程与
　　 装备,2015(3):166-169.

[11] 王永明,李明峰,朱振宇,等.基于全站仪的造船精度控制测量算法研究[J].矿山测
　　 量,2010(2):72-75.

[12] 黄若波,张杰.基于全站仪和船舶3D设计系统的三维精度测量技术研究[J].造船技
　　 术,2011(4):14-16.

[13] 殷义勇,郭一鸣.多种大尺寸测量仪器测量坐标系统一研究[J].计测技术,2016,36
　　 (S1):10-15.

[14] 于昌利,初冠南,张喜秋.船舶制造精度管理及过程控制技术探讨[J].现代制造工程,
　　 2011(4):1-4.

[15] 杨佳华,陈满红.全站仪测量系统在设备安装中的应用[J].工业建筑,2011(S1):992-993.

[16] 柳良音,刘建峰,孙建志,等.现代造船模式下精度管理的新探索[J].造船技术,2008
　　 (6):9-11.

[17] 许融明,杨港,赵任张.造船精度管理[J].船舶工程,2008(32):8-11.

[18] 曾毅,严刚,胡学明.船舶建造过程中尺寸精度的控制[J].中国水运,2009(8):72-73.

[19] 周秀琴,马晓平.船体建造精度控制方法研究[J].造船技术,2011(1):33-36.

［20］于昌利,初冠南,张喜秋.船舶制造精度管理及过程控制技术探讨［J］.现代制造工程,2011(4):1-4.

［21］刘玉君,胡日强,田丰增,等.船体零部件补偿量的计算方法研究［J］.哈尔滨工程大学学报,2007(7):5-8.

［22］姜灵通,朱微.徕卡全站仪在造船行业中的应用［J］.测绘通报,2012(3):105-106.

［23］潘国荣,郭巍,张鹏,等.船舶建造测量三维可视化精度控制方法［J］.大连海事大学学报,2012,38(3):43-48.